風間サチコ「原子力平和利用館」2010 年
木版画（パネル、和紙、墨）、380x530 mm

さようなら原発運動

鎌田慧セレクション——現代の記録——

4

目次

装画：風間サチコ
「原子力平和利用館」より
装幀：藤巻亮一

はじめに　さようなら原発

はじめに　さようなら原発

市民の大きな力で押し返そう

いま原発のある地域は、全部、反対運動のあった地域です。反対運動があったけれども潰されてきた地域なのです。私は反対運動のすべてをまわりましたが、負けたところは、原発を拒絶しながらもお金で潰されている、買収され建設されています。歓迎されたところはありませんでした。このことが、原発の存在を象徴しています。電力会社が何でも寄付し、お金で買ってしまう。それが電気料金にそのまま加算されますから、ものすごいお金をばら撒くということなのです。すべてお金です。

電源三法（電源開発促進税法ほか）で、原発一基をつくると、最初の建設までの一〇年間で四八〇億円、稼働してから一〇年で四百数十億円。二〇年間でおよそ一〇〇〇億円が地域に入るのです。建設費が一基五〇〇〇億円くらい。膨大なお金が企業や地域に流れ込んでいくのです。

ですから、反対運動もなかなか成立しません。いまでも、ほんの少数の人たちが残っていますが、ほとんどが金の力で負けてしまっています。反対すると、「お金を返せ」と言われるのでは、と黙ってしまう場合もあります。原発は、アン・モラル、非道徳な存在です。

政府・官僚・政治家・地域首長・産業界・学者・マスコミ・裁判所が一体化、「原発絶対体制」として、市民の頭の上に乗っていました。それがいま、不幸なことですが爆発事故が起きて、それがはじけてようやく語りやすくなったのです。こういう時にこそ大きな運動で押し返していく、不幸なチャンスなのです。何とか署名運動と集会をやり遂げたいと思います。

海外の状況を見ても、どんどん脱原発の方向に向かっていきます。簡単に言いますと、核武装しない国は、脱原発の方向に向かっています。核武装などやらない、念頭にない国が、「もう原発はやめよう」となってきているのです。ドイツ、イタリア、スイスがそうです。

　いま、若い人や女性たちが、あちこちでいろいろな集会をやっています。中央司令部が命令する運動とは違って、根っこ型、ネットワーク型で、いろいろな人が、いろいろなところで、いろいろな思いでやっています。そういう人たちにも一緒に加わってもらい、これまでと違った大きな脱原発の流れを作っていきたいです。

原発　その歴史と廃炉への道

なぜ防げなかったか

　どうして、フクシマ原発大事故を防げなかったのか、それが原発反対運動にかかわってきた人たちの痛恨の想いでした。事故は起こると予想はしていました。それでも防げなかったのは怠慢だった、といわれてもしかたがない、そんな無力感に打ちのめされた人は多かったでしょう。

　私たちは、「原発は危険だ」と批判しながらも、その存在を認めてしまっていたのです。ただ事故が起きないことを祈っていただけなら、無責任というものでした。私はそれを、「わが内なる原発体制」と書きました。自分の内側に住みついている原発を、こそぎおとすことができなかったのです。

「いまの私の最大の関心事は、大事故が発生する前に、日本が原発からの撤退を完了しているかどうか。つまり、すべての原発が休止するまでに、大事故に遭わないですむかどうかである」と、一〇年前に書いていましたが、この一〇年間、その危機を叫んで訴え歩きつづけていたわけではなく、ごくふつうに生活していたのです。

　事故が起こったあとも、福島県の人たちや「ホットスポット」といわれる地域の人たち以外は、被曝の蓄積を心配しながらも、まあ、ふつうに暮らしているのです。

　爆発大事故が、日本ばかりか世界を揺るがす大騒ぎとはなっても、時間がたつにつれてしだいに終熄し、つるりと日常に還るのを待っている連中がいます。停止している原発を再稼働させ、輸出して儲けようと狙っている懲りないひとたちです。

　3・11からはじまった日を、3・11の前にもどすのではなく、新しい社会にむけた出発の日にする。そのためになにができるか、ということが問われています。
一、なぜ、被爆国の日本に、原発がこれほどふえてしまったのか。
一、なぜ、いままでの反原発運動が盛り上がらなかったのか。
一、脱原発の社会をどうつくるのか。
それらが問われているのです。

原子力予算の強行

日本の原子力政策は、極めて異常な形で出発しました。一九五三年夏、改進党の中曽根康弘衆議院議員は、およそ四〇日間、ＧＨＱのＣＩＣ（対敵国諜報部隊）に所属して、国会議員などから情報を収集していたコールトンの斡旋で、ハーバード大学の「夏期国際問題セミナー」に参加しました。「海外原子力事情視察の目的で渡米した」（『日本原子力発達史』国会通信社）ともいわれていますが、その根拠はあきらかではありません。

このとき、中曽根氏は、カリフォルニア州バークレイにある、「ローレンス放射線研究所」などを見学しています。この研究所は、アメリカでの原爆、水爆開発に重要な役割を果たした、原子核・素粒子物理の研究所ですが、ここにいた理化学研究所の嵯峨根遼吉博士に、「国家としての長期的展望に立った国策を確立しなさい」と日本の原子力政策について助言された、と彼は自著『天地有情』で語っています。

招待旅行から帰ってきた中曽根議員は、翌五四年三月、改進党、自由党、日本民主党の保守三党の議員にひそかに諮って、予算委員会に「原子力予算」二億三五〇〇万円を提案し、衆議院を通過、自然成立させました。なぜその金額か、と聞かれた中曽根氏、「ウラン二三五」をもじったものだ、と答えて議場を沸かせたそうです。禍々しい広島原爆の原料を、予算の驀進につかったのは、「原爆の商業利用」のもっとも極端な表現でした。

前年一二月八日、日米戦争の記念すべき日、アイゼンハワー大統領は国連総会で「アトムズ・フォー・ピース（核の平和利用）」と演説し、米国が世界にむかって、核技術を原発と燃料用濃縮ウランの商品として解禁することを宣言していました。中曽根氏による予算化は、この原発の売り込み作戦の第一弾でした。さっそく、核爆弾に使われた残りの濃縮ウランが輸入されています。

予算化は日本の科学者にとって寝耳に水でした。それを尻目に、「もたもたしている学者の頬ぺたを札束で叩いた」と中曽根氏は豪語しています。秘密、拙速、札束。この三つがその後も原子力行政の基本姿勢となったのです。専門家たちになんの根回しもせずにはじめられた、この狂暴なエネルギーに、私は疑問をもっているのです。とにかく、札束攻勢からはじまったことが、日本の原子力政策を象徴しています。中曽根氏は、後年になって、あの「札束」論をいったのは自分ではなく、おなじ改進党議員だった稲葉修氏だった、と訂正しています。死人に口なし、です。

そして五五年、原子力基本法成立。被爆国日本は敗戦一〇年目にして、核の「平和利用」に舵を切ったのです。あくまでも政治先行でした。

「平和利用」のウソ

そのあと、五六年に科学技術庁が発足、原子力委員長になっていた読売新聞社主・正力松太郎氏が初代長官に収まります。「私は科学技術庁長官になった正力松太郎さんを助けて働きました」と中曽根氏は謙遜しますが、正力氏は五五年二月に衆議院議員に当選したばかりでした。

それでいて、鳩山一郎内閣の原子力担当大臣に就任し、大臣、社主の二枚看板で、原子力の大宣伝に努めました。五四年には日本にとっての、三度目の被曝というべき、ビキニ環礁での「第五福竜丸」の死の灰被害が発生して、国民の反核感情がたかまっていました。この反核感情に「平和」を表看板にして真っ向から挑戦、広島に原発をつくろう、というのが米国の原子力委員会の戦略だったのですが、危ういところで実現にいたらなかったのです。

正力氏が支配する読売新聞と日本テレビでの「平和利用」キャンペーン、読売新聞主催の「原子力平和利用博覧会」が、原発建設の基盤をつくりました。

中曽根・正力・ＣＩＡ（アメリカ中央情報局）との関係は、まだ解明されていませんが、日本に発電施設を売り込んでいた、ＷＨ（ウエスティングハウス）社とＧＥ（ゼネラル・エレクトリック）社が、七〇年運転開始の美浜一号炉を押さえ（二号炉はＷＨ社）、七一年運転開始の福島一号炉（二号炉も）は、ＧＥ社が押さえました。ＷＨ社はいま日本の原発会社・東芝に買収されています。

原子力（原子炉建設）予算が成立したあと、有力企業があつまり電力中央研究所に、「原子力発電資料調査会」を設置し、翌年、「日本原子力産業会議」（原産）が発足しました。

三菱グループが、「三菱原子動力委員会」を結成したのが五五年一〇月。東芝など三井系、日立系、住友系などは、その翌年に原子力開発グループをたちあげました。解体されていた旧財閥系の資本グループが、新規事業として原発産業に参入したのです。

七六年五月号の『経団連月報』で、長谷川周重（のりしげ）・経団連副会長は、こう語っています。

「過去の日本のいろんな産業が発達したインパクトとして軍需産業が非常に大きな力があったわけで、いまはそういうものはない。アメリカあたりはやっぱり軍需産業でもって産業が発達している。日本にはそれがない。そうすると、一つの産業というか、そういう技術の発達のインパクトとして原子力というものを使っていいのではないか」

原発を平和時の「軍需産業」として、産業発展の「起爆剤」にする。それが財界首脳の原発の位置づけでした。

核武装へのたくらみ

これらの動きについて、私は七六年に雑誌連載し、『ガラスの檻の中で』（国際商業出版）としてまとめ、福島第一原発周辺でのガンや白血病患者の発生について書き、やがて「見えない放射能が降りかかる恐怖」について書きました。原発建設前から、各地の反対運動を取材し、立地自治体を腐敗させる原発マネーについて、なん冊かの本を書いてはいました。

しかし、書いてはいましたが、「原発絶対体制」のなかで生活し、そこから脱却するための努力を怠っていたのです。

フクシマ大事故の第一報を聞いた無念は、戦争に反対しながらも、手をこまねいて敗戦を迎えた祖父や父親世代の後悔とおなじものだったでしょう。が、しかし、それはけっしてあとからくる世代にたいして、言い訳のできるようなものではなかったのです。

中曽根氏が五四年のウラン二三五「原子力予算」を成立させたとき、すでに「原子兵器を理解し、使用する能力をもつために」との目的があったことは、これまで伝えられてきませんでした。六九年九月、佐藤栄作政権で作成された、秘密文書「わが国の外交政策大綱」には、

「当面核兵器は保有しない政策をとるが、核兵器製造の経済的・技術的ポテンシャルは常に保持するとともに、これに対する掣肘（せいちゅう）をうけないよう配慮する」

とまで書かれていたのです。

日本は核兵器を所有していないのに、唯一、使用済み核燃料の再処理工場の建設を認められている国ですが、原発にまつわるキナ臭さは、その出発当時から、軍需産業へ転換するのではないか、という怖れとともにあったのです。故障と事故続きでも、まだなにくそとばかり、六ヶ所村の核燃料サイクルと濃縮ウラン工場、核増殖炉の「もんじゅ」に政府がこだわりつづけてきたのは、「核武装の能力を保持し、掣肘をうけない」ためだったのです。

佐藤栄作、中曽根康弘以来、歴代首相は核武装を否定するどころか、公然と「研究の必要性」を語ってきました。ところが、核武装の準備への批判と原発反対運動は、これまで結びつくことはありませんでした。核の「平和利用」と安全宣伝に意識を攪乱（かくらん）させられていたためですが、フクシマの被害で、ようやく、ヒロシマ、ナガサキ、第五福竜丸と結びついたのは、極めて不幸なことでした。

これからの運動

私自身、批判し、集会に参加しながらも、力を尽くしていなかったのです。「原発絶対体制」のなかで生活し、そこから脱

却するための努力を怠っていた。フクシマ大事故の第一報を聞いた無念さとともに、戦争に反対しながらも、手をこまねいていた祖父や父親の世代への批判が自分にむかってきたのです。

とにかく、フクシマを核社会から脱却の転換点にしなければ、いままで建設反対運動のなかで亡くなった人たち、被曝労働者、汚染された地域で被曝の不安におののいている人たち、将来の被曝者と子どもたちに報いることができません。

原発に反対する運動は、福島事故以前までは、大胆率直に訴えかける方法を欠いていました。運動拡大の努力がたりなかったのです。現地での建設反対運動は、もちろん住民が中心だったのですが、立地点が僻地という条件も災いして、全国化しませんでした。

さらに、「支援」の社会党と総評の力が衰えてから、反原発運動が孤立するようになりました。組織依存からの脱却、市民運動化ができなかったのです。

それと、マスコミが報道しなければ、まったく伝わらない、という限界もありました。

「9・19さようなら原発六万人集会」は、大江健三郎さんなどの「呼びかけ人」方式によって、ひろく大胆に「脱原発」一本で、市民へ訴えかけました。それも、マスコミよりも、むしろ「ソーシャルメディア」と呼ばれるインターネットと、ラジオ・BS放送などの「オルタナティブメディア」などで、集会とデモの訴えがより多くあつかわれました。

「さようなら原発」は、持続可能なエネルギーと持続可能な生活を目指し、たがいに扶けあい、支えあう、平和な生活を目指す新しい運動につながっています。

フクシマは、核と強権の支配から脱するためのあたらしい運動の出発点でもあります。そうしないとこの重大な「犠牲」をまったく無駄なものにしてしまいます。

フクシマのあと、ドイツ、イタリア両政府は、原発廃止を決定しました。それはもう原爆も追求しない、という明確な意思表示でもあります。もう一つの「枢軸国」日本は、まだ戦争の反省がたりないのです。これはとても恥ずかしいことです。

人類と原発は共存できない

全国から集まってくださったみなさん、集まれなかったみなさん、すべてのみなさん。私たちは、今日ここに、五万人集会を成功させることができました。まだ数は把握していませんが、厳密に言っても会場内で四万人は突破しています。ありがとうございました。

今日の集会は、これまでの集会の一つの結節点です。そして、これから始まる集会の出発点でもあります。

一〇〇〇万人署名も始まったばかりです。みなさん、必死の思いで集めましょう。そして脱原発一〇〇〇万の声を政府に突きつけましょう。

野田首相はこれから国連に行って、原発は安全性を高めて再開していくと演説すると発表しています。しかし安全性と信頼性は、すでに破綻しています。それでもなおかつ再開するというのは、人民に対する敵対であります。

いま日本の八割近い人たちは、「原発はいやだ」「原発はやめてくれ」「原発のない社会に生きたい」と言っています。その声を無視して、政治ができるわけはありません。

これまでに、どれくらいの被曝者が発生しているのか。どのくらいの被曝労働者が発生していることか。それはこれからわかります。その恐ろしい結果を、私たちは認めなくてはいけません。その救済を、少しでもはやく始めていかなければなりません。今日の集会を力強く行うことによって、救済運動もひろく進めていきたいと思います。

原発支配社会から脱却する、脱原発運動は、文化革命です。意識を変えていく運動でもあります。みなさん、核に依存して生きることは、人類は絶対にできません。核と人類は、絶対に共存できないのです。それは、広島・長崎、そして今回の福島の事故でも証明されています。どうして、これ以上の犠牲者を作ることができるでしょうか。

私たちは、原発に「さようなら」を言います。この「さようなら」は、「再見」、「オルボワール」、「また会う日まで」の「さようなら」ではありません。「もう絶対会わない」、「会いたくない」、「アデュー」というのが、原発に対する、私たちのメッセージです。

もう原発のある社会はいらない、そして子どもたちに平和な幸せな社会を残す、そのためにこそ、がんばっていこうではありませんか。

みなさん、一〇〇〇万人署名に協力してください。そして来年(二〇一二年)三月に日比谷野外音楽堂で署名を集約する集会を開きます。それまでみなさん、がんばってください。それまでの間にも、講演会とか、音楽会とか、福島現地集会とか、いろいろなことを考えています。みなさんからのアイディアも募集します。

原発をなくす日まで、一緒になって、がんばりましょう。

おわりに

9・19集会に集まった、六万を超える人たちの想いとは、自分と子どもたちが被曝している危険性に対する怒りばかりか、将来の子どもたちへ膨大な核廃棄物を残してしまった責任、さらには民主主義に敵対してきたいままでの原発建設と運転のやりくち、そしてなお推進しようとしている政府への抗議でした。その想いは全国に満ち充ちました。いま五四基のうち一一基しか原発は稼働していません。それでも、なんの不自由はありません。来年三月には、全基停止します。

これから、さらに原発社会から脱却するための運動を強めます。核のない、持続可能な、さまざまな自然エネルギーの社会にむかう政策に転換させましょう。停止中の原発を再稼働させない運動をつくりましょう。

核武装の基盤を用意する高速増殖炉「もんじゅ」の運転と六ヶ所村の使用済み核燃料「再処理工場」の試運転を止めましょう。技術的に無理を重ねた、核サイクルの連鎖から脱却しましょう。

電力会社の地域と発送電の独占をやめさせて分離し、電力の自由化をすすめましょう。経産省から原子力安全・保安院を分離させ、民主的な監視機関によって、廃炉にむかいましょう。

将来にわたる被曝者と被曝労働者救済の準備をはじめましょう。

市民と労働者、農民、漁民すべての原発を許さない人たちとの連携を強めましょう！

二〇一一年一一月三日

第一部　原発列島の恐怖

恐怖の原発社会

第一章　福島原発周辺のミステリー

1　ミステリーの始まり

　上野駅を出た常磐線は、太平洋沿いに福島県を通過する。青森行き夜行列車に乗った人たちは、その間は文字通り「白河夜船」である。こうして、「白河以北一山三文」とうたわれた東北に到着することになる。青森から夜行列車に乗った場合もまたそうである。浜通り、と呼ばれる福島県海岸沿いの小駅は、こうして石ころのように黙殺されてきた。富岡、大野、浪江、いま日本で有数の原子力発電所（以下原発と略す）密集地帯となったこれらの町は、おそらくいまも、旅行者たちにとっては、まったく記憶にない駅名である。

＊

　東京から用事があって福島原発に行くものは、たいてい上野発特急ひたち二号に乗る。富岡着十三時六分。富岡は東京電力第二原子力発電所の予定地であり、ここにはやがて一一〇万キロワットの原発が四基並んで設置される。すでに三基が稼動し、あと三基の建設が進められている第一原発がある大野、双葉の駅に、この列車は止まらない。だから原発に用事があってくるものは、富岡駅で降り、そこからタクシーを拾う。私が初めてここに降りたったとき、ここで住民運動を続けているAさんは改札口で待っていてくれた。初対面のあいさつが済んでから、彼はうしろを振り返ってこう言った。

「いま行ったのが東電の幹部連中ですよ。どうもおかしいんです、事故があったらしいんだ」

　彼の話によれば、東電が予定していた第一号炉の定期修理は、

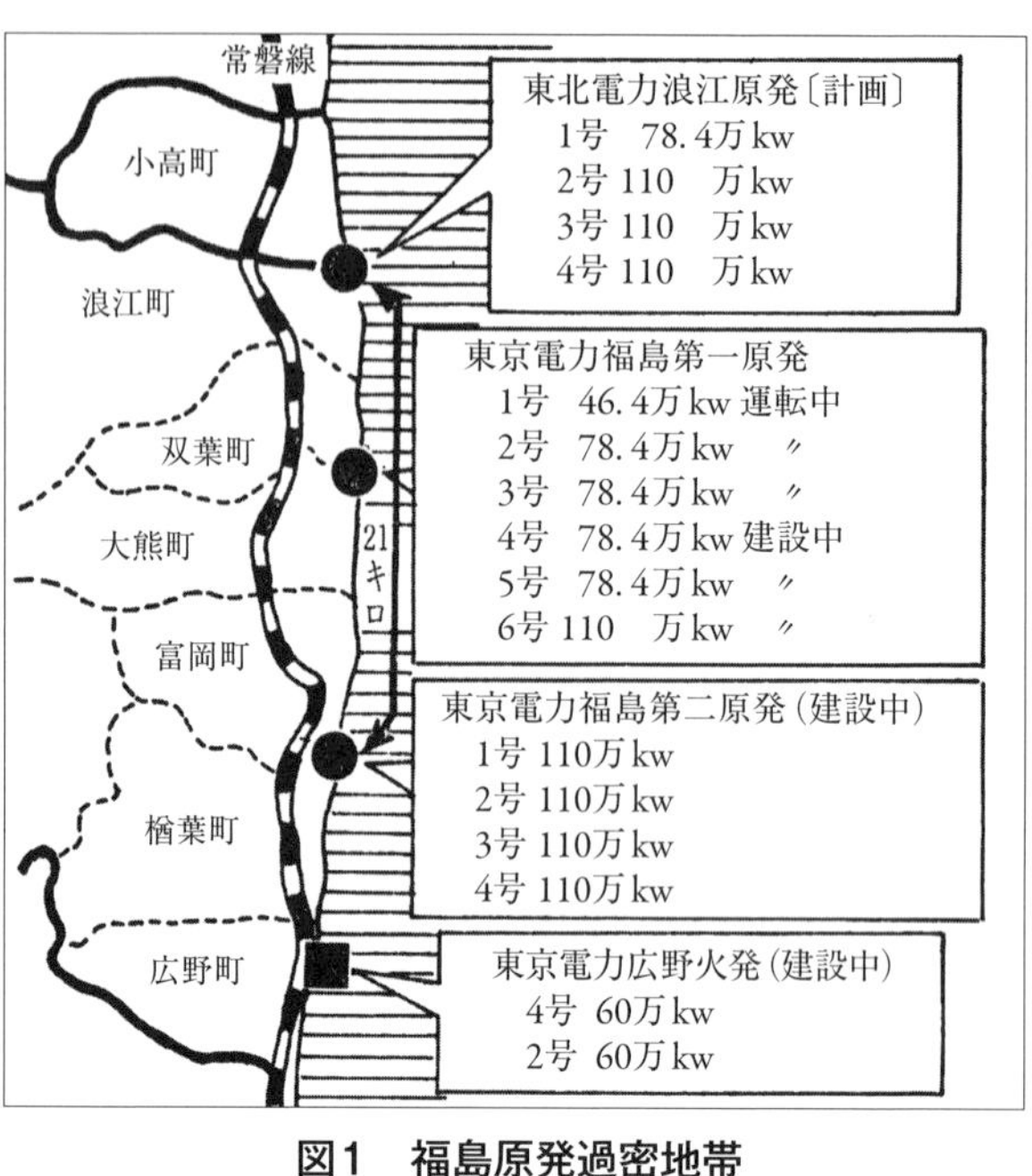

図1　福島原発過密地帯

九月一日からのはずだったのだが、八月二十日頃からすでに止まっているとのことである。私が遭遇した、ミステリーの始まりである。

＊

私が滞在している間、うわさはふくれあがっていた。

「九十日間も休止するというんだから、大変なことらしいんだ」

「タービンがいかれてしまって、そっくり日立へ運ぶんだそうだ」

「大至急で人夫が集められている。カネはいくらでも出すそうだ」

一号炉は夏期ピーク前の点検で休止し、稼動したばかりだった。それにこの炉は事故続きだったのである。

修理は、放射線被曝の恐れがいちばん強い作業である。ひとりずつ入り口に並んで、中に飛び込み、ストップウォッチで計って、三十秒〜一分交替で仕事を続ける場所もある。タービン室では、ボルト一本を締めるのに、三十人も使うほどの人海作戦がとられるという。人集めの親方があっちこっち歩きまわって人探しをしているといううわさは、その「事故」の大きさを物語っているようだ。

＊

「定期検査要員の確保は人員計画上の最大の課題である。原子力発電所一基の定検要員は、点検作業が施設全般にわたり、かつ放射線下での作業が多いので、一日最大動員数約七百人、期間中（約七十日／年）に動員される総人員は千二百〜千五百人に及ぶ。したがってかりに年間を通じ平均して定検が行われ、かつ被曝許容量による作業員の日数が制約されないというきわめて理想的な状況を想

表1　福島第一、1号原子力発電所事故の歴史

年月日	事故の概要
45.10.22	廃棄物処理室、イオン交換樹脂再生装置へ硫酸を送るパイプ点検中硫酸噴出3人重傷、2度目の事故、パイプのつまり（建設中）。
45.3.26	《営業運転開始》
46.4.30	タービンバイパス、リークオフライン修理（点検停止）6日間。
46.5.17	同日採取のアカモクからI^{131}を検出、800pci/kg（東海区水研の発表）。
46.6.3	オフガスコンプレッサー不良、出力低下（10万kw）。
46.6.6	夏期ピーク前点検、21日間停止。
46.6.28	復水器真空低下、トリップ。
46.7.19	送電線トリップ（1日）。
46.9.19	定期検査
46.11.26	《運転再開》
46.12.1	一次冷却水噴出、点検中の技術課計装係員水をあび被曝、足場から転落20日間の打撲傷、10pci／ccの水、バルブの故障。
47.1.11	再循環ポンプ修理、8日間停止。
47.3.26	オフガスコンプレッサー不良。出力低下（10万kw）。
47.4.10	蒸気圧力調整器、誤動作、停止。
47.4.28	蒸気圧力調整器動作、停止。
47.5.30	MGセットA、トリップ（出力低下）。
47.6.19	夏期ピーク対策、21日間停止。
47.9.15	定期検査
47.12.11	《運転再開》
47.12.22	再循環ポンプ制御装置故障（MGセットBトリップ）停止。
48.1.28	再循環ポンプ制御装置故障（MGセットAトリック）停止3日間。
48.3.3	制御棒の交換、一日停止。
48.4.14	定期検査
48.6.25	地下廃液スランウタンクから、放射性廃液くみ上げろ過処理中ろ過処理装置の手動ドレン弁閉止不完全による廃液漏洩。床面、建屋外汚染、汚染土除去（中レベル廃液3.8㎥流出、貯蔵建屋内8600pci/cc、建屋外土砂5.500pci/㎤、汚染土ドラム缶づめ48本）原因手動弁の閉め忘れ。
48.8.13	点検中、燃料棒の破損を発見38体、計画取替含め103体を交換。ペレットの水分が分離し、水素とジルコニウムの反応で、侵蝕による破損と判断。
48.8.20	《運転再開》
48.9.21	送電線点検停止、6日間。
48.11.30	制御棒支障。出力低下（40％）。
49.5.4	B制御棒駆動水圧ポンプシャフト損傷、部品交換、3週間の予定で停止。異常音で停止。直径6㎝の軸部損傷及び、軸封摩耗。
49.9.23	点検で、一次系再循環パイプ、バイパス管のヒビ割れを発見、修理。（10.23発表）
50.2.15	点検停止
50.3.22	点検で、ECCSスプレー系配管のヒビ割れを発見、修理、三ヵ所（タテ、ヨコ）、パックリ割れる寸前のもの一ヵ所。原因は応力腐蝕と発表（5.29）。にじみの長さ1～3㎜。幅0.05～0.1㎜と東電発表。
50.12.30	《試運転開始》
51.2.	《運転再開》
51.2.10	発電機界磁電圧、自動電圧調整、気圧力調整不調のため停止。
51.4.10	再循環ポンプ軸封装置点検、修理のため停止、18日間停止、軸封部からの冷却水漏れ増加、軸封部への異物が出たための破損。二台のポンプ両方を修理。
51.6.1	制御棒駆動水圧ポンプ圧力低下停止（予備ポンプで運転）。
51.6.15	〈夏期ピーク前点検停止〉

『原発黒書』（原水爆禁止日本国民会議）

定しても、六〇年度(約六十基運開)一万五千~一万九千人、六五年度(約百基運開)では、二万六千~三万三千人の作業員が必要であり、実際にはさらに多くの作業員が必要になるものと思われる。このようにぼう大な作業員の確保にあたり、被曝低減対策、保守点検作業の自動化、遠隔化等による所要人員の省力化を図るとともに、原子力機器供給産業、工事業者ならびに施設者の協力体制を強化し、原子力および火力発電所における点検保守の作業体制を確立して、作業員の確保と被曝の平均化を図るべきである」[注1]

2　労働者のタライ回し

放射線被曝はすでに前提である。対策は人海戦術によって、それを平均化するだけなのである。被曝する人間は、放射線の恐ろしさに無知で、狩り集められてきた人夫である。そして実態はけっして平均化されていない。

「Aさんが大阪の愛隣地区(釜ケ崎)で食事をしていると、手配師が寄ってきて、〝明日から三日間八本(八千円)の仕事があるんだがどうか〟と誘われた。仕事も満足にない近ごろ、八本と聞いて飛びつかない法はない。Aさんは早速、その話に乗ることにした。手配師はそこで、Aさんをつれだし、黒ぬりの乗用車に乗せ、数時間後、敦賀につれてこられ、仕事が原発での作業であることを知らされた。Aさんは、原発での作業が非常に危険なことを聞いていたので、やりたくないと言ったが、手配師は〝ここまでタクシーできたらいくらかかると思う。いやなら帰ってもいいが、帰りの交通費もやらんし、自動車代もよこせ〟とすごみ、仕方なくAさんは原発での作業をひき受けた。

一日が終って発電所を出る時、Aさんは〝明日からこないで良い〟といいわたされたのである。三日間の仕事の予定が、被曝線量のため一日でだめになってしまったわけである。外には手配師が待っていたので、〝約束が違う〟というと、彼は〝それなら別の口があるから黙ってついてこい〟というのでついていくと、翌日は美浜の発電所で働くことになったのである。こうして、Aさんは敦賀、美浜、高浜と三カ所の原発で働くことになった。もちろん、各原発ともそれぞれ異なる名前である。Aさんが帰りに受け取った日当は、約束の八本よりも少ない五本であったとのことである。差額は手配師がピンハネしたらしい」[注2]

＊

福島原発第一号炉が果たして事故によって休止したのかどうか。東電側の言い分はこうである。

「八月十二日に、発電機の付属電気回路の故障によって停止しました、そのまま八月十七日から定期検査に入ったのです。タービンの故障ではありません。ささいなトラブルであって、原子炉の致命的なものではないのです。

運転再開になるのは十一月の末か、十二月に入ってしまうか、そのあたりはまだはっきりしません。ふつう定期検査には、二、三カ月かかります」

＊

東電側がどう説明しようとも、それを信じない人たちが多い。たとえ放射線が漏出しても、原発内の真相は固く遮蔽されているからである。

最近、ロッキード事件福島版として新聞を賑わせた、汚職事件の主人公として、現職知事ともども逮捕された赤井生活環境部長は、原発内事故に対する野党議員の追及を次のようにかわしていた。（七四年三月十一日）

答弁（赤井生活環境部長）
次に、福島発電所一号炉の事故についてであるが、一号炉は、昨年八月の定期点検後は超高圧開閉碍子の点検清掃や、その他計画的な原子炉停止のほかはきわめて正常に運転されており、燃料棒の被覆の欠陥によるダウンとか、蒸気漏れによるダウンとかいうことは全然ない。ことに蒸気タービン室の蒸気漏れの事実はないので、立ち入り調査を行う考えはない。
次に、使用済み燃料棒の運搬が行われたとのことであるが、現在百二十三本そのまま建屋内のプールに貯蔵されており、使用済み燃料棒が運搬された事実はない。

再々質問（岩本忠夫議員）
使用済み核燃料の運搬の事実はないとのことであるが、運び出した日にちは約一カ月ほど前のことであり、ある建屋に車が入って、完全遮蔽をして、その中で東京電力職員だけで作業をし、そのまま船に積んでどこかへ持ち去ったとのことであり、まったく奇妙な話である。実際に運び出したという事実確認をしている者がある。もちろん船で運んだのであるから、もう一度県で調査すべきではないかと考える。
次に蒸気漏れであるが、実際ひどいので、大体十分から三十分程度しか作業できない。ものすごい汚染であり、最初からアラームメーターが鳴りっ放しである、とそこで働いている人が言っている。やっぱり配管のつなぎ目が悪いのではないか。思い切って運転をとめて、完全修理しないと回復しないのではないかと思うので、県は立ち入り検査すべきだと要求しておく。

答弁（赤井生活環境部長）

使用済み燃料棒については、絶対積み出した事実はない。スチーム漏れについては、報告にもなく、その他備え付けのデータ等にも記載していないので、そのような事実はないと考えている。[注3]

3　事故を追及した議員への報復

「企業から報告されていないから、そんな事実はない」これが県の責任者の姿勢である。もし事故があっても、報告されなければ、それはな<ruby>い</ruby>ことなのだ。

県議会での一般質問内容は、あらかじめ議会事務局に届ける。これが慣行である。岩本議員（社会党）もその日の質問内容は通告していた。彼が発言する前日の深夜、一号炉は停止した。停止したから、蒸気漏れはなかったことになる。その間、原発内では人海戦術による応急手当が昼夜兼行で行われていた。

運転停止理由は、送電線工事のため、であった。三月二十三日、議会終了。運転再開は一日置いた二十五日だった。

＊

岩本議員の質問は、事実無根、いたずらに県民に不安を与えた、ということから、「原子力発電所安全確保に関する調査特別委員会」なるものが設置された。参考人として、所長、労組委員長、そして赤井生活環境部長が出席して、事故説を否定した。特別追及は、情報源を明らかにしろ、ということに終始した。特別委員会の内実は懲罰委員会だったのである。社内の情報提供者については、本人の不利益が予想されるので明らかにできない。こうして、結論は、事実無根、ということになってしまったのである。

その後、現場では下請業者たちに、内部の話をしてはいかん、という指示が強化されることになった。が、この運転停止期間中に、送電線の工事はなかった、ということを新福島開閉所の所長がうっかり発言してしまった。まもなく、その所長は転勤になったという。

＊

それからちょうど一年後の七五年四月、県議選が始まった。岩本忠夫の話によれば、東電の「岩本おとし」の作戦は次のようなものだった。

郡内の有権者名簿が集められ、東京から選挙のプロが呼ばれて情報分析がなされた。下請企業の幹部が集められた。職場では朝のミーティング時に選挙の意義について話され、「攻撃目標は岩本だ」との訓示がなされた。かなりの職場では模擬選挙が行われて、労働者の岩本支持の度合が計測された。筆跡鑑定がなされたのかもしれないとのことである。下請けで岩本支持がでれば、仕事を取り上げる、こんな話も伝わってきた。

その頃、食料品店を営んでいる岩本宅に、ある男が客を装って入ってきた。

「あなたの行動は尾行され、キメ細かく調査されています。特高とはくらべものにならないほどの調査網が敷かれています。夜のひとり歩きも気をつけたほうがいいですよ」

彼自身、尾行されている気配には気づいていた。

岩本が当選すれば、岩本は食えるかもしれないが、働いているものたちは食えなくなる、そんな宣伝が広められた。親戚でさえ、「息子が食えなくなるから」と協力しなくなった。労組員たちは年休をとって選挙運動に没頭した。労使一体の選挙戦である。

あらたに、共産党も候補者を立てた。投票が済み、フタをあけてみると、岩本忠夫は千二百票の差で落選した。「〝腹背の敵〟にやられた」と彼は歯がみしている。

4　地獄へ行く感じ

東電の秘密主義は、七六年五月にも暴露されている。周辺住民たちは、二号炉に事故があったのではないか、と会社側に問いただしていたのだが、それに対して、「正常運転中である。異常があれば官庁に通報する」と答えていたのである。

五月六日の衆院科学技術振興対策特別委員会で、石野議員（社会党）がこのことを科学技術庁に問いただしたが、科学技術庁安全局長は「東電からそのような報告はまだ受けていない」と答えた。その後、科学技術庁の調査によれば、二号炉電気室で、直径一〇センチのケーブルが燃えたことが明らかになったが、東電側は「軽微なボヤだったので、通報しなかった」と発言している。一地域の安全の問題も、国会で追及されることがなければ、闇に葬られてしまうことを、この事件は示している。

＊

しかし、と思う。科学技術の粋をつくして建造されているはずの原発が、それほど簡単に放射線を漏出するものだろうか。中で働いたことのある人たちと話してみても、信じられないような話ばかり続くのだ。いま、浪江町に建設が予定されている東北電力の原発に反対している、棚塩原発反対同盟の舛倉隆委員長は、七二年七月に九日間ほど第一号炉で働いたことがある。

＊

「自然にも放射線があるというけど衣服にはつかないだろう。中で働いていると作業衣について、ポケット線量計が反応するし、床にもずいぶんたまっているんだ。坐り込んだりすると、メーターがふっきれるほど反応するんだ。便所へ行くんだっていちいち着換えて手と足を突っこむ測定器で測って、それから一〇〇メートルも離れたところまで行く。中にはシャワー室があっても、便所がないのはどういうことなのか。男は手でつまむから危いのだろうか。管理区域といったって、壁がある訳ではなし、黄色い線が引かれているだけ。そんないいかげんなもんさ。でも、働いているものは、中のことはなんにもいえないんだ。なんか話すると、誰がその話をいったか、すぐたどられてクビにされてしまうし、やめたって、連れて行ってくれた人の迷惑になるから、やっぱりなんにもいえない」

＊

また、ある人はこう言う。

「防護服をつけて、重い扉を引いて入ると、まるで地獄へ行くみたいでイヤだね。作業衣も、道具もなんにも外に出せない、ということはそれだけ汚染されているってことだ。あっちこっちでは蒸気が漏れているし、体内放射線がふえると、〝もうこなくていい〟といわれてクビになる。あとの補償はなんにもない。白血球がふえたり減ったりするのも、気持が悪いもんだ。前は温排水口の堤防で釣りさせていたのが、最近禁止したのもやはり怪しいとにらんでいるんだ」

＊

ある孫請業者だった人はこう言う。パイプ工事で入っていたのだが、作業員を掃除などに強制的に引っぱられるので、もう数年前にやめている。働いている人が、嫌がって行かないからだ、と言う。

「パイプの工事には、普通、伸縮自在の継ぎ手をつかうもんだ。熱によってパイプが膨張するからね。鉄道の線路に隙間があるのと同じことだ。ところが、原発内のパイプにはこれを使わないんだよね。継ぎ手がないから、亀裂が入って当り前だよ。検査だって長いパイプを全部通してやると、かならずどっからか洩れるもんだから、一部分だけに抑えてやってしまうんだ。初めはうるさくて大変だろうと思ったけど、行ってみたらどうってことはない、ばったりばったり（行きあたりばったり）でいいんだ。蒸気洩れなんかある訳だよ。設計ミスなのか、配管しているとパイプ同士がぶっつかったりする。そのたびに、設計変更してエレベーション（高低）をつけるんだ、こっちはパイプの量がふえてカネになるからいいけれど。原発のことはよく知らないけど、付帯工事の様子を見るとなんかおかしいから、このへんで逃げようってんで、やめたんだ。五十〜六十人の溶接屋の会社で、二人の人の子供が歯が飛び出てしまって、会社のカネで治療に行ってるという話も聞いたしね。働いている奴はモルモット代りなのさ」

5　障害児出産の噂

歩きまわっているうちに、東電で働いている労働者の家庭に小頭症の赤子が生まれた、という話をきいた。三年ほど前にひとり、そして七六年二月にひとり。両方ともに、脳が欠落していて死産だった、という。私は、なにかの本で見た広島での、ホルマリンづけの胎児の写真を思い浮かべた。もしそれが本当だとしたら、放射線汚染による遺伝の証拠になる。第一号炉が運転開始されてすでに五年になる。やがてこのあたり一帯に十四基もの原発が軒をならべるようにして稼動することに対する、自然からの重大な警告なのかも知れない。

私は、まず、ある人の紹介で病院の事務長に会った。さきに様子を探ってみることにしたのである。が、その人は底抜けの好人物なのかどうか、私が電話するとすぐ、東電に対して、こういう人が取材に行くからよろしく、と電話を入れてくれていたのだった。

＊

病院へ訪ねて行くこと自体、私はかなりこだわっていた。あとからなにか迷惑がかかっては、と思ったのだが、彼は全然かまわない、と強く言った。院長が留守だったためか、院長室に通され、応接セットで向かい合って私はたずねた。

「この病院では、かなりの数の障害児が生まれているとのことですが」

「いいえ、そんなことは聞いたこともありません」

私は小頭症以外にも、いろんな症状の障害児出産の噂を聞いてきていた。産婦人科の医者を紹介してもらうことにした。ちょうど昼前で、診察は一段落ついているようだった。

＊

産婦人科に入ると、まだ若い医師は回転椅子からこちらに向きなおった。簡単な自己紹介をして、私は事務長に言ったのと同じことを切り出した。

「この病院では、かなりの数の障害児が生まれているとのことですが」

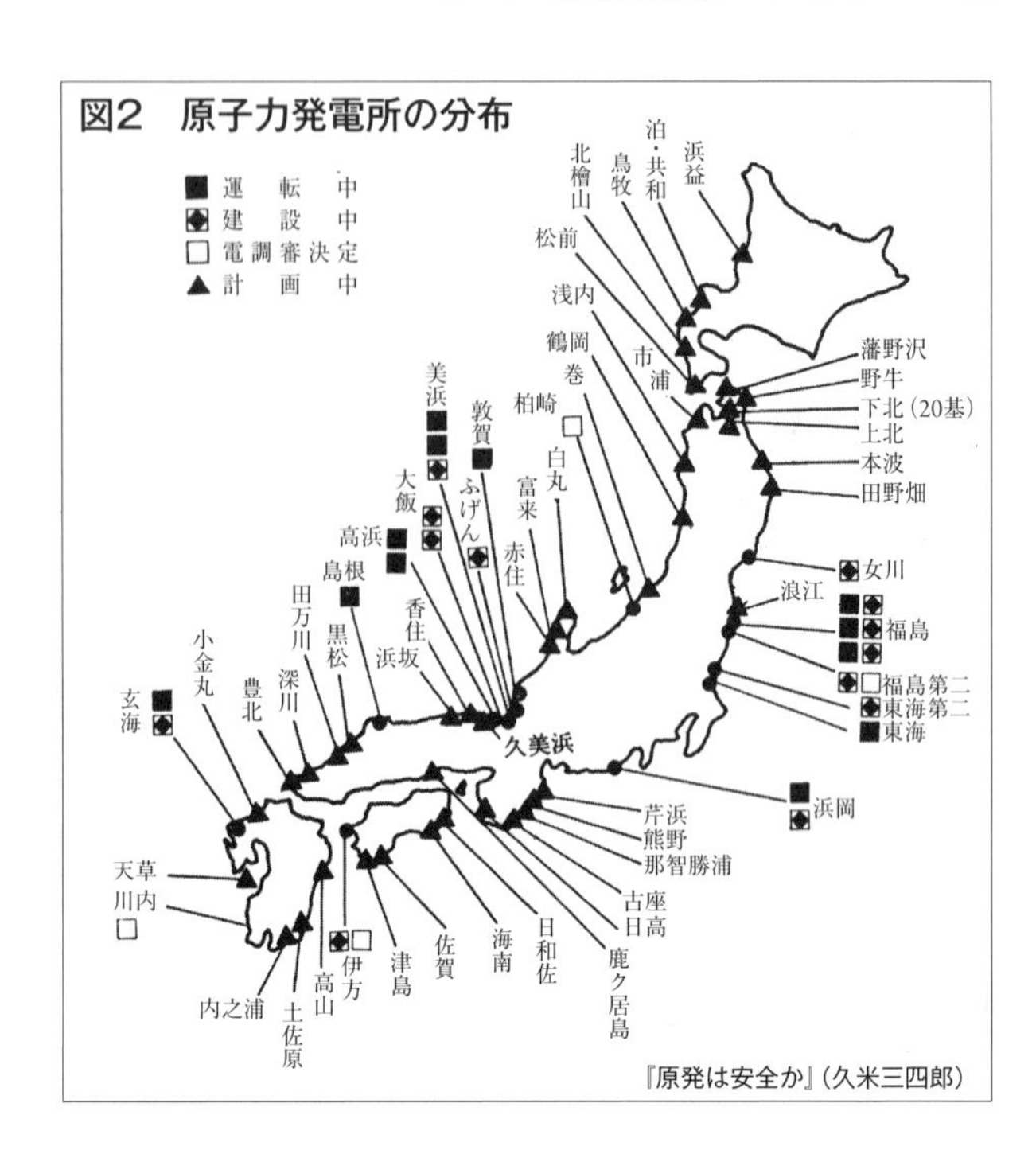

図2　原子力発電所の分布
『原発は安全か』（久米三四郎）

「そんなこともないですよ」

「まったくないんですか」

「いや、何例かはあります」

と、彼は机の上のガラス板を持ち上げ、下に敷いた書類を探し出し、ちょっと躊躇してから、小さな紙切れをつまみ上げた。


「ぼくもまだ、来て新しいもんだから」

「ちょっとそれを見せてもらえませんか」

「あなたは書くでしょう。だからだめです」

「かなり多いと聞いてますが」

「ほかの地域にもあることです」

「小頭症が二例あったときいてますが」

「どこから聞いてきたんですか。あなたがたマスコミは、功をあせりすぎますよ」

「いや、そうではなくうわさがあるので、確かめに来たのです」

「そういうことはありません」

「二月にあった死産の例はどうですか」

「Bさんのことを言ってるのですか。あれはヘソのところが少しおかしかっただけです。ご本人は結核で入院してますし、そのせいかもしれません。放射線の影響は、十年、二十年たたなければわかりませんよ」

「それからだったら遅いので、早くはっきりさせなくては、と思っているのです」

　私が聞いたのは、単なるうわさというより、かなり確かな情報だったのだ。が、それ以上深くは突っ込めないのである。岩本議員が議会でつるし上げられたように、否定されれば、証明する手段は、情報提供者を表面に出すしかないのである。それに困果関係の証明、という難問題も残る。

＊

もうひとりの小頭症を扱ったといわれる医師は、そこから七〇キロほど離れた病院に転勤していた。私は、海岸沿いのこの町から、阿武隈（あぶくま）山脈を越えてタクシーで走った。田んぼとタバコ畑の間を、舗装されないデコボコ道がくねりながら続いていた。冷たい夏が続いているためか、稲はまだびっくりするほど青かった。

もう夕方だった。C医師は、宿直室にいた。これから始める手術を待機していたのである。

「三年ほど前、先生は小頭症を扱われたときいてきたんですが」

と質問すると、彼は即座に答えた。

「三年前だったかな、あれは小頭症ではないよ。水頭症だよ」

「水頭症ってどんな……」

「頭が大きいんだよ。体重は、二一〇〇グラムしかなかったな。満期性未熟児だった」

彼はよく覚えてないが、というけれど、その部分だけは異常なほど記憶もはっきりしているのである。

「両親とも、眼鏡をかけていて、たしか両方とも二十五歳で、初産だった。つわりがひどくてね。院長に、あまりいうな、といわれていたんだ。原発のせいとはいえないだろう。だって、自然界にだって放射線はあるんだし、異常児はどこにだっているんだ」

それから取りとめのない話になって、私は混乱してまた町に戻った。もう一度、情報提供者にきくと、水頭症でなく、小頭症だという。それ以上の真相は私には確認できない。

＊

かなり確度の高い情報をつかむ。それを追いかける。関係者は否定する。データは向こうにある。取材者に調査権はない。「うわさ」だけが残ってさまよい歩く。

6　白血病、ガン患者が多発

〇々〇一。六十二歳。「ビル代行」雑工。七四年九月死亡。肺ガン。

〇崎〇夫。三十七歳。「鹿島建設」雑工。七四年十二月十二日死亡。リンパ腺ガン。

〇出〇治。四十二歳。東芝下請「大昭建設」電気工。七五年二月二十七日死亡。急性単球白血病。

〇野　忠。五十一歳。鹿島建設下請「新妻鋼業」鉄筋加工。七五年十二月九日死亡。急性骨髄性白血病。

〇本　勝。四十七歳。溶接工。七六年四月二十九日死亡。膵臓ガン。

これは、原発現場で働いていて、ガンおよび白血病で亡くなった人たちである。いままで明らかになった人と、私が病院で調べた人だけに限った。

これ以外に、私が得た情報では、肝臓ガン一人、胃ガン一人、肺腫瘍一人、脳腫瘍二人、脳溢血での死者が八人ほどいる。そのほとんどが下請企業の労働者であり、放射線の被曝のもとにさらされていた。

といっても、その死と放射線被曝の因果関係を立証する術はない。労働者が携帯すべきはずの被曝手帳は、労働者に渡されていないことも、その原因のひとつである。

＊

取材にまわっても、ある家では取材を拒否され、またある家ではガンと原発の関係については、判断のつけようがなく当惑していた。熱心に話してくれる奥さんは、むしろ初期の段階での医者の誤診と、夫の死に至るまでの苦しみについて長い時間をかけて話した。ただ原発ができるまでのように、東京に出稼ぎを続けていれば、ガンにならなかったかもしれない、といったことが印象的だった。素人にはなんとも因果関係をつかめない。結局は、全労働者の疫学的な調査が公表され、そこでの被曝線量と発病の精密な調査結果から分析する以外には、つまりは噂で終わってしまうのである。

＊

ただ、病死者が発生した時、東電側の神経の使い方だけは、異常ともいえるもののようだ。たとえば、白血病によって退職した労働者が下請企業指定病院に転院したあと、再度また下請企業に採用された形になった話とか、通夜の晩に、遺族が、「うちにはガンの系統がない。変だ」と話し出すと、同席していた東電職員が即座に話題を変えたとか、そんな噂は無数にある。

＊

表2は、原発別の被曝放射線量の数値である。公表されているものでさえこうである。これを見ると、被曝量が下請に集中していることが如実にわかる。白血病、ガン患者がほとんど下請から出ていることのひとつの解答になるだろう。最近では、原発で働いている、というだけで、結婚話が破談になる例も出てきているといわれている。

7　被曝量は青天井にふえる

「従業員の被曝傾向は、漸増の傾向にある。アメリカで公開されたデータ（ＷＡＳＨ一三一一）にあるとおりその傾向は経年に従い、また出力増加にともなって増加していることが示されており、日本の発電所（敦賀、福島一号、美浜）も例外ではないことが明らかになった。従ってその解決なくして本格的な原子力時代をむかえることは不可能であろう」きわめて穏当なこの文章は、七五年一月の全国電力労働組合

表2　原発従業者の被曝放射線量分布

発電所名 ＼ 被曝放射線量（レム）	社員、請負従業者の別	0.5未満	0.5以上1.5未満	1.5以上2.5未満	2.5未満5未満	5以上	計	総被曝線量（単位：人・レム）	平均被曝線量（単位：レム）
東電福島第一原子力発電所	社員	395	148	25	1	0	569	223	0.39
	請負	2,790	606	209	103	0	3,708	1,521	0.41
	その他	1	1	0	0	0	2	1	0.37
	計	3,186	755	234	104	0	4,279	1,745	0.41
原電敦賀発電所	社員	65	109	49	5	0	228	213	0.93
	請負	574	175	24	35	0	808	402	0.50
	計	639	284	73	40	0	1,036	615	0.59
関電美浜発電所	社員	174	72	20	9	0	275	145	0.53
	請負	1,744	457	137	32	0	2,370	911	0.38
	計	1918	529	157	41	0	2,645	1,056	0.40
関電高浜発電所	社員	222	0	0	0	0	222	0.5	0.002
	請負	300	0	0	0	0	300	0	0
	計	522	0	0	0	0	522	0.5	0.001
中国電力島根原子力発電所	社員	199	0	0	0	0	199	3	0.015
	請負	535	1	0	0	0	536	8	0.015
	計	734	1	0	0	0	735	11	0.015

注1）これは48年度に運転中の原子炉及び48年度中に臨界に達した原子炉について記載した。

注2）中国電力島根原子力発電所以外は原子炉等規制法上の従事者のみを対象としている。

注3）48年度の従業者の被曝放射線量分布（48年4月～49年3月までの一年間の被曝放射線量分布）東電福島のみ50年度。

注4）科学技術庁原子力局、昭和50年2月19日（単位：人）

『原発黒書』（原水禁）より

表3　福島第一原発における労働者被曝

項目	年度				
	46年度	47年度	48年度	49年度	50年度
従業者数（人）	1508	2011	2957	3587	4279
被曝線量（人・レム）	219.6	481.9	864.7	1107.5	1745.0

連合会の、「原子力開発に対する第五次提言」の一部である。これと併行して、稲垣電労連会長は、日本原電敦賀、東電福島などの被曝の傾向についてマスコミに発表していた。

「従業員の被曝量は、最初は増えても運転になれるにつれ、一定量で頭打ちになると考えられてきたが、どんどん青天井で増えることが、こうしたデータから明らかになった。敦賀原発では運転開始後十年で年間被曝量が一千～一千五百人レム（人レムは被曝した人と線量の総和）、一〇〇万キロワット級原発では十年後に年間三千～五千人レムの従業員被曝が予想される。発電所当たり総被曝量は、三～四年でざっと二倍、十年で四～六倍にふえる見込み[注4]」

*

ところが、この報告は思わぬ波紋を呼ぶことになった。原発内で起こっていることをそのまま率直に表現しただけで、労働者の代表としての稲垣会長は、〝追放〟されることになるのである。二カ月後、新執行部が決まった。

「今回の三役選挙にあたって当初から焦点とされていたのが稲垣会長の去就。すなわち留任か否かにあった。とりわけ、〝原子力提言〟をめぐる会長の〝独走〟に対して役員選考委員会がどう反応するかにあるといってもよい。まだ一期目の任にある稲垣会長は、これまでの〝人事慣例〟からみるとすんなり再任というのが常識とされていたが、電労連と各電労間の組織上の意思疎通の欠落、さらには〝原子力提言〟にみられる会長独走にたいする各電労間の拒絶反応は強く、これが結果的に、会長の交替になった[注5]」

*

原発運転による放射線被曝の危険性は、中で働く労働者だけのものではない。周辺住民に対する影響が懸念されている。これに対して、原発推進論者は、原発から出る量よりも、自然界にある放射線のほうが多い、ということを理由に、正当化しているが、決してそうでないことを学者たちは主張している。

「彼らは自然放射線がたくさんの障害を発生させてきたことを、まったく無視してしまっているのである。自然放射線に起因する遺伝的な死や疾病は、人為的な放射線に起因するものと何ら差異がない。……これらすべての放射線は同じように作用する。ただ言えることは、現時点でわれわれは、種々の自然の放射線を除去してしまう手段を知らないということである。どうしても、われわれは自然放射線の結果として虚弱、疾病、死という莫大な犠牲を背負うことになる。常識的な最小限のこととして、われわれは、この莫大な苦痛の荷物につけ加えてさらに人為的な放射線障害を付加することを慎むべきであろう。

……同じ論理を伝染病にあてはめたとしたなら、公衆衛生の担当者は『この国では常に一万例のマラリアが発生するから、われわれがその数を二万例に増やしてもなんの事態も起こらない』ということになろう」[注6]

8　周辺の汚染を示す数々の事実

京大農学部遺伝学教室の市川定夫助手は、原発の風下にムラサキツユクサを植えて、大気に含まれて流れる微量放射線の影響を調査した。ムラサキツユクサは、青色にする優性遺伝子のひとつ、ピンクにする劣性遺伝子をひとつだけ持っている特殊な植物だが、突然変異によってピンク色になる。原発周辺に植えた六十四万本のおしべの毛を調べた結果、原発（中電浜岡）の試運転が開始されるや否や、風下では突然変異率が高まり、故障によって運転停止すると、それと符合して、試運転前の突然

図3　原子炉施設からの放射性物質の漏出と移動

『原発の恐怖―アメリカからの警告』シェルドン・ノビック

変異率になった。風下でない最近接地点でも、やはり高かったという。彼は、微量放射線の影響について、こう語っている。

*

「いま、仮に一万人の周辺人口を考えます。そのうち五千人が成人で、その半数が男、さらにその二〇％にあたる五百人だけが原発の作業に就かれるとして、一人当たり年間〇・三レムよけいに浴びるとします。他の人は年間五ミリレム、つまり〇・〇〇五レムしか浴びないとします。そうしますと、全体で年間二百人レム被曝することになり、一人当たりにすると年間二〇ミリレム被曝することになって、僅かな作業者によって集団としての平均被曝は四倍にも達します。また、作業した五百人が法定ぎりぎりまで、つまり、そのうち四百人が年間一・五レム、百人が五レムよけいに被曝しますと、千百五十人レムに達し、一人平均年間一一五ミリレムとなって、実に公称値の二、三倍にもなります。三〇年間という生殖可能年数の合計を考えると、三・五レムにも達し、どの遺伝子の突然変異もほぼ一〇％ずつ増加し、この一万人の中で毎年八人ずつガン死者が増加するはずです[注7]」

*

原発周辺地は、放射線以外に、ヨード１３１やコバルト60、マンガン54などの放射性物質で汚染される。コバルト60は敦賀発電所周辺でも検出されたが、福島原発では七五年にくらべて七六年になってさらに広範囲に、そしてさらに高濃度で検出されている。

名古屋大学理学部の古川路明教授（放射線化学専攻）の調査結果によれば、前回の最高濃度が二七・八ピコキュリー（松葉一キロ当たり）だったのが、今回は三二・四ピコキュリーにふえ、五キロはなれた地点でも検出されるようになった。七五年に検出された時、住民運動団体が東電に抗議にいったところ、東電側は、「松葉にコバルト60が出ても、別に松葉を人間が食べる訳ではなし、問題ない」と答えたという笑い話のような話もある。

*

風が海に向かって吹くとき、原発の排気筒から蒸気が排出される、というのは、福島原発周辺地住民の常識になっている。海に出せば浄化される。そんな思想が、これまでさまざまな地域で海を殺してきた。原発はそれに加えて膨大な水を流し出す温排水の問題がある。

「タービンをまわした蒸気を冷やすために大量の海の水を使います。その海水は七〜八度くらい温度が上がって海に流されます」

　東京電力が児童向けに作った絵本『ピカちゃんのやさしい原子力』にはこう書かれている。電力会社は、原発の愛称をピカちゃんというのだろうか。ピカドンの平和利用だからであろう。この文章でも、七〜八度温度の高い水が大量に流されることが認められている。もともと原爆用のプルトニウムを生産するために開発された原子炉は、熱効率は三三%しかない。つまり核分裂で発生したエネルギーの三分の一だけが電力に変えられ、あとの三分の二は惜し気もなく海に捨てられる。一〇〇万キロワットの原発では、二〇〇万キロワットの熱が捨てられることになる。それが漁業に影響を与える。海の流れが変わる。沖の水が引きずられてくる。プランクトンの組成変化によって、生態系が破壊される。

*

　が、それればかりでなく、温排水も放射性物質によって汚染されている懸念が最近出てきた。放水口付近では、肉腫状の奇形魚が獲れはじめた。ある漁師の話は、もっと戦慄的である。ハサミの三本ある蟹を獲ったのである。普通に伸びたハサミの節から、もう一本のハサミが出ている。余分なハサミのほうは、ただ突き出ているだけで動くことはない。

　彼の話によれば、たいがいの漁師は奇形魚に遭遇しているという。ただ陸には持って来ないで、捨ててくる。最近このあたりの魚は五十集（いさば）（魚の仲介人）に買い叩かれる。築地の魚市場でも警戒されはじめてきた、と彼らは心配している。が、決してそのことは口に出さない。奇形魚の話はしない。魚もだんだん減ってきたし、評判を落すことを防ぐだけで精いっぱいなのだ。

注

1　『原子力発電開発規模検討委員会報告書』（日本原子力産業会議）
2　『原発黒書』（原水爆禁止日本国民会議）
3　『調査資料No.8』（福島県議会事務局調査課）
4　『読売新聞』（七五年一月十二日）
5　『電気新聞』（七五年三月八日）
6　『原発はなぜ、どこが危険か』（J・W・ゴフマン、A・R・タンプリン、小山内宏訳）
7　『原子力発電と微量放射線の影響』（市川定夫）

第二章　カネで汚染された町

1　カネに目がくらんで

開発を進める側は、どこの地域においても、住民に対してカネをバラまいて、工場を設置してきた。とくに原発の場合、最近では住民の間に、その危険性に対する認識が深まり、思い通りに建設できなくなっている。

「このような隘路（あいろ）を打破し、原子力発電等の建設を軌道に乗せるためには、一部に残っている安全性等に対する不安感を払拭する一方、発電所の開発利益の一部を積極的に地元に対して還元する施策を講ずることが必要である[注1]」

電源三法（発電用施設周辺地域整備法、電源開発促進税法、電源開発促進対策特別会計法）は、こうして七四年六月成立した。原発推進のための国の方針自体が、カネによる「住民対策」であるから、それぞれの地域を独占している、大企業である電力会社の方針がそうであっても、別に不思議ではないかもしれない。どこの原発予定地へ行っても聞かされるのが、えげつないカネの話である。原発がやってくる前に、そこはすでにカネによって汚染される。

＊

原子力委員会委員長代理の井上五郎はこう語っている。

「あの法律で地方の市町村が年間三億円という金が入るということで、現実には非常にいま誘致運動が起こっている。しかし、さきほど、正親さんからお話がありましたように、これをうっかり公表しますと、反対の声が大きいという、現実の問題があります。ですからいま私どものほうで、どのくらい誘致運動がきているかということは、申し上げにくいのですけれども、現実にはそうした動きが非常にあります[注2]」

カネと命の交換、である。地方自治体の職員が用地買収に全面的に協力する。もちろん、電力会社社員も駆け回る。その同じ座談会で、電気事業連合会副会長の正親見一はこう語っている。

「私は東京電力にいまして、福島の原子力発電、あるいは柏崎の原子力発電の用地買収から漁業交渉まで全部やってまいりましたが、私の時代には、まず三年間ぐらい内輪で、地元のご理解を得る努力をしてきたわけです。朝がけ、夜がけとたてまして、ほんとうに一軒一軒、一人ずつ会って、地元のご了解を得るということで、非常に時間がかかる。それをなるべく外部に漏れないようにするというのが一番むずかしい立地対策だった時代があったのですが、お

表4　米国での人口制限と日本の現状

半径	1.1km以内	21.3km以内	28.5km以内
アメリカ原力委基準人口制限	人が住んではならない。	2,000人以上の町があってはならない。	25,000人以上の都市があってはならない。
東電第1・東北電福島原発にあてはめると、つぎの地域がはいる。	50人	鹿島町（14,000） 富岡町（10,000） 原町市（40,000） 楢葉町（8,000） 小高町（15,000） 広野町（5,000） 浪江町（20,000） 都路村（4,000） 双葉町（7,000） 川内村（5,000） 大熊町（7,000） 11市町村	
東電第2（富岡・楢葉）福島原発にあてはめると、つぎの地域がはいる。		いわき市 久之浜（5,000） 四倉（20,000） 小川（8,000） 好間（8,000）	いわき市 平（75,000）

『福島における反原発運動の現状』（木幡恭一）

かげさまで最近は、電源立地については比較的にご理解が得やすくなりました」

＊

　東北電力の原発建設に反対している舛倉隆・棚塩原発反対同盟委員長の玄関には、標札とともに、「原発関係者の立ち入り禁止」の小札が掲げてある。このあたりは一面の水田地帯だが、炉心予定地から一キロほどしかはなれていない。反対同盟は九十五人。

一、原発には土地を売らない
二、県、町、開発公社とは話し合わない
三、他党とは共闘しない
四、賛成者及び賛成と思われる行動を取った者は総会の決議
　で除名する

　この四項目の規約で同盟は八年たったいまなお、固く結束して来ているのだが、彼の家に用事があって行ったある人はこう語っている。

「舛倉さんとこへ行ったらよ、車が来て、東北電力がやってきたんだ。恰幅のいい偉そうな男だったけど、そのうしろから、作業衣を着た男が降りたんだ。舛倉さんは会わない、といって追いかえしたんだけど、うしろについて来た作業衣の男のバッジに見覚えがあるんだ。あとで気がついたんだが、県のバッジ

だったんだ。電力の尻に県職員がくっついて歩いているんだけど、あれが原発の姿だよな」

＊

どこでもそうだが、原発を作りたい電力会社は、住民たちを旅行につれて行く。〝原発視察〟の名目で、飲ませたり食わせたりするのだが、この地区でも、町役場が三千円の会費で希望者を募集した。「行った人は同盟をやめてもらおう」ということで、ほとんどの人たちは行っていないという。下北（青森）でも、柏崎（新潟）でも、女川（宮城）でも、伊方（愛媛）でも、私が歩いたところでは、全部同じような招待旅行が行われていた。飛行機や新幹線グリーン車に乗せ、一流ホテルに泊める。北電が予定している岩内原発地区では、すでに二千三十名も旅行に連れて行ってもらった。「賛否は別にして原発を見学しよう」ということで、原発のＰＲセンターだけ見せられ、夜はもてなしを受けると賛成になってしまう、というものである。

「昭和四十六年六月二十六日、漁民総決起大会及び海上デモンストレーション実施のとき、泊・盃漁協が参加しなかった。この海上デモの当日に焦点を合わせた北電のもてなし旅行に盃漁協三十名、泊漁協二十名が参加した。この飛行機によるもてなし旅行は、豪勢をきわめ、参加者の話によると、銚子四百本あけたというから大したものである」[注3]

2　原発をめぐるピーナッツ

原発に賛成すればカネをタダで貸す。こんな話が出たのは、東北電力浪江原発予定地に近い、請戸（うけと）漁協でである。一人最高五百万円。期間は一年。ただし、やはり物事には条件というものがある。東北電力に漁業権を売り渡すことに同意するのと、引き替えである。同意書にハンを押すだけでいい。一種の前渡し金で、原発ができたなら、もう返さなくていい。そんな話だった。

このカラクリはこうである。請戸漁協が営漁資金として、県漁信連（福島県信用漁業協同組合連合会）から二億円借りる。利子は一一％。そのカネを組合員たちに無利子で貸し出すことにしたのである。といっても別に漁協が利子分をかぶる訳ではない。その分は東北電力が払う。無利子のエサをばらまいて、漁師たちの同意書をつくり上げる。組合員三百人中の二百人、つまり三分の二の同意を得れば、漁業権は放棄できる。それを狙ったのだった。

平均船主二百万円、乗り子五十万円、こうしたワクで一億五千万円まで貸し出したあとで、背後の東北電力の利子補給のことが明るみに出た。ヒモツキだったことを漁師たちが知ったのである。借りて預金しておくだけでも利子分がもうかる。そんな勘定で借りた人も多かった。一年たってツケが回ってきた。

食べてしまって返せなくなったり、利子分だけの証書書き換えをする人が多い。アブク銭が経済基盤に影響を与え、原発のカネを待ち望む気分も強まっている。

＊

こんな筋書きを書いたのは東北電力だろうが、それに協力したのが志賀安司前組合長である。彼は業務上横領の疑いで、漁師たちから告発されている。

告発されたのは、請戸漁協への東電第二原発分漁業補償金五億七千三百四十四万円のうち、五百万円が隣の組合へ「調整金」名目で支払われていたことになっていたが、実際にはそれが配分されていなかったことがわかったからである。「そこの組合長が安司（志賀組合長）とグルになって隠匿していたんだ」（酒井祐記・請戸漁協を明るくする会会長）。

酒井祐記の話によれば、この他にも東電から組合に来た「協力金」百五十万円も不明であり、残りの「調整金」一千万円も、配分委員会事務費として消費されていたという。大きな金が動けば、途中でくすねる人間が出てくる。そもそも、漁業補償金総額三十五億円についても、疑惑が残されているという。

四倉漁協への配分は二億一千万円だったが、実際入ったのは、三億一千三百万円と一億円多くなっていた。いわき市四倉は、汚職で逮捕された木村前知事の出身地。組合長は木村の小学校の同級生で後援会長でもある鈴木県漁連会長。「一億円ものカネを右から左に動かせるのは、木村か鈴木しかいない」（酒井祐記）。原発をめぐるピーナッツである。が、黒いうわさはそればかりでない。補償総額は実は四十億円だった、というような噂まである。

カネの力だけで強引に設置しようという原発の危険性とはそのようなものだ。こんな事態になって、請戸漁協内では、原発反対の意見が強くなってきた、ともいわれている。木村知事は逮捕されて辞職し、志賀前組合長は六月に開かれた臨時総会で除名になった。

3　秘密と暴力と利権

原発を誘致した各市町村の「決議文」を読むと、そのほとんどに「地域開発の振興」と謳われている。電力会社は、「安全性のため」人口密度の少ないところを選び、過疎地は危険な原発にたよって、財源を豊かにしようとする。用地買収はまず利権の対象になり、電力会社は住民対策という名の買収費をバラ撒く。

東電柏崎原発予定地は、田中角栄の出身地でもある。ここの用地について、当時の田中自民党幹事長は自衛隊を置く、と発表した。それとほぼ同時に越山会幹部木村博保によって買収され、それが間もなく、田中ファミリーの室町産業に転売され、それからまた木村博保に転がされ、最後に東電の手に入った。

＊

伊方原発の用地買収は、原発のげの字もいわない隠密作戦だった。「地質調査のボーリングのための契約だから、嫌ならいつでも取り消せる」などといってはハンコをつかせた。買収が済んでから、町長が議会に誘致を提案した。住民の誰も知らないうちに、四国電力と町との間に、町が買収した土地には、土地代金の二％を払う旨の「業務委託契約」がなされていた。

東電福島原発での漁業補償金をめぐっては組合長が告発される事件が起こった。伊方の漁業権放棄には、幹部の裏切りと強行採決の暴挙があった。九電玄海原発をめぐって、佐賀県玄海町では、町職員の公金横領、税金の多額使い込みなどの事件が発生した。札束が人を狂わせる。秘密と暴力と利権。これが原発推進の三原則である。

＊

反対運動の鎮静化のためには、電源三法によるカネの他に、電力会社から多額のヒモツキ資金が出される。街灯、道路、公民館、体育館などが、原発促進費によって惜し気もなく作られる。

青森県下北原発予定地には、東電、東北電力で二億円寄付し

表5　歴年別従業員推移

		47	48	49	50	51	52	53	56	55
福島第1	東電		520	590	580	490	510	510	510	510
	請負		3, 250	3, 600	3, 500	600	750	750	750	750
福島第2	東電		100	150	270	360	360	270	270	270
	請負		200	500	1, 600	2, 200	2, 200	450	450	450
広野火力	東電	50	70	100	120	210	250	200		
	請負	50	150	300	1, 000	2, 200	2, 200	700		
総計	東電		690	840	970	1, 060	1, 120	980	780	780
	請負		3, 600	4, 400	6, 100	5, 000	5, 150	1, 900	1, 200	1, 200

『双葉原子力地区の開発ビジョン』（福島県）

た。福井県美浜では関西電力が五億円寄付。福島県大熊町で作った体育館の総予算は一億二千万円。このうち八千万円が東電の寄付、六千百万円の公民館の六千万円は東電の寄付、といったように、自治体の施設を企業が作ってしまう。といっても、あとで使うのは、東電とそれと近いものだけになる。すると、最初は寄付したような形であっても、結局は、自治体に税金を出させて自分の厚生施設を作ったことにもなる。

*

建設工事が進んでいる時は、たしかに周辺住民にもカネは入ってくる。同じ土方仕事なら、出稼ぎに出るより、地元で働いた方が家族のためにも、本人のためにもいい。ところが、工事が終わってしまえば、表5のように、人手はいらなくなってしまう。あと残っている仕事といったら、核燃料の運搬、廃棄物の処理、危険な補修の仕事ぐらいなものだ。

東電福島（三百三十人）に登録されている下請のうちで、浪江、大熊、双葉、富岡、楢葉、広野の六町村から採用されているものは、表6のように四二％にすぎない。地元の出身者の比率が高いところほど、汚れ作業か単純作業と考えてまずまちがいはない。この下の孫請けになると、もう数は把握しきれない。「およそ倍くらい」（大熊町）という見方もある。

表6　各社別地元採用者数

	従業員数	地元採用者
東芝電気	1,255	612
鹿島建設	604	357
日立製作所	1,221	357
大平電業	83	34
ビル代行	157	107
東京電気工務所	85	29
関東電気工事	68	20
GETSCO	41	2
宇徳運輸	89	46
三井物産	2	0
五洋建設	14	4
前田建設工事	105	40
熊谷組	138	63
日本揮発油	139	44
BWR運転訓練センター	14	3
とりふじ（弁当）	14	14
日本工営	53	0
東電不動産	6	5
	4,088	1,738

*

原発銀座ともよばれる大熊町のある幹部に「この町にとって原発はどんな意味があるのですか」と聞いてみる。と、たちどころに、「東電サマサマです」という答えが返って来た。取材が終わって東京へ帰ってくると間もなく手紙が来た。「東電サマサマという表現は、いかにも企業ベッタリという印象を与えますので、言わないことにして下さい」。匿名にしたユエンである。

しかし、東電サマサマ、といった舌の根も乾かないうちに出てくるのが、「ポスト原発」の心配である。

五十一年度予算十六億九千万円のうち、町税は九億五千万円。このうち七億円が一、二号炉の大規模償却資産税として入り、これに加えて八千万円の固定資産税が入る。ところが、この八億円の収入も、統合中学校の建設(四億円)や道路建設に使われてしまう。大熊町管内に残っている建設はあと四号炉だけで、これが稼動に入れば、原発ゴールドラッシュも終わる。電源三法による交付金は五年で打ち切り。償却は十五年。その間しだいにその税金は減る。これらの税金収入がなくなっても、膨張した財政と維持管理費などを勘案すれば、ふたたび地方交付税の交付団体になるのは時間の問題。財政は以前よりさらに苦しくなるはずだ。

「農村工場を導入しようとしたがそれも不況で駄目。うまいものとバトンタッチされるかどうか、頭の痛いところです」

「地域開発の振興」を錦の御旗にやって来た原発も、あとは重荷になるだけなのだ。

＊

第一号炉の買収が始まったとき、反対する人はいなかった。反当り一万円の相場の田んぼを東電は二十七万円で買った。それにバラ色の開発、である。いま、双葉町で反対運動をやっている染物屋の梅田忠(四七)は信じ切っていた。「大きいものは正しいものだ」といった具合にである。福島県でも浜通りと呼ばれるこの地域は、気候温暖で生活にも恵まれている。よそから来た人を大切にする風習が強い。

一号炉に火が入る頃(四十六年三月)、原発内に地権者が招待された。そのとき彼は、きのう構内で慰霊祭があった、という話を耳にしたのである。それまで無事故でやっていたはずだった。工事中に死んだ人間がいたことなど、彼は想像だにしなかった。「こんにちわ、ってあいさつして頭を上げたら、ガーンと殴られたような気持だった」

＊

運転が開始されてまもなく、大型ヘリコプターが学校の校庭にやって来て、静かな町が大騒ぎになったことがある。パイプの点検中に、ＧＥ(ゼネラル・エレクトリック)の外人技師と日本人二、三人が硫酸をかぶる事件が発生した。

初めに来たヘリが小さくて看護人などを乗せ切れず、米軍の大型ヘリが代わりにやって来た。横須賀の基地に運ばれた、とも伝えられている。ところが、そんな大事件だったのに、翌日の新聞では、ゴミのような記事にしかならなかった。どんな交通事故でもニュースになる町のことである。おかしいなぁ、そんな気持が強くなったのだ。

「こっちはあけっぴろげなのに、むこうは完全武装で隙を見せない」

なんでもカネ。札ビラを切って言うことをきかせる。東電はそうだが、町長や町会議員も「経済性」の話しかしない。「このあたりの相馬郡の住民は、関東で叛乱を起こした平将門の子孫だ。札ビラなんかでひっくり返るもんか」。最近までは熱心な自民党支持者で、知事の色紙を神棚にまつっていたようなこの染物屋の主人は、そう言うようになった。いまは好きな酒も断って、原発の学習会をやっている。それが生き甲斐になったのである。

4　事故の恐怖

チャイナ・アクシデント、と呼ばれている事故がある。核分裂反応によって高温になっている炉心を冷やすための、冷却水用パイプが切れる。炉が空焚きになって、燃料棒が溶け出す。溶融した塊が格納容器を溶かし、土台を溶かし、岩石を溶かし、地下深く沈んで、ついには地球の裏側（アメリカの場合は中国）の、頭を下にして歩いている人たちの足もとに姿を現わす。そんな大事故のことである。もちろん、そんな事故はまだない。ただ、笑いごとではない。アメリカの実験によっても、空焚きを防ぐための緊急冷却装置（ＥＣＣＳ）がうまく作用しないことが明らかになっている。

「もし、炉内で大量の水蒸気発生やガス爆発があると、揮発しにくい元素もとけた燃料体ごと吹きとばされて空中に飛散する。こうして死の灰を含んだ放射性煙霧が発電所から環境にでてくる[注4]」

「ＡＥＣ（アメリカ原子力委員会）は新たな研究に着手した。この解析は、……大事故などは滅多におこらぬことなどを実証しようとして企画されたものだった。ところが結果はそうはならなかった。その結論は、大事故がおこれば四万五千人が死亡し、〝そのような惨事の被害の範囲は、ペンシルヴァニア州全域に匹敵するかもしれない〟というものであった。この研究を指導した委員会のあるメンバーは、計算された事故の影響は〝大規模兵器（のそれ）を上まわる〟と述べている[注5]」

＊

空焚きに至る病としての、蒸気発生器細管事故や燃料棒曲り事故は、日本でもすでに関西電力美浜で発生している[注6]。配管ヒビ割れ事故は、浜岡、敦賀、福島でも発生している。そして、ありえないはずの、爆発あるいはチャイナ・アクシデントに直結する「燃料棒溶融事故」は、すでに美浜一号炉で発生、極秘

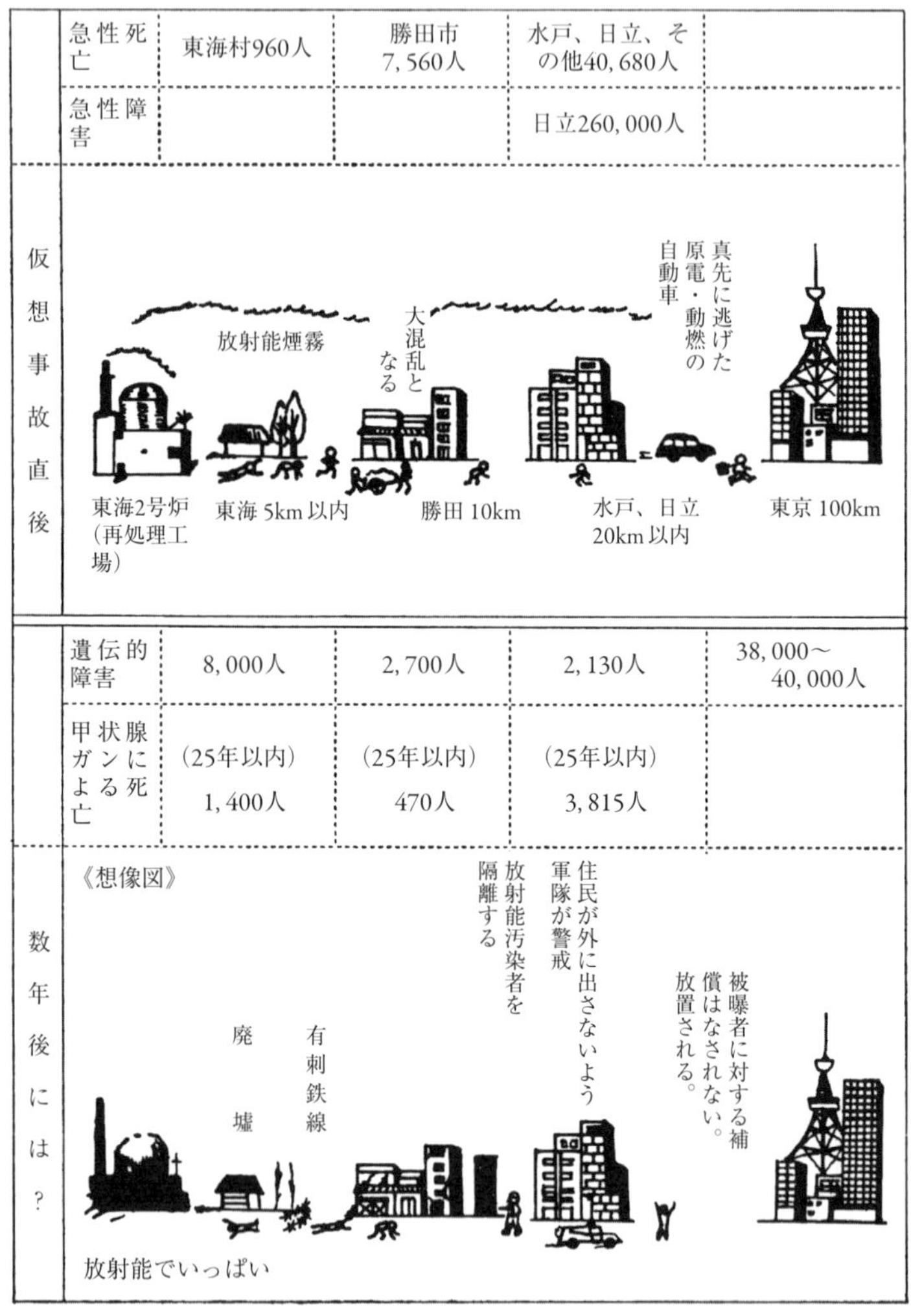

仮想事故直後	急性死亡	東海村960人	勝田市7,560人	水戸、日立、その他40,680人	
	急性障害			日立260,000人	
数年後には？	遺伝的障害	8,000人	2,700人	2,130人	38,000～40,000人
	甲状腺ガンによる死亡	(25年以内)1,400人	(25年以内)470人	(25年以内)3,815人	

『原水禁ニュース』(76年8月1日)

裡に処理されていたのである。[注7]

「私たちは、原子力発電の運転をこのまま続けるなら公衆に対して深刻かつ危険をもたらすと信じています。

ある種の設計上の欠陥と不十分さだけを考えても、公衆の安全を深刻におびやかすものがあります。しかし、最も重要なこと、これこそ私たちがこの証言で特に強調したい点ですが、それは、設計上の欠陥と設計・建設・運転における不十分さが積み重なって、私達の考えでは、原発はかならず大事故を起こすということです。残る問題は、それがいつ、どこで起こるかということです」[注8]

勤続年数三人あわせて五十四年。そんなＧＥ社の幹部技術者は、職を辞してカリフォルニア州の反原発運動に参加することになった。おそらく、そんな動きは、これからも続いて出てくるであろう。

＊

原発地域で、どれだけの人が、「退避計画」があることを知っているだろうか。福島県や茨城県では、「地域防災計画」が定められ、その中でつぎのように指示されている。

①市町村から連絡があったら、まず屋内に待機する。

②火のあとしまつや戸締りを。一人あたり一そろいの衣類をビニール袋に密封し、逃げる準備をする。

③警察官や消防団の誘導により、指定された学校などに逃げる。

④退避所では〝被災地住民登録票〟をもらい、日本赤十字社や保健所の医療隊の応急措置を受ける。

事故が発生すると、危険地区への立入り禁止、道路の閉鎖（被災者は外へ出れない）、飲み水の使用禁止や食べ物の制限、農産物・畜産物・海産物の収穫出荷が制限される。

為政者たちは、重大事故の発生することをはじめから想定している。知らぬは住民ばかりなり、である。

防災に関し科学技術庁のとるべき措置

第二節　災害応急対策

1　災害対策本部の設置

事故の発生した施設の属する市町村または都道府県に、災害が及び、または及ぶおそれがある場合における当該都道府県の災害対策本部の設置に関すること

2　災害状況の把握および伝達

災害に関する情報の収集および伝達に関すること

3　放射性物質による汚染状況の調査

放射性物質による汚染状況の調査の実施に関すること

4　被曝者の救出ならびに一般住民の退避および立入制限

退避等の基準は、放射線審議会が定める指標線量およびその

適用の方針に基づき、当該地域の実情に応じて定めるものとすること

5　放射線障害を受けた者に対する診断および処理

放射線障害を受けた者に対する診断および処置を行なうための医師および医療機関の確保に関すること

6　汚染飲食物の摂取制限等

放射性物質により汚染した飲食物の摂取の禁止およびその制限等に関すること

7　緊急輸送および必要物資の調達

緊急輸送に関する関係輸送機関への協力要請および必要物資の調達に関すること

8　その他災害応急対策に必要な事項

＊

ある日、テレビが金切声をあげる。

「〇〇原発に重大な事故が発生しました。全員退避して下さい」

が、光も、音も、臭いも、なにもない。見えない放射能だけが確実にあなたを襲う。

表7　被災地住民登録様式

ふりがな 氏　　名			男 女	明 大　年　月　日　生 昭
職　　業			年令	満　　　才
居住地				
本籍地				
事故発生時の場所	市 郡　町 村　大字　字　番地			
	屋内（木造コンクリート、石造）　屋外			
	構故現場からの距離(km)　1　2　3　4　5　6　7　8　9　10			
事故発生直後の行動	0分～10分	10分～20分	20分～30分	30分～1時間
	屋内　屋外	屋内　屋外	屋内　屋外	屋内　屋外
	1時間～ 1時間30分	1時間30分 ～2時間	2時間～ 2時間30分	2時間30分 ～3時間
	屋内　屋外	屋内　屋外	屋内　屋外	屋内　屋外
汚染の程度				
除染その他措置状況	衣　服	A、　B（携行、支給）		
	身　体	A、B、C、D、		
	医療措置	A、B、C、D、E、		
被爆当時の急性症状				

注

1　『原子力白書』昭和49、50年版（原子力委員会編）

2　『経団連月報』（七六年五月）

3　『北電原発裏面史』（浜田洋）

4　『原子力発電』（武谷三男編）

5　『原子力の危険性』（H・W・ケンデル、高木仁三郎訳、『科学』七六年二月号）

6　『原子力発電の安全性』（原子力安全問題研究会編）

7　『原子力戦争』（田原総一朗）

8　『発電用原子炉における事故の実例』（D・G・ブライデンボー、R・B・ババート、G・C・マイナー、高木仁三郎訳、『技術と人間』七六年九月号）

第三章　プルトニウム社会の秘密

1　誰がカレンを殺したか

原発内で起こったことは、すべて秘密である。その秘密を外に持ち出そうとして、殺された女性がいる。カレン・シルクウッド。アメリカ・オクラホマ州にある核燃料工場、カーマギー社の女性技術者である。

カーマギー社はガソリンスタンド会社だったのだが、西部でネイティブ・アメリカンをこき使っていち早くウラニウムを採掘し、七〇年には十億ドルもの資産を得ていた。その陰で鉱夫たちの一八％は死亡し、一二％は瀕死の状態に陥った。七〇年から七四年の間に、この会社では七十三人もの労働者がプルトニウムによって被曝した。プルトニウムは自然界にはない。原子炉からだけ取り出され、二十五万年も毒性を保ち続ける発ガン物質である。

カレンは、労組の執行委員になり、内部告発の用意を整えていた。工場で生産される燃料の溶接は不十分で、それを原料とする原発の大事故に結びつくものだったのだが、会社は、検査のX線写真を修正したり、データを操作していたのである。

ところが、彼女のアパートは、プルトニウムで汚染されていることが発見された。調査員たちがガイガー・カウンターで調べた結果、汚染源は、驚くべきことに、冷蔵庫の中の、ボローニャ・ソーセージとチーズだったのである。何故そこに、汚染されたソーセージが入っていたのか、彼女にさえ説明がつかないことだった。

その事件があった五日後の、七四年十一月十三日、カレンは組合の会議を終えて、愛車のホンダ・シビックを駆って、ハイウエイ74に向かった。一インチほどの書類ばさみが大事そうに抱えられていた。検査結果を捏造していた会社の記録だった。

＊

そこから三〇マイルほど離れたホリデイ・イン・ノースウエストでは、組合本部の幹部と『ニューヨーク・タイムズ』の記者が待っていた。約束の時間から一時間ほど遅れて到着したのは、彼女の死の報せだった。ハイウエイを走っていたトラックの運転手が、白塗りのホンダ・シビックが道ばたに突っ込んでいるのを発見したのである。

「ニューメキシコ州のアルバカーキに住む、E・L・マーチン博士は、バンパーの傷を顕微鏡で調べた結果、それが金属同士の衝突によってできたものだという結論を出している。しかし、それが、車の衝突によってできたものだとしても、衝突した車に乗っていた者が特別な意図を持っていたのか、それとも単なる酔っぱらいだったのかは、誰にも分からない」[注1]

ただ、明らかなことは、彼女が車に乗る前に小脇に抱えていた書類が、忽然として紛失していたことである。

*

彼女の死後、工場では機密保持が厳しくなった。事故によって休止していた工場が再開されるとき、労働者たちは、一人ひとりポリグラフ（うそ発見器）にかけられた。そのテストの内容はつぎのようなものだった。

「あなたは会社の内情を報道関係者に話したことがありますか」

「これまで、会社にとって不利益になるようなことをしたことがありますか」

「マリファナなどの麻薬を使ったことがありますか」

「従業員で使った人を知っていますか」

「従業員と性交したことがありますか」

「ほかの人でそのようなことをした人を知っていますか」

2　核ジャックの可能性

「福井県三方郡美浜町の関西電力美浜原子力発電所にこのほど、構内への立ち入り者をテレビカメラで厳重に監視する装置が完成した。

同発電所は四十九年八月、溶接検査に使用する放射性同位原素『イリジウム192』が盗まれたのをきっかけに、総工費一億円をかけて設備工事を進めていた。各地の原発基地でも警備保安対策に頭を痛めているが、この種の装置はわが国の原発では初めて。

……また、万一不審者が入り口を突破した場合、1、2、3号機の中央制御室や事務室に押しボタン一つで連絡することができるほか、直通で警察署へ通報する設備も完備されている。

……同発電所では、海からの侵入に備え、構内の周囲約二キロに有刺鉄線で高さ二・二メートルのフェンスをつくり監視レーダーの工事をしているが、フェンスやレーダーを張れない取水口、放水口には高周波電流を流し、不審者が通ると守衛所の警報が鳴る装置などを年内に完成させることにしている」[注2]

*

「原子力委員会（委員長・佐々木科学技術庁長官）は二十三日の会合で、「核物質防護専門部会」を同委員会に設置することを決めた。これは核ジャックを未然に防ぐ対策を審議し、そのために必要な基本方針や制度の確立を図ろうとするもので、七七年秋までに最終的な結論をまとめたいとしている。

核物質防護については、各国とも頭を痛めており、その背景には、原子力の開発利用にともなう核物質、とりわけプルトニウムの増大がある。原爆材料になるプルトニウムが核ジャックされた場合を想定すると、その危険性は計り知れないものがある。世界各地の原子力施設に対する襲撃計画や、従業員のサボタージュ計画に関する情報は、最近十年間で六十八件もあったという報告がある」[注3]

＊

爆弾騒ぎの次は、プルトニウムである。過激派狩りを理由に、アパートはローラー作戦の名のもとにシラミつぶしに警察に調べられた。不審な男を見たらすぐ一一〇番、そんな密告が奨励された。爆弾は管理強化の道具だった。そしてこんどはプルトニウム。

原発は次第に要塞化されている。戦時中の原爆を作っていたアメリカのプルトニウム工場のように。機密保持のいけにえとしてローゼンバーグ夫妻は処刑された。中の秘密が凍結されると、次は外の秘密がさぐられる。住民一人ひとりの動きは、すべて監視される。

かつて柏崎市へ取材に行ったとき、わたしは推進派では柏崎市長と会っただけだった。東京に帰ると、雑誌社の営業部へ、東電から電話が入った。やはり原発を取材していたテレビ・ディレクターの田原総一朗の周辺では興信所が歩き回っていたという。いま彼のところには、原発に関する十団体以上から、メンバーに入ってください、との誘いが来るという。そこの講演会に行くと、常識よりヒトケタ多い〝お車代〟がねじこまれ、返すのに苦労するとのことである。弾圧か懐柔か、である。

3　莫大なＰＲ費

「過去に某電力会社が原子力担当記者の身上調査を行なったと言うような事実や、記者クラブを対象に、新年号の原稿までセットするような体制、記者対象セミナーなど〝抱き込み作戦？〟が続くようななかで、結局目的を有したＰＲは国民的合意形成には程遠いものと言わねばならない」

「わが国の広告業界が受託する原子力ＰＲの年間総額は約三十億円と聞いている。官民の〝原子力〟と名のつく普及啓発の総額は不明だが、電源三法などにかかわるものを

含めると前記の十倍を下まわることはないだろう」[注4]

＊

「われわれは、ＰＲの情報を送らなければならないのである。とくに原子力発電の場合など、反対派の情報がはんらんする中で、促進派側からの真実の情報は、どんなに送っても、送りすぎるということはあるまい」（鈴木建・電気事業連合会広報部長）[注5]

＊

宣伝のためにカネに糸目はつけない。原発のＰＲ記事は、月刊誌、週刊誌、日刊紙で最近特別目立ってきている。目につかないところで進行しているのが、広告代理店を使った住民運動調査と、電力会社社員による諜報活動である。

地域情報管理内規（東電）

情報の収集

(1)収集する情報の種類は、当社に関係のあるすべての情報とする。

(2)情報収集は全所員の任務であり、業務上の接触や、地域住民としての地元との接触のなかから、当社、当所に関係すると思われる情報を的確に収集し、地域情報センターに伝達する。

(3)各課には情報担当者を置く。情報担当者は課員の入手した各種情報をセンターに報告する。

(4)センターは必要に応じ直接情報収集にあたるとともに、関係個所の情報の収集を依頼する。

(5)地域情報にもとづいて各課が処理した事項についても、センターに報告するものとする。

＊

電気教室、料理教室、フラワー教室、着つけ教室。そんな活動を通じて地域に根を下ろしながらオピニオンリーダーを育成し、「組織的に、意図的に、個人的接触」を通じて、情報を収集する。六月の衆院決算委員会で問題にされた東北電力のように、原発地域では人格、思想傾向まで調べつくされている。

4　産業発展の「起爆剤」

「最近は危いね。操業率を上げるため無理して操業しているから、どうも大事故が起こりそうな気がする」

核科学者の高木仁三郎はこういう。七五年の一年間の平均稼動率は三六％だった。西独の半分である。同じ軽水炉のアメ

表8　わが国原子力発電所の設備利用率

設置者	発電所（運開年月日）	認可出力（kw）	昭和年度 / 炉型	45	46	47	48	49	50			51					
									4月～12月	1月～3月	年度計	4月	5月	6月	4月～6月	7月	8月
日本原子力発電(株)	東海（41.7.25）	166	GCR	63.0	69.7	67.4	70.4	67.9	64.1	81.0	68.2	79.2	74.8	69.8	74.6	83.8	83.9
	敦賀（45.3.14）	357	BWR	78.9	69.1	72.4	78.9	48.8	31.5	84.0	44.5	93.4	23.9	—	38.9	21.3	93.8
東京電力(株)	福島第一原子力1号（46.3.26）	460	BWR	—	66.4	65.7	48.4	26.1	0	65.5	16.3	31.2	83.2	87.1	67.4	63.2	31.5
	福島第一原子力2号（49.7.18）	784	BWR					—	0	66.1	16.5	81.2	78.5	35.9	65.4	0	41.2
	福島第一原子力3号（51.3.27）	784	BWR						—	—	—	83.6	83.5	47.1	71.5	94.3	80.3
中部電力(株)	浜岡原子力（51.3.17）	540	BWR						—	—	—	90.3	90.1	27.3	69.5	89.4	89.8
関西電力(株)	美浜1号（45.11.28）	340	PWR	—	72.6	36.7	27.4	7.4	0	0	0	0	0	0	0	0	0
	美浜2号（47.7.25）	500	PWR			—	54.0	63.7	5.7	88.3	26.2	87.2	80.6	64.0	77.3	0	0
	高浜1号（49.11.14）	826	PWR					—	71.5	0	53.7	—	4.5	80.2	28.0	82.2	80.6
	高浜2号（50.11.14）	826	PWR						—	65.8	77.5	80.6	73.7	52.0	68.8	88.9	82.6
中国電力(株)	島根原子力1号（49.3.29）	460	BWR				—	75.2	85.6	47.3	76.1	4.2	93.7	100	66.3	95.5	89.7
九州電力(株)	玄海原子力1号（50.10.15）	559	PWR						—	83.1	87.2	99.5	99.6	97.9	99.0	99.4	97.7
	平均	6602		71.8	68.9	60.3	54.0	48.2	31.6	55.4	41.9	61.6	67.3	56.5	61.6	62.7	66.1

注）GCR＝ガス冷却型炉　BWR＝沸騰水型炉（GE）　PWR＝加圧水型炉（WH）

表9　わが国の原子力関係予算の推移　（単位：百万円）

項目＼年度	29〜45	46	47	48	49	50	累計
日本原子力研究所	91,454	11,064	12,449	14,494	18,443	25,199	173,103
原子燃料公社	15,892	—	—	—	—	—	15,892
日本原子力船開発事業団	8,808	1,501	1,724	1,324	1,495	1,257	16,109
動力炉・核燃料開発事業団	46,740	31,700	38,050	42,408	42,287	53,670	254,855
放射線医学総合研究所	8,554	1,488	1,660	2,153	2,135	2,420	18,410
国立試験研究機関の試験研究	8,729	686	741	801	857	939	12,752
試験研究の助成及び委託	5,029	258	288	338	361	385	6,658
核原料物質の探鉱奨励	141	—	—	—	—	—	141
核原料物質の購入等	3,901	98	71	56	20	1	4,145
科学技術者の資質向上等	588	57	57	65	65	71	904
放射性廃棄物処理事業の助成	44	—	—	—	—	—	44
放射能測定調査研究	1,371	226	242	470	517	728	3,774
原子力発電所立地調査	45	6	6	5	5	5	70
理化学研究所	2,098	140	151	159	212	380	3,139
原子力委員会	334	48	102	182	210	152	1,028
放射線審議会	11	1	1	1	1	1	14
原子力局の一般行政	1,808	301	348	170	311	336	3,274
水戸原子力事務所	75	7	8	8	19	19	136
原子力連絡調整事務所	—	—	—	25	15	28	67
計	195,622	47,591	56,105	62,657	66,951	85,590	514,516
各省行政費	1,828	242	408	649	852	1,378	5,356
電源開発促進特別会計の原子力関係分	—	—	—	—	4,725	17,462	22,187
文部省関係分							
国立学校原子力関係設備費	7,584	748	860	932	997	※	※
大学付属研究所原子力関係設備費	7,670	691	577	554	997	※	※
計	15,254	1,437	1,439	1,487	1,994	※	※

『原子力年鑑』（昭和印年版）※は未梨計

リカは五二%。七六年が比較的高いのは、メンツもあって無理しているフシがある、と彼は言う。そんなに稼動率が低くて、果たして採算に合うのかどうかが疑問になるが、日本の場合は九電力の地域独占事業だから、値上げすればいいだけのことだ。

アメリカの経済学者、リチャード・ヘルマン博士は、こう指摘している。

「八〇%以下の稼動率で運転している原発は、稼動率の低さや修理による余分の出費を電気料金に加算してはならないという法律を作れば、原発の運転と増設は、自然に止まるだろう」[注6]

＊

しかし、原発を推進する側には、それとはまったくちがう論理があるようだ。

「過去の日本のいろんな産業が発達したインパクトとして軍需産業が非常に大きな力があったわけで、いまはそういうものはない。アメリカあたりはやっぱり軍需産業でもって産業が発達している。日本にはそれがない。そうすると、一つの産業というか、そういう技術の発達のインパクトとして原子力というものは使ってもいいのではないか」(長谷川周重・経団連副会長)[注7]

原発は平和時の「軍需産業」として、産業発展のための起爆剤として、財界首脳部に位置づけられているのである。

原発の設備投資によって景気を刺激せよ、河本通産相は加藤電気事業連合会長に、つぎのように要請している。[注8]

「五十一年度における電力業界の設備投資は工事ベースで二兆四千億円。それに繰り上げ発注分の八千億円を足して、三兆二千億円のカネが動いたのだが、五十二年度もこの程度の水準でやってくれ」

＊

政府の方針によれば、原発の能力を十年後には四九三六万キロワットと現在よりも四二六〇万キロワットふやす。それの所要資金は二十五兆円。それに付帯する核燃料サイクルその他の費用で五兆円、計三十兆円の資金需要が見込まれている。[注9]

とすれば、原料のウラン価格が石油ショック前の三倍に上がろうが、使用済み燃料の再処理、廃棄物処分の見通しもつかず、さらに事故の危険性が強まったにしても、政府や財界はやはりこの道を突進しようというのであろう。官民一体化した原発推進体制によって、燃料サイクルの研究開発費は国家資金によってまかなう。そんな方針である。

六七年、原子燃料公社から、「国産動力炉の自主開発」を目標に、動力炉・核燃料開発事業団が設立されたが、そのことによる産業界の成果は、つぎのようなものだったといわれている。

一、やっかい物になりかねない使用済み燃料からのプルトニウムを動燃事業団が買い上げてくれるようになったこと。

二、国の予算でプルトニウム燃料開発を推進してもらえること。

三、原子力研究における原研の中心的な地位を、動燃事業団を開発本部として新設することによって、下請研究機関に組みかえることができるようになったこと。

四、当分の間はアメリカの軽水炉の導入によって利潤を確保しながら、同時に国家的なプロジェクトによって次の世代の先端技術開発を蓄積することができるようになったこと。

五、プルトニウムの政治的軍事的価値を利用して、原子力産業の戦略的な地位を高めることができること。[注10]

この基本的な構図は、いま、さらに強化されつつある。

＊

「昭和三十一年度以降十九年間の鉱工業の原子力関係売上高、支出高を対比すると、

売上げ高累計　八千五百五十五億円

支出高累計　九千四百七十二億円

となり、その差額はマイナス九百十八億円にも達しており、原子力という巨大技術の開発を基盤とする新しい産業分野の開拓に当っては、通らなければならない苦難期がいかに長期的にわたるものか如実にうかがわれる」[注11]

七四年度の原子力関係総支出高（鉱工業、電気事業、商社の支出合計）は、六千五百億円（前年度比一・四二倍）。十九年間の支出累積額は、実に二兆二千三百四十三億円にものぼっている。

原発は、三井、三菱、住友など旧財閥の手によって推し進められ、電機メーカーでは日立、東芝、三菱が激しい受注競走を演じてきた。が、事故続きと、住民運動の高揚などによって、メーカー側の赤字は一千億円に達している。

すでにアメリカでも、ブラジルの国際入札に向けて、GE社とWH社が連合して当たることになっており、欧州でもBBC（ブラウン・ボベリ）社中心に連合結成へと動いている。日本でもソ連輸出（四千億円商談）をめぐって、三菱、日立、東芝、石播、富士電機、日本製鋼で代表団を結成したり、東芝、日立がGE社と軽水炉の改良型の共同研究を開始している。寡占企業による協調が、原発メーカーの方向となっているのである。

濃縮ウラン作成のために、遠心分離機の一本化などが当面の業界課題となっているが、メーカー側の考え方はこうである。

「公取がどうしても認めないというなら、特別の立法措置を講じてもらうしかない」[注12]（玉置敬三・日本電機工業会会長）

＊

当初、原子力開発は、財閥系資本のグループ結束の大きな軸となった。

高速増殖炉（ＦＢＲ）の開発については、日立、東芝、三菱重工、富士電気、住友原子力の共同出資による新会社設立や、遠心分

表10 鉱工業の業種別・資本金階層別の売上高と支出高の関係

業種・資本金階層	鉱工業全体売上			原子力関係売上				原子力関係支出		
	総売上高（百万円）	総従事者（人）	1人当りの売上高（百万円／人）	原子力売上高（百万円）	原子力従事者（人）	1人当りの売上高（百万円／人）	原子力売上高／総売上高（%）	原子力関係支出（百万円）	1人当りの支出高（百万円／人）	百万売上げるためにかかる支出高（円）
電気機器製造業	3, 863, 801	312, 170	12. 38	111, 673	5, 767	19. 36	2. 89	138, 120	23. 95	124
建設業	4, 898, 336	147, 105	33. 30	59, 876	5, 141	11. 65	1. 22	59, 732	11. 62	100
造船造機業	2, 899, 897	201, 682	14. 38	38, 597	6, 353	6. 08	1. 33	47, 778	7. 52	124
鉄鋼業	5, 370, 516	216, 704	24. 78	22, 625	1, 923	11. 77	0. 42	9, 270	4. 82	41
機械製造業	934, 847	50, 042	18. 68	14, 845	1, 570	9. 46	1. 59	12, 714	8. 10	86
原子力専業	14, 226	2, 386	5. 96	13, 853	2, 312	5. 99	97. 38	21, 049	9. 10	152
医薬品製造業	827, 928	51, 927	15. 94	5, 409	714	7. 58	0. 65	4, 860	6. 81	90
精密機器製造業	331, 981	25, 157	13. 20	4, 091	366	11. 18	1. 23	3, 700	10. 11	91
運輸・通信業	1, 454, 099	115, 639	12. 57	1, 865	134	13. 92	0. 13	1, 835	13. 69	98
化学工業	4, 182, 324	146, 585	28. 53	1, 294	1, 399	0. 92	0. 03	2, 017	1. 44	156
非鉄金属製造業	9, 533, 390	56, 358	169. 16	1, 205	379	3. 18	0. 01	1, 802	4. 75	150
金属製品製造業	43, 530	2, 072	21. 01	1, 162	70	16. 60	2. 67	283	4. 04	24
窯業・土石製品製造業	609, 216	32, 363	18. 82	860	49	17. 55	0. 14	113	2. 31	13
その他	11, 412, 185	266, 687	42. 79	2, 067	2, 757	0. 75	0. 02	3, 767	1. 37	182
合計	46, 376, 276	1, 626, 877	28. 51	279, 386	28, 934	9. 16	0. 60	307, 039	10. 61	
1億円未満	162, 891	12, 640	12. 89	6, 132	1, 819	3. 37	3. 76	4, 806	2. 64	110
1億円～5億用未満	650, 558	29, 015	22. 42	19, 638	2, 925	6. 71	3. 02	15, 836	5. 41	78
5億円～10億円未満	342, 599	23, 448	14. 61	7, 279	1, 487	4. 90	2. 12	8, 024	5. 40	81
10億円～50億円未満	4, 201, 105	179, 734	23. 37	22, 832	4, 520	5. 05	0. 54	26, 247	5. 81	110
50億円～100億円未満	14, 333, 029	227, 702	62. 95	12, 113	1, 526	7. 94	0. 08	12, 304	8. 06	115
100億円～500億円未満	18, 237, 839	688, 469	26. 49	75, 251	6, 501	11. 58	0. 41	77, 597	11. 94	102
500億円以上	8, 448, 255	465, 869	18. 13	136, 141	10, 156	13. 40	1. 61	162, 226	15. 97	103
										119

「原子力調査時報」（76年5月）

表11　原子力関係総支出高の推移

（単位：百万円）

年度	鉱工業		商社		電気事業		計		（参考）政府原子力予算
	推定	実績	推定	実績	推定	実績	推定	実績	29年度より
昭和31年度	1,000	780	100		150		1,250	780	2,330
32	4,000	3,240	200		150		4,350	3,240	6,042
33	5,500	4,450	460	348	300	281	6,260	5,079	7,866
34	7,500	6,024	570	426	1,000	912	9,070	7,362	7,778
35	9,500	7,520	620	513	1,400	1,321	11,520	9,354	8,170
36	12,300	9,859	800	601	1,730	1,557	14,830	12,017	8,488
37	13,500	10,811	760	570	1,830	1,646	16,090	13,027	9,095
38	11,700	10,516	620	539	1,870	1,682	14,190	12,737	11,007
39	11,890	19,702	560	504	2,200	1,979	14,650	13,185	12,523
40	10,500	9,516	600	537	2,380	2,157	13,480	12,210	13,579
41	12,500	11,223	600	525	5,700	5,158	18,800	16,906	14,526
42	15,800	14,253	630	567	17,200	15,458	33,630	30,278	17,192
43	43,000	38,735	950	853	38,780	34,901	82,730	74,489	22,303
44	47,450	42,702	950	855	65,630	59,065	114,030	102,622	31,214
45	75,560	71,778	1,140	1,085	93,412	93,412	170,112	166,275	40,605
46	83,410	79,235	1,460	1,390	157,369	157,369	242,239	237,994	49,272
47	132,500	125,873	2,630	2,502	279,707	279,707	414,837	408,082	57,450
48	192,630	182,997	2,200	2,088	273,590	273,590	468,420	458,675	64,792
49	323,200	307,039	1,730	1,646	341,263	341,263	666,193	649,948	72,528
累計	1,013,440	947,253	17,580	15,549	1,285,661	1,271,458	2,316,681	2,234,260	457,260

「原子力調査時報」（76年5月）

注：推定支出高の推計にあたっては、各回答実績のカバリッジを次のごとくとした。
31〜37年度　鉱工業80%　商社　75%　電気事業　90%
38年度　鉱工業90%　商社　87．5%　電気事業　90%
39〜44年度　鉱工業、商社、電気事業とも90%
45年度以降　鉱工業、商社　95%　電気事業　100%

離機での日立、東芝、三菱重工の協調（新会社設立）が進んでおり、同一資本内の集約から各資本間の集約化が基調となりはじめている。

通産省の指導と、開銀融資、財投融資などの国策も強化されている。巨大産業原子力の体制は、国家主導型の、国家独占資本の強化に固く結びつけられている。政治と経済体制強化の起爆剤として、原発はいまある。政治と経済が一人ひとりの国民に重くのしかかってくる。これが原発社会のもうひとつの恐怖でもある。

*

一〇〇万キロワットの原発で建設総額一基三千億円。それが十五年ほどで廃炉になる。日本のそこかしこの海岸線に醜い巨大なコンクリートの塊が立ちつくす。

やがて瀬戸内海岸に面した伊方では、ちょうど対岸の広島の原爆ドームと向かい合うかのように、無人の廃炉が列をつくって並ぶ。ここの原発反対のある主婦は、こう言い放っている。

「五十代の人なら、原子いうたらピーンとくるのよ。どない上手にいうてもろうたところで、わたしらには絶対なりません。戦争の恐ろしさが身にしみてますからなぁ」

注

1 「誰がカレンを殺したか？」（ハワード・コーン、竹内泰之訳『ＲＯＬＬＩＮＧ ＳＴＯＮＥ』七五年六月号）
2 『日本経済新聞』（七六年五月四日）
3 『朝日新聞』（七六年四月二十日）
4 『原通』（七六年三月一日）
5 『経団連月報』（七六年七月）
6 『原子力神話の崩壊』（市川定夫）
7 『経団連月報』（七六年五月）
8 『日本経済新聞』（七六年九月七日）
9 『経団連月報』（七六年五月）
10 『原子力と政治』（村上隆）
11 『原子力調査時報』（七六年五月号）
12 『日本経済新聞』（七六年十月七日）

第四章　原発を取り巻く欲望

1　アメリカの陰謀

「昨今の原子力ブームはどうも原子力産業とメジャー（国際石油資本）が手を組んで演出した〝アメリカの陰謀〟のニオイがする。一九七三年の石油ショックはその導火線だった」

海外でウラン開発に乗り出した石油会社のある首脳はこう語ったという。[注1]

あたかも、石油パニックを待っていたかのように大々的に宣伝されたのが「脱石油、原発推進」のスローガンだった。六〇年度目標六〇〇〇万キロワットの政府計画は、翌七四年の総合エネルギー調査会では、「原子力発電の推進が望ましいことから、政策努力で可能なかぎりこれは上積みする」との中間報告をまとめていた。中曽根通産大臣（当時）のもとに、通産省は、原発へのきわめて積極的な姿勢を打ち出したのだった。

反対運動対策として、予防的にカネをバラ撒く電源三法を成立させたのもこの年である。

毎日新聞によれば、カラクリは次の通りである。

「原子炉、濃縮ウランなどの原子力商品は、米国にとって電子計算機、食糧、兵器などとともに数少ない有力商品だ。しかし、最大のネックは、原子力燃料の精製ウラン（イエロー・ケーキ）価格が原油より高くて、需要がなかなかついていけないことだった。原油の価格をあげれば、原子力発電が採算ラインに乗り、必然的に原子炉ブームが訪れる」

*

が、その後、目玉商品にされた肝心の原発は、故障続出で、原発の安全性への疑問をますます強くするばかりだった。

日本の運転実績は、七四年が四八％、七五年が四二％と、目標値の七〇％へは、ほど遠いものであった。

反対運動は高まり、それに「不況」のためもあって、電力需要は緩和された。六〇年六〇〇〇万キロワットの強気の計画は、四九〇〇万キロワットに下げられ、いまはそれさえ、達成困難になっている。七四年九月には、アメリカ原子力委員会はＧＥ社の沸騰水型（ＢＷＲ）炉の点検のための操業停止を命じた。七六年七月、ワシントンの連邦高等裁判所は、環境保護グループの訴えを認め、ＮＲＣ（原子力規制委員会）に対して、事実上モラトリアム（活動中止）に匹敵する判決を言い渡した。これによって、ＮＲＣの原発に対する許可業務は、九カ月から長ければ三十カ月に及んで完全停止になるとみられている。

そして、その一カ月後、こんどはワシントン州リッチランドのハンフォードの核燃料貯蔵所にある再処理工場で爆発事故が発生した。負傷者一名を含む八名が放射能被曝に会い、手当した看護婦まで被曝する事態になったのである。イギリス、フランス、アメリカと、もっとも危険視されていた再処理工場は事故を続出させ、ＧＥ社のイリノイ州のモリス再処理工場は、「一度も運転されないまま、商業用再処理工場としては放棄された。現在世界中で運転されている商業用再処理工場は一つもない[注2]」というありさまである。いわば、原発は「雪隠詰め」の状態に立ち至っている。

*

原発はいま事故、休止続きで、関電美浜一号炉のように、「回収不能」とみられるものまで現われている。九電力はコスト負担を再度の値上げによって切り抜けているが、通産省の方針は、それを逆手にとって、コストダウンのための「原発増強」で押し切ることにしている。

「中長期的には『発電コストが火力に比べ三割程度低い原子力発電の推進が不可欠』とし、六〇年度四九〇〇万キロワット（全発電量の三二％）の発電規模達成を目標に、①既設の原発の稼動を高める、②新規の建設を円滑に進める——ための対策を具体的に詰めることにしている[注3]」

つまり、なにがなんでも原発なのである。一基三千億円。十基で三兆円。それだけの資金が動く。それだけが自己目的化される。

*

原発が石油にとって変わる、と原発推進者たちは宣伝する。が、石油と原発は対立関係にあるのではない。〝原子力屋〟を自称する佐久間稔（日本エネルギー技術株式会社取締役）は「原子力は石油に代わりうるか」と書いている。彼が会った「石油の００７みたいなアメリカ人」はこう言ったとのことである。

「原子力先進国といわれるアメリカの原子力開発は初期から、石油メジャーのグループに属する会社や石油資本と直結する財閥グループが参加しており、少なくとも経済的影響については十分な情報とデータをもっている。ある意味でいえば石油と原子力の世界はちゃんと裏で結びついているのだ」

「原子力は確かにエネルギー源であり、電力源や一部の動力源として使えるが、それは石油屋たちのコントロールを受けることになるだろうし、まして廃棄物、それも放射能をもつ放射性廃棄物を出す限りそんなに強力なエネルギー資源とはならない。太陽熱や水素ガスの利用が広汎になるまでのほんのつなぎの役割しかないだろう。いや、石油がすぐになくなるわけではないから、つなぎというより石油のコストをチェックする程度の効果しかないだろう。第一、複雑で高度の技術を必要とし、まして、〝死の灰〟の処理コストを考えれば経済的に安いエネルギーとはいえないものだ[注4]」

＊

米大統領候補当時のジミー・カーターは、七六年五月、国連において、原子力潜水艦計画にしたがった原子力技術者としての自己の経験から、「原子力への依存は需要に応じるべく最小限に留めることが望ましい」と演説した。彼のエネルギー問題の結論とは、アメリカで今後二百年以上はもっと見られる石炭を使うべきで、「石油から石炭への移行」であった。

とすれば、日本の、石炭から石油へ、そして石油から原子力へのキャンペーンは、なにかまったく別な思惑によってあおりたてられているように感じられてくるから不思議である。

＊

日本で現在「運転中」の原発は十二基。コールダー・ホール炉一基、ＧＥ社の沸騰水型六基、ＷＨ（ウェスティング・ハウス・エレクトリック社）社の加圧水型が五基。建設中十二基のうち、ＧＥ社が七基、ＷＨ社が五基、電調審決定済が四基でＧＥ社、ＷＨ社が二基ずつ。計二十八基のうちＧＥ社が十五基、ＷＨ社が十二基となっている。日本の原発市場はこれまで、ＧＥ社とＷＨ社によってほぼ二分され、関西以北がＧＥ社、関西以西がＷＨ社となっていた。ところが、ＷＨ社は、七五年一年間だけで、二百基成約していたうち、百三十基ものキャンセルを受ける破目に立ち至っている。ＷＨ社は、原発とウラン供給とをセット販売にして売りこんでいたのだが、ウラン価格は急騰し、約束通り供給できない、経営危機に追いこまれることになった。

＊

七六年十月十五日、ＷＨ社は米カーマギー社やカナダのデニソン・マインズなど世界の代表的なウランメーカー二十九社を相手取って、シカゴ連邦地裁に、独禁法違反で提訴した。これらの会社が協議して、ウラン価格を五倍につり上げた、というのである。

「ＷＨ社は先にエネルギー危機後のウラン価格急騰により、同社が米国内で建設した原子力発電所に対するウラン供給を打ち切ると発表したが、これに対し、現在、米電力会社二十七社が『契約違反』としてＷＨ社を訴えている。

こうしたＷＨ社のウラン供給契約破棄に関する裁判は、十月下旬にも開始の予定であり、同社としてはこの裁判を有利に導くためにも、ウランメーカーの独禁法提訴に

踏み切ったとみられる」注5

原発の原料である濃縮ウランを武器に、世界市場を独占してきたアメリカ型原発も、西独、フランス、カナダの自主開発の追い上げによって、その不動の地位も揺がされてきたのである。

ブラジルに二基売り込み、第二次交渉中だったWH社は西独に敗退し、南アと成約寸前にまで行ったGE社はフランスに敗れた。台湾、韓国にはカナダが食い込み、サウジアラビア、イラン、イラクもフランスに決定した。インドはカナダ、パキスタンはフランスの原子炉と結びついて、核武装としての核拡散がはじまっている。原発は原爆の「平和利用」であったとしても、「原発は原爆を産むための妊娠八カ月の状態」（タンプリン）でもあるのだ。

＊

七六年十月下旬、カナダのトルドー首相が来日した。その日、羽田空港は濃い霧がたちこめ、特別機は予定を変えて大阪国際空港に舞い降りた。そこから新幹線で東京に入ることになったのである。目的は「経済協力大綱」と「文化協定」の署名、調印であった。経済協力のひとつの柱は、大蔵省が九〇％の株を持つ電源開発（両角良彦総裁）との「キャンドゥ（CANDU）炉」の契約の最終的な詰め、ともみられている。カナダ原子力公社会長も同行し、ウラン、重水などの原料も三十年間保証すると語った。

キャンドゥ炉はカナダが開発した重水炉で、これまでアメリカから輸入していた軽水炉とちがって、天然ウランをそのまま燃料として使えるところに特長がある。つまり濃縮ウランは必要なくなる。濃縮工程が不要となり、良質で多量のプルトニウムが取り出され、そのことによって、プルトニウムを原料とする新型転換炉（ATR）や高速増殖炉（FBR）の完成までのつなぎになるのである。それに、インドや韓国に導入されたように、核武装の近道にもなるのだ。

それよりすこし前、GE社のチャールズ・E・リード副社長が来日していた。リード副社長は、原子力部門の責任者でもある。原子力商戦はさらに激しくなっているようだ。

＊

一方、その直後、欧州最大の原発メーカーである、西独KWU（クラフトベルク・ユニオン）のヘルムート・ウィルヘルム会長も来日した。第一勧業銀行系の第一原子力グループ（富士電機製造、川崎重工など）との技術提携がその目的である。東京電力も西独型軽水炉導入について検討しているが、核燃料供給を全面的に依存している東電でさえ、遠慮しながら接近しはじめているのは、つぎのような理由からである。

「しかし、東電があえてKWUに傾いた姿勢を打ち出した背景には根強い〝危機感〟がある。ＧＥ系沸騰水型炉一本やりでは昨年のように、『応力腐食割れ』など配管系統にヒビ割れ事故が続出、根本的な解決策が見当らないようだと、経営面ばかりでなく、電力を安定供給するうえで重大な支障をきたすことになる」[注6]

*

ロッキード事件によって失墜した丸紅の大久保専務は、業界でも原子力の第一人者だった、と言われている。こういう説がある。

「アメリカの外交・軍事力を揺がすこのＣＡＮＤＵ炉の売り込みの一翼を丸紅が担っていた。これでは丸紅が狙い撃ちされるのも無理はない。三菱――ウェスティング・ハウス、三井――ゼネラル・エレクトリックで独占する日本の原子力産業の一角になんとか食い込もうとしたのだが、これで脱落してしまった」（原発業界の内部事情に詳しいＢ氏）[注7]

カナダの通信社カナディアンプレス報道によれば、カナダ原子力公社は、アルゼンチン、韓国、日本での原子炉売り込みのために、三十億円以上のコミッション（手数料）を支払った、という。[注8]

*

似たような話にこんなのがある。

一九七四年のホイットラム豪州労働党政権転覆にまつわる、ＣＩＡ謀略説だ。

「ホイットラム政権は当時、世界の五分の一を占める同国のウラン開発については、米巨大資本に支配されるのを警戒して外資規制を強化、むしろ日本と欧州との三者共同開発を考えていた。だから米政府高官が『われわれが豪州のウランを手に入れるには政権交替を待つ以外にない』と嘆いたという〝有名な話〟さえ伝えられている。そのためか、当時豪州を訪問した田中角栄前首相は、日豪ウラン共同開発ＯＫと、ただちにイロよい返事をしたのだが、その数カ月後、ホイットラム政権は倒されてしまった。

これだけならまだしも『倒れる五週間前に、米ウェスティング・ハウス（ＷＨ）社の重役会で、ホ政権転覆が事前報告されていた』（商社筋）と聞かされては、誠に奇々怪々」[注9]

とすれば、「資源外交」として、フランス、中南米、カナダ、豪州と精力的に飛び回った、田中前首相が無事である訳はない。豪州を回り終わったところで失脚したのも、符節が合いすぎるほどだった。

*

七二年九月、ニクソン・田中ハワイ会談。この時発表された

「緊急輸入合意書」によれば、日本の輸入総額は、二二億一八〇〇万ドル（四十七年度だけで）に達し、「米国の一国に対するこのような輸出として最高の額である」農林水産物の輸入と、三億三〇〇〇万ドル相当の民間航空機の購入（ピーナッツの発端である）に加えて、濃縮ウラン三億一〇〇〇万ドルの購入も含まれていた。〝対米従属〟そのものの外交であった。

が、その後、フランス、カナダ、ブラジル、豪州と、田中はアメリカ離れをしたウラン資源外交を、きわめて積極的に展開するようになった。

「田中氏は一昨年（七四年）、訪欧した際、パリでフランスのジスカールデスタン大統領に会見し、フランスからも大量の、そして長期にわたる濃縮ウランの買付け契約をしたのである。――本当かどうか分からないが田中派財界人が根回し役になり、日本の某商社が暗躍したとパリっ子雀がうるさかったことがある」[注10]

巨大な資金が動く原発が、巨大な利権の対象になったとしても不思議ではない。

＊

ホイットラムと田中。いまともに失脚した日豪首脳の最後の共同発表は、つぎのようなものだった。

「一九八六年以降も、日本が必要とするウラン鉱石について豪州側は需要を満たすように配慮すると述べた。田中首相はこれに関連して、豪州におけるウラン濃縮の可能性を日豪間で研究することについて協力することを述べた。ホイットラム首相は日本の需要を満たす用意があると述べた」

豪州の労働党政権は崩壊し、そのあとの保守政権は極端な資源ナショナリズムを緩和した。こうして世界最良のウラン鉱から、ウェスティング・ハウスは締め出されずにすんだ。

2　奇妙な原発の歴史

原発をめぐる動きほど不思議なものはない。謎だらけなのである。それは、科学の不思議さ、というより、政治の不思議さ、といえるようなものかもしれない。

＊

原爆と原発。この一字ちがいの間の深淵。不思議さは、まず、そのあたりからたちのぼってくるようだ。原子力の平和利用とは、原爆と原発の間に掛る橋である。「唯一の被爆国」日本における原発の歴史は、きわめて奇妙なものであった。

＊

朝鮮戦争が休戦になった年の暮、一九五三年十二月八日。当時のアイゼンハワー米大統領は国連総会で、原子力の平和利用のための国際管理機関を提案した。アメリカが核分裂物質を提供して、この管理機関でプールする。それがアイク提案であった。それまで原子力の研究は、アメリカの最高機密であり、ソ連の原爆実験（四九年八月）をめぐって、ローゼンバーグ夫妻が「原子力スパイ」の疑いで死刑にされ、原子力の父と呼ばれたオッペンハイマーは、政府の要職からはずされていた。そのあとでのこの原子力政策の転換だった。

＊

同じ年の四月、イギリスでは、コールダー・ホール原子力発電所の建造計画が発表されていた。十二月八日のアイク提案は、その十二年前の真珠湾攻撃にも似て、原子力戦争の幕開けであった。

＊

長崎上空から投下された原子爆弾は、たった五キログラムのプルトニウム爆弾だった。原子炉は、このプルトニウムを製造するために建造されていた。アメリカでは、ただ軍事用目的だけで原子炉が建造されていた。イギリスの原発計画、そして五四年六月のソ連での世界初の原発運転開始。アメリカの核独占体制は崩壊し始めていた。それまで、原子力潜水艦用に開発されてきたウェスティング・ハウス・エレクトリック社の加圧水型原子炉が急遽、平和転用されることになった。

＊

「『冷戦』の時代には、兵器をたくさん貯蔵しなければならなかったので、原子力委員会はかなり最近まで、発電に注目しなかった。……一九五〇年代には、発電という可能性を秘めた原子炉に連邦政府が投資を増加したので、私営の、つまり株式形式の公益事業社の業者間にはかなりの不安があった。一九五〇年代に私営公益事業社の業界が熱心に原子力開発計画に参加しようとしたのは、この可能性を秘めた新しい公共用電力源に、関心があったからだろう。

こうしてプルトニウム製造用原子炉は、原子力発電装置に基本原理を与え、最初の経済的原動力となった。原子炉開発のための努力は、その大半が軍事目的の方に向けられていたので、最終的に民間の原子力発電所が採用した型も、軍事計画に大きく影響されたのは驚くにあたらない」[注11]

＊

それまで、「マンハッタン計画」という名の原爆製造計画に基づいて、原子兵器廠としてのアメリカ原子力委員会で、「生産」

と呼ばれていたのは、広島型原爆に使用されたウラン二三五と、長崎型のプルトニウム製造のことであった。その生産に伴って発生する熱エネルギーは、そのまま河に捨てられていた。こんどは、その熱を利用しよう、ということになった。

＊

一九五四年（昭和二十九年）三月十六日、ビキニ環礁近海でマグロ漁業中の一〇〇トンほどの日本漁船の船上に、白い灰が降り注いだ。

「彼らは最初、デッキの上に小さな粒々の砂のような灰がくるくると舞いおりてくるのを不思議がった。

『大雪の降りはじめのようだ』

と、ひとりが言った。

時ならぬ雨にも気もとめないで彼らは作業を続けていたが、しまいにひどくなって、白い砂が眼に入ってチカチカするので船員たちは眼をパチパチさせていた。灰の一部はぱらぱらとおちてくちびるにふれ、耳たぶにくっついたり、帽子につもったりした」[注12]

広島、長崎に続く、三度目の被爆である。が、この三度目は、平和な時においてさえ、原子力の被害を受けるという意味においては、その後の原発による被曝へと固く結びついている。

＊

ちょうどこの日、木造マグロ船第五福竜丸の船上で、二十三人の漁師たちが死の灰を浴びていた頃、そこから三五〇〇キロ以上離れた東京の国会議事堂内で、改進党は両院議員総会を開いて、原子炉築造のための「原子力予算」の提出を決めた。改進党、自由党、日本自由党の保守三党合同提案だった。総額三億円。このうち、平和利用研究費は二億三千五百万円。偶然の一致かどうか、広島原爆に使われたウラン２３５と同じ数字だったのである。だから、この日本史上最初の原子力予算は、ウラン二三五予算ともよばれている。

＊

その予算成立の立役者は、ロッキード問題がらみで自民党幹事長を辞任した中曽根康弘その人である。彼は当時、こう発言した。

「右往左往する学者たちのホッペタを札束でひっぱたいて目を覚まさせる。政治が科学に優先しなければ、日本の原子力研究は進むはずがない」

＊

科学に対する政治の優先。そこからアメリカの、そして日本の原子力の平和利用が出発していた。当時の新聞はこう報道している。

「原子力予算　知らぬ間に出現
　驚く学界、こぞって反対」

それまで学者の間では、日本の原子力をどうすべきか、について、慎重にそして熱心に討論されていた。学術会議では、軍事目的に利用されないために、学術会議が主導権を持ち、自主、民主、公開の三原則によって研究して行く方向が出されつつあった。そのホッペタを叩いたのが、ウラン二三五の札束だった。

＊

このことについて中曽根康弘はこう書いている。

「当時学術会議においては、研究開始にむしろ否定的な形勢が強かったようであった。私は、その状況をよく調べて、もはやこの段階に至ったならば、政治の力によって突破する以外に、日本の原子力問題を解決する方法はないと直感した。……当時、日本においては原子力関係の新進の学者を養成することが一番大事な問題であった。この意味からも、国家が国家的大事業として取り組むという姿勢を示すことが必要であった。しかし、この問題は事前に漏れると、いろいろ障害ができてなかなか成功するものではない。私は秘かにその時期をねらっていた。

たまたま、三党（自由党、改進党、日本自由党）で予算を修正するというチャンスがやってきた。私はこの時とばかりに予算の修正項目に、原子炉予算とウラン探鉱費二億五千万円を入れた。これを入れるについて相談したのは、川崎（秀二）代議士と稲葉（修）代議士であった。そのことが新聞に報道されると、非常に大きな反撃が学界からも、ジャーナリズムからも来た。大部分の新聞は、この予算を『無知な予算』あるいは『暴力的予算』と称して、批判した。学術会議からも、学界に対する自由の侵害であるとか、政治の統制であるとか、様々な非難がきた。その新聞や学界からの反撃のすさまじさに驚いて同志のS代議士などは、〝あれはよくないから中止してはどうか〟と私に勧告したものであった[注13]」

＊

学者たちは原子力研究の方法について慎重に討論していた。それを政治家がモタモタするな、と札束でホホを叩いたのである。その同じ文章の中で、中曽根康弘は、「ホッペタをひっぱたいた」と言った覚えはない。「私はそういう軽挙な発言をしたことはない」と弁明している。が、それに対して、毎日新聞記者の河合武はこう語っている。

「中曽根さんはその後、公式の文書では、私はそんなことを言ったことはない、と否定しておりますけれども、その後それを確かめにいった若い科学者の二人が、確かにそう言ったということを証言しておりますから、私はそのほうが本当だと思います。政治家は嘘を言うのがあたりまえですから」[注14]

＊

とすると、突如、抜打ち的に提出され、審議未了、自然成立へとして持ち込まれた「暴力的予算」の、背景がなんであったのか、それが問題になる。青年将校こと中曽根議員は、その前年、国会議員団の一員としてアメリカ視察旅行に出かけていた。
「原子力を中心に米国を視察して回ったとき、米国では原子力の秘密が解除されて民間に権限が移譲される方向に向かっていることが分かり、私も日本もボヤボヤしてはいられないと痛感して帰ってきた」[注15]
それと時を同じくして、「アトム・フォア・ピース」のアイク提案がなされている。核の解禁である。「原子炉予算」とは、その核の受皿だったのである。それでは、アイク提案の背景はなんだったのか。

3　強引さと秘密性とカネ

当時、立教大学物理学教授だった武谷三男は、新聞にこんな談話を寄せている。

「そこで米国がどうして諸国に原子力の輸出を意図しているかということになるが、それは米国では原水爆の貯蔵はすでに必要以上の段階に来ているし、何十億ドルという原子力資本がストックされている。これを海外にさばきたいというのが第一の狙いであろう。

また、原子力を海外に輸出しておけば、原子力は将来、動力源の大きな部分を占めるものであるから実質的にその国の経済を支配できることになる。殊に原子力は秘密を伴うという理由で、重要な部分は技術的にも米国に管理される。これは結局、経済的、政治的に隷属させられることを意味する」[注16]

＊

このことについて、アメリカでは、きわめて率直に語られている。アメリカ原子力委員会のマレー委員は、米製鋼労働組合の年次大会の席上、こう語った。

「広島や長崎の記憶も生々しい間に日本のような国に原子力発電所を建設することは、悲惨な米国の殺生の記憶を一掃させる劇的で、しかもキリスト教的なジェスチャーとなろう。

また日本に米国の原子炉の一つを持って行くことも、ジエンビエンフーやジュネーブで失われたものを取りもどす上に大いに役立つことだろう」[注17]

キリスト教的ジェスチャーと地位と利益の確保。原子力の平和利用の狙いはその一石二鳥にあった。日本での予算成立が急がれた理由もここにあるようだ。

*

ウラン二三五予算が決定された。それを待っていたかのように、アメリカから濃縮ウラン提供の申し入れがやってきた。原子炉についてのメドがなんらたたないのに、もう原料が押しつけられることになった。そのころアメリカでの濃縮ウランは年産一五〇〇〇キログラム、原爆一発に三〇キログラムとすれば五千発分。余剰農産物と同じ余剰原発。それが平和利用として商売に転用される。

*

その対日原子力援助の提案は、五十年四月、駐米日本大使に口上書で伝えられた。が、外務省はそれを極秘扱いにしていた。新聞がスッパ抜くまで、そんな重要な申し入れがあったことは国民の誰も知らなかったのである。学術会議が主張する、原子力研究の三原則――公開、自主、民主。原子力政策はそれとはまったくちがったコースで始まりだしていた。

国内資源をみつけ、それを活用しながら、地道に基礎研究を積み上げ、自主的に小型の天然ウラン重水炉を建造する――そんな科学者たちの願いは踏みにじられてしまった。札束予算の成果とは、そのようなものだった。

*

日本における原発の歴史は、奇妙な動きの歴史でもある。古い新聞をたぐっていくと、その随所に、強引さと秘密性と、そしてカネにまつわる話が出てくる。

*

五六年一月、原子力委員会が発足し、初代委員長には、読売新聞社主でもある正力松太郎国務大臣が就任した。彼はそれまで、アメリカから原子力専門家を招いて啓蒙活動を起こしたり、アメリカ国務省と共同で原子力平和利用大博覧会を全国で開催したりしていた。それを読売新聞と日本テレビをフルに使って宣伝に努めていたのである。そして富山県から衆議院に立候補した。そのスローガン。

⑴原子力の平和利用による産業革命の達成

(2)保守大合同の実現

「当選するや、まず鳩山、三木、大野の三君を説得に説得して、遂に前古未曾有の保守大合同を実現させた。

当然ながら鳩山総理は私を招いて、防衛大臣を勧めた。私は言下に断わった。

〝原子力大臣ならやる〟

彼はキョトンとした。

〝原子力って何だね〟」[注18]

＊

〝原子力大臣〟正力松太郎は、読売新聞社主催で、イギリスのコールダー・ホール原子力発電所の責任者であるヒントン卿を招いて、中央大学講堂において、「原子力発電大講演会」をぶち上げた。

「石炭の五〇〇〇万トン分

二十年後に賄う　水火力が必要なくなる」

これがこの大講演会を報じた当時の読売新聞の見出しである。同紙によれば、集まった聴衆は三千人だった。[注19]

＊

そのすこし前、ノーベル賞を受賞した湯川秀樹博士は、衆院科学技術特別委員会でこう発言していた。

「わが国のエネルギー資源が窮迫していることは事実だが、その不足する時期とか年限については十分な資料がなく、よく分かっていない。電源の問題は、原子力だけを頼りにする以外に、まだ余裕を持たせる何らかの方法があると思う」[注20]

が、そんな意見を吹き飛ばしたのが、正力委員長の、「五年後には実用炉を建造する」旨の大放言であり、デモンストレーションとしての大演説会だった。これを契機に、原子炉第一号は、それまで優勢だったアメリカのウェスティング・ハウス社の加圧水型軽水炉を押しのけ、コールダー・ホール型の導入へと大きく傾いたのだった。

＊

坂田昌一日本学術会議原子力問題委員会委員長は、当時、つぎのように警告していた。

「……最近日本が食指を動かしている英国のコールダー・ホール原子力発電所にしても運転の実績はほとんどなく、ことに購入の対象としている改良型に至っては単なる机上のプランに過ぎないのである。したがって例えば採算にあうようなことがいわれても、その科学的根拠ははなはだ薄弱であって信用することができない……動力協定の締結は三原則の見地に立って慎重の上にも慎重にしてもらいたいものである。さもなければ、原子力は日本国民の幸福に役立たぬばかりか、禍をもたらすことになりかねないからである」[注21]

4　原子炉導入とその見返り

「英原子炉の見返りに
　紅サケのカン詰」

読売新聞（五七年七月二十八日）の記事にこうある。

その頃、紅サケが豊漁で、前年度の倍近い量が獲れていた。日本の漁業界はこれを消化する必要があった。原子炉の輸入代金を建設期間中の数年間に分割、その分を年間五〇〇ポンド（五十億円）のサケカンの輸出分で支払う。そんなことが政府で考えられていた。とすれば、漁業界を救うためのコールダー・ホール型導入ということも考えられる。激しく迫っているアメリカには、二号炉から導入、という手もある。

*

その原子炉をどこが受け入れるか、それが問題だった。民間会社でやるか、それとも、国の事業としてやるか。すったもんだの揚句、国策会社の電源開発と民間九電力と電機メーカーなど、原子力関係業界が合同で、「新会社」を設立して、受け入れることで、話がまとまってきた。これに揺さぶりをかけたのが、河野一郎経企庁長官である。

彼の意見は、民間会社が本気でやる気なら自己資金で危険負担を負ってやるべきだ。国の事業としての電源開発が他の事業に投資するのはスッキリしない。それに電機メーカーまで入るのは論外、というようなものだった。こうして、正力との派手な論争が、連日新聞を賑わすことになった。河野・正力「夏の陣」とも喧伝されたのである。

*

結局、新会社の出資比率を政府（電源開発）二〇％、九電力四〇％、その他四〇％で、役員も出資比率も見合う形で、一件落着。喧嘩の派手な割に、あっけない解決方法だった。ところが、河野、正力ともに、同じ自民党はおろか、同じ河野派に属している親しい仲。そこが政治の奇妙さである。

*

その背景についてこうもいわれていた。

A　電源、九電力の対決が底流のようだが、こんどの問題で河野のねらいはいったいどこにあるのだろうか。

B　党内ではこの秋の次期幹事長をねらってほとんど名

もあげられなかった経済企画庁の名をこのさいあげて、党内第一の実力者であることを内外に誇示しようとしたといわれている。ちょうど原子力発電がそこにあったとうがったことをいう人もいる。

A　国際的な英国と米国の原子炉売込みの冷戦が作用していないかね。

C　まだそうした話は聞いていない。また三井、三菱の財閥の対立があるという話も聞くが、受入れ会社には五つの各財閥系産業グループも入るのでそうしたこともないだろう。

D　河野、正力の対立といって本当にカミ合っているとは思えないフシもある。両者とも説をまげないことを表明しているが、本当の対立なら騒ぎ屋の多い党内がもっと騒ぐはずだ。正力は最初の線の純粋な民間会社案から大分後退しているし、河野のハラも閣議の決定には承服する意向のようだ。いったいなにがねらいなのかというと、党内での地位をかためることと正力と一緒になって原子力発電問題にタッチしていこうということなのだろう。[注22]

＊

「八百長といわれたことでも分かるように、いわば河野陣営の正力国務相と河野企画庁長官が突然対立をしたことに対しては、いろいろのうわさが立った。何しろ一方はいわゆるやり手の河野長官であり、これに対するは、ある意味で河野氏にヒケをとらぬ正力国務相である。しかも対象となるのは政治資金問題をはじめとしてとかくいろいろのことで〝令名？　高き〟電力業界だということから、そのウラには何かがあると、詮索好きの政界で取りざたされるのは無理もない、案外簡単に妥協がついたのにさえ〝対立〟の目的を達したからだとあくどい批評が早速流れたともしている[注23]」

＊

「電力界の消息通は、こんな話をしてくれた。河野氏が、それまで一顧だにしなかった原子力に口を出したのは、電発の突き上げに乗ったのだが、それをおろすには、献金以外はない、ということになった。電力九社では誰を隠密の使者にするか、大評定が行われたという。そして白羽の矢が立ったのが四国電力の代表者。『猫の首に鈴をつけに行くのはあなたに限る』というわけで、こっそりと『届け物』をしたという。

ところが、河野氏は、その直後、ガット総会に出席するために、ジュネーブに行っている。しかもその帰りに、通産省の通産局長らを伴って、ロンドンにも行っている。

その当時から日英貿易交渉の下準備は進められていた。だから鮭缶と原子炉のバーターも、河野氏がいいだしたことなのだという。その説によれば、原子力の国営、民営という問題では一歩譲っておいて、これを利用して当時苦境に立っていた漁業界の利益をはかったのだという。河野氏は、人も知る漁業界のボスである。あながち、単なるあて推量とはいえないような、まことにうがった話ではある」[注24]

＊

原発は、科学者の警告と願いを押しつぶして、利権のため政治優先として出発した。それと同時に公開に対立する「密室性」もこのころすでに身につけていた。濃縮ウラン、原子炉とサケカンの取引きはすべて秘密だった。その防衛のため、内部では秘密警察的支配下におかれていた。

＊

原子力委員会発足当時、人事が漏れたことがあった。当時の佐々木原子力局長はこう回想する。

「翌日の新聞には、いっせいにその全員の名前が出ちゃったんだ。正力さん、怒るまいことか、何としても、犯人をみつけるっていうんですよ。私の方で調べますといったら、犯人をみつけるのはオレの方がうまい、犯人は自分でみつけるっていうわけだ。なにしろ元警察官だからね」[注25]

＊

河合　……まず財団法人原子力研究所をつくろうということになる。ところが、その原子力研究所の研究者と職員の採用の段階で、〝民主〟という原則がかなり破られる。思想の問題などを理由に、かなり優れた研究者を原研に入れないという、具体的な事例となってあらわれてくる。

武谷　例えば、特審局を使って身許調査をやった。それを指揮したのは、警察畑出身の正力松太郎氏でしたね。[注26]

＊

原子炉導入をめぐって、イギリスとアメリカ、そしてアメリカは原子力潜水艦ノーチラス号で実績をあげていたウェスティング・ハウス（ＷＨ）社とゼネラル・エレクトリック（ＧＥ）社とが売込みにしのぎをけずっていた。それまでの発電炉の関係からＷＨ社は三井系、ＧＥ社は三菱系と結びついていたので、それはそのまま三井対三菱の商売合戦ともなった。新会社・原子力発電（原電）第一号炉が、イギリスのコールダー・ホール型に決定したあと、原子力研究所の動力試験炉と原電二号炉をめぐって、ＷＨ社とＧＥ社の商戦は熾烈をきわめた。当時の防衛庁の導入戦闘機の機種選定をめぐるグラマン・ロッキード空中戦にならって、新聞は原子力の「グラマン・ロッキード戦」と書きたてた。選定に力を持つ原子力委員のポスト争いもあった。

「二人の三井系原子力代議士の暗躍が伝えられ、関係者は肝を冷やしたが、この『クーデター』は未遂に終わった」

「業界仲間では、『原研の監事に、三菱の大物岡野保次郎氏がいるのだから、とてもかなやぁしませんよ』というのが、そのころのあいさつだった[注27]」

＊

産業界は、これからやってくることが予想される「原子力ブーム」のバスに乗り遅れまいとしていた。「あのころは、だいたい一口原子力に乗らなきゃという時代だったものね」（駒井健一郎日立製作所会長[注28]）。

五六年三月、日本原子力産業会議が発足した。それよりひと月ほど前、正力原子力委員長は、「原子力開発に関連する全産業が結集して、政府の基本開発政策に民間産業界の総意を反映させる」ための圧力団体の結成を提唱していたのである。参加企業三百五十社。会長には菅禮之助（電気事業連合会長）が就任した。

＊

受注競走に備えて、各資本グループも態勢の整備と提携の強化を開始しはじめた。五五年には、三菱が三菱電機、三菱金属、三菱商事など旧三菱財閥系二十三社によって三菱原子力委員会（現三菱原子力）を結成した。

五六年四月には、住友金属、住友機械、日本電気、三菱商事など十四社で住友原子力委員会を、六月には三井系が、東芝、石川島重工業、三井物産など三十七社で日本原子力事業会（現日本原子力事業）を作った。日立製作、昭和電工など十六社はその前月に東京原子力産業懇談会を、富士電機、古河電気、川崎重工業など旧古河・川崎系は十一月に第一原子力産業グループを作り、たちまちのうちに、原子力五大産業グループが出現することになった。原子力をめぐるすばやい反応は、財閥の復活となって現われたのである。

＊

イギリスからアメリカへの転換。これが決定的になったのは、五九年十月十三日の、中曽根発言によってである。かつて札束予算で名を馳せた中曽根原子力委員長は、衆院科学技術振興対策特別委員会で、神近市子社会党議員の質問に答えて、「計画の全面的な再検討の必要がある」と答弁したのである。

「一九六七年まではイギリスのコールダー・ホール改良型（天然ウラン炭酸ガス冷却型）四基を中心に開発を進めることになっているが、この日の中曽根発言はそれ以前においてアメリカの濃縮ウラン水冷却型炉の導入も考えるとい

原子力5大グループ組織表

	三井グループ	三菱グループ	住友グループ	第一原子力産業グループ	東京原子力グループ
会社名	日本原子力事業（株）	三菱原子力工業（株）	住友原子力工業	（幹事会社）富士電機製造	東京原子力産業研究所
組織図	東芝電気―東京電力 ↑技術提携 GE（ゼネラル・エレクトリック）	三菱電気―関西電力 ↑技術提携 WH（ウェスティング・ハウス）			日立製作―東電 ↑技術提携 GE
設立	1958年9月	1958年4月	1959年12月	1956年8月	1956年3月
資本金	32億3000万円	45億円	17億2700万円		2億6200万円
社長・会長	土光敏夫	石原栄太郎	大隅改介	前田七之進	駒井健一郎
従業員	事務　90名 技術　296名	事務　230名 技術　569名 工員　45名	事務　10名 技術　15名		
出資会社	35社 三井物産、石川島播磨重工、日本製鋼所、三井金属、三井造船、三井建設、三井不動産、横河電気、小野田セメント、大阪商船三井船舶、大正海上火災、三井銀行、三井鉱山、日本金属工業、三井東圧化学ほか	24社 三菱商事、三菱重工業、三菱金属、三菱化成、三菱製鋼、旭硝子、三菱銀行、三菱地所、三菱レーヨン、三菱鉱業セメント、三菱石油、東京海上火災、明治生命、三菱油化、大成建設　ほか	36社 住友商事、日本電気、住友電気、住友金属鉱山、住友金属工業、住友化学工業、住友重機械工業、住友銀行、日本板硝子、明電舎、松下電器産業、住友海上火災、住友生命保険、住友セメント、住友軽金属　ほか	22社 日商岩井、伊藤忠、富士通、富士電機、古河電工、古河鉱業、旭電化、日本軽金属、横浜ゴム、川崎重工業、川崎製鉄、神戸製鋼、清水建設、第一勧業銀行　ほか	27社 丸紅、昭和電工、鹿島建設、日立造船、日立金属、日立電線、日本鉱業、日産化学、日本セメント、日本冶金、東亜燃料工業、日本油脂、三和銀行、富士銀行　ほか

うもので、日本の原子力政策の方向転換を示唆したものとして注目される」[注29]

＊

そしていま、アメリカGE、WH社による安定市場が、カナダ・キャンドゥ炉やヨーロッパ勢の殴り込みによって乱戦になっている。カーター新政権も、使用済燃料プルトニウムの輸送にもストップをかけることにした。

七七年は、原発にとっての苦難の年になろうとしている。

注

1 『毎日新聞』(七六年七月二十二日)
2 『原発闘争情報』(原子力資料情報室、七六年九月三十日)
3 『日本経済新聞』(七六年九月八日)
4 『中央公論』(七六年五月)
5 『日本経済新聞』(七六年十月十六日)
6 『日本経済新聞』(七六年十月十一日)
7 『週刊ポスト』(七六年四月三十日)
8 『毎日新聞』(七六年七月三十一日)
9 『毎日新聞』(七六年十一月二十八日)
10 『原発闘争情報』(原子力資料情報室、七六年九月三十日)
11 『原発の恐怖』(シェルドン・ノビック、中原弘道監訳)
12 『福竜丸』(ラルフ・B・ラップ、八木勇訳)
13 『原子力開発十年史』(日本原子力産業会議)
14 『原爆から原発まで』〔下〕(原爆体験を伝える会編)
15 『原子力開発十年史』(日本原子力産業会議)
16 『産業経済新聞』(五四年七月二十六日)
17 『日本経済新聞』(五四年九月二十二日)
18 『原子力開発十年史』(日本原子力産業会議)
19 『読売新聞』(五六年五月二日)
20 『朝日新聞』(五六年五月十八日)
21 『朝日新聞』(五七年五月四日)
22 『東京新聞』(五七年八月十四日)
23 『日本経済新聞』(五七年八月二十二日)
24 『世にも不思議な物語』(河合武)
25 『原子力開発十年史』(日本原子力産業会議)
26 『技術と人間』(七四年十月)
27 『世にも不思議な物語』(河合武)
28 『日本の原子力』(日本原子力産業会議)
29 『読売新聞』(五九年十月十四日)

あとがき

生活をしている分には、いま進行しているものに気が付かない。気付かないうちに、われわれはすでに捕捉された。見えないものが、奥深いところで着実に増殖し、肥大し、われわれの生活を覆いつくす。もはや、身動きできないまでに、がんじがらめにされた。科学技術は、つねに明るいイメージを増幅させながら生活の中に入りこんでくる。便利さと幸福、そして繁栄のために。たとえば、「夢の原子力」「コンピュートピア」といったスローガンがその典型である。それが、そのまま素朴に信じられてきた。

原子力は、現代技術の頂点である。それだけに、難しいものとして敬遠され、敬遠されながら崇拝されてきた。が、こっちで敬遠し、崇拝しても、向こうはきわめて事務的に接近し、厚かましくも生活の中に入りこんでいる。気付かないふりをしていても、原発とコンピュータは、すでにわれわれの生活そのものを支配しはじめている。ただ、その影が見えないだけだ。それは透明な影だからだ。

原発は、少数の技術者と少数の官僚に握られている。その真実は秘密であり、こちらからは、向こうは見えない。が、向こうからは、こちらの総てが見えている。管理社会の極致である。それがプルトニウム社会の究極である。自主増殖された強大な秘密は、それを防御するための強大な管理を完備する。管理は完備され、攻撃的になる。手近な例でいえば、合理化の極限としてのベルトコンベアは、それに従事するものの自由の総てを奪い取って回転する。それよりもさらに巨大で、透明な触手が原発体制である。便利さは、「悪魔的な取引き」の手形である。

ここでは、表面に浮かんできた情報の断片を拾い集めて組み立てた。公務員の「守秘義務」と「企業秘密」の壁によって、提出される資料がない以上、小さな断片をモンタージュして、真実を復元するしかない。事実と事実を衝突させて、真実に迫る。そんな方法によって、この報告を構成した。

モンタージュの理論は、エイゼンシュテインによって創造された映像論だが、見えないものを見るための方法として、彼の方法を活字で置き換えてみようとした実験である。もし失敗したとしても、それはただ私の力量不足だけの責任である。

取材の機会を与えて頂いたのは、『潮』編集部の西原健太郎、南晋三の両氏である。同誌の七六年八月、十一月号に掲載したものに、新たな稿を付け加えた。本にする努力は、国際商業出版の栗田晴彦氏に負った。なお、資料収集と取材には、板垣新、佐藤俊一、岸田鉄也氏の助力を得た。ありがとうございました。

（文中敬称略）

一九七六年十二月五日　　鎌田　慧

〔編注〕「恐怖の原発社会」第一章から第四章は、『ガラスの檻の中で　原発・コンピューターの見えざる支配』（国際商業出版、一九七七年）の第二部およびあとがきです。同書の第一部は「コンピュータの触手」です。

原発阻止闘争の陣形

第一章　下北・伊方　原発阻止へ

1　「むつ」の放逐から下北原発阻止へ

むつ製鉄から「むつ」へ

海にむかって建っている、まだ竣工したての組合事務所に入って行くと、組合長の三国久男さんはたった一人で自分の机からテレビを観ていた。甲子園からの高校野球の中継である。不思議に思って、一人ですかと尋ねると、盆だからね、と答えた。この三日間は漁も休み、漁業組合も休みなのだ。

「どうしてこう青森県にばかりなんでも持って来るんだべな」

三国さんは苦笑まじりにこういう。野辺地（のへじ）漁港は陸奥湾を挟んで大湊港と向い合せになっている。対岸の大湊港に繫留されている原子力船「むつ」は、なんとか、出港、試運転の機会を狙っているのである。そればかりか組合の事務所のある波静かな入江である野辺地港の鼻先は、新全総による「むつ湾小川原開発」計画によって勝手に五十万トンタンカーシーバースとして書き記され、三国さんたち陸奥湾沿岸漁民はこのところ、お上を相手にした反対運動に忙しく、なかなか気の休まる時がなくなっている。それに下北半島の太平洋岸には、東京、東北両電力による二千万キロワットの原発が計画され、この三つの侵入者たちは互いにまるで競い合うように、あわただしく動き回っている。だから、それぞれの反対運動を積み重ねながらも、三国さんならずとも、どうしてこうも青森県の、それも下北半島にだけ、なんでもかんでも押しかけてくるのだろう、とボヤきたくもなってくる。

だいたい私が子供の頃、新聞に青森県のことが記事になるのは、大火とか尊属殺しなどの事件が発生した時ぐらいのもので、一面や経済面に入ることなど、ほとんどといっていいほどなかったものだ。それまで、いまのむつ市になっている大湊には海軍警備府があった位のもので、陸奥湾では天然のホタテ貝を産出する程度だった。漁師たちは遠く樺太やカムチャツカや北海道に出かせぎに行き、開発予定地の下北半島の太平洋側の農漁民のことは、記事になるどころか、中央権力からは全く忘れ去られていたのだった。

一九六五年　東通村村議会の原発誘致運動はじまる。

一九六七年　わが国最初の原子力船の定繋港は、当初予定の横浜市埋立て地が市当局に忌避され、急拠大湊港に変更。

一九六九年　新全総計画にむつ小川原湖開発が入る。

こうして昭和四十年になって、青森県にもっとも危険な開発が集中して進出してくることになったのである。原子力船「むつ」の母港から、歴史を溯れば、そこはかつて日本帝国海軍施設部の集積場として資材が荷揚げされた埠頭であり、その国有地はやがて政府出資の国策会社「東北開発」に坪当り六百八十九円で払下げられ、こんどは「むつ製鉄」建設予定地とされた所であった。

むつ製鉄は六三年四月、東北開発八〇パーセント、三菱系四社（三菱製鋼、三菱鋼材、三菱鉱業、東北砂鉄鋼業）二〇パーセントの出資、社長三浦三菱製鋼社長として設立、下北地方に六千七百万トン埋蔵すると推定される砂鉄を原料に特殊鋼ビレットを生産する予定だった。しかし、国、県および市が、六億八千万円にもおよぶ先行投資を行い、地元でも早期実現のための数多くの陳情や、やがては「むつ製鉄事業実施貫徹市民大会」まで開かれたものの、三菱資本は「経済ベースに到達し得ないことが明らかとなった次第であります」として「資本参加を伴う技術援助の儀は此の際御辞退申し上げざるを得ないことになりました」と東北開発に通告した。

当初、高橋経企庁長官は、「三菱グループが根本的な共同責任を一方的に破棄したものである。許可の根本条件が崩れたこの段階では案を出して検討することはできない」と発言。六四年十二月末、佐藤首相も「むつ製鉄問題については事務的ペースだけで、政治的配慮に欠けていたことは認める。今ここで結論を出すことは早いが、検討を続けることは約束する。しかし、難しいことである」と知事、市長および県出身自民党代議士たちの陳情団に答弁。ついに地元にバラ色の夢を投げ続けて来たむつ製鉄は一炊の夢として、はかなくも消え去ったのである。

この時よく考えてみれば、開発は資本の一方的な都合だけでやって来るものであり、そしてまた、たとえ地元住民が請願、陳情をくり返し、果ては地団駄踏んで口惜しがったとしても、〝経済ベース〟だけによってあっさりやめてしまうものであることがはっきりしたはずだった。が現実はそうでなかった。一度あおられた開発の夢はおのずから膨れ上がったし、政治家たちはその〝失政〟を繕うためにも、何かを持って来る必要があった。「産業基盤の造成のために」を大義名分に当時のむつ市長は悪魔的な取り引きをした。よその港から敬遠されていた原子力船「むつ」を引き受けることにしたのである。

「むつ製鉄」準備運動のエネルギーはそのまま使えた。人びとの気持の中ですでに開発の地ならしはすんでいた。むつ製鉄は原子力船「むつ」に変わっただけのことなのである。こうしていま、広大なむつ製鉄予定地がまさに海に没しようとする岸壁に、八千三百五十総トンの「むつ」が視界をふさぐように立ちすくんでいる。

私が野辺地漁協をたずねた時、「むつ」をめぐる動きはにわかに激しいものになっていた。「むつ」は船体と原子炉が完成して二年たってなお、漁民の反対によって出力試験ができないでいるのだが、政府は関係閣僚懇談会で「八月出港、出力上昇試験」の実施を決定していた。七四年六月上旬、母港周辺の脇野沢村(現、むつ市)、川内町(現、むつ市)、むつ市、横浜町、野辺地町、平内町(清水川支所)の六漁協は「母港移転決議」を行い、さらに七月下旬には、湾内十五漁協、約六千人で組織されているむつ湾地区漁協経営対策協議会では、「出力試験終了後直ちに外洋に移転することの確約」など六項目の要求をしている。

その頃の新聞を見ると県、国が「母港移転の方向」を示唆しただけで漁民側が妥協し、補償問題だけのような感じを与えられていたが、三国さんは新聞は嘘を書いている、まだ同意していない、といきまいていたし、隣りのむつ横浜漁協の組合長であり、県漁連の会長でもある杉山四郎さんの家へ行ってみると、彼は、出力試験に賛成している漁協幹部もいるが、反対派もまだ多いことを力説した。事実、その後この稿を執筆している今日まで二回開かれた湾内漁民代表者の臨時総会は紛糾し続け、八月二十日をすぎてなお、同意の結論は出されていない。

一方、原子力船母港反対をスローガンに立候補し、七三年十月市長に就任した菊池渙治氏(革新系無所属)も、県知事の再度にわたる〝説得〟を振り切って出力試験の実施に反対している。

「原子力船・下北原発反対共闘会議」はむつ市を守る会、むつ地区労働組合会議など七団体によって構成されている。「守る会」の代表者は歯科医院の技工士をしている中村さんで、彼は六年前から「原子力問題」についてのビラ、新聞を作って市民に手渡して来た。彼と一緒に地区労議長の猪口さんと私は母港候補地と決められた時の反対運動について雑談した。猪口さんには四年前にお会いしたきりだったが、その時も六七年十月一日の「母港設置反対大集会」の話を聞いていた。県労でも全県的に動員して三千五百人の集会になったのだったが、当時の漁協は反対運動に参加していなかった。

しかし、この八年の間に波静かなだけが取り柄だったむつ湾の表情は一変した。これまでおよそ十年を周期として異常発生したホタテ貝の養殖技術が確立し、異常発生を日常化し、生産物として定着させることに成功したのである。六九年六千トンだったホタテ貝の収獲高は七一年一万二千トン、七三年三万トン、そして七四年は六万トン、年間百億円と、いまやリンゴにつぐ重要産業となり、むつ湾は宝の海へと変貌した。海の青さをそのまま残した数少ない湾に生育する、純白のホタテ貝は、今後のむつ湾漁民の豊かな生活を保証している。

若者たちは出稼ぎから帰り、〝家業〟に専念している。いつか三国さんは、それまで老人だけのチームであった漁協の野球チームが、すっかり若返ってしまい、野辺地町でも最強のチームになったことをうれしそうに話したことがあった。つまりそれだけ、生活が漁民の手に立ち返って来たのであり、それを侵すものとしての五十万トンタンカーや原子力船に対する反対がたしかなものになった。

原子力委員会の役割

七〇年一月初めの『朝日新聞』には、通産省と産業界とで、原子力コンビナートづくりを「七〇年代の最大の課題」にすることを決めたとする記事が掲載されている。原子力製鉄を中心としたこの巨大コンビナートの最有力候補地は下北半島（むつ湾小川原湖地区）とされているのである。その一年半後、現地を踏んだ稲山新日鉄社長（当時）は、「ここに作るのは原子力製鉄所以外にない。しかも業界共同が理想的」と記者会見の席上で語っている。原子力船が原潜の開発に結びついているように、下北原発はむつ湾小川原湖開発に不可分に結びついていることが正式に発表されている。

ただ私の疑問は、下北原発は東京電力と東北電力の相乗りで、各十基ずつ、合計二千万キロワットといわれているものの、むつ湾小川原湖開発予定地の中心地である六ヶ所村とは少し距離的に離れているし、通産省、新日鉄、あるいは三井グループが構想している原子力製鉄、原子力発電所を含んだ原子力コンビナートの構想は、この下北地域とは別に、すでに通産省の立地調査が終了している、六ヶ所村内にも考えられているような気がする。

すでに発表されている、東京、東北両電力による東通村小田野沢、南通（みなみどおり）、老部（おいつべ）、白糠（しらぬか）の四地区にまたがる長さ六キロ、幅一・五キロの約九百ヘクタールの原発予定地は、県職員の手段を選ばない努力によって、ほぼ買収されている。私は東通村役場へ行ってみた。村役場は、まったく例のないことだが、村内になく、隣りのむつ市の中に置かれているのだ。それは村に中心になる集落がないこともあるが、村内の道が、むつ市を起点に南北に広がっているために、この村の人たちはバスに乗って隣町にまで用足しにこなければならない。

村長が留守だったので助役に会った。彼は原発のことを「開発」とたびたび繰り返した。工業開発でさえ、私には素直に呑み込める語いではないのだが、原発を表現する開発の単語には違和感をおぼえるし、またいらいらさせられた。が、彼は原発とむつ小川原開発とをセットとして考え、原発をその付属施設とみなしているようだった。彼はこういった。

「わたしの方には原発をよこした」

助役がいうのには、むつ小川原開発ができれば、道路も整備されて弁当を持って車で十五分程度の工場に働きに行けるようになる。そのためには、そこへ電気を供給する原発の建設に協力が必要になる。発電所で働ける人間はごく限られているからだ。火が入るようになると固定資産税も落ちてくる。先進原発地の経済状態は大きく変わっていますよ、という。

とにかく詳しいことは県の開発室の出張所へ行って下さい。そこには、七、八人、旅館住いをしながら、買収に活躍している県職員がいますから。村は別に原発建設のための係員を配置することもなく、すべてを県にまかせ、私企業である電力会社もまた買収工作のほとんどは地方公務員である県職員たちにやらせているのだった。助役は現地へ行ったこともないのである。

「原発の危険性についてはどう考えているのですか」。私はこう質問する。公害については、私たちが一番心配しているのです。

彼はこう答える。公害を出して貰っては大変ですから、出してくれるな、といっています。私たちは公害のない開発に協力しているのですから。「ですから、いまの技術で原発は危険といわれているので、それをどう考えているのか、ということをお聴きしたいのです」。ですから公害を出さない工場を、といっているのです。それにむこうが出しませんというのですからなんともいえないでしょう。「温排水の問題の他にも、事故の心配もあるでしょう」。建設に入ったらそんな心配も出てくるでしょうが、国の機関である原子力委員会が点検して認可するんだから、ここが安全といえば安全でしょう。公害防止協定も結ぶし、もし公害が出たら補償させます。こっちで誘致を決議した関係もあるし、協力しなくては。いまやめてもらうと、土地ももうない、金もなくなったでかえって困ります。調査に入ってから建設まで十年かかるといいますから、促進同盟でもつくりたいくらいですよ。助役の話はこんな風なものだった。原発について充分考えた上で、私の質問をかわしているのか、無手勝流なのかさっぱり判断がつかなくなる。新潟の柏崎市長と会った時も、彼の「安全性」への無責任さに驚かされたものだったが、助役と会ったあと味はもっと複雑なものだった。

七一年四月、私はここの村長室で川畑村長に会っていた。彼はその時、「心配ない。海水は熱くなることはあっても放射能の心配はない。排出される熱湯で塩をとったり、アルミなどの工場ができて地元が発展する」と語ってにっこり笑ったものだった。心配する者と心配しない者は、まるではじめからちがう人間同士のように、対話は成立しないのである。そしてむこう側の危険性に対する考え方は、四年たっても一向に深化していない。

「死ぬ時は原発にかぶりつきたい」

陸奥湾沿岸のむつ市から、いくつかの山を越えてバスは太平洋岸に出る。そこから一路南下して六ヶ所村の泊部落に向って走る。一日数便しかないバスは、この日お盆のせいもあって満員だった。出発する前、私はバスセンターで切符を買った。「南通まで」。そういうと、小さな孔のあいたガラスのむこうで売り子は当惑したように、「南通の停留所はもうありません」という。

部落は移転していたのは知っていた。私はその部落跡へ行ってみようと思ったのである。もしかして一軒くらい住んでいるかもしれないではないか。しかし、もう住む者もなく、降りる人も乗る人もいなくなってしまえば、バス停は廃止になってあたりまえなのだ。

南通部落は原発予定地の丁度まん中に位置していた開拓部落だった。戸数二十戸。最初の入植者は敗戦の翌年からで、その頃はムシロ小屋に住み、南部鉄瓶に馬鈴薯を入れて煮て常食とした。当初畑作だったのだが近年水を引くのに成功して水田に切り換え、村内でも有数の穀倉地帯にまでなっていた。一本一本の木を切り倒し、根を引っこぬき、文字通り血の出るような苦労の果てに掴んだ美田だった。

原発は村議会で誘致決議していたためもあって、村長、村会議員が県職員の買収のバックアップをした。まず村有地を代替する条件を出し、いま売らなければ、代替地はやらないと脅したり、女子供だけが留守をしている時は、ちょっとミトメを貸してくれといって承諾書にハンをつかせたり、いつまでも反対していると、先に売った人の迷惑になるとか、早く売らないと転住先を斡旋しないとか、とにかく脅したりなだめたりして少しずつ切り崩した。

七一年当時、まだ今ほど原発に対する恐怖は昂まっていなかったし、南通部落の人たちも、村長、村議会、県に反対してその後の生活をして行く自信もなかった。私が最初に行った頃、二軒だけまだ残っていたが、共有地の売買をめぐって、先にハンをついた人たちにせめられていたのだった。それから三ヵ月たって行ってみると、もう一軒が落ちたばっかりの時で、そこの主婦は一軒か二軒じゃここで暮せるものではない、誰が悪いのか知らないが、こういうこと（原発）が来なければいいのに、といって軒先の端の方へ身を移してしゃがんで泣きはじめた。

こうして水田一反当り五十七万円、畑三十二万円、山林原野二十二万円でほぼ強制的に買収されて南通部落は解体した。（この金額は後で決まったむつ小川原開発公社の買い上げ価格の山林原野で五十七万円の半分にすぎなかったので、格差分だけ上積みされることになった。）

南通部落二十戸のうち、先に売った十二戸はむつ市に代替地を譲られて集団で移り、残った八戸は小田野沢部落の入り口に赤土と岩盤に覆われた二反歩ほどの宅地をもらって住んでいる。たしかにその新しい住宅地にはその辺には珍しい片流れのモダンな屋根とアルミサッシの輝く家が軒を並べて建っていて、通りすぎる者の眼をそばだたせる。

が、二十年以上も血と汗を流しながら切り拓き手塩にかけて来た耕地のほとんどは、その新しい家一軒分で消え、あとはたいした現金は手許に残らなかった。男たちはほとんどは出稼ぎや道路工事に出かけ、女たちは土から根こそぎにされ、家事だけが仕事になってしまった。

一番最後までがんばったAさんの家へ行ってみると、主人がいなくて今年七十九歳という父親が一人で留守番をしていた。玄関脇に小さな植木が立ち、そばに一メートルほどの「記念碑」が建っていた。その石にはこう刻まれていた。「南通部落原発移転記念碑昭和四十七年十二月十五日」。移転を記念する石碑を建てた気持はどんなものだったのだろうか。Aさんがいなかったから聞くことができなかった。それは新しい生活への決意でもあるだろうが、私には「原発移転」の四字に彼の無念さが彫り込まれているような気がしてならない。最初部落から、みんなの移転したくない気持を村議会に反映させるために「対策委員」を出した。

が、その対策委員は逆に移転を説得する役割を果たすことになった。Aさんも対策委員だったが、彼は筋を通し、涙を呑んで辞任した、と以前私に語った。「二十五年以上もこの土地で苦しんで来たのに、すべてを金で解決しようというやり方が気に喰わない」。そう反対している理由を語ったのを私は記憶している。だから私は、小さな私的なその記念碑が、けっして晴がましいものではなく、苦い想いの結晶のような気がしてならない。

Aさんの父親は今こういう。最後にはオラの家と学校だけが残った。学校には先生と一年生の孫の二人だけ残ったのだが、その学校も廃校になるし、あすこにいて小田野沢の学校まで通学させるのは無理なことだ。宅地分として二反歩村で出す約束だったけど、ほれ見てみろ、あの通り岩盤があってどうにも使いようのない分まで入っているんだ。それに村有地四反歩を分けてくれる約束だったけど、三年たってもまだ寄越さないし、さいきんでは三反五畝にするだの、挙句の果てには念書がないから知らないなどといい出しているんだ。早く出してくれって、村長の所にみんなで何回も押しかけて行ってるけど、村有地をやるといった証拠があるか、などといい出しているんだ。役場も議員もいろいろ良いことといって、実行したものは何一つない。今ごろ南通にいれば、心配もなく、何不自由なく暮しているんだ。植えた防風林もだんだん成長(おが)って来るし……。今はここに来て、なんでも買って喰って、それも三倍も高くなって、これから金がなくなってしまえばどうなるのか。年とってしまえば、これからは手間賃取ることもできない。死ぬ時は原発にかぶりつきたい。

Aさんより少し前に移転して来たBさんは、いま住んでいる小田野沢部落から入植したので、Aさんほど不自由な感じではなかった。五三年に入植し、二町五反ほどの水田を持ち、これからもう少しちがうことも、と新たな経営意欲を持ち始めた時に原発の話が出て来たのだった。Bさんはこういう。どこへ行ったたって住めば都、三年も暮せばこっちも良いように思うものだ。米を作っていたって、毎年天候に左右されるんだ。出稼ぎは人に仕えることになるが、決まった金も入ってくるし、それはそれで良いものだ。彼は私が最初にお会いした頃、これから何をやるか途方にくれている、といっていた。男はどこへでも働きに行けるが、女は土から離れてどうするんだ、と泣いていたのがここの奥さんだった。

私は彼女とも話してみたかったのだが、お盆のせいかひどく忙しそうに出入りしていた。住む場所を移っても、当然のことながら生活が続いている。生活し続けなければならない。二十戸の部落で、二軒程度で最後まで反対すると、結局、共有地の売買や移転先の問題などで、先に売ってしまった人に迷惑をかける。これもまた生活のしがらみなのだ。買収者たちはこの部分に集中攻撃をかけて一戸ずつつぶす。しかし、Bさんは漁業権は絶対放棄しない、という。小田野沢には漁港はないが、この長い海岸は、コンブ、ワカメ、アワビ、ウニなどの根付きの漁業の宝庫なのだ。

すぐ裏手の海に出てみた。太平洋から打ち寄せ、白い歯を嚙む波の列がどこまでも長く伸びる海岸線で、子供たちが歓声をあげながら跳びはねているのが見えた。少しはなれて母親たちが手ぬぐいで顔を覆いながら、砂浜に干したコンブを一枚一枚裏返しにして歩いていた。原発がくるとこんなこともできなくなりますね、と話しかけると、知ってます、反対です、とその一人は答えた。ある商店の主婦も、みんな反対だべさ、といった。土地を売ってしまった人たちも原発の恐しさは知り始めて来たし、原発と隣り合せに住むことはいやなことだ、と思い始めて来た。やがてここにも反対運動は開始されるであろう。

反対闘争の広がり

東通村白糠部落。むつ市から三十数キロ。海岸沿いに起伏の多い道を越えてこの部落に着く。部落もまたその起伏に身をまかせるようにして街道沿いに続く。小田野沢部落は農業が主で漁業が兼業なのだが、この部落は小さな入江がそのまま良港になっていることもあって、根付き漁業のほかにイカ釣りが中心で、あとは出稼ぎで生計をたてている。戸数は三百九十五戸。人口約二千人。東京方面への土木工事の出稼ぎに出る前は、ほとんどヤン衆（ニシンの神様）として、海と山におしつぶされたような街道を通り抜けて行った。百八十年ほど前、ここを通った菅江真澄は、牛追いや木こりたちが、腰にさげていたこだし（編袋）から、灰を取り出して凍りついた坂道にまき散らし、あるいはとびくちで氷面を破って足場をつくって上り下りをしたことを記述しているし、ほぼ相前後して通り過ぎた古川古松軒はその『東遊雑記』で、「この日は風が吹きて、東海一面に鳴ること千万の雷のごとく、大浪馬前に立ちあがり、岩打つ浪の煙一丈も二丈も空にちりて、雨の降るごとくに頭上に落ちてみなみな衣をひたし、日本の内とはさらに思われず」と描写している。太平洋岸特有の季節風である偏東風は、時化の前兆であり、「ヤマセが吹けば煮ている魚も逃げ出す」飢渇風（けかち）として嫌がられていた。古川古松軒がこの辺りを通った時吹きつけていた風が、このヤマセだったのにちがいない。

　しかし晴れた日、灯台のある物見ヶ崎に立てば、尻屋崎まで続く気が遠くなるような長い海岸線が一望のもとに見え、引いて返す穏やかな波が見えるのである。この海岸に不吉な原発が二十基も建ち並ぶ計画を樹てた人間は、それだけでも罪が深いというものだ。

　漁港から小さな峠を登りつめた所で油屋の店を開いている伊勢田操さんは、三月中旬に発足した「白糠地区海を守る会」の会長さんである。ここでようやく原発反対運動が始まったのである。

六五年五月。東通村村議会が満場一致で原発誘致決議をして次のような請願書を県議会に提出した時、伊勢田さんは村会議員だったし、また熱心な推進議員だった。

　……未開発地区として、残された下北郡開発の重大要素として且又本県東部地区開発発展の条件として豊富な電力の供給源を確保することが最も重要なことであると確信するものでございます。

　その伊勢田さんがいま反対運動の急先鋒になっていることに、原発反対運動の可能性が含まれているともいえるだろう。真面目に物事について考える人なら、初めは賛成であっても、やがては原発反対派になるという教訓を示しているのである。いま、彼の家には入れ替り立ち替り部落の人たちがやって来て原発の話になる。奥さんはご主人に優るとも劣らないほど運動に熱心な人だ。

　伊勢田さんはさいきん、すっかり成人した息子二人を一挙に亡くした。目の前の海で遭難したのである。亡くなった長男は、数多くの公害の本を残していた。もしいま生きていたら、きっとこの原発反対運動で活躍していたはずだ。奥さんは息子たちの生命を奪った海は見たくもない。しかし、息子たちが守ろうとした海を守るのは親としての義務ではないか、こう信じている。私は彼女に会う度に、伝わってくるそんな気迫に打たれるのだ。

伊勢田さんは最初、原発は地域開発のために良いものだと思っていた。六五年に県に誘致請願書を出しても、県からはなんの連絡もなかった。六八年に新しい村長になってもさっぱり音さたがなかった。そのうち、六ヶ所村出戸(でと)部落でも原発の立地調査が始まり、七十万円の予算がついたニュースが伝わって来た。こっちの方も負けていられない、ということになった。

議会で問題になったが、翌年に持ち越した。村長が県に出かけて行ってみると、県知事は「待ってました」とばかり、「やるべし」となったそうである。どうも私はこの辺が老獪な知事の術中にはまったような気がする。すると早速、企画室の職員が飛んで来て、原子炉から出る熱は八百から一千度にもなるから、それを利用して東通村に無尽蔵にある砂鉄を原料にした製鉄工場ができる（原子力製鉄のことであろうか）、また、パイプを引いて道路の除雪ができる（冬の泊街道の難儀さは菅江真澄　遊覧記に活写されている）、などと結構づくめだったし、僻地の発展を願う真面目な議員を喜ばせて余りあるものだった。

ある原発地に見学に行った時、温排水に放射能が含まれることがあるか、と伊勢田さんは質問した。すると、そこの次長は、「含まれることもあり得る。作業員が作業衣を洗濯してそれが温排水に入ることもあり得る」と答えたという。この時から、彼の技術に対する信仰が少しずつ崩れ出したのだ。

温排水の温度が最低でも、七、八度海水より高くなってしまうこと、また温排水の中に、パイプにカキなどが付着しないようなシアンなどを流すことなどもやがて知るようになり、疑問は次第に広がり、その後調べるほど危険を感じるようになった。

その頃から土地買収も急ピッチで始まり、彼は売るのに反対していたが、周りを全部買収されてしまった。彼の土地だけが、まるで島のように孤立し、県職員にヘリコプターで畑へ行くのか、とからかわれるようになり、ついに手放してしまった。その代り共有地は絶対死守する、と決心している。現在、東京、東北両電力にまたがる長さ十二キロ約百二十五町歩（地主八十一人）の共有地の中で伊勢田さんを含めた三人が絶対反対の態度をますます固めている。もう一人の地主であるCさんは、「金の問題ではない。後の人間がどうなるかという問題だ」といい切っている。この共有地外では、私有地でまだ二人残り、隣り部落にも二人残っている。それに漁協が漁業権放棄を決議することはいまの場合まったく考えられない。

とすれば、まだ敷地内の地主が絶対反対を唱えて残っていることと、漁業権放棄ができない以上、いま計画が具体化した原発予定地では、もっとも反対闘争が強固に展開される可能性を持っているのが、この下北原発予定地だ、ということになる。私の前からの知り合いの高島さんも熱心な反対派だし、そんな人は数多くいる。青年団の役員にも会ったが、彼らも青年団でも反対運動を始めるつもりでいる。

部落内には次第に学習熱も高まっている。だからこれからどんな冷たいヤマセが吹きつけたとしても、ここの原発反対闘争はますます熱くなるであろう。

ラルフ・E・ラップはこう警告している。

「原子力の恐るべき威力は、福竜丸のデッキの上に示現された。爆発地点からおよそ百カイリ（約百八十五・二キロ）遠方の人間に、爆弾が音もなくついて、その人間を殺すことができるというなら、原子を支配する人びとにとって、この世界はあまりにも狭いものになろう。」（『福竜丸』）

2　伊方――早すぎた原発

段々畑と原発

地図で見ると、伊方町（いかた）（愛媛県）は八幡浜市のすぐそばにあるのだった。だから私は、軽い気持で新幹線に乗った。新幹線の「発達」は、新全総の狙い通り、「中央」と「地方」の距離感を喪失させるには十二分の効果を挙げ、私自身もさいきんでは、どこへ行くのでも、超特急や特急でたちどころに着いてしまうような信仰を持つようになっていた。

岡山駅から宇野に出、そこから宇高航路で四国高松に渡る。このあたりまでは、前にも来たことがあるので気も楽だったが、高松から特急で三時間乗っても、まだ松山さえ過ぎていないのには、さすがに心細くなった。八幡浜駅についたのは夜の十時半、家を出てから十三時間あまりもたっていたのである。しかし、こんなことに驚くのは、時刻表も見ないで汽車に乗った者の発見でしかなく、また東京生活者の感覚でしかないのだが、翌朝、いよいよ駅前から、佐田岬を縦断するバスに乗ってみて、わずか十数キロの距離にしか見えなかった伊方町まで、一時間あまりもかかるとは信じ難いことであった。

佐田岬は、地図で見る限り、四国の西端から九州にむかってまっすぐに伸びる、尻尾のような細長い半島なのだが、実際は細かく入り組んだリアス式海岸なのである。海岸線には道はなく、バスは九十九折りの道を、登ったりくだったりしながら走る。木立の陰から道の下に覗かれる小さな入江には、人家がひしめき合い、山の上から海に没するあたりまで、丹念に築きあげられた、「耕やして天に至る」ミカンの段々畑である。

穫り入れをまぢかに控えた甘夏ミカンは、雲の裂け目から冬の陽が射すと、とたんにいっせいに輝き出すのだった。軒先きをこするようにバスは走って、伊方町九町に入る。「子孫に不安を残すな　原発設置絶対反対」。バスの窓から、軒下に張りめぐらした白地の幕を見て、私はここが、これから伺う、共闘委員会の川口寛之さんの家であることを直感した。数年前から来てみたかった伊方原発反対闘争の現場に、こうしてようやくたどりつくことができた。

秘密主義とごまかし

伊方原発反対闘争は、関東地区ではそれほど報道されていないが、住民のデモ、坐り込み、児童の同盟休校などの戦術も含めて、住民闘争として長い間闘われて来ていたし、住民が国を相手どった裁判、「伊方原子炉設置許可処分取消請求訴訟」は、武谷三男、藤本陽一、久米三四郎、生越忠、星野芳郎氏などの、各専門家を原告側証人として、原発そのものを裁くものになっている。その大衆闘争とそして拡大は、「西の三里塚」とも呼ばれ、新潟の柏崎原発反対闘争とともに、原発を追いつめるものとして、発展している。私のここに来るまでの知識は、そのようなものだった。

共闘委員会代表の川口さんは、穏やかで端正な老人である。彼は、「伊方原発は秘密主義とごまかし主義によって、進められて来た」と、これまでの経過を語ったあとでつけ加えた。そもそもの始まりから、こんにちに至るまで、四国電力、愛媛県、伊方町は、ただこの二つの主義だけで、住民に対して原発を押しつけて来たのである。

さらにそれは、金力と権力のごり押しでもあった。そのことは、原子力基本法に謳われている平和三原則、「自主、民主、公開」といかにウラハラなものであるか、つまりは、原発を推進するものの体質を、なによりも雄弁に物語っていた。

伊方町の住民が、自分たちが住む地域に、原子力発電所が作られることを知るようになったのは、六九年八月の、「町政懇談会」の席上であった。ここで山本長松町長は、「地域の発展と出稼ぎの解消のために原発を誘致する」と発表したのである。町議会ではその数日前、満場一致で、つぎのような決議を採択していた。

原子力発電所誘致促進に関する決議

激動する現下の社会情勢のなかで特に人口、産業の都市集中には著しいものがあり、地方における過疎現象は衆目のとおりである。

このきびしい現況にかんがみ地場産業の推興育成は勿論、近代的工業施設の誘致を図り地域の開発を促進し、もって住民の生活水準の向上を図ることは目下の急務である。

ときあたかも四国電力株式会社による原子力発電所の一候補地として本町が選ばれたのを機会に本町議会ではさきに、建設中である日本原発敦賀発電所並びに関西電力美浜発電所の諸施設及びその周辺の諸条件を視察し、さらに候補現地の実情を調査するとともに、これが地域社会に及ぼす影響等を考慮しつつ慎重な検討を重ね、当施設の実現が地域の開発と産業の推興に貢献するところ大なるものがあることを信じ、ここに原子力発電所の誘致建設の促進を期すると共に地域住民の生活向上の為最大の努力を尽すものである。

以上決議する。

昭和四十四年七月二十八日

愛媛県西宇和郡伊方町議会

科学技術の侵攻

ほかの原発誘致地区と同じように、伊方もまた過疎地である。五五年、一万二千七百名を数えていた人口は、七〇年には八千七百、七四年では八千三百と減少していた。九電が原発を建設した佐賀県玄海町の、六〇年から六五年にかけての人口の減少率が九・八パーセントとなっているが、これに対して伊方町は一二・四パーセントもの高率を記録し、その過疎化には著しいものがあった。天にも登るまでに耕やされた段畑は、次第に追い上げられる農民たちの生活苦の別表現でもあったのであろうか。急傾斜のままに海に没するこの半島で、ひとびとは半漁半農、そして出稼ぎによって、たつきをたてて来た。

ここはまた、日本でも最古の伝統を持つ杜氏の供給地でもあり、伊方杜氏は、県内、高知、兵庫、広島、さらには朝鮮、「満州」へと出かけていた。いま、酒屋は統合、再編成と機械化による合理化が進行しているので、それによってあぶれた杜氏たちは、一年を通じて阪神工業地帯の工場や土木建設現場へと出かけるようになった。

一戸あたり五反に満たない「段畑急傾斜農業」が、いまの甘橘類の生産に落ち着くまでには、養蚕であったり、染料の藍であったり、綿であったり、麻であったりした。そのいずれもがその後、科学の発達によって衰退させられたものだが、ようやくたどりついたミカンは、科学技術の極限としての放射能と共存しなければならない局面に達したのである。

また、かつて主食は二毛作による甘藷と麦を合せて食べる程度のものであった。だから、私が、バスの車窓から仰ぎ見、そして見下ろして驚嘆した、ミカンの段々畑は、狭少な、生産性の低い土地にも遠慮会釈もなく襲いかかる重税の桎梏（しっこく）から、すこしでも逃れるために、その時々の主要な換金作物の栽培に手を出しながら、ついに耕作可能なすべての土地を耕やし尽くし、山頂まで押し上げられた伊方農民の血のにじむような勤勉さの軌跡でもあるのだ。そしていま、ようやくミカンが農業生産のほとんどすべてとして定着した時、原発が「地域開発のために」誘致されることになった。

四国電力と町の密約

ところが、町議会で誘致決議がなされた頃すでに、瀬戸内海に面した「原発建設予定地」のほぼ九〇パーセントは、四国電力によって買い占められていたのである。議会決議は六九年七月なのだが、それより四ヵ月ほど前、山本町長は町民に図ることなく、独断で四国電力に原発誘致を陳情、町の職員を使って、土地の買収に当らせることにした。買収は、原発建設を地主に明らかにすることなく、その契約も、ボーリング調査をした上、適地であることを確認してから本契約をする旨の「停止条件」つきの一方的なものだった。

原発予定地の関係地主は百二十三名だったが、そのほとんどは、「ボーリングするための契約書だから」とか、「仮契約だから」とか、「みんなが判をついたから」とか、「強制収用になってしまえばもとも子もない」といわれたり、あるいは留守番の老人や子供をいいくるめて判をつかさせられたものである。四国電力と町は、とにかく、形式的な「契約書」を作成して、土地を手に入れることにした。

伊方に落ち着くまで、四国電力は、ここからずっと高知県側に寄った津島町（現、宇和島市）に進出する予定だった。が、ここでは、実力闘争にまで発展した住民の抵抗にあって断念し（六八年）、そのあと徳島県海南町（現、海陽町）でも住民によって撃退されていた。だから、これらの経験上から、四国電力は伊方町においては、「原発」の二字はおくびにも出すことなく、遮二無二、用地を確保することにしてきた。

住民の知らない間に、町当局とは、「原発敷地の確保に関する協約」「業務委託契約」（二パーセントの手数料）を結び、町長、助役、議員を前面にたてて、地主攻略に乗り出したのだった。このことについてはあとでもう一度触れるが、これが川口会長のいう「秘密主義」と「ごまかし主義」なのである。

いま、伊方原発設置反対共闘委員会は、国を相手取った、原発設置許可処分取消しの行政裁判と併行して、地主たちの「土地所有権確認」の訴訟も提起中である。町長が独善的に誘致を決めてからの七年間、ここの人たちはデモ、児童の同盟休校、バリ封鎖、坐り込みなどの実力闘争によって原発建設に抵抗して来ていた。

川口さんからひと通り話を聞いてから、私は建設現場へ行ってみることにした。八幡浜からここまで来た道よりも、さらに急勾配で曲りくねる道を抜けて、瀬戸内海側に出る。九町から山を越えたところが九町越。現場は平碆（愛南町）と呼ばれているあたりである。碆はその字に表わされているように、波をかぶる岩礁のことで、そこが埋めたてられて建設工事が進められているとのことだった。

原発基盤の脆さ

が、登りつめて急な崖を曲った時、突然視界がひらけた。すぐ足もとに、白い円型の原子炉格納容器が現れた。私は啞然とした。伊方原発闘争の高揚にばかり関心があった私は、ブルドーザーの這いまわる、埃っぽい工事現場を想像していたのだった。が、実際は、そんな甘さを嘲笑するかのように、すでにそこにはドーム状の原発がそそり立ち、舗装された幅の広い道が整然と張りめぐらされ、尾根を伝って送電塔の列が遠くまで走り、すべてがもうあらかた完成していたのだった。それは碌に事前調査もせず、ただ力んでやって来た私にとって、手痛い打撃だった。私は、新潟県柏崎や青森県下北でこれまで見て来ていたように背の低い松がひょろひょろと生い茂るだけの広大な「予定地」とそれを取り巻く住民運動の熱っぽさだけを勝手にイメージしながら、伊方にやって来ていた。ところが、山を越えた途端、まるで隠されていた要塞のように、忽然として原発が現れたのである。それはこれからの「取材」の戦意をそそぐに充分な風景だった。私は予想もしなかったほどに進行していた現実にたち返るゆとりのないままにタクシーは建設事務所に着いた。ここで会った建設所次長は鷹揚で、自信にあふれていた。昨年暮までで、工事の進捗率は八三パーセント。原子炉、タービン、蒸気発生器の搬入も完了して、現在残っている作業はパイピング（配管工事）などぐらいなものだ、という。

今年の秋には臨界実験に入り、当初予定通り、明七七年四月には営業運転に持ち込む。総工費七百五十億円、これは初めの四百八十億円の予算を大幅に上回ったものだそうだが、とにかくすべては予定通り、反対運動があったのにもかかわらず、着工以来四年間のスピードで、運転は開始されようとしているのである。電気出力五十六万六千キロワット、一号炉完成後に二号炉も着工される。電力は、十八万七千キロワットの送電線を伝わって、松山市にまで運ばれる。彼はこれからのなんの支障をも疑うことがないかのようにきわめてたんたんとこう語った。「反対運動があってもなくとも、計画通り進んでいる」。こう豪語しているのである。すでに四国電力は勝ったものの自負を自分のものにしているようなのだ。

だが、はたしてそうかどうか。その建設工事の速さの中にそのまま、この原発の基盤の脆さが内包されていないだろうか。

原発はまだ早い

山口恒則四国電力社長は、『国際経済』の記者を相手に、かなりあけすけに伊方原発問題について語っている（七五年六月号）。この談話は、発表されてすぐ物議をかもし、山口社長は佐々木科学技術庁長官によって、「きつくしかられる」破目に陥った。この問題は国会でも取り上げられ、新聞でも報道されたものだが、まず、現在進行中の裁判について山口社長はこう語っている。

山口　しかし裁判は時間がかかるので運開〔運転開始〕に影響を与えないか、実は私も心配している。私共もまずいことをした。従来通り土地だけ買って立木はそのままにしておいた。立木がある以上、土地はこちらのものでも反対住民が立ち入る。そこで里道（りどう）を公共のために残さなければならない。公共のために里道があるようなところでは運転開始できないという問題がある……。

――建設をスローダウンさせて時間を稼ぐ考えはないか。

山口　伊方をスローダウンさせることは絶対いかん。稼げますからね。先のことはわからないが、いまのところは火力よりだいぶ安いのだから、工事を遅らせることを前提の話はいかんといってある。もう少し時間が経たないと何とも……。

――最初の候補地はボーリングだけして撤回したが、伊方ではボーリング前に土地買収を完了させた。なぜ土地買収を先行させたのか。

山口　ほぼできると判断したからで、適地であれば金を払う〔買う〕という条件付きの念の入った契約だった。あれぐらいの土地は危険を冒さないと、ある程度条件が整ったら買うというのでは買えない。必ず反対運動が起きてくる。だからあの買い方は良かった……。

つまり伊方原発を支えている思想とは、これまでの工業開発とまったく同じように、「先のことはわからないが」、少しくらいのトラブルが発生してもとにかく少しでも早く――それはとりもなおさず安くつくということなのだが――運転を開始したい、というような、「あとは野となれ山となれ」の思想でしかないのである。しかし、山口社長自身、そうはいってみても、原発自体、早すぎたものだ、という健全な常識も持ち合せていて、その正直な吐露が、原子力行政を強引に進める科学技術庁の高官たちを激怒させたのである。なお、ちなみに言えば、山口社長自身、通産省からの天下り官僚である。

――原発ラッシュブームはやはり早過ぎたわけですね。

山口　そういう感じですな。われわれは、国の政策でやれというから急いでやったわけでしょう。東電や関電はもっと早くからやった。先日、吉村社長（吉村清三関西電力前社長）と個人的に会いましたが、彼も早かったという感じを持ってました。
燃料サイクル問題の解決がついていないのに日本でどんどん軽水炉を作っていく。本当におかしな話で、濃縮が日本でできるわけでなし、とにかく発電所だけがどんどんできていくのは早過ぎます。

彼はまた、電力各社が最大の拠り所として住民を屈伏させている安全審査に対してさえも、「安全審査の方法が安全審査そのものになっていない面もありましょう」と率直な疑問を投げつけている。こうしてみれば原発は、なによりも、生産力と生産関係の矛盾のもっとも極端なものであることが判る。そのすべてがアナーキーなのである。私を驚嘆させた原発建設のスピードは、それの集中的な表現でもあったのだ。

九町越の、氏神様や十六戸ほどの部落はつぶされた。峠の一部は切り取られて、そこから出た土砂によって小さな入江は見る影もなく埋め立てられてしまった。その西隣りの漁港が島津港である。わたしはここで島津マサオさんにお会いした。ことし七十二歳の小柄な、眼のくりくりしたお婆さんである。

七〇年十月のある夜、ボーリング用機材が破壊され、四電が一千万円ほどの損害を受けたことがある。いまだに〝犯人〟が挙がらず、地方の人びとからは「正義の伊方天狗の仕業」とささやかれているのだが、その頃、聞き込みのために、毎日毎日刑事が山を越えてはこの部落に降りて来た。島津部落は反対運動のひとつの拠点だったのだ。山へ芋掘りに行けば芋掘りについてき、海岸へ出れば海岸までやってくる。「警察いうのが、あたしは嫌いでな」。そういうマサオさんは、それを膨大な俳句にして書き留めた。

「芋掘りに山まで来るや刑事さん」
「秋の海ながめて歩く刑事さん」
「秋の潮寄せては返す刑事さん」
「秋風に吹かれて寒い刑事さん」
「秋の夜さがしもとめる刑事さん」
「秋晴れにそぞろ歩きの刑事さん」
「秋しぐれ寒さこらえる刑事さん」
「秋の空むなしく帰る刑事さん」
「秋の雨ぬれては帰る刑事さん」
「原子にて歩き疲れる刑事さん」

大衆の哄笑とはこのようなものであろう。

呑ませ、食わせ、カネを包む

そのちょうど一年ほど前、町長がやって来て集会場に部落の人たちを集めた。原発がやってくれれば、町も税金の面で助かるし、出稼ぎもなくなる、そんな話を受けて、座長を務めていた夫の実さんは「それが時代の波なら、乗ろうじゃないか」と発言したという。ところが漁師たちは猛反対だったのだ。漁師にとって、海を取られるということは、百姓が畑をとられるのと同じことじゃないか。そんな意見が大勢を占めて、反対運動が始まることになったのである。

　瀬戸内海に面するこのあたりは、アワビ、サザエ、ヒジキ、ワカメなどの特産地で、江戸末期頃から、大敷網、鯛網、船曳網などの根拠地として人が住むようになった。とりわけ四つ針網でのタイ、一本釣りのイカの水揚げが多く、伊予灘、周防（すおう）灘との交叉地点でもあるので、イワシ、ハマチ、メバル、イリコ、アジ、サバなども豊富に獲れた。が、市場にも遠く、港も整備されることもなく、船も大型化できないままに、「半漁半農でもなかなか食えんぞぉ」ということになったのである。内海とはいえ外洋に面しているのでよく時化た。実さんは戦後から少しばかりの農業と出稼ぎに出るようになっていた。

　百日ばかり隣りの保内（ほない）町へ杜氏として出かけて帰ってみると、反対は反対でも、ゼニにしようという声が出はじめていた。一応、漁獲量の申請を出してみる、ということになってから、漁師たちは次第に補償金をアテにするようになった。これには九町越の方でカネが入った話も増幅されて伝わり、やがて、一人かや（変）り、二人かやり、みんながカネに迷うようになってしまった。島津部落五十三戸のうち、補償の対象になる漁協組合員は三十七人だった。

　漁会（漁業組合）で六億五千万の補償金が決まると、「カネの力でみんなサンセイになってしまった。カネの力は恐しいぜえ」という結果になったのである。四電は漁協の幹部たちを料亭に連れ込んで呑ませ、食わせ、折詰めには一万円札を二枚も忍びこませたりしていた。反対運動のリーダーであったU区長も寝返ってしまった。

「裏切られた当座は、首くくって死んじゃると思ったほどハラが立った。それほどまでに力が入っちょったというわけよ。年寄りを使うだけ使って、破れゾーリの履き捨てみたいにポーンと捨ててのう。それでも、まだまだがんばるぜぇ」

　とマサオさんはいう。

　ミカン採りに行っていた実さんも帰って来て話に加わった。原発について、知れば知るほど、これはいけんぞぉと思うようになる。彼は四五年八月六日、山に登っていた。対岸の上空がピカッと光って間もなく、ウオーンと音がして、たちまちのうちに上空をキノコ雲が覆った。それを目撃したのだ。「ああ、広島が焼けよる」。そう思った。そんな恐しい爆弾があるとは思いもしなかったそうだ。それがいまでは原発にはその一千発分の死の灰が蓄積されるということを知るようになった。部落の人たちは「チカヨク（近欲）」だったのだ。

目先のハシタガネに眼がくらんでしまった。カネを貰ってしまったいまでは、表だって反対といえない。補償金を貰った人たちは、「カネは欲しいし、（原発が）できんがいい」というような二律背反の心境なのだそうだ。それに、補償金の配分をめぐっての不満はいまでもくすぶっている。最高は島津本家の六百五十万、次が寝返ったUの五百八十万、正組合員の最低が二百五十万、そして「株」だけあった人が八十万。だからいまでも酒に酔うとこぼしたりいがみあったりして、しこりはずうっと残っている。

「ようは来ささんことじゃろ。来てから身体が悪くなった、ではもう遅いんじゃ」。と実さんはいう。

行政の闇と「原子の灯」

帰る挨拶をして起ちあがると、マサオさんは、私のレインコートや上衣のポケットにミカンを詰めこむのだった。もういい、もういいですよ、といっても、彼女はしがみつくようにして詰めこむのである。隣りの大成部落まで道案内しようというのを振り切るようにして玄関に出ると、マサオさんは裏から回ってもう長靴を履いて待っていた。

白い軍手をはめた両手を、曲がった腰のところにおいて先に立って歩き出すのだった。風の強い日で、虫のような雪が風に乗って飛んでいた。部落の横から、狭い坂道を登ってから、ふと振り返ると、すぐ足下に島津部落があった。

「ホラ、ひとにぎりのもんでしょ」

山の後ろからの淡い冬の陽射しを浴びて、瓦屋根の小さな家がかたまっているのが見える。島津さんの家も見えた。その家の前の道傍に出て、実さんがミカンを入れるプラスチック製のコンテナを積み上げているのも見える。その黄色が眼に沁みた。小さな船溜りには二トンほどの漁船が十二、三杯ほど繋がれ、その岸壁の外では叩きつけられた波が白くはじけていた。

「あの墓はみんな、売ったカネで建てたんでっせ」

段々畑の上にひとかたまりに墓が建っているのが見えた。それまで、石の碑を建てていたのは部落中で六、七軒しかなかった。残りのカネで家を改造し、フトンを直した。そういわれてみると、補償金の魔力がわかるような気がする。デモがあるたびごとに、実さんとマサオさんはその墓地の横を通り段々畑を越えて尾根伝いに原発の現地へ行く。片道二時間歩き通す。岬を回る時、マサオさんは右手を指して「むこうが広島、左が国東半島（大分県）」と教えてくれた。それぞれすぐ前に大きな陸地がけぶって見えた。海面から乳色に濁った低い空に、薄墨色のモヤがたちのぼっていた。ここではカツレイと呼ばれているのだそうである。

「あれが出るようになると春ですラィ」

反対運動の盛り上がっていた頃は、この岬を回って漁船が建設現場にむかった。だからその頃は尾根を伝って歩く必要がなかったのだ。私は、眼の下の海を何十艘もの漁船が、のぼりや大漁旗を風になびかせ、先を争うようにして進んで行く様を想像した。島津、大成の漁民が所属している町見漁協は、七一年十二月、ガードマンと機動隊包囲のもとで、それまでの「反対決議」を踏みにじって誘致賛成を「決議」した。

といっても、審議もなされないうちに、突然議長が、起立採決を宣言、満場騒然となったうちに、決定したということになっているのだが、それは議事録にさえ残っていない無効のものだった。それから次第に漁師にカネが入り、いま共闘委員会の集会やデモに出るのは、「いったんこうじゃときめたことは、さいごまで守らんならんぞぉ」という島津さんと大成部落の二、三人になってしまった。

道は曲りくねりながら続いていた。降りたり登ったりするたびごとに、私は、もうこの辺でいいです、もういいですから、といっても、マサオさんはいっかなきかないのである。と、眼下に小さな入江と、それをとりまくように白い屋根瓦の集落が見えた。大成部落である。

「あの、青い屋根の家の下あたりが○○さんの家じゃ」。そう教えてもらって、道が〝へ〟の字に曲ったところでわたしたちは別れた。私は道を降り、彼女は道を登る。ふりかえると、彼女もふりかえるところだった。私たちは同時に手を挙げた。腰を曲げてゆっくりゆっくり坂道を登るマサオさんの姿は、黄色く色づいたミカンの木のかげになって見えなくなった。

大成部落には人影はなかった。私が尋ねたお宅は留守、もう一軒の家もやはり誰もいなかった。男たちは出稼ぎに出、女たちはミカン畑に出ているのである。軒の低い家の間の細い道のまん中に、もう使うこともなくなった井戸があった。そこから先はもう路地とも、家の庭ともつかないのである。途方に暮れて私は、「塩」の看板を掲げた店に入った。駄菓子や野菜や文房具、なんでも売っている部落で一軒きりの店なのである。その奥さんは親切な人で、行き悩んだ私を見かねて、あっちこっちに電話して車の手配をしてくれた。陽が落ちたら、もう山道を越えて帰れないのである。

十年ほど前まで、まだいまのように道が拓かれていなかった時、病人が出ると、かついで山越えしたり、船で岬を迂回してもうひとつ先の瀬戸町へ運んだ。こんなところを狙って、「文明」という名の原発がやって来るのである。つまり、行政の光の当らなかったところを狙って、「原子の灯」を押しつけてくるのだ。それでも、いま、運動が消えてしまったように見えても、原発反対の火は、ひとりひとりの胸の中で燃えている。

　ここはかつて、町が組織した原発祝賀パレードが回って来た時、部落の入口にバリケードを築いて阻止した所だ。店の奥さんは「いまでも反対です」ときっぱりいった。部落の人たちもほとんどがまだ反対だ。ただ、本人が補償金を貰ったり、親せきが貰ったりした手前、行動しきれなくなっているだけなのだ。だから、反対の焔は、そのかきたてかた次第によっては、もう一度燃え上がろうとしている。

協力派から反対派へ

　伊方町は五五年、伊方村と町見村（九町村と二見村が合併）が合併してできた町である。いま共闘委員会の代表となっている川口寛之さん（七十七歳）は、町見村最後の村長（後で伊方町長を一期務めた）であったが、実兄の井田与之平さんは、二十数年もの長い間、町見村の村長であった。原発誘致の話が出てすぐ学習会を組織し、それを住民運動にまで拡げたのは川口さんの力だった。が、その当初、町の原発誘致に積極的に協力したのは、井田与之平さんだった。

　山口四電社長は、前出のインタビュー記事で土地買収についてこう語っている。「町一番の土地持ちの有力者が『土地を渡せ。渡さなくてもどうせ土地収用法で取られるぞ』と宣伝してくれて担々と進んだ。最後にその張本人が反対に回って」

　このことは、伊方の原発反対運動のひとつの特質である。反対のリーダーも、賛成のリーダーも、そのどちらもが村で人望を集めていた有力者であったことが、運動の昂まりと用地買収のスピードを規定することになったのである。と同時にまた、一般論的には、企業はまず町、村の有力者の権力を最大限に使うということと、それほどまでの協力者でも、物事をつきつめて考える人なら、やはり原発に対しては、過去のこだわりを捨てて最終的には強力な反対派となって再登場するしかない、ということだ。

　井田さんのお宅を訪ねると、この高い二階建ての旧家は、荒れ放題で廃屋同然の家となっていた。畳には垢がこびりつき、人の住む気配を感じられないほどに冷え切っていた。その部屋で、小さな電気コタツをはさんで、私は、この長身で謹厳な老人と向い合った。彼は自分の口から奥さんが自殺した、と語った。妻を殺し、家庭を破壊して、住民の反対を押し切ってまで原発は強行されているのだ、とも語り出した。八十五歳のこの老人は、いまはただ、原発反対の執念だけで生き抜いているように見えた。それがその言葉に力を与え、年よりもはるかな若さを保たせている。

　六五年秋、つまり町長が四電に原発誘致を陳情する半年ほど前、ある町議が井田さん宅を訪れ、「町のため最後の奉公をしてほしい。もし尽力してくれたなら、銅像を建てよう」といって来た。その時は原発という話は出なかったので、井田さんは裏山に道路でも作るぐらいに考えていた、とのことである。そして翌年の春、町議三人が連れ立ってやって来て、原発を誘致したいので、地主の方から陳情書を出してくれ、と頼んだ。四電はその三年前からすでに飛行機、ヘリコプターなどで調査済みなので、地質は判っていた。

井田さんの話によれば、山本町長の後援会長は、同じ村出身の四電の重役だったので、この関係から〝誘致〟が出されたのであり、また県知事の資金バックも四電で、これによって町、県、警察の一体化が成立しているとのことである。井田さんは地主会の会長となって、四電との価格交渉に入った。当時、買収地の海岸周辺の相場は反当り二万円、それが七万五千円の価格提示がなされ、最終的にはそれに十五万円の「協力費」を上乗せすることになった。

ある反対派の婦人の話によれば、この頃、井田さんは原発協力を農協のマイクを通じて呼びかけていたので、彼女たちは井田さんの庭先で泥にまみれて土下座し、放送の中止を哀願したものだそうである。一方、井田さん自身、各地の原発地を視察した結果、次第に原発の安全性に対して疑惑を深めて行った。反対運動も、予定地への坐り込み、町役場への抗議デモ、そして小中学生の同盟休校、と実力闘争は高揚し、これに対しての機動隊の出動などで弾圧も始まり、伊方町は次第に騒然となって行った。

「町長はやられまっせ」

七〇年四月には、土地を買収された地主から、「契約破棄又は無効」の通告がなされ、十二月には井田さんを代表として所有権訴訟が提起された。ボーリングのための仮契約として判をつかせたのは錯誤に基づくもので、その上での原発設置は公序良俗に違反する、がその趣旨である。翌七一年一月、井田さんは原発反対のために、ほかの地主とともに「町見の自然と人を守る会」を結成、それ以来、反対運動を続けるようになった。

七二年春、井田さんは役場へ行って、妻と子供名義の土地が一年前に売買されているのを発見した。家に帰って奥さんを問いつめると、彼が原発視察に行って留守だった時に、いまのうちに手放さないと協力費の十五万円を払わない、などと脅かされて、ついに署名したとのことだった。激怒した井田さんは「主人を信用できないなら出て行け」と離別、奥さんは愛知県の子どもの許に身を寄せていたが、慣れない土地でうつ病となり、家に戻って来て七三年四月、首をくくって命を絶つことになったのである、井田さん名義の土地自体も、井田与之平ではなく、與之平の署名で売ったことになっているという。

「とにかく既成事実を作ればいい、というやり方が罷り通っているのは許せない」。井田さんは憤怒にたえない面持でいう。いま四電は、「立木収去土地明渡し断交仮処分」を申請している。山口社長がいちばん頭を悩めていた問題を「断交処分」として強引に決着つけようとしている。

「白人がインディアンの土地を略奪する仕打ちと同じだ」。

井田さんはそういう。

原発は廃棄物の処理、微量放射線の放出による遺伝子の突然変異、地震時の危険、爆発、大量の温排水の排出、廃炉後の処理など未解決の重大問題を抱え、事故と休止を繰り返しながら強行され続けている。全人類的な問題としての、放射能汚染の危険に対して、いま反対しているのが、原発地域の住民だけであるのはまったく奇妙な現象だ。

伊方原発反対闘争でいま、もっとも根強く闘っているのは、戸数百二十四戸の向部落である。ここの男たちのほとんどは阪神地方に出稼ぎに出ている。だから運動を支えているのは留守を守る夫人たちである。高須賀ふさ子さん（五十三歳）と話しているると、二人のおばさんが入って来て、口に泡をとばしての原発の話になった。高須賀さんのご主人はちょうどその日、出稼ぎに発ったところだった。

「五十代の人なら、原子というたらピーンと来るのよ。どないに上手にいうてもろたところで、わたしらには絶対なりません（できません）。戦争の恐しさが身にしみてるからなあ」

「わたしらの力によってからになぁ、たとえなぁ、運転がつこうと、ついたらついたなりに、スクラップにさせるまで、攻撃すると。それまでに絶対にやりまっせ」

「これには限度がありません、あたしらの運動には」

「そうそう、ないわい。放射能には限度ないやものなぁ」

「やりまっせ。四電がやめますからもう絶対しませんからいうまで、やりまっせ」

「機動隊も警察もこわいことありません。子供のためなら命を張ってもやる、という気持のもとには、こわいものはありません。金銭的なものでありませんけん、この気持、ひとつもゆるぎません」

「長松（町長）はなぁ、そのうちミカン業者に刺されますぜ。そのうち、阪神の人らがなあ、伊予ミカンを買わなくなって、ミカン業者に殺られまっせ。わたしら、そう信じています」

第二章　柏崎　原発拒絶の陣形

1　柏崎――原発反対闘争の原点をみる

根雪になった四年間の活動

荒浜経由出雲崎（いづもざき）行きのバスはエンジンを始動させて出ようとしていた。私は駅前の喫茶店で時間をつぶしたあとで、ようやく一時間に一本のこのバスに乗り込み、ホッとしたところだった。横なぐりの冷たい雨は前日から降り続き、新潟県柏崎（かしわざき）には着いたものの、まったく身動きがとれないでいた。原発反対同盟にも連絡がつかず、その所在地もよく解らないままに、乗客もまばらなバスに乗り、この冷たい雨風の中を探し回るのか、といささかがっかりしていたのだった。もう日も暮れかけていた。

「鎌田さんはおられますか」

初老の紳士が飛び込んで来て声をかけ、反射的に立ち上がると、「芳川です」と名乗った。柏崎原発反対同盟の代表である芳川広一さんにはこうしてお会いすることになった。出先から自宅に電話した芳川さんは、私がバスに乗ることだけを聞いて駆けつけて来られたのである。雨はますます激しくなった。芳川さんの車で反対同盟の〝事務所〟に連れていってもらった。

そこは橋のたもとから土手伝いに少し降りたところの二軒長屋の一軒だった。さきほどまでなんどダイヤルを回しても誰も出なかったのに、建てつけの悪い引戸を力にまかせて引くと、その二間の部屋は、集まっていた青年たちの熱気に満ち充ちていた。

その日の前日までの六日間、彼らは交替で東京に出て、県労、地区労、市民会議などとともに原発建設計画の中止を要求するために東電本社前に坐り込み、科学技術庁、経企庁などの関係官庁へ「電調審」（電源開発調整審議会）に上程しないことなどを申し入れて来た。私がここのダイヤルを回して、受話機だけが虚しく鳴っていた頃、この若い活動家たちは、手分けして、東京での抗議行動の報告ビラを各部落に入れて歩いていたのだった。

そしてさらに、その日から十一月二十五日の「原発反対、電調審認可阻止・刈羽（かりわ）柏崎現地総決起集会」にむけて、毎晩、仕事が終わってから集まっては、各部落ごとの集会を開き、ビラを作り、ポスターを貼り、車で走って街頭宣伝をした。毎日雨が降り続いた。日本海地方はこの時を境に本格的な冬の訪れとなった。強い風が吹きつけ、雨は氷雨になり、霰になり、時には激しい雹になり、細かい雪になった。

柏崎原発反対同盟が結成されたのは、七〇年一月末のことだった。それ以来、くる日もくる日も、ほぼ毎日、周辺の部落へ出かけ、学習会を開き、講演会を開き、集会を開き、デモを行ない、それにともなうこまごました、大事な活動を続け、四年目になろうとしている。この四年の間に、柏崎原発闘争は、いまある数多くの「住民運動」の中で、もっとも広汎で、もっとも強固で、もっとも多様な形態を持った大衆闘争を作り出して来た。私は時々、まとめてビラを送ってもらっていたのだが、ほぼ毎日のように発行されるビラが、的確に東電と行政の動きや、原発そのものの危険性を暴露し、その時々の具体的な方針を提起し、率直に行動を呼びかけているのを見て来た。またビラそのものもきれいで読みやすく、文章もきわめて解りやすいものだったので、どんな人たちがこの運動を支えているのか、にも関心を抱いていた。

〝地元の要請〟を創作した男

この時初めて会った、この二十代の青年たちは、想像していたよりもまだ人なつっこく、そして謙虚だった。測量事務所、印刷所、町工場、塗装工場などで働いていたり、教師や市役所職員などの雑多な職業に就いていながら、ここに根を張り、ここで生活しながら、毎日仕事が終わった後集まって来ては、地道な活動を続けて来ていたのだった。

そもそも柏崎市に原発がやってくるようになったのはどんな経緯からか、市役所で市長公室長に尋ねてみると、大体次のようなことらしい。

六八年一月から二月にかけて、通産省の委託によって県がボーリング調査を行なった。この頃、市議会では超党派で原発誘致研究特別委員会が発足、それから一年間研究した結果、「誘致」の結論が出され、それは本議会でも可決された。反対は社会党の七名だけで二十九対七の多数決だった。

原子力発電所の誘致実現に関する決議

……かかる現状にかんがみ、柏崎市においても将来のエネルギー需要に備え、原子力発電所を誘致し、建設の実現をはかることは柏崎市の産業振興に寄与し、ひいては豊かな郷土建設をめざす地域開発の促進に貢献するところ絶大なるものがあることを確信する。

よって、柏崎市は原子力発電所の積極的なる誘致を期するものとする。

この後、周辺町村へも、研究成果を持って呼びかけ、それぞれの議会で誘致決議がなされた。県庁内にも、原子力平和利用連絡会議が作られた。こうして、①通産省調査が実施済みである、②広大な未利用地がある、③地元も協力する、これらの条件が備わったので、東電に誘致要請、東電は「これを受けて立った」と市長公室長は私に説明した。そして六九年九月十八日、東電は本社で記者会見を行ない、柏崎地区に八百万kwの世界最大の原子力発電所を作ると発表した。

つまり、市長公室長の話を要約すれば、まず、通産省が調査にきた（六八年）。その年の暮、県知事は誘致したいと議会で述べ、市議会で誘致を決め（六九年）、周辺町村もそれに倣って誘致を決めた。地元から東電に「きて下さい」と申し入れ、東電が「これを受けて立った」という経過になる。

東電計画による「原発予定地」は、柏崎市街地から六キロほど新潟市寄りの海岸線から始まるおよそ四百万平方メートルの砂丘地帯であるが、反対同盟の芳川さんによれば、このうちの五十二万平方メートルは、当時坪当り百円でも買い手がつかないとされていたこの土地は、六六年すでに買い占められていた、という。彼は調べてみた。

「一、昭和四十一年八月十九日

北越製紙株式会社所有三十二筆、約五十二町歩が木村博保（当時刈羽村長、現自民党県議）に所有権移転

一、昭和四十一年九月九日

同三十二筆五十二町歩が木村博保より室町産業株式会社（新宿区本塩町二十三、田中角栄氏と深い関係）に所有権移転

一、昭和四十二年一月十三日

錯誤抹消ということで三十二筆五十二町歩を、室町産業より木村博保にもどす」

（『月刊社会党』七二年二月号）

木村村長は田中後援会「越山会」の有力メンバー。この土地は「木村」と「室町」との間で転がされた後、七一年十月、「木村」から東京電力へと売られている。この時の売値は買値の二十六倍にもなっていたといわれている。「木村」が最初に買い占めた頃は「自衛隊がやってくる」という話でこの辺は持ち切りだったそうだが、その話の出所は、当時の田中角栄自民党幹事長だったといわれている。

七三年七月、原水禁国民会議の招きで来日したタンプリン博士（米国ローレンス放射線研究所）は、柏崎での講演会の席上、「原発は原爆を作るための妊娠八ヵ月の状態」と語っている。自衛隊も原発も、どちらもはなはだキナ臭い。そこに田中角栄の名が登場していたのだ。

それにこうも考えられる。市長公室長が私に語ったところでは、六九年九月に、東電が地元の要望を受けて立ったということだが、東電の登場はそれより丸二年前の六七年九月のことである。当時の木川田社長は、日刊工業新聞の記者に、新潟県柏崎市は原子力発電を誘致してもよいというので東電は設置したいと語っている。六九年九月といえば、通産省の委託による県のボーリング調査も開始されていないし、市議会内に原発誘致

研究特別委員会も発足していない時期になる。議会が結論を出す一年六ヵ月も前に、東電に柏崎で原発を建設する話をまとめていた人がいることになる。それは誰であったろうか。

市長の奇妙な楽天主義

まあ、昔の話はいいとしよう。昔は原発の怖さもそれほど知られていなかった。地元の人たちの生活を向上させるためには、何か大きな工場を誘致するのが、もっとも手っとり早い、と信じていた善良な首長もいたはずである。しかし、この二、三年で時代は大きく動いた。以前、石油化学工場は必ず爆発する、と断言する学者はいなかったが、いまは日常茶飯事的に爆発している。原発は安全だという学者もいるが、安全だと絶対いえない、危険だ、と断言する学者が増えているのだ。だから、当時は原発は安全だ、と考えたものの、さいきんになって、もう一度考え直そうと思いはじめたとしても不思議ではない。小林治助柏崎市長はこの辺をどう考えているのだろうか。

――どう考えて〝誘致〟したのですか……

市長　これからの社会にとって、エネルギーが貴重な存在であり、エネルギーの安定供給、電源の多様化などの大局的なものの考え方、社会的にも必要なものを作るという考え方からです。また、立地条件として、たまたま広大な未利用の砂丘地があり、これを地域社会の貢献のために役立てようというものです。

――あえて柏崎市が誘致する必要性がよくわからないのですが……。

市長　住民需要のための財源を必要としてますから、関連の産業を発展させて福祉の向上を図るためです。

――しかし、原発の危険性の問題はまだ解決されていないのではないですか。

市長　安全の問題、再処理の問題、環境（への影響）の問題などは、歩きながら進めていくということです。「万全」とか「絶対」ということはあり得ませんから、これからも学理的に進めていくのです。危険性については専門機関、業界、政府で（研究と克服を）進めてもらいたいと思っています。

――誘致を決めた時からみても、石油コンビナートの事故の続出などもあって、怖さはさらにふえている筈ですが。

市長　野放図に安心しているのではないです。原発は最初から放射能を持っていて、これを害のないように出来る、という結論の上で開始されています。非常に慎重に行なわれてきています。不安をいったら、飛行機に乗っても汽車に乗っても不安です。電機器具にしたって、いつ事故が起きるかわからない。とにかく万全の措置を取って、立地する住民に迷惑をかけないようにします。

――ぼくは市長さんの原子力産業会議年次大会での講演内容

を『原子力ニュース』(七三年七月十一日)で読ませてもらいましたが、その前段にある放射能、温排水、爆発事故、固体廃棄物の処理、それに緊急冷却装置がうまく動かない、炉心が溶けるなどの未解決の問題がある現状と、柏崎市がそれでも原発を誘致する論理は結びつかないし矛盾していると思うんです。メリットよりもデメリットの方がはるかに大きいと思うんですが……ぼくなんかでは、柏崎市には怖くて住めない。

市長　それらは研究し、改善を加えるべきもので、もっと努力していくべきものだ。だから炉を運転していくべきでないというものではない。固定資産税のほかに発電税や核燃料消費税などの新設も要請していくつもりだ。

——再処理工場の問題もあるでしょう。東京のゴミの問題でもそうですが、誰も人のゴミを自分のところで処理してあげようと思わないでしょう。これだけ大型の原発なら柏崎に作るしかしょうがないでしょう。

市長　再処理工場には反対です。ここで作ったからここでやるというものではない。国の方で解決するようになるでしょう。

小林市長とは三十分ほど会っただけだが、私はこれで、彼自身、原発は安全だと信じているわけでないことは解った。安全でない、つまり危険なものだが、その危険性は科学の進歩が取り除いてくれる、「歩きながら考える」ということなのだ。この底抜けの楽天主義はどこから来るのだろうか。そして、なぜ柏崎市という一地方の市長が、日本のエネルギーの安定供給などということまで心配しなければならないのかが、もっと解らなかった。

橋に刻まれた実力者名

東電がすでに九九・七パーセント買収済みと発表している原発予定地は柏崎市荒浜区と刈羽村にまたがる砂丘地帯だが、ここに隣接している町が西山町(現、柏崎市)。地図で見ると西山町から刈羽村にかけて、お寺と神社とそれに油田が目白押し。この辺は天智天皇の時代から燃える水の採れる町として有名な油田地帯であり、つい近年まで帝石の井戸掘りと日石の精油で殷賑(いんしん)を極めたところだった。

その油田もいまや廃坑となってしまって見る影もないが、西山町をさいきん、とみに有名にさせたのが「おらが村の宰相」田中角栄である。だからいま、かつてのヤマ師にも劣らないほど、この地帯に軒なみ穴を掘り込んでいるのが、田中後援会の「越山会」。越山会が強いのか、田中角栄氏の権力が強いのか、そのどっちにしても同じことだが、その強さを四つの橋が物語っている。

刈羽村には別山川(べつやま)と呼ばれる小川が流れているが、四、五年ほど前、それが改修されて橋もまたコンクリート化された。橋が新しく架け替えられて、名前もまた新しくされた。上流から、和田橋、市中橋、井角橋、そして東栄橋。なんの変哲もない名前である。が、クイズ好きな人なら、この橋に流れる奇妙な符合に気付くだろう。和田橋、市中橋、井角橋、東栄橋。この四字を集めて田中角栄。コンクリートの橋には一字一字、この偉大な庶民宰相の名が刻み込まれていたのである。

さきに登場した木村博保元村長（刈羽村）が越山会の有力幹部なら、小林柏崎市長は自民党柏崎・刈羽村連絡協議会の会長であり、また、こと原発に関していえば、市会議員、村会議員、商工会議所、観光協会、漁協、農協、農業委員会、工業団地、大小企業の社長、工場長、同盟、青年団等々を網羅して組織された「柏崎刈羽原発対策協議会」の代表世話人でもある。

このように、時の権勢をほしいままにする人々が集まっても、七七年度運転開始予定だった柏崎原発は、いまだ電調審での認可もなされておらず、各部落には原発反対守る会がひとつひとつ着実に広がり、いま建設予定地はすっかり反対運動の波に囲い込まれてしまっている。

七二年十二月中旬、衆院選挙。ついに総理の座にまで登りつめた田中角栄氏は、パンダブームに乗って空前の人気。三区三十四市町村で首位を占め、圧倒的な強さを発揮した。ところがである。彼との馴染み深い原発予定地刈羽村の票だけは減っていたのである。三年前この村での総選挙得票数は二千五十票。この時は千八百六十五票。この間に減った百八十五票の意味は大きい。原発の黒い霧が今太閤の得意満面の表情を一瞬曇らせたことであろう。

住民投票は原発反対を明示

柏崎の市街地から車で十五分も走れば、もう荒浜部落に入る。ここは原発予定地とすぐ隣り合せになっているところだ。六九年十月一日、原発反対荒浜守る会が結成された。青年団とおっかさん連中四十人ほどが集まって、原発反対の意思表示をした。住民運動としての原発反対闘争はここから始まったのだった。

海岸沿いに県道が走り、家々が肩を寄せ合うように立ち並び、その軒先には、日本海から吹きつける、冬の凍りつくような風を避けるためのセイイタ（製材の時に出る半端な板）がカーテンのように並べられている。そんな町並みの中の一軒の家が池田米一さんのお宅だった。軒の低いガラス戸の店構えで、屋号は旭屋。せんべいや駄菓子を売っている店で、今年六十一歳の池田米一さんは炬燵に招き入れ、お茶をいれ、店へ行ってピーナツを飴状に固めた香ばしいお菓子やせんべい等を塗物の重箱に入れて出してくれた。

最初の頃は、この辺が開発されるのなら悪くないと思っていた。そのうち新聞を見たり守る会の人と会ったり、集会に顔を出してみたりしているうちに、だんだん大変なことだと思うようになり、自分でも真剣に考えるようになった、と池田さんは話し出した。若い連中が一銭にもならないのに、それも遊びたいさかりだろうに、毎晩チラシを配ったり熱心にやっているのに感動して、自分もだんだん「深みにはまって」しまった。

子供たちはみんな東京に出ていて、自分は家内と二人だけ。時間的に余裕があるので、何かお手伝いできることがあれば、地元の人のためにもなるだろう、そんな気持で、守る会の仕事をしているのだそうだ。他の人たちは勤めを持っていて普段は家にいないので、池田さんのところは、自然に、荒浜守る会事務局のようなものになったのである。

この辺りの人たちは近年まで海に出て生活していた。大ざっぱにいって、春は鱒、秋は鮭、冬はニシン網を作り、その後、樺太、カムチャツカまでニシン漁の出稼ぎに行った。池田さん自身は、若い衆を十人ほど雇った網元だったという。そういわれてみると、時代劇によく出てくる箱型の煙草盆などの調度品が、そんな面影を偲ばせる。五〇年頃までは鮭が千二百匹ぐらい獲れるほどだったが、漁夫の賃金体系も時代を反映して水揚げ制から固定給制にしなければならなかったし、肝心の人間が、高度成長とともにいなくなってしまった。昔の漁師の生活ならば、燃料は山へ行って松葉を拾ってくればよかったし、カラーテレビもなかったから、十分やっていけたものだが。漁港もできなかったので、船は一〜一・五トンほどの小舟。田は持たず、畑でイモか野菜をとるだけ。いまはほとんど近くの工場へ出かけるようになり、工場との兼業の漁師が十二、三人。レジャー的にやるのが三十人ほど。

六九年三月。市議会で誘致決議されたあと市の三役たちは、各町内会や区を回って説明会を開き、やがて東電も地元の仲間入りをさせてほしいなどといいながら、チラシを配りはじめた。町内会には原発対策委員会が作られた。これは各区から三人ずつ、区長も含めて三十六名のメンバーで作られた。そして、七一年十二月、町内会長は自宅に密かに区長会を招集して、ここで、道路を作ってくれ、護岸してくれ、などの条件をつけた原発誘致賛成を決定してしまった。これは市の、特別委員会設置、本会議決定へと強引に持ち込んだやり口と全く同一のもので、住民の憤激を買った。

このためか、翌七二年三月の区長改選では十二区中七区までが反対派区長となり町内会長も反対派から選ばれ、四月の臨時区長会総会では「条件付き賛成」の方針は白紙に戻すことが決定された。そして七月に入って、区長会は全国でも最初の「原発住民投票」を行なうことを決定した。

この住民投票をめぐって、反対派は反対同盟、守る会の主力メンバーを中心に、毎日、早朝ビラ入れを実施し、賛成派の保守系市会議員は宣伝カーで、「投票するな、部落を二分するな」

と流して歩いた。市長もまた町内会長に中止することを要請し、反対派は、原発誘致こそが部落を二分させるものだと反論、この自主投票をめぐる運動は、それぞれの住民に選択を迫り、結局、投票は原発反対二百五十一票、賛成三十九票、白票三十五票で、圧倒的多数の住民が原発に反対していることを明らかにした。

「原発問題が出てから、アレはとんでもない、という意見が出て来るようになりました」と池田さんは田中角栄氏についていう。それまでは東京へ出て行って、郷土自慢のひとつふたつが出る時、「おらちの近くだ」といって親しみをこめて話すことができた。が、いまは「原発は田中の野郎が持って来た」となってしまった、という。

保守的ボスは追放された

ある夜、私は刈羽守る会の会合を傍聴させてもらった。十一月二十五日の集会にむけての会議で霙の中を四十代、五十代、六十代の男たちやおっかさん方が十数人集まってきた。私はここで、会合が、会議ではなく、みんな口ぐちにしゃべり合う寄合いとして三時間近く続くのを見た。それは形式的ではなく、むしろ他人が話している時でも、主婦たちは別な話を（といっても関連した話なのだが）しているのを聴いていた。

話が拡散しながら、次第に集中していくのだった。議題？は、午後から隣り部落の荒浜の会場へ行く方法と動員方法だったが、その前の午前中に、刈羽村の人たちで、一方的に原発予定地にされてしまった里道（さとみち）（認定外の生活道路）を、今までどおり使おうという具体的な行動の提起が含まれていた。道にはみんなで立札を立てることになった。

「この道は里道でありますので、何人も道を破壊したり、遮断したり、通行を妨害してはなりません　関係住民」

こんな立札をあっちこっちに立てることになったのだ。里道は予定地内を無数に走っている。

「鯨が揚がった時、みんなで見に行ったろ、ありゃ、いい道がついてるだ」

「ごじゅんげも通っているな」

「あれは明治天皇が御巡幸した時の道だよ」

「道はいくらでもある」

その日から反対派の人たちは総出でそれらの道を歩き、立札を立てる。「道はいくらでもある」。それは予定地が買収されても、反対する道はまだいくらでもあることをも暗示していた。

原発反対闘争は、荒浜もそうだったし、刈羽も、それ以外のそれぞれの部落ごとの守る会を中心にしたこれまでの闘争がそうだったのだが、保守的なボスを役員から追放し、部落共同体を再生させる運動と同一のものだった。何度も寄合いが開かれ、学習会が開かれ、集会が持たれ、デモなどの大衆行動が持たれ、住民の意識が変わるにつれて、町内会の運営は、民主主義的な内容を備えるものになってきた。この過程で地域ボスが吊し上げられ、追放された。

刈羽村の場合、七〇年春にまず原発反対の署名運動から始まった。この署名では三千八百五十九戸中二千三十九戸の反対が集まったのだが、区長が握りつぶして、署名簿は行方不明になってしまった。刈羽村は予定地地主の大半を占めていた。署名簿をめぐって区長追及が急激になってくると東電は買収を急ぎ、速達を出して公民館に地権者を集め、一挙に用地売買契約を結ぼうとしたのを、守る会中心でピケを張って、生まれて初めての実力闘争で阻止、雰囲気はすっかり盛り上がってしまった。

次の日はさらに小学校に約五百人が集まり、ムシロ旗と耕うん機を先頭に村史上初のデモを実施、この年暮の部落総会では部落執行部を突き上げて辞任させてしまった。

七一年一月選挙で反対派過半数、七二年選挙で賛成派一人、七三年で全員守る会推薦者当選。ついに、部落代議員から完全に閉め出された賛成派は、部落を分裂させて、〝第一刈羽〟なる新しい部落をデッチ上げた。それまで東電は、部落の環境整備事業として街灯を寄付するといってきていたのだが、この分裂を待っていたかのように工事費五十万円を分裂部落に寄付、二十五基の街灯を設置した。守る会側は抗議行動を続け、

①九月四日までに刈羽部落地内に建てた街灯用電柱はすべて撤去せよ。履行しなかった場合に発生する事態の一切の責任は東電にある。

②住民の分断と対立を目的として酒食をもてなしたり、金品を贈るなどの反道徳行為は今後一切やめよ。

と通告、ついに電柱は賛成派が自らの手で撤去することになった。

刈羽村のこの間の反対運動をだいたい語り終えた後で、会合に来ていた人たちは「みんな親戚みたいな部落でよくここまできた、と思いますよ」としめくくった。

反対同盟を構成する人々

現在守る会は荒浜、宮川、刈羽、新屋敷、椎谷、大洲、西元寺、正明寺、大塚、北方の十部落に組織され、これらは守る会連合を作っている。この十部落の守る会で、原発予定地はほぼ包囲された形態になっているが、守る会はこれからもまだまだ増え続けるだろう。

このように守る会組織を各部落の住民の中に組織する役割を担ったのは、活動家集団としての反対同盟である。

反対同盟は七〇年一月結成された。その二ヵ月前に荒浜守る会が、一ヵ月前には宮川守る会が発足していた。宮川守る会を作った芳川広一さんが反対同盟の代表者になった。芳川さんは

宮川部落から出ている社会党の市会議員である。その時が三期目だった。その頃は、荒浜、宮川も原発による地域開発への期待感で満ち充ちていた。以前、教師だった芳川さんは、原発には疑問を持っていたが、こんなに期待感が強まっている時に、反対をいい出すのは、議員としての生命をなくすることになるかもしれない、との判断もあった。

しかし、地元の人のためになる政治をしない議員なら意味はない。彼はこれまでも、宮川地区が柏崎に併合されるのに反対する運動や学校の新築をめぐっての問題などの追及を通して彼を支持してきた〝おっかさん〟層と原発問題について話し合い、各部落の〝常会〟に出席させてもらい、そこで話し合った結果をビラに刷って配ることから守る会の結成を準備していった。

一方、当時まだ新潟大学に入っていた地元出身者や柏崎で働いている反戦派労働者、社青同の活動家、これら二十〜三十名足らずの人が集まって反対同盟を結成させた。武本和幸君は新潟大の農業土木の学生だったが、学校へ行くより原発反対で動き回る方が多かった。よく家に帰っていては田んぼに入ったり、用水の工事などの共同作業では近所の人と一緒に働いたりしていたから、原発の話もしやすい条件にあった。近所の青年たちは、生産性の上がらない農作業にソッポを向いていたが、彼は、たとえ生産性が上がらない仕事でも田んぼに入るのが好きだった。長男でもあるので、卒業した後も柏崎市内で働いている。東京の学校へ行っていたが病気になって戻ってきた人、京都の学校を卒業してこっちで勤めた人、東京で働いていて戻ってきた人、ずうっとここで働いていた人たち、もう都会には幻想を持っていない、これらの青年たちが、反対同盟に加わった。つまり生産性に血眼にならない青年たちがビラを作っては一軒一軒上がり込んで話すようになったのだ。

全原連（全国原子力科学技術者連合）や各学者を招いての学習会、講演会、映画会、デモ、小集会、大集会、この準備のためのビラ作り、ビラ撒き、連日連夜の少数者の反対同盟員の行動を通じて各地に守る会を組織し、その中で討論し、具体的な方針を決めて、ここまでの闘争を継続してきたのである。

芳川さんは社会党議員であるが、反対同盟の活動家たちは、既成政党には批判的な諸君だ。それに年は親子ほどもちがう。その辺を芳川さんに聞いてみると、「彼らとは意見が一致したことはありませんよ」という。とにかく原発を作らせないために一緒に行動しているのだ、という。意見が対立して行動しなくなったら、守る会に責任を持てなくなる。一緒にやってくる中で、一緒に勉強してきたと芳川さんはいう。政党レベルの発想でいうなら、社会党、共産党、地区労の三者で作っている「市民会議」がある。が、彼は原発を作らせないために、市民会議を、ではなく新左翼の青年たちを選んで、彼らとの運動に賭けているのだ。

石油危機の中で白熱化する攻防

　客観的条件だけから見るならば、柏崎原発反対闘争は厳しいところに追い込まれているかもしれない。原発建設の前提三条件といわれている、①地元住民の了承＝議会の誘致決議、②用地買収の完了、は形式的にはまず済んでいるし、残るひとつの③漁業交渉の完了、のうちの漁業権交渉も大詰めに近づいている。

　原発の温排水は八度ほども上がると計算され、その流量も信濃川一本分とされている。これによって、環境がどう変化するか、原発から出る微量の放射能がどんな人体被害を与えるか、の全容はまだ明らかになっていない。東電は海水が三度高くなる範囲が幅六千九百メートル、沖合への距離千九百五十メートルと試算、二度上昇範囲を幅九千六百メートルに距離三千九百メートルとしている。が、はたしてこれだけで済むものだろうか。

　その補償総額は、二漁協、正準組合員合わせて約四百名に対して五億五千万、二次案で十九億三千万。これに対して両漁協要求額は百十億円。金額の開きは大きすぎるとはいえ、漁協および県漁連側は〝交渉〟に場を移しているのだ。出雲崎漁協は当初、原発反対決議を行ない、原発反対三千名署名を集めている。これに忠実に従うなら、補償交渉はできない筈なのだが、ここに対する反対側の働きかけが、いまだ十分成功していない。が、周辺地元民の反対運動は次第に強まり、各原発反対運動との連絡も密になりはじめている。

　政府は「エネルギー問題を解決する最大のカギは原子力の利用にあり、原子力発電所の建設が急務となる」（前・前田科学技術庁長官）とハッパをかけ、用地周辺買収法ともいわれている「発電用施設周辺地域整備法案」を早いとこ成立させようとしている。いま当面する石油危機は将来の、それもいまださっぱり危険性が解消されていない原発を遮二無二推し進めるには、まさしくチャンスなのである。

　私は、雨が、少なくとも風だけでもやんで欲しいと思いながらここで六日暮らした。帰る日、着いた日と同じように、芳川さんの助手席に乗せて頂いて〝原発予定地〟へ行ってみた。ついさいきんまで、荒浜部落と大湊部落を結ぶ四キロほどの海岸線は砂丘に隔てられ、隣り部落へ行くにも遠く迂回して歩くか、わざわざ汽車に乗るよりしかたなかった、という。ようやく県道が貫通したいま、今度はその砂丘地帯は、そのまま原発にされて道はつぶされ、人はまた迂回して通らされようとしている、そんな話を聞いた。

「ここからです」――そういって芳川さんは予定地の境界線を教えてくれたが、そこはまだ後ろに人家が見えるところだった。人家と原発は隣り合わせて仲良くやれ、と市長はいうのだろうか。まだ植えてそれほど間がないような、低い松の防砂林が目立つ。こんな狭い所に百十万キロワットの原発が八基も、どう並ぶのか、私には想像もできないことだった。

海を見た。水蒸気と波が一体となって逆巻き、渦巻き、海の上に立ち昇り、水平線から垂直に立ち上がってそのまま雲とつながって見えた。それは異様な光景だった。

私は海面で風に吹かれて濛々と立ち舞っている雲のような水蒸気の運動を見ながら、これからの闘争の激しさを思った。

2　守勢から反攻へ　――柏崎原発反対闘争

呼びかけに応える人々

人が集まり始めて来た。あすの「原発問題講演会」のガイセン（街頭宣伝）に出ていた人たちが、それぞれの任務を終えてやって来たのである。海ぞいに建っている、宮川公民館の広間では、ひとあし先についた大阪大学の久米三四郎さんを囲んでの懇談会が行なわれていた。

近くの主婦たちを含めての守る会の人たちや反対同盟のメンバーの話は、自然に、これまでの運動の反省、というようなものに進んでいった。七〇年一月に結成された柏崎原発反対同盟は、五年間の手さぐりの運動を続けて来たはてに、いまようやく、予定地域の地盤が原発建設に耐えられない、脆弱かつ危険なものであることを論証して東京電力を追いつめ、反攻に転じようとしているところだった。翌日に準備されている集会は、その第一歩を踏み出すものなのである。この日配られたビラにはこう呼びかけられている。

> これまで原発は「電力が足らないから必要である」とか「国策である」とか言われ、「実用段階の原発」「絶対安全」などと宣伝されてきました。しかし、現在、原子力発電所はその危険な正体をはっきりあらわしています。
>
> 全国の原発でまともに動いているものはひとつもありません。事故や故障が相次ぎ、周辺住民ははかり知れない恐怖にさらされています。また、莫大な資金を使って建設した施設は、それゆえに採算が合わなくなっています。
>
> さらに、原子力需要が減っているため電気が余り、原発建設の必要がなくなってきています。政府は昭和六十年度に六千万キロワットの原発を作るという全くデタラメな計画を縮小せざるを得なくなり、また、東京電力福島第二原発は、工事を二年余りも遅らせると発表しているありさまです。
>
> しかし、東京電力は、これら全国的な状況があるにもかかわらず、柏崎原発計画の無理押しをしようとしているのです。

私たちは、昨年八月以来、原発予定地盤がきわめて劣悪であり、とても原発など作れないこと、そして、劣悪地盤をごまかすため、東電が調査結果を書き換えていたことを見つけ、東電・国・県・市当局を追及してきました。

これに対し、県は去る二月十一日、地盤問題の検討結果と称し、内容の上では私たちの見解を認めながらも、最終判断は国まかせといったゴマカシの結論を公表しました。これは、県の責任をあいまいにして、早期安全審査をめざす東電の意向に従うものであり、絶対に認めることはできません。

住民の手で原発審査をやろう
日時　三月九日(日)午後一時より
場所　柏崎高校　体育館
講師　原子力発電の危険性
久米三四郎氏(大阪大学)
微量放射能の遺伝的影響
市川　定夫氏(東京大学)
柏崎原発予定地地盤問題
生越　忠氏(和光大学)
主催　守る会連合、反対同盟
東電の安全審査ゴリ押しを許さない。デタラメ安全審査を認めない。

原発審査は、私たち住民が、住民の立場でやるぞ

公民館での話し合いは、自分たちが請け負いすぎていたのではないか、住民のエネルギーをどう引き出すべきか、もう一度運動の初心に還ろうなどの話にむかって行った。


「このあいだ、科学技術庁提供のテレビを見ていたらよ、質問者がこう聞くんだ。〈原発の電気を使ったテレビ見ていて、頭がハゲませんか〉(笑)。そんで、そんな心配はいりません、安全です、という結論になるんだ」

「ひでえのう。住民運動を馬鹿にして」

「おらたちの運動も、地盤問題では東電に打撃を与えたけどよ、これに埋没しすぎて、守る会の組織化が遅れたんじゃないかな」

「守る会がなにをやっているのか、よくわからなくなった」

「チラシ(ビラ)も大なり小なり自分たちで作るようにしなくちゃ」

「反対同盟のチラシが立派すぎるコテ」

「チラシを作れるような人は、こっちにいなかったからな」

「まえにあったろう。資金カンパのための廃品回収のチラシを出したら、二〜三行の文句に、誤字、脱字が十いくつあったりして(笑)」

「いままで、ホラ見ろ、ホラ見ろ、おれたちのいう通りになったろう、で運動をやって来たけんど……」

「一般の人は、慢性化してしまったよ」

「前は推進派がすぐ目の前にいたから、もっと緊張関係があったよな」

「〝一部の反対〟だからやりやすかったのさ。やっていることはみんなにすぐ徹底できた」

「いまは〝一部〟が多数になっちゃって（笑）」

「だから、いまは参加するのにも、ただ、事務的に話しするだけで、集まるようになってしまった」

「とにかく地盤問題では、東電と市の関係を分断させたんだ。地震に弱いことをはっきりさせたんだから、これをもう一度、どう運動に結びつけるかだな」

「あすの集会がその転機だ」

公民館での話し合いは夜の十時ごろまで続いた。そのあと、反対同盟のメンバーたちは「事務所」に集まって、翌朝の行動の打ち合せをした。意見の対立も出た。かなり感情的ないい合いになるのである。一年ちょっと前に来た時にも、私はそんな対立を目の前にしていた。が、その同じメンバーは、やはりがんばっているのだ。反対同盟代表の芳川さんの話によれば、「誰かツラハラさないものはいない」のだそうである。

戦術をめぐって、誰かがふくれっツラをするほど議論になり、けっして全面的に一致することはないのだが、その日その日の行動にはみんな参加する。柏崎原発反対同盟には、五年たったいまも、そんな運動の初々しさが残っている。個人個人が原発阻止のために集まり、働いている時間以外の、彼の生活のほとんどを賭け、住民として、住民に責任をもつこの運動が、こんな柔軟さを持ち続けて来ているのである。

〝祭り〟としての団結小屋建設

翌朝、朝九時から建設予定地内で抗議集会が開かれた。千人を超える人たちが集まって来た。周辺部落の人たちや、柏崎市内の労働者や県内各地から駆けつけた人たちである。いくぶん暖かくなった風にはためく赤旗を見て私は意外な感じを受けた。

そこには県評、地区労、全逓、全電通、鉄鋼労連などの字が読み取れた。あるいは、それはいま、住民集会では当然見うけられる光景かもしれない。住民集会に労働組合が動員をかけて集まるのは、あたり前すぎることかもしれないし、いまではむしろ、運動の「形骸化」を証明するひとつの事例になっているのかもしれない。まして、マイクをにぎって、これからしゃべり始めようとしているのは、社会党市会議員の芳川さんなのである。私は、東京を発つ前にもこんな話を聞いていた。「柏崎原発闘争もいまでは駄目になった。すっかり県評ペースになってしまったからな」。が、比較的〝接触〟して来た私は、そうではないことを知っているのだ。芳川さんは、まず、こう挨拶した。

「きびしい冬も去り、ようやく春の陽射しがおとずれました。

なんか卒業式みたいだなアッハッハッハ」

彼はかつて教師だったのである。

これまでの例からすれば、住民運動が、県評傘下の組合旗にとりまかれ、社会党（あるいは共産党）員が代表として、すこしズッコケた挨拶をしたとしたら、それは、運動の今後にとってあまりいい兆候ではないといえる。しかし、それはあくまでも皮相な見方でしかないのだ。この三年間ほどの現地集会は、ことごとく雨や雪のまじった強い風の中で開かれて来た。

前夜の星空を見上げて、誰かが、「おう、あしたは、晴れるぞ」と叫んだのも、何年間ぶりに、晴天のもとで集会を開けることを喜んだからであった。前年の冬、私は、ここで六日ほど暮したが、その毎日が雨と雪に悩まされたものだった。雨と雪ならまだいい。日本海特有の冷たい風には、まったく手も足も出なくて、日を送ってしまった。

その日は、よく晴れ渡り、日本海の波もまた静かだった。前に来た時、水蒸気と波がもつれ合って逆巻き、渦巻いたまま、垂直に立ち昇り、重く垂れこめた雲とそのまま溶けあってしまった風景だけしか見ることのできなかった私には、それはまるで別世界を思わせた。私は初めて、米山(よねやま)を見ることができた。

「米山さんから雲が出た」と三界節にうたわれている雪の米山さんは、青空の下で、ひときわ陽に輝いて光っていた。「ようやく春の陽射しがおとずれました」との芳川さんの挨拶は、社、共、地区労の「市民会議」とは別に、まったく少数で始めた反対同盟の運動が、部落ごとに「守る会」を組織して予定地を包囲し、地盤の劣悪さを暴露し、労働組合を反対同盟のイニシアティヴのもとに結集させ、実力阻止闘争を構えている、運動の晴れ間をも象徴していたのである。自分の挨拶を、卒業式の紋切型の訓話として捉えて笑いとばすには、長い間の着実な活動と、それによって形成された精神が必要だった。

この日、東電のボーリングコア倉庫、海象測量棟、観測小屋に対して、これらは、入会権を持つ住民の許可なく建てた不当建築物だから「撤去せよ」との看板を立て、通路に杭を打ち込んで車止めを作った。また、一号機建設予定地に「団結小屋」を建設するために、手に手に持って来たスコップやホウキで整地し、祝詞を上げての「地鎮祭」も行なった。これが終ると部落の人たちが作って来たおにぎりを千人以上の参加者全員が分けて食べあった。集会は、〝セレモニー〟という意味ではなく、原発を阻止するための楽しいお祭りでもあった。

霊験あらたかな「平和利用攻勢」と札束攻勢

東京電力による柏崎原発予定地は、いまはすっかり地に堕ちてしまった田中角栄の後援会「越山会」の拠点地域に設定されている。ここは柏崎市街地と目と鼻の間の砂丘地帯だが、自衛隊が誘致されるとか、農業振興地にするとかの噂があったあと、いつの間にか、越山会幹部でもある、木村博保刈羽村村長によって買い占められ、その後、悪名高い田中ファミリー、室町産業に転売され、「錯誤抹消」という離れ技でまた木村氏名義になったりした、いわくつきの土地である。原発の話が出だしたのは、六七年当時からだったが、東電が正式発表したのは、それより二年後の六九年九月のことであった。

この頃はまず、原子力の「平和利用」の宣伝がたくみになされた。たとえば、いま反対同盟のメンバーで活動している武本和幸さんのじいさんなども、さかんに、原子力といえば、みんな広島、長崎しかいわないが、原発と原爆はちがう、放射能による突然変異はいいもので、稲作にも、ニシキゴイの品質改良にも役立つもんだ、と誰かの受け売りをするのが常だった。

刈羽村村議会の原発対策特別委員会の委員長などは、酒も一日に一升も呑めば身体に悪いが、一合ずつならむしろ身体にいい、放射能もそれと同じだ、などと力説していたものだった。霊験あらたかな「平和利用攻勢」と同時に、あらゆる開発がそうであるように、札束攻勢もまた、もうひとつの有力な武器だった。これは、直接、地主たちばかりでなく、「周辺住民」のすべてを対象にしていた。市長が会長になっている、柏崎刈羽原子力発電所誘致対策協議会は、各戸に配ったパンフレットでこう宣伝している。

> この地域に原子力発電所ができることによってどういう利益があるのですか……。
>
> 東京電力の計画では、第一期計画として百万キロワット四基、二期計画として二基ないし四基、建設資金五千六百億円、送電線二百億円ということですが、このような大規模な設備投資がなされますと、地域の発展が促進されます。建設期間は一基四年か五年位かかり平均毎日三千人位の人達が働くことになります。運転に入ると一基約百二十人位の従業員が必要です。従って地元で働ける場所や機会が多くなります。そしてそれらの人の必需物資は、勿論、建設資材なども一部地元調達されますので、人と物の流れが活発となり地域の発展につながります。大規模投資による税収の増大、観光開発等地域の産業振興に大いに役立つものであります。

こればかりではまだダメ押しがきかないので、さらに国会では、電源開発三法（電源開発促進税法、電源開発促進対策特別会計法、発電用施設周辺地域整備法）を通過させ、「平年度化すると約三百億円」
（『原子力ニュース』第二十九号、柏崎刈羽原子力発電所対策協議会発行）
もの金をバラまくことに決めた。青森県の東京電力、東北電力による下北原発予定地でも、すでに、「住民対策費」として二億円もの、理由のない金を撒きちらして反対運動を切り崩そうとしている。

「原発の危険を知っているものは、知ったことを発言しなければならない」

　これを出発点として発足した柏崎原発反対同盟は、それより少し前に組織されていた「荒浜を守る会」「宮川を守る会」と結合し、予定地周辺の十一地域に「守る会」の組織を拡げながら、毎日のようにビラを入れ、学習会、講演会、集会、デモを組織し、部落の執行機関を反対派の手中に奪い、「一日県庁」を阻止するなどの実力闘争を構築して来た。

　私は、この五年間、闘い続け、戦線を拡大し得たのは、二十代前半の青年たちが、毎日集まっては、具体的課題とその戦術を討論し、あらゆる攻撃に、眼こぼしすることなく対応して来たからだと思う。行動方針は、政党にも、労組の手にも委ねることなく、すべて十数人の反対同盟によって決定されて来た。地元で育ち、中央を志向することなく、ここで生活して来た青年たちが、自分の手足だけを頼りに運動の環を拡大して来たのである。それはともすれば、活動家集団の反対同盟が動きすぎることによって、大衆組織である守る会独自の力を引き出すことが、いくぶん後手に回ったといえるかもしれないが……。

ベトナムと柏崎

これらの日常活動は、「電調審阻止」にむけて続けられて来た。が、昨年七月四日の、東京での実力阻止闘争は、大量動員によって坐り込んだにもかかわらず、機動隊によって排除され、第一号炉建設は、四九年度電源開発基本計画に組み入れられることになったのである。たしかに、首相を会長とし、経企庁の密室を舞台に、機動隊の壁でガードされた電調審の認可は、実力で阻止することはできなかった。しかし、それにもかかわらず、なぜ、いまも柏崎原発反対闘争は、それ以前よりもなおかつ、自信をもって闘い続けられているのであろうか。

　私は、これは、「地方」に進出しようとする根無し草としての東京（電力）文化が、地方に根を張った文化（生活）に絡みとられ、蚕食されて行くからだ、と考えている。ちょうど、ベトナムの密林と湿地にひたり込んで、殲滅させられたアメリカ帝国軍隊のように。

　東京電力は莫大な金をバラまき、地方自治体を手中に入れ、その権力と機能をフルに使い、かつまた地方有力者たちを買収して、建設の地固めをして来た。しかし、数人の青年たちで始められた反対同盟の運動は、まず、村々を走り回り、ひとりひとり話し合い、越山会の組織を切り崩しながら、まったく新しくものを創り出していった。まず、それまでの町内会とはちがった形態の「生活を守る会」を組織し、住民投票によって、荒浜、宮川、刈羽村などでの反対決議をとりつけた。また、「近代的」な契約概念では捉え切れない、共同生活の慣行権を明白にさせた。

東電が「買収」した、と主張している用地内には、漁業にともなう作業や塩たきや砂利採取や寄木（流木）集めなど、先祖代々使って来た入会慣行権を持つ共有地が入っているし、この他にも用地内には、里道（認定外の生活道路）が無数に走っているのである。

そこでは、たしかに、買収は「完了」したとしても、金では買収しきれないひとびとの古くから形成して来た文化と生活が、そのまま存続しているのだ。

「当地用地内は作業中につき関係者以外の立ち入りを禁じます」と東電は高札を掲げている。しかし、そこは、ついさいきんまで、刈羽、荒浜の人たちが、冬のたきぎ拾いのために自由に出入りし、砂丘地を覆う松林をくぐって、枯枝や松葉を集めていたところなのだ。きのこも自由に採れた。そこは「みんなの山」だったのだ。地主もまた、一定期間、自分の家のために拾おうとする時にだけ拾ってもらっては困るサインとしてワラを撒いておく。すると、村の人たちは、その場所の枯枝は拾わない。

そんなしきたりが長い間かけて形成されていたところなのだ。

海もまたそうである。たしかに漁業権を持つ漁師たちの団体である漁協は、補償金ほしさに買収に応じた。しかし、地元の海は、地元住民が生活し、海水浴などによって家族で楽しむ場であり、これを利用する権利を消滅させることは何人にも許されるものではない。これら多くの人たちの固有の権利を、一片の文書である「契約」によって奪うことが、はたして本当にできるものなのであろうか。

そして、東京の学者たちが調査し、安全だと証明した、用地の地盤は、原発建設には耐えられないものであることが、住民たちの調査によって、完膚なきまでに暴露された。

それをなし遂げたのは、新潟大学農学部を卒業して、地元の測量事務所で働いている青年と、高校の教師である。これをみても、中央の文化が、地元に定着した文化に撃退されつつあることを如実に知ることができる。それはまた、運動が形成して来た新しい文化、ともいえるものなのだ。

「トウフの上の原発」

七四年七月四日、機動隊に護られて強行された電調審は、柏崎原発第一号炉の建設を承認した。政府の「石油不足」宣伝から、原発建設へのゴリ押しは急速に進められ出したが、日本最古の油田地帯の上に建設を計画されていた柏崎原発の地盤問題は、このあとから揺れに揺れ続けて来た。

反対同盟は、この以前から、「トウフの上の原発」と主張して来ていた。それに符合するように、きわめて奇妙な動きがあった。肝心の炉心位置は、点々と移動し、さまよい続けていたのである。当初、計画されていた（六八年、通産省立地調査）炉心位置は、敷地中央部の、砂丘に囲まれた窪地だった。これは、各周辺集落から、距離的にも、地形的にも隔離されていて、その計画の範囲の枠内においては、まず〝妥当〟な位置ともいえるものだった。ところが、七〇年になって、それは左右二ヵ所に分離されて海岸線にせり出し、七二年にはなお、南北の方向に傾き、七四年四月段階では、海にむかって右側の地点の計画地が消え、柏崎市街地に近い（世帯数七百戸の荒浜地区から七百メートル）地点に、百十万キロワットと日本最大の超大型原発が建設されることになった。

反対同盟では、六九年当時、柏崎・刈羽総合開発促進協議会（促進協）が実施した地質調査資料があることを知り、市議会で市長を追及し、公開させて検討した結果、基盤層内に亀裂が無数に存在していること、炉心建設予定地点に、「破砕帯あり」と警告され、「コア（サンプル）採取困難」なほど地質が乱れていること、地層も三十〜四十度の傾きを持っていることなどが発見された。

この地域は、地震観測強化地域に指定されており、また全国一の地すべり多発県でもある。それに油田地帯でもあるので、地質調査に関する論文もまた豊富なところだったのである。反対同盟では、これらの論文を集めて精読し、促進協の調査報告書を再読し、その結果出て来た疑問点を東電側にぶっつけて追いつめ、市、県、国の議会を使ってさらに新しい資料を出させる運動を進めた結果、つぎのような事実が明らかになったのである。

まず、最初にはっきりしてしまったのは、学者の研究の頼りなさ、ということだった。反対同盟では、最初、資料を入手したものの、どこからどう手をつけていいのかわからなかった。メンバーの中で、土木工事の仕事をしていて、比較的地質に関係がある武本さんがまず、地元の地学研究家に相談した。

ところがその人は、層序学が専門であり、地盤の問題はわからない、といわれて彼は、母校の新潟大学の応用地質学の先生のところに足を運んだ。が、その先生の専門は「石」だったのである。そこで問題にされている西山層は岩石よりも、むしろ泥岩であり、「土」であるから研究対象外だといわれた。それで、「土」の研究家である土質工学の先生のところをたずねると、そこでは、これは「土」ではなく、「軟岩」であり、研究対象外であると答えた。それでは、どこへ行けばいいか、とたずねると、その本格的な研究者は日本にはいない、と宣告されたそうである。

学問は、専門化し細分化されてしまい、ほとんどが「研究対象外」になっている。生活の場でいざという時には、まったく応用がきかなくなってしまったのだ。これを利用できるのは、自分の利益のために、投資してその見返りとして使う国家と企業だけなのだ。真の意味で、細分化された研究を、もう一度、本来の人民のために総合するのは、人民の生活の場からの発想を必要とする住民運動だけなのである。学問は運動によってだけ再生される、ということが、この柏崎原発闘争によってでも証明されている。

危険な断層

さて、さまざまな資料の断片を組みたててはっきりしたのは、まず、敷地内地盤は、軽く（単位体積重量が小さい）、水をたっぷり含み（含水比が異常に高い）、もろい（一軸圧縮強度が異常に小さい）ということだった。地耐力はまったく弱い。

東電は、用地内に分布する古砂丘（番神砂丘）の形成年代を十五万～二十万年前、その下に在る軟質泥岩の安田層を二十万～三十万年前と発表していた。ところが、これは実際よりもヒトケタ多い数字なのである。つまり形成年代を意識的に古く書き替えて発表していたのだった。というのも、古い年代層であればあるほど地盤は安定しているのだが、二万～三万年ほど前の安田層では、褶曲、断層があって、地震の不安があるからである。

事実、その後の調査によっても、敷地内には、古砂丘や、安田層を切る断層が発見されているし、これらは、今後も活動する断層、活断層である。そして、ついに炉心の南側百五十メートルの地盤に、大断層（真殿坂断層）があることまでもほぼ明らかになった。それに、この辺一帯は、羽越活褶曲地帯の中にあって、いまでも地殻変動が続き、微小地震と山鳴りが頻発している要注意地帯である。

東京電力は、地盤の形成年代を書き替え、ボーリング調査の結果の都合の悪い数値は伏せ、一部の数値だけを発表して、デタラメ電調審をくぐり抜けた。そして認可されたあとになって、こんどは勝手に、原子炉基礎地盤を二十メートルも下げたマイナス四十メートルの半地下式原発にする、と発表している。いまや電調審認可事項さえ投げ捨て、ただしゃにむに建設してしまおうとしている。

彼らはおそらく、耐用年数がせいぜい二十～三十年しかない原発の運転期間中に、地震や事故に遭わないことだけを神頼みしているのであろう。もし、いったん地震に遭えば、パイプだらけの原発からは、天文学的数字の放射能が飛び出し、全地域を無人地帯にしてしまうのである。柏崎原発は、そのような危険性と非科学的、非人間的な地盤の上に立脚しているのだ。その根源には資本と人間の間の越えがたい断層が横たわっている。

アメリカの原子力委員会では活断層の地表位置から約四百メートル以内には、いかなる施設も設置してはならない、と規定している。サンフランシスコ近郊に建設予定されていた、パシフィック・ガス・アンド・エレクトリック社の原発は、断層の発見によってついに断念させられた。当時の社長はこう声明した。

「公衆の安全について何らかの本質的な疑問をかかえたまま、発電所の建設を希望するのは我々で最後にしたい」

それにもかかわらず、東電の社長は、あたかも、神を恐れぬ者のように三月二十日、第一号炉の設置許可を三木総理大臣に申請した。あとは、形式的な「公聴会」と「安全」審査がなされるだけなのだ。

「奉天命誅国賊」

三月九日、早朝から開催された、原発「予定地」内での抗議集会の場で、私は、荒浜青共のメンバーと会うことができた。荒浜青年共闘委員会は、周辺地域で、まず最初に「守る会」を結成させた青年たちで組織されている。六七年当時、部落内は原発賛成一色で、彼ら反対派は、昼は公然と動き回ることはできなかったものだった、という。私は彼らのヘルメットに書き込まれていた「奉天命誅国賊」の六文字のいわれを知らなかった。奇異な感じで眼にとめたきり、そのまま見すごしてしまっていた。


その夜、私は芳川さんたちと雑談し、柏崎地区には、農民運動の歴史もなく、全国的に有名になった木崎争議のような、激烈な小作争議とも、まったくかかわり合うことなく過して来たことを知ることができた。原発反対闘争のような、反権力闘争は、生田万の乱以来、実に百四十年ぶりの反乱なのだそうである。

「その時、うしろを振り返ってみたら、誰もついて来ていなかったそうだ」

それは、この地方で、連綿と語り続けられて来た、敗北の総括でもあろう。たしかに命を賭けて闘ったものはいた。しかし、大衆は動かなかった。この狭間で大衆闘争は闘われねばならない。大塩平八郎の乱に影響をうけた、上州館林の浪人生田万など六人の志士たちは、米価高騰に呻吟するひとびとの惨状をみかねて柏崎陣屋に乱入強訴した。


そのほとんどはその場で討死となったのが、生田万の乱であるが、彼らに従ったのが、荒浜村百姓彦三郎である。彼がその時、掲げ持った旗指物に、「奉天命誅国賊」の六文字が墨痕鮮やかにしるされていたのだった。

天保年間（一八三〇―四四）の凶作は、同七年の大凶作によってさらに深刻化し、農民たちは年貢を払い切れず、百姓一揆は全国的にもピークに達していた。積年の飢饉によって、柏崎地方でも餓死する窮民が続出し、子供を川に流して糊口を減らすものも出ていた。ところが、当時の代官は、米商の賄賂によって津留（他領への米の出荷禁止）を解いたために、ことさら少ない米は領外へと流れ出て、米価はさらに急騰したのだった。平田篤胤の門下生として高名だった生田万は、その九ヵ月ほど前に、館林から柏崎に招かれて国学の塾を営んでいたが、周辺農家、町民の惨状をみかねて決起し、まず、荒浜村の豪商を襲い、その足で柏崎陣屋の門に火を放って斬り込んだのだった。

彼の同志は、尾張や水戸の浪人、あるいは新発田藩の名主たちで、柏崎陣屋領内の人民に呼びかけることもなく、その参加もないうちに、決起したのだ。

しかし、「乱後、米の小売値が下がり、藩の窮民救済策が積極的となった」(『柏崎編年史』)とあるから、この行動はまったく無に帰したわけではなかった。ただ住民を組織する視点に欠けていただけのことである。

柏崎原発反対同盟は、少人数の活動家集団である。彼らはこの地域で生まれ育ち、市内の測量事務所や印刷所や町工場などで働いている青年たちである。売る土地もなく、手放す漁業権も持っていなかった。東電にからめとられるものは、何も持っていなかった。ただ、原発に対する不安から集まり、仕事が終ったあとでビラやポスターを作り、部落の中を手わけして歩き続けて来た。東電に対置するものは、「どう生きるか」ということだけだった。

東電や村や市や県や国の、どんなささいな動きにも対応した。それを暴露するビラを作り、集会を開き抗議に出かけた。この地域は越山会の牙城であるから、行動は細心さと慎重さを必要とした。が、いったん行動する時は実力闘争となった。各地域に守る会を作り、その点を結んで守る会連合の線として原発予定地を包囲し得たのである。

全国の反原発運動の高みに

これらの運動によって、前にも述べたように、東電や市が独占していた調査資料を引き出し、縦割りになっていた「学問」を、生活の場から総合して、原発予定地は劣悪なものであり、しかも断層地帯であることを論証したのだった。これまで、市はこういい逃れて来ていた。「われわれは素人である。あなた方も素人である。だから専門家の意見をききましょう」。が、われわれは素人でない。当事者なのだ、と開き直ることによって、学問を自分たちの手に取り返す契機を作り得たのである。あれほどまでに原発誘致を進めて来た市長も、いまは沈黙を守らざるを得なくなってしまった。

原発をめぐる状況も変わって来た。分析化研の調査のインチキが暴露されて、原子力の安全神話が揺らいだ。それに原子力船「むつ」の放射線もれも、いっそう疑惑を強めた。原発労働者の被曝量が上昇していることが、電労連資料によっても明らかになった。

再処理工場の最終的廃棄物の処理の問題も未解決だし、温排水の影響もさらに深刻化している。「許容量」以下とされて来た微量放射線による突然変異の研究も進んできて、人体への危険性はさらにはっきりした。

　原料であるウランも高騰し、操業の効率性も宣伝通りのものでないことも知られて来た。今年に入って、アメリカの沸騰水型原子炉は、配管のヒビ割れが発見されて全面停止し、それを使っている日本の原発も、いま軒並み運転を停止している。原発信仰は足元から総崩れとなっている。

　が、東電は、柏崎原発をなお捨てていない。形式だけの「安全審査」と「公聴会」を国に強行させようとしている。それにつれて、反対同盟の運動も、質的な強化が要請されている。守る会運動をどう闘争力とするか。実力闘争を担い切る質をどう高めるか。もう一度、初心に還ったところから、運動を見直そうとしている。

　田中角栄の野望と東電の用地難とが結びつくことによって開始された柏崎原発建設の策動は、反対同盟の運動によって縦断され、その断層を露呈させた。いま地盤の劣悪さの暴露からその上に立つ本体である原子炉そのものの欠陥までさらけ出しつつある。原発問題の総矛盾を、いま運動の高みに達した柏崎の地に引きつけ、徹底的に粉砕させるところまで来ている。デリケートなマンモス原発を、柏崎で叩きのめす状況が作り出されつつある。原発はすでに過去の遺物なのだ。

柏崎原発反対同盟と柏崎・刈羽原発反対守る会連合は、当面の闘いの目標をこのように確認している。

　一、先祖伝来の共有財産である荒浜村有地、里道、そしてみんなの海を原発阻止闘争の拠点とし、さらに活用していく。

　二、原発一号炉の建設を阻止するために、第二団結小屋（青山側）の建設をおし進める。

　三、荒浜住民の意志を無視して、村有地を東電に貸し与えている小林市長を追及し、村有地を荒浜住民の手に取りもどす。

　四、関連工事の推進を実力で阻止する。

　五、いかさま電調審の責任を追及し、認可を撤回させ、安全審査申請の策動を阻止する。

　六、まやかし公聴会の開催を実力で阻止し、住民主権の公聴会を開かせる。

柏崎原発反対闘争は新たな段階に入った。

住民の間での原発反対の機運は、いまさらに高まっている。市と県は、「危険性」については、判断停止し、責任を国に押しつけ、それでもなおかつ、東電は、威信にかけても強行突破しようとしている。

「奉天命誅国賊」。荒浜と柏崎を結んで闘われた生田万の乱の精神は反対同盟の中に受けつがれ、その少数者としての運動の失敗は、住民組織の強化によって乗り越えられつつある。原子力の平和利用については、『原発の恐怖』(アグネ刊)の題辞がきわめて示唆的である。

原子力の破壊的な面は
あまりにもいたましすぎて
善意ある人々が
平和利用という肯定面を
確立しようと考えるのも
一理あるように思われる
アルビン・ワインバーグ

第三章　下北核半島

まえがき

わが青森県は、日本でもっとも危険な県である。

県の東側、遠く米大陸に突き当たる、太平洋岸に配置された米軍三沢基地は、米ソ冷戦時代の「核攻撃基地」であり、いまなお米軍事支配の世界戦略をささえている。

米軍三沢基地に隣接して、天ヶ森(あまがもり)射爆場がある。天空の高みから一直線に急降下、海岸に設置された攻撃目標に模擬爆弾を投下して急上昇する、米戦闘爆撃機の引き裂くような鋭い金属音と爆撃音は、そこからかなり離れた野外にいて、むかいあったひととの話が中断されるほどに凄まじい。

射爆する的を狙って、規則的に旋回してくる攻撃機の直下に、猛毒プルトニウムや使用済み核燃料を収容したプールや再処理工場など、六ヶ所村の危険施設がひろがっている。

さらに航空、陸上、海上各自衛隊の基地が配置され、ここは軍事と核産業の集中地帯である。

米軍基地といえば、ひとはだれしも沖縄の現実を想い起こす。いまなお米国の「占領政策」は露骨(日米地位協定の差別性を視よ)

である。普天間基地に隣接する沖縄国際大学の校舎に、米軍ヘリコプターが墜落したとき、加害者であるはずの米軍が学内を占拠し、学長の立ち入りさえ排除して、証拠のヘリコプターを運び去った。

弧状列島南端のオキナワと北端アオモリとの状況を両眼の隅にいれて視ると、日本の対米従属の実相が浮かび上がってくる。

世界地図をみると、北米大陸の前方、中国、朝鮮半島、ロシアの海岸線の手前に、防波堤のように日本弧状列島が配置されているのがわかる。かつて、「防衛の要石（キー・ストーン）」「ハリネズミ防衛論」（中曽根康弘）などの言葉がでてきた地政学である。

三沢市から北上する、青森県東側のなだらかな海岸線は、一九六〇年代後半から、通産省（当時）と財界から、開発対象として捉えられていた。どこにも受け入れ先のなかった原子力船「むつ」を送りだして、核開発のパイロット・ボートというか、「トロイの木馬」というべきか、地元にカネを積み上げて最初の原子力の洗礼を受けさせた。下北半島の原子力センター化は、その頃からの、財界（経団連）、自民党、官僚（通産省）、学者たちの公然たる大構想だったのだ。

一九六九年五月に、「新全国総合開発計画」が閣議決定されたが、そのときすでに、この地域が、「原子力産業のメッカ」「大規模原子力発電、核燃料の濃縮、成形加工、再処理等の一連の原子力産業地帯として十分な敷地の余力がある」（日本工業立地センターの「調査報告書」）と将来が運命づけられていた。

それらの壮大な計画を包含した、「むつ湾小川原（おがわら）湖開発」（その後、「むつ小川原開発」に改称）ブームがはじまった。その兵站基地が三沢市だった。戦時中に海軍飛行場が建設された三沢村は、戦後になって米軍の大基地の町に変貌していた。一九五〇年六月から朝鮮戦争がはじまったのだが、ジェット戦闘機に対応するため、そのまえすでに、大拡張工事がすすんでいた。

それに戦争特需が加わった。

「朝鮮戦争に動員された米軍の帰休兵が三沢の街にあふれた。彼等は戦場から一時の休養のために三沢にやってきた。再び戦場に出て行けば明日をもしらない生命である。帰休兵たちは外出も外泊も自由だった。

彼等は街に出て、おしみなくドルを使い、酒や女にしばしの慰めを求めた。街には外人専用バーやキャバレーなどの風俗営業やセックス産業があふれ不夜城の観を呈し、米兵相手の女性が一〇〇〇人を超えるといわれる異常な景気を現出していた」（『三沢市史』通史編）

沖縄の基地の街とおなじ光景であったであろう。が、攻防の激戦地となり、軍事占領された沖縄は、敗戦後の一九四七年九月、昭和天皇がＧＨＱに、「日本に主権を残し租借する形式で、二五年ないし五〇年、あるいはそれ以上、沖縄を支配することは、アメリカの利益になるのみならず日本の利益にもなる」とのメッセージを伝えたように、「租借」がつづいてきた。「復帰」後、こんどは「祖国」から米軍基地を押しつけられる、という悲劇的状況となった。

　核付き返還だった沖縄に、なぜ核の商業利用としての原発が建設されなかったのか、その理由はわたしにはわからない。遠すぎて工業開発の対象にならなかったからかもしれない。それに引き換え、六ヶ所村では核と工業開発の両方が考えられていた。核施設と工業都市とは両立しえないはずなのだが、結果的には、「むつ小川原開発」は、幻の巨大工業開発計画として雲散霧消した。その跡に平然と残ったのが、「原子力のメッカ」だった。

　三沢市街地に、軒並みといっていいほど、道路沿いの黴のようにあらわれた不動産業も、いつのまにか姿を消した。開発前夜、六ヶ所村への道をほこりを蹴立てて疾駆していた、東京ナンバーの乗用車の往来も途絶えた。

　しかし、米軍事基地と核産業基地との相互乗り入れは進められてきた。日本列島最北端、下北半島の軍産混合の現実を書き残しておきたい、とわたしは考えていた。

　沖縄は辺野古（へのこ）の新基地と、そこから北上した東村（ひがしそん）にある高江のヘリパット建設に、全県をあげて反対している。反対というよりは、明確な拒絶である。反対や阻止ではない。拒絶は無視であり、黙殺であり、対等な存在としての「対峙」である。その存在とプライドを賭けた「拒絶の思想」をわたしは、辺野古の一五年におよぶ、おじいやおばあの坐り込みに教えられた。希望でも、絶望でもない、静かな拒絶は、交渉におびき出されることはない。面積が国土の〇・六パーセントしかない沖縄に、日本に存在する米軍基地の四分の三がある、という現実にこれ以上、あらたな基地をおしつけようとするのは、爆薬に火をつけるようなものだ。アメリカの戦争に加担させられる苦しみだけではない。米兵による犯罪や事故の頻発、土地を奪われた零細軍用地主や基地労働者の生活依存も、沖縄の苦しみとなっている。それらの報道があまりにも少ないことも、沖縄にたいする差別の継続である。

　北の国・青森県の苦しみもまた、よく伝わっているとはいえない。沖縄の嘉手納（かでな）基地に匹敵する米軍三沢基地には、依然として巨大な防諜アンテナ群が立ち並んでいる。それぱかりか、下北半島の霊山釜臥山（かまふせやま）の脳天に、グサリと杭を打ち込んだように、巨大なレーダーが建てられた。日本海側の空自車力分屯基地の中にあらたな米軍基地としてあらわれたのは、日米連携のミサイル防衛（ＭＤ）を担うＸバンド部隊である。

　県内全域に陸海空自衛隊の部隊が、あたかも草の根に潜むように配置されている。戦時中よりもさらに高度に集積した「北の護り」である。時代に逆行するように、青森のオキナワ化が進んでいるのだが、同時に下北半島の核半島化が急速にすすめられている。

　フクシマ原発事故の悲惨は、まだ継続中である。放射性物質による被害地は不気味に拡大している。遅すぎた教訓は、核は総てを喪わせる、という事実だった。

　反対から拒絶へ、これが沖縄が長い苦しみの果ての獲得した思想である。地域経済をあたかも「クスリ漬け」にした依存からの脱却は、拒否による。


　本書の一章から五章までは鎌田が、六章から八章の軍事基地にかかわる章は、斉藤光政さんが執筆した。『世界』二〇一〇年一月から七回にわたって連載した原稿と『朝日ジャーナル』（『週刊朝日』緊急増刊・原発と人間、二〇一一年六月五日）に発表した拙稿に手を入れた。取材には『世界』編集部の熊谷伸一郎さんが同行、協力してくださった。

　フクシマの悲劇は、この連載終了後半年がたってからである。なんの歯止めにもならなかったのは、残念である。

　なお、登場人物の年齢や肩書きは掲載時のものである。この間、長きにわたって取材に協力してくださった六ヶ所村の小泉金吾さん、むつ市の松橋幸四郎さんが旅立たれた。ご冥福を祈ります。

二〇一一年七月

鎌田　慧

1　悲劇の六ヶ所村

国道338号線

　本州最北端の青森県。弓なりに反った下北半島のひょろ長い頸部を、太平洋岸沿いに国道338号線が北上する。

　その津軽海峡にぶち当たる単調な一本道を、クルマで走っているとき、わたしはかならずといっていいほど、「沿線の小駅は石のやうに黙殺された」という、横光利一の短編小説「頭ならびに腹」の一行を想い起こす。

　といって、この荒漠とした原野や林の間を縫うようにして走るのは、特急列車ではない。一筋のアスファルトの道である。国道とはいっても、県道だったのを格上げしただけの二車線、下北核半島を縦断するかぼそい道である。

　名づけて「原子力街道」。最初にあらわれる核施設が、六ヶ所村で試運転中、というよりは故障ばかり、操業開始の「予定変更」をしつづける、もっとも危険な「核燃料再処理工場」である。

　福島第一原発事故でにわかに注目されるようになったのが、使用済み核燃料である。使い終わったあとも高熱を放出していて、冷却プールにいれても、運び出せるまでには何十年もかかる、という疫病神である。それればかりか、それらを「原料」に猛毒のプルトニウムを生産する「再処理工場」は、一基の原発が一年間に排出する放射能を、たった一日で環境中に排出する。

原子炉の使用済み核燃料は、日本全国五四基の原発から、いっせいに六ヶ所村にむかってやってくる。再処理工場のそばに掘り込まれた専用の人造港に、専用船「六栄丸」で運ばれてくる。「六ヶ所村に繁栄」をもたらす船、まるで宝船あつかいだが、世の中でもっとも危険な高濃度の核物質が、船で運ばれている。低レベル核廃棄物は、「青栄丸」。各地の原発から、危険物が船で運びこまれる。国道338号線は拡幅される必要もなく、わたしの記憶では、四一年前とおなじである。

もうかれこれ四一年、わたしはこのとりとめのない道を、下ったり上ったりしている。尾駮（おぶち）沼の沿岸に、黴のように繁殖した、「日本原燃」関連の社宅とストアと集会場、それと核施設を迂回する短いバイパスができただけである。

原爆をつくった米・ロスアラモスの秘密工場群も、幹線道路からは望むことはできないが、町の秘密の雰囲気はおなじである。六ヶ所村が、広大な無人の原野になっているのは、先住民ナバホ族の偉大なる大地だったロスアラモスのように、岩山の屹立する荒々しい砂漠地帯に核施設が建設されたからではない。そこはかつて開墾されてひとびとが畑ではたらき、小径をひとびとが行き交い、乳牛が草を食む、なだらかな緑の牧草地帯であって、子どもたちが駆けまわっていた優しい風景だった。

いま、ときどき車窓の横にあらわれる、「石のやうに黙殺された」人家は、買収地から外された六ヶ所村の村役場周辺の昔ながらの食堂だったりするのだが、四〇年このかたさほど変わり映えのない街道筋である。なん年か前までは、草むらのなかに、遺跡のように人家の礎石が残され、テレビや洗濯機が投げ捨てられ、朽ち果てたバス停の標識がポツンと立ったりしていたのだが、いつのまにかそれさえなくなった。

新納屋（しんなや）、鷹架（たかほこ）、幸畑（こうはた）、大石平（おおいしたい）、上弥栄（かみやさか）、弥栄平（やさかたい）、新栄（しんえい）、それぞれわたしの記憶に残っている、壊滅させられた集落の名前である。それだけでも三五〇戸ほどになろうか。それ以外の、不動産会社が買収の対象にしなかった地域の、道路ぎわに立ちならぶ民家は、歯抜けの老人のような表情である。

六ヶ所村の核燃料再処理工場は、国道から姿を捉えることはできない。ほかの核施設とともに、道端の雑木林の奥深くに隠れている。もう四年もまえに試運転を終わらせているはずなのに、事故つづきで、二〇〇八年末から停止したままだ。世界でもっとも危険で、技術も安定していない。この高レベル放射性物質を加工する再処理工場は、反対意見を押し切って、一九九三年に着工された。それからトラブルつづきで、すでに一八回も竣工延期を発表している。

二〇一〇年一〇月には竣工する、と各電力会社で共同出資している、県内最大企業の日本原燃（資本金四〇〇〇億円、従業員二四〇〇人）の社長は発表していたのだが、それも延期、いまは二〇一二年一〇月に竣工とのカラ証文をだしている。本当に操業をはじめるとしたら、それは無理を承知の操業となり、メンツだけのスケジュール設定が、事故を引き寄せないか、との不安が強まっている。

六ヶ所村開発前史

はじめてわたしが六ヶ所村にやってきたのは、一九七〇年の三月だった。その前年の五月、佐藤栄作内閣のもとで、「新全国総合開発計画」（新全総）が閣議決定していた。わたしはそれに気づいていなかった。友人の経済記者から、青森県で「大規模工業開発」が計画されている、と聞かされても半信半疑だった。青森県は大企業とはまったく縁のない、農業県だったからである。それまで公害の本を二冊だしていた自分にとって、開発は公害の同義語だった。

まだ開発反対運動がはじまっていなかった。わたしはまず三沢市の天ヶ森米軍射爆場に反対の声を上げていたひとたちと会った。そこから北隣の六ヶ所村に足を伸ばした。やがて反対同盟の会長になる、吉田又次郎さんもそのひとりだった。盲目の浪曲師として、門付けして歩いていた吉田さんは、「国家事業だから、土地を強制収用されるのでしょう」と諦めかけていた。成田空港建設のための行政代執行が強行される、すこし前だった。

わたしは、吉田さんに、国の開発計画は閣議決定された、たしかに巨大なものだが、よくみれば、「国家的事業」と「的」がついているだけで、「国家事業」ではない。「民間事業」にすぎない。だから強制収用はありえない、と説得した。

そのころの寺下力三郎村長は、茨城県僻地の海岸に進出した「鹿島開発」に反対して失脚させられた、黒沢義次郎鹿島町長とおなじように、住民本位の政治を考えていた。

「村内でレベル以上の生活をしている住民は、開発がきても生活していける。しかし、レベル以下の生活をしている住民は、開発がくると暮らしていけなくなる」

それが村長として抵抗する決意だった。寺下さんは若いとき、朝鮮の興南（現北朝鮮）に建設された「朝鮮窒素」で働いていて、日本の工業開発に蹂躙された村民の実態を知っていた。「開発と住民」の矛盾を見定めたその意見は、本人の経験から形成された思想だった。彼はわたしが雑誌に発表したルポルタージュを、コピーして「まえがき」をつけ、村内全戸に配布した。

しかし、本人の文章は大衆的なものとはいえなかった。それでおなじころ、やはり六ヶ所村を取材して書いていた、経済ジャーナリストの飯田清悦郎さんや地元の若者たちの応援をえて、「開発阻止のために」というパンフレットを発行して、村内を配布して歩いた。

『六ヶ所村史』年表、一九七〇年の項に、「昨年来、県内外不動産業者による土地買い占めが続き、その規模が一二六〇人から八七〇ヘクタールに及ぶ」とある。翌一九七一年には、「土地ブームが続き、村内民有地の一三％に当たる一七八〇ヘクタールが売られ、長者番付にのる人も出てきたが、トラブルも目立ってきた」と書かれている。

このころ、国道３３８号線はまだ舗装されていなかった。わたしはバスを乗り継いで通っていたが、埃を蹴立てて、東京ナンバーの黒塗りの乗用車が頻繁に行き交っていた。不動産ブローカーのクルマだった。もっとも露骨に買いあさっていたのが、鹿島開発で膨大な土地を買収して利益をえていた、三井不動産の「内部」に存在していた、ダミー会社「内外不動産」だった。

年表にある「県内外不動産業者による土地買い占め」の代表的企業が、「内外不動産」というのは偶然でしかない。当時、三井不動産と内外不動産の名刺をもった男たちが、村内に跋扈している、との噂が流れていた。

二〇〇倍の地価高騰

下北半島の付け根の部分にあたる三沢市は、米軍基地の町だが、このころは開発基地の様相を呈していた。基地のゲート前に、反戦米兵を組織しようとしていた、べ平連系のバー「アウル」があった。ここに集まる若者たちに、わたしは開発反対を説いて、一緒にパンフレットやビラをつくっていた。といって、村民とともに生活しないかぎり、運動の組織者になれるわけはないのだが。

三沢市の目抜き通りには、一攫千金を狙った不動産屋の事務所が軒をつらね、あたかも毒キノコのように増殖していた。隣の野辺地町とあわせると、優に五〇軒は超えた。取材をはじめたころ、その一軒の経営者を説得して、農家の買収工作にいくのに同行させてもらったことがある。彼はなんと、畏れ多くも「むつ小川原開発株式会社」と「国家的事業」を先取りした社名を取得していた。どこか資金的バックがあったようだ。「昔のように娘は売れない。だからいまは娘の代わりに土地を売るのだ」と彼は嘯いていた。

夜だったのと、まだ土地勘がなかったので、どこの集落だったのか判別できなかった。開拓地の農家で、男の主はいなかった。囲炉裏端まで上がり込んだ社長が、ボストンバッグから、菓子折と五〇〇万円の札束を無造作に取りだした。「もう銀行も閉まっている。だからこれを預かっていてください」と主婦のほうに押しつけた。

「ほかの不動産屋も何軒かきている」といって動揺しながらも、彼女は「娘が反対しているので」といって、札束を押し返した。それをみて、わたしは内心ホッとしていた。

開発予定地内の部落選出の村会議員たちは、不動産業者と結託していた。地域ボスともいうべき彼らが、土地ブローカーの手代となっていた。それに背いて抵抗するのは難しい。こうして、まもなく部落ぐるみの移転がはじまった。以下は村史年表「一九七三年」の記述である。

「千歳地区は土地値上がりにより、この年の春、地価が三年前の二百倍になる」

「開発地域内の弥栄平、幸畑など開拓地から他市町村へ移転する人が出始める」

新全総による「むつ湾小川原湖開発」（のちに、「むつ小川原開発」）は、当初、三万ヘクタールの用地買収、一万五〇〇〇人の立ち退きという、目をむくような巨大開発計画だった。その名にあるように、「むつ湾」の太平洋側とその湾内、「小川原湖」周辺に、石油コンビナートや造船所などを配置しようというものだった。

新日鐵会長であり、のちに経団連会長となった稲山嘉寛氏はじめ、財界幹部が視察にやってきた。ＹＳ11機を傭って六ヶ所村を見下して、その広大さに感嘆した。国と県と財界一五〇社が出資金をだしあって、土地買収会社「むつ小川原開発株式会社」が創立された。巨大な欲望の津波が六ヶ所村に襲いかかった。

跳ね返された石

陸奥湾のいちばん奥にある、野辺地漁協の三国久男副組合長は、県の姿勢を「青森県を財界に売り渡すものだ」と批判した。「中央政府による第二の「蝦夷征伐」ですね」とわたしは竹内俊吉知事に会ったときに言った。新聞記者出身の知事は、「記者はそういういい方をするもんだ」と軽くいなした（拙著『六ヶ所村の記録』岩波書店）。「工業開発はわたしが働きかけた」と彼は言ったのだが、それは彼の思惑を越えた、政財界、総ぐるみの開発になった。

六ヶ所村の中学校体育館で、「住民対策説明会」がひらかれた。集会が終わって、帰り支度の県知事の黒塗りのベンツは、プラカードをもった住民に包囲された。その乗用車が人垣を破って走り去ろうとしたとき、リヤウインドウ目がけて、こぶし大の石が投げつけられた。わたしは大音響を予想して首をすくめた。が、案に相違してびくともせずにはね返した。防弾ガラスだったのだ。

その朝、反対同盟の老若男女が、「立ち退き反対」の鉢巻きを締め、「開発反対」の襷をかけて、朝陽を浴びながら国道（当時は県道）を中学校にむかってあるいていく。その昂揚した朝の情景が目に焼きついている。投石されたあと、知事のクルマが脱兎の如く逃げていく姿とともに、いまなお記憶に鮮明である。

鹿島開発は「六・四方式」、農地の六割を代替地として保証するものだった。しかし、青森県は買収金を支払うだけ、つまりは離農を進める手法だった。結局、不動産業者が転売したり、県公社が集めた「むつ小川原開発株式会社」所有の土地は、公有地をふくめて五二八〇ヘクタールに達した。ところが、一九七三年のオイルショックで、鳴物入りで喧伝された、会員会社の工場は、一軒も姿をあらわさないまま、土地ブームは終わった。

工業用地として造成した二八〇〇ヘクタールのうち売却できたのが、日本原燃に七五〇ヘクタール、国家石油備蓄基地に二六〇ヘクタール、その他の零細な誘致企業をふくめても、結局、一一七〇ヘクタールでしかなかった。

経団連会館で創立総会を開いた「むつ小川原開発株式会社」の目的は、「土地の取得、造成、分譲」だった。ところが売れ残った膨大な土地を抱え、赤字は一九九五年当時で二四〇〇億円にのぼっている。国、県、金融機関が六九パーセントの債権を放棄して、社員八人の「新むつ小川原開発会社」に改編された。経団連がカネやタイコで囃し立て、マスコミが煽った巨大開発は、巨大幻想だった。

狙われていた核半島化

トラブルつづきから出発した、六ヶ所再処理工場の試運転は、一応、高濃度の放射性物質を含む廃液をガラス固化体にする、もっとも難しい最終段階に達していた。ところが、二〇〇八年暮、ガラス溶融炉のレンガが、曲がった撹拌棒によって損傷されているのが発見されて、作業をストップした。

そのあと、二〇〇九年一月、二月、一〇月と連続して、ガラス固化工場の固化セル（小部屋）で、高レベル廃液が漏洩しているのが発見された。セル内は強度の放射能に汚染されているため、労働者がはいって作業することはできない。それでパワーマニピュレーターの遠隔操作によって復旧工事をしているのだが、肝心のマニピュレーターが動作不良だったり、装置が不具合だったりして、作業は遅々として進まず、労働者の被曝が心配されている。

六ヶ所村が、核燃料サイクル施設立地として浮上したのが、一九八四年初めだった。電力会社の団体である電気事業連合会（以下、電事連）が、北村正哉知事に協力を要請したのがこの年の四月、ここから、核燃基地問題がはじまった、とされている。正史というべき『六ヶ所村史』（中巻）には、こう書かれている。

「昭和五十九年四月、この頓挫したむつ小川原開発に救世主のごとく現れたのは、核燃料サイクル基地であった。当時この核燃基地の立地適地を求めて全国的に模索されていた（略）各地で住民の猛反対にあった立地が断られていた。しかし、青森県は他県とは違う事情を抱えていた。巨大開発の縮小で土地買収などで膨大な借金を抱えており、核燃基地は、渡りに船だったのである」

救世主、渡りに船、という表現は、不適切というしかない。

たしかに、徳之島（鹿児島県）、西表島（沖縄県）、平戸島（長崎県）、奥尻島（北海道）、馬毛島（鹿児島県）などが候補にあげられたこともあった。しかし、これらの島をわたしは踏査しているが、狭隘だったり谷間が深かったり、いかにも当て馬臭かった。開発者がよくやる陽動作戦にすぎなかった。

「村史」の記述では、電事連の申し入れに対して、次のように書かれている。

「県行政はどのようなものなのか詳細に知るよしもなく、この「核燃サイクル基地」に飛びついたのである」

知事の無知と軽薄さが問題の発端のように書かれ、さらに村当局についても、「県の意向がそうであればと地元六ヶ所村も、これまで県の斡旋で誘致した企業が閉鎖することなどもあって、親方日の丸的な電力関係の企業であればと、誘致に動き始めるのである」と、まるで村が誘致したように記述されている。が、これは俗論であっても、歴史の真実ではない。

これまで、ことあるごとにわたしが主張してきたのは、六ヶ所村の核基地化は、政府および電力会社が、新全総当初から方針化していた、という事実である。しかし、一九八四年一月四日の東奥日報一面に、「むつ小川原　立地浮かぶ　核燃料サイクル基地」「ウラン濃縮　再処理　廃棄物貯蔵　電力業界中心に検討」の大ニュースが掲載され、ここから核燃問題がはじまった、と定着してしまった。

しかし、それより一五年もまえ、一九六九年三月、通産省（当時）の外郭団体、「日本工業立地センター」が発表した「むつ湾小川原湖大規模工業開発調査報告書」（以下、調査報告書）には、すでに六ヶ所村は「原子力産業のメッカ」と位置づけられていた。一九七四年に放射線漏れ事故で漂流、廃船となった原子力船「むつ」は、そのパイロットボート、というべき役割だったのだ。

「わが国で初めての原子力母港の建設を契機とし原子力産業のメッカになり得るべき条件をもっていることである。当地域は原子力発電所の立地因子として重要なファクターである地盤および低人口地帯という条件を満足させる地点をもち、将来、大規模発電施設、核燃料の濃縮、成型加工、再処理等の一連の原子力産業地帯として十分な敷地の余力がある」

これはオイルショックによって、「大規模工業開発」計画が頓挫する四年半もまえの記述である。東奥日報へのリークは、頃合いを見計らって電力会社が流したものであろう。調査報告書発表の翌一九七〇年初頭、朝日新聞は「むつ湾小川原湖」地区に原子力発電所を中心とした巨大コンビナートをつくる、との稲山新日鐵社長の発言を掲載した。

わたしは、その真意を聞くため、「中央公論・経営問題」編集部のYさんを通じて面会を要請したのだが、「その話はまだはっきりしたものではないから」と秘書が断ってきた。が、翌一九七一年の首相の諮問機関である「国土総合開発審議会」でも、「むつ小川原」での「広範な原子力の利用」が検討されている。六ヶ所の核基地化は、政府と財界にとっては、既定方針でしかなかった。

経済企画庁（当時）の参事官として、新全総計画を立案し、国土審議会会長になった下河辺淳氏が、一九九七年六月、六ヶ所村文化交流プラザで講演して、こう語っている。

「実は稲山経団連会長は、当時、私たちに対して、今は石油基地で動いているが二一世紀のむつ小川原は原子力センターをビジョンとしたいと言っていた。その頃はまだ、東海村が我々にとっての原子力センターということで努力していたので、六ヶ所村にこの話がくるのは相当先ではないか、と理解していたが、今日施設を拝見してもう既に第一歩が始まっている。すごいスピードでそういった夢が現実化しているというふうにわたしは理解した」

しかし、一九七一年にわたしが会ったとき、下河辺参事官は、「むつ小川原」と「志布志」（鹿児島）、それに「響灘」（北九州）の大規模開発は、「まちがいなく成功する」と語っていた。しかし、その三カ所とも見事に失敗に終わった。それでも、六ヶ所村の「原子力センター」は、成功した、ということなのか。

寺下村長は最初から開発そのものに大きな疑問をもっていた。一九七三年七月、衆議院建設委員会で、村を巻き込んだ札束攻勢を批判したあと、彼はつぎのように訴えた。

「最後にお訴えし、お願い申し上げることは、開発の内容は一切秘密にされていることでございます。これは明らかに民主主義の否定であるばかりでなく、開発そのものの危険性を物語っているわけでございます。こうしたことを一方的に押しつけることは、明らかに自治権に対する重大な侵犯であるということでございます。いまさら申し上げるまでもないことでございますが、地方自治の本旨は憲法そのものでございます」

寒村の村長の堂々たる弁論だった。開発の本質が見事に射抜かれていた。謹厳篤実な人柄で、職を擲って反対した。二期目の選挙は、議員たちが開発資金に転び、開発推進派の古川伊勢松候補を推した。それでも七九票の僅差だった。

隠された核半島構想

どうして、「核のメッカ」の構想が隠されてしまったのか。県が作成した企業誘致用のパンフレットには、「核」のひとことともなかった。それ以降、「核開発」が表面にでることはなかった。「核」は出番をまちがえたかのように、あわてて舞台の後ろに引っ込んだ。一五年たって、地元紙のスクープとともに、晴れ舞台に躍り出た。村内の反対運動は、すでに壊滅していた。

わたしは、一九六九年当時の「むつ小川原開発室長」だった、今野良一さんを一九九二年、自宅に訪ね、工業立地センターの「調査報告書」のページを示して、質問した。

——どうして、「原子力産業のメッカ」という文言を（県の発表から）外したのですか。

「知事が原子力はやめて、石油コンビナートで行こう、といったのです」

——反対運動が高まるからでしょうか。

「知事の決意ですからね、新全総の（計画発表の）中に核を入れなかったのは」

——どういう決意だったのでしょうか。

「むずかしいですね。腹のなかをみせていいのか悪いのか、は。今野君、原子力計画はださないことにしよう、といわれると、はい、というしかないでしょう」

——知事は核燃サイクルのことは知っていたのですね。

「だいたいそうではないですか。こうした後進地域は百分の一でしょう。われわれ田舎っぺは、自分を一万円札だと思っていても、百円札で我慢してしまう。それでも政府は無視しないだろう、とどっかに甘さがある。

原子力船からはじまったんですね。青森県はカネをくれてやれば、なんとかなる、という思想が。補償金をふやせばいい、とか、すぐそうなる。安全性の問題なのですが、すぐ補償の問題になる」

元県幹部の屈折した述懐である。今野さんは、県が発表する文書から、竹内県知事が「核開発」を外したことを認めたあと、地方の屈辱感を語り、中央批判に話題を転じたのだった。

これは一九九二年、ＮＨＫで放送したドキュメンタリー「村は開発に揺れた」に収録されたインタビューである。二〇〇九年三月、ＮＨＫ青森放送局開局五〇周年の記念番組として再放送された。

三点セットは五点セットに

六ヶ所村の核燃サイクルは、かつては「三点セット」といわれていた。「ウラン濃縮工場」と「低レベル放射性廃棄物埋設センター」は、一九九二年三月と四月に操業を開始した。ここにはすでに二〇〇リットルのドラム缶で二三万六〇〇〇本が受け入れられている。

全国の原発には、これ以外に六〇万本の低レベル廃棄物が貯蔵され、将来、三〇〇万本までここに運び込まれる。もう一点が、問題の再処理工場だが、「試運転中」といいながら、目下、全面休止中、無理な運転は危険きわまりない。実験に失敗した原子力船「むつ」の例もある。このまま廃棄すべきである。

それ以外にも、当初計画になかったのが、「高レベル放射性廃棄物貯蔵管理センター」である。一九九五年に操業開始、フランスやイギリスから返還されたガラス固化体（キャニスター）二二〇〇本を貯蔵管理し、さらに貯蔵施設を増設工事中である。

もうひとつは、プルサーマル計画をささえるための「ＭＯＸ（プルトニウムとウランの混合酸化物）燃料工場」である。これは二〇〇七年四月に着工予定だったのだが、二〇〇九年一一月に延期、それもまた延期された。

三点セットはすでに五点セットとなり、すべて六ヶ所村へ集中している。それを受け入れる青森県や六ヶ所村は、あたかも「毒を喰らわば皿までよ」の嗜虐的な姿勢である。ほかの核施設としては、さらに「再転換炉」や「成形加工工場」などがある。再処理工場関連として、進出がねらわれている。

「巨大開発が失敗したから、その穴埋めに核工場を引き受けた」とする、発表ストーリーは推進する側の虚構である。核工場群こそ、六ヶ所村開発の本命であり、「巨大開発」はそれを隠蔽する仮面だった。あるいは「イチジクの葉っぱ」。というのも、「開発会社」の株主である財界一五〇社のどの企業も、一度も進出計画を語っていなかったからだ。

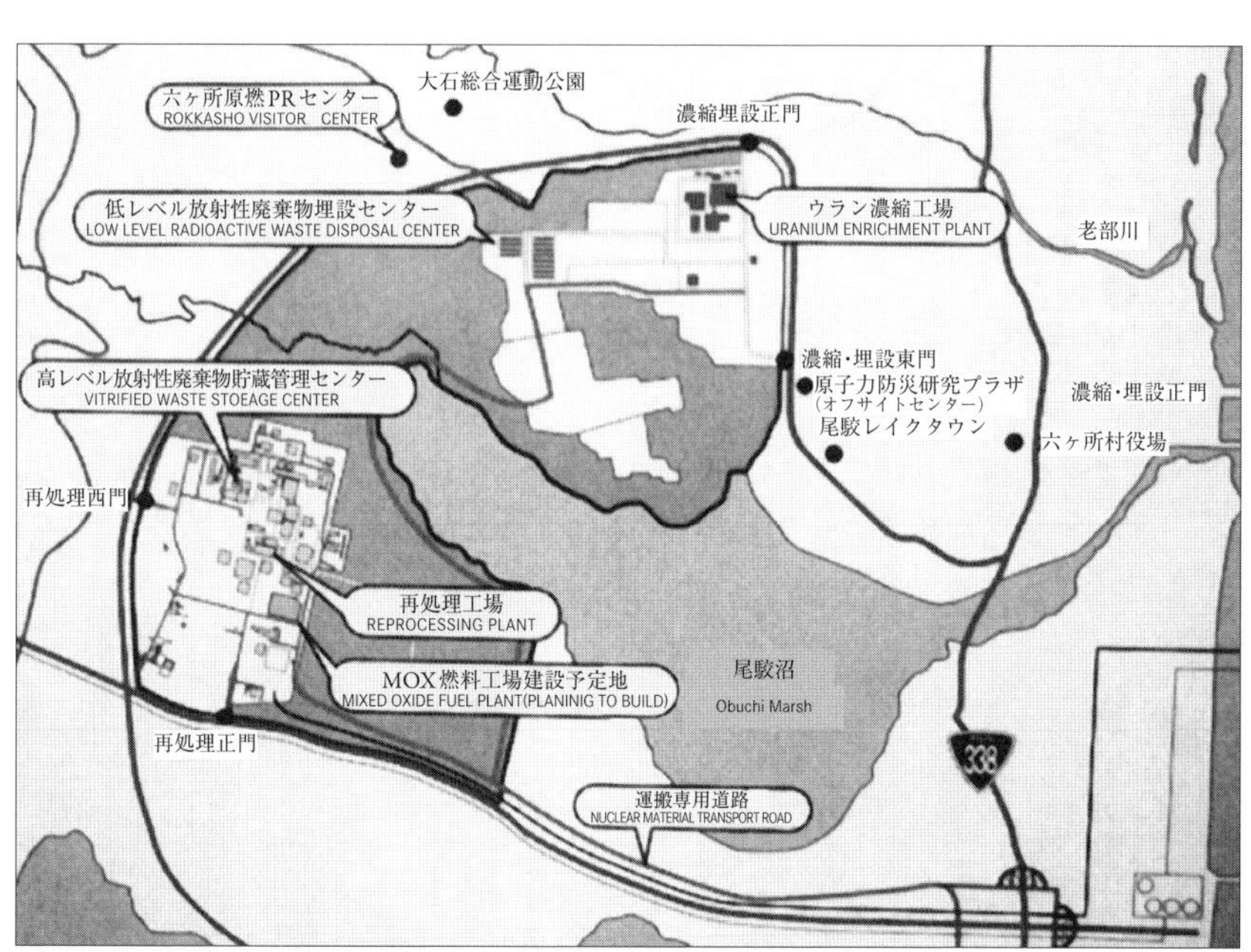

六ヶ所に蝟集する核関連施設

再処理工場　二兆一九三〇億円
高レベル貯蔵センター　八〇〇億円
ウラン濃縮工場　二五〇〇億円
低レベル埋設センター　一六〇〇億円
ＭＯＸ燃料工場　九〇〇億円

これまでの計画だけでも、五施設で二兆八七三〇億円の工事費である。かつて三点セットで一兆円、といわれていたが、再処理工場だけですでに二兆円超である。「もんじゅ」とあわせると膨大な経費である。うまくいくかどうか。もしも操業にはいったとしても、こんどは原発をはるかに越える危険性をともなう。

それを抜きにしても、再処理工場の廃炉、解体費用で、将来の負担は天文学的なものになる。二〇〇四年五月に、経産省官僚が計算して、「一九兆円の請求書」とする文書がだされた。このとき、電力会社は、雑誌『ＶＯＩＣＥ』（二〇〇四年九月号、「原子力開発に「待った」なし」）誌上で、原発御用評論家の上坂冬子氏を起用して、中曽根康弘元首相と対談させ、「私が上司だったなら、国策に対して匿名の「怪文書」でクレームをつけるような卑怯な公務員は厳重に処罰します」といわせている。

上坂　ぐずぐずしていると、ウランの「燃え残り」の一時預かり場所として名乗り出た青森県のむつ市や福井県の美浜町も、イヤだと言い出すかもしれない。もしそうなると、各電力会社では「燃え残り」の一時置き場がもう二年と持たないと聞きます。その結果、原子力発電そのものを止めなければならない事態に陥るかもしれない。原子力発電所を抱える自治体が多くぐらつき、取り返しのつかないことになってしまいます。

上坂氏の不安は、「トイレのないまま商売をはじめた」電力会社の不安そのものである。これにたいして、一九五四年に、仲間の議員と謀って原子力予算二億三五〇〇万円をつくって、米国産業界の戦略に沿った原発輸入の先鞭をつけ、日本の原発社会化を推進した中曽根元首相は、「原子力にそうとう頼る体制に日本をもっていったほうがいいと考えた」と答えている。

「原子力施設は何となく怖いものだ、お化けのような怪物だ、というような誤った観念を一般の国民に与えることは、極めて非科学的なことなんです」

と若い人たちに知識を「植えつける」ことを提案している。

この上坂氏との対談では「プルトニウムをエネルギー源とする国策」が、中曽根氏によってすすめられ、彼が防衛庁長官のときに、核兵器開発を研究させたことも明らかにされている。

福島原発の事故後、ドイツ、イタリアなど賢明な国民の要求を受けた政府は、この「悪魔の選択」を中止、撤退したばかりではなく、ついに原発社会そのものからの脱出を、宣言するようになった。

それにもかかわらず、日本の原子力戦犯ともいうべき中曽根氏は、福島原発大事故のあとも、「これ（事故）を教訓として、原発政策は持続し、推進しなければならない。……今回の災害や困難を克服し、雄々しく前進しなければならない」（『朝日新聞』二〇一一年四月二六日）と語っている。まるで「聖戦」「玉砕」を命じる旧軍部の無責任である。

事故つづきの再処理工場

再処理工場の試運転は、いま中止されている。前述したように、ガラス固化体をつくる、ガラス溶融炉のある小部屋で、三回にもわたって高レベル廃液が漏れるなどの事故が起きているからだ。

炉内のガラス片やレンガを回収したり、汚染された残留物を除去したりする作業は、パワーマニピュレーターで遠隔操作されている。機器の分解、調整、部品交換なども、その方法でおこなわれているのだが、壁や機器などに洗浄した飛沫が飛び散って、汚染が拡大しているようだ。

二〇〇九年九月の原子力委員会「再処理施設安全調査プロジェクト」の会合で、日本原燃再処理工場の技術部長は、廃液漏洩などの不祥事を続発させている原因について、こう語った。

「私どもはガラス固化試験をはじめといたしまして、工程を一七回延長してまいりました。その中で、早く竣工しないといけないという会社全体の焦りというものがございまして、いろいろな工事あるいはトラブルに対応する時にどうしても工程プレッシャーというものを感じていた、というのが背景にございます」

スケジュール優先だった、との告白である。こうも語っている。

「検知をしたらすぐそれが漏洩かどうかを疑って、分析したりそういう行動をおこさないといけないんですけれども、それを放置していた、と。それから、値が違う場合には、その検知装置がおかしいのではないかと、何かどこか不調があるのではないかということで、その検知装置をきちんと点検すると。この二つが抜けていた、ということでございます」

率直な告白だが、欠けていたのは安全管理の鉄則である。が、おどろくべきことに、もっとも危険な放射性物質をあつかう化学工場が、分析、点検をサボっていたのである。これには、プロジェクトチームの専門委員たちもさすがに驚いたようだった。

前田充主査が発言した。

「正直申し上げて、日本原燃株式会社さんはこの高レベル廃液の漏洩という、この問題についての認識が非常に甘いというふうに私は思います。高レベル廃液の漏洩というのは、再処理施設のリスクの上限影響を決めるバウンディングイベントなんですね。確かに実際の廃液は、非常に燃焼度も低かったり冷却期も長かったりするから、起きた（放射線量の）上昇は大したことではないかも分かりませんけれども、これは最も重要な事象の一つで、そのためにこれに関係する安全上重要な施設になっているし、保安規定もきっちり書かれているはずなんです。

それにもかかわらず、ご説明なり、この資料の作り方にしてもそうですけれども、何か、ああ液が漏れちゃった程度、そんな認識しかないんではないかというふうに思います。そういう意味で、規制調査という意味から言いますと、原子力安全・保安院の中でこういう問題を指摘されたのは、非常に大事なご指摘だったと思います」

廃液漏れは、六ヶ所村に常駐していた、保安院の保安検査官が聞きつけてきたものだった。前田主査は、言葉を継いでいった。

「すべて決められて保安規則やあるいは計画書に書かれたこと、約束したこと、それを守るという前提なんです。それがこのような結果になっていて、そしてこの認識がこの程度であるということに関しては、私はいささかびっくりしている、残念であると、こんなふうに申し上げざるを得ないと思います」

日本唯一、最大の核燃料再処理工場にたいする幻滅の言葉だった。

日本原燃の不適切な事案は、連続して発生している。二〇〇九年一一月二六日、わたしは、原子力安全・保安院でひらかれた「六ヶ所再処理施設総点検にかかわる検討会」を傍聴した。これまでも、核燃料貯蔵プールの水漏れ事故の検討会など、日本原燃にたいする保安院の検討会はなんどか傍聴した。しかし本格稼働のあとの事故だったら、おそらく平静に傍聴してはいられないと思う。

その日、報告されたのは、①名簿に登録されていない作業員の管理区域への入域、②作業員の警報付きポケット線量計の未着用、③廃棄物の合計が第一低レベル廃棄物貯蔵建屋の貯蔵容量（一万三五〇〇本）を上まわっていた、にもかかわらず仮置きを継続していた、などである。

①と②の事案は、労働者の被曝対策としては、会社側にとって労働者の被曝問題を「発生させる」ことのない、究極の「最高」の方策である。これでは被曝量はチェックされることなく、労働者の健康、生き死にに関係せず、完全な使い捨てが完成する。

③の事案は、廃棄物をビニール袋にいれて、メッシュパレットなどに突っ込んで、仮置きしていたものである。放射性物質を扱っていても、日常化すれば慢性になる、という怠慢のあらわれである。火災が発生したら大惨事になっていたはずだ。

そのような危険な事案が連続して発生し、そのたびに専門委員たちに注意されても、操業停止処分にはならない。これが原子力行政の不思議である。原子力安全委員会にしても、原子力安全・保安院での検討会にしても、原子力を推進する側の内部での議論でしかない。プルサーマルの実施に反対して、県知事の座から蹴落された佐藤栄佐久元福島県知事は、経産省と保安院との関係を、「泥棒と警官の癒着」としている。推進派ばかりではない、公平な第三者機関での「検討」に移行すべきなのだ。

国策にして独占企業、いまは民間企業であったとしても、巨大な国策企業だから取りつぶされることはない。この意識が、やがて大事故を発生させることにつながった。原子炉での大事故発生を防ぐためには、原子力安全委員会、保安院の独立、強化が必要だ。

六ヶ所村の視えない核施設、再処理工場。もっともっと発言と監視をつづけなくてはならない。

鳥を眺めていた少年

太平洋にむかってくだっていく、なだらかな丘陵地帯に、窓のない、四角い形の、異様な工場群がたちならんでいる。まるで秘密都市、である。

かつてこのあたりは、一面の馬鈴薯畑だった。が、地中ふかく掘りこまれ、膨大な量のコンクリートが流し込まれて、日本唯一の核燃料工場地帯が出現した。

ひとけのまったく感じられない、あくまでも人工的な、ＳＦ映画のような工場の正門に背をむけると、目の前には後ろの冷え冷えとした光景とはまったく異なる、自然の風景がひろがっている。昔の田園地帯のなごりがないわけではない。

わたしはその空中の高みから、直線を描いて落下する鴫（しぎ）を眺めていた。というよりは、その鳥のダイビングを眺めていた、という少年の後ろ姿を、思い描いていたのだった。

二〇年ほど前、岩手県の北上山系で、この核工場の下敷きにされて消滅した弥栄平出身のＡさんと会った。六ヶ所村にいたときのいちばんの思い出はなんですか、とたずねた。彼は「一直線に落ちていく鴫、よく眺めていた」といって、涙ぐんだ。

鴫の急降下は、鷹架沼の魚を狙ってのものだったのであろう。大空の下、丘のうえにたち尽くして、飽くことなく鳥の飛翔を眺めている少年の姿を、わたしは想像したのだが、そのちいさな姿がいつも再処理工場に重なりあってみえている。

六ヶ所村のひとたちを翻弄した、国策「新全総」は、「列島改造」ともいえる、巨大工業開発だけを目指したものではなかった。大規模農業開発もまた計画され、隣の岩手県北上山系、標高一〇〇〇メートルの葛巻（くずまき）町には、大規模畜産団地が予定されていた。

一方の大工業地帯、もう一方の大農業地帯、それを結ぶ新幹線と高速道路と地方空港。新全総は、いかにも優秀な高級官僚好みの「日本列島改造」の線引きだったが、ことごとく失敗した。

新全総計画によって弥栄平を追われたAさんが、新全総の「大酪農地帯」の夢に誘われ、北上山系に入植したのは、国策の掌のなかでの移動、ともいえる。が、そういってしまうには、あまりにも悲劇的である。

Aさんとお会いしたのは、北上山系に入植した酪農家たちの苦況を、取材にいったときのことだった。ここは日本の食糧基地の一端を担うはずだったのだが、国の方針が自由化に転換して牛乳がダブつき、生産調整を余儀なくされていた。酪農家たちは入植経費の負債を返済できない状況だった。そんな話を聞いていたとき、「六ヶ所村からきたひとがいる」と教えてもらったのがAさんだった。

彼は外務省のプログラムで、アメリカへ酪農研修に二年間いったエリート農民だった。だから大規模酪農の夢を果たすべく、隣県の北上山地に新天地をもとめたのは理解できる。六ヶ所村を去るときの土地代金があったので、ほかの入植者たちのように一億円ちかい負債などはなかったようだ。しかし、六ヶ所村で買収された土地は、満蒙開拓から帰ってきたあと、この不毛の地に入植させられた、両親の血と汗と涙とが滴っていた土地だった。

「六ヶ所をでたひとで、農業やっているひとはなん人いますか」

と彼はわたしを窺うようにみながらたずねた。内省的なひとだから、それは皮肉でもなんでもない。自分は敗退したが、なん人かは成功したのではないか、という問いかけのようだった。

県外に移住して農業をつづけているのは、わたしが知っているかぎりでは、秋田の八郎潟干拓地に入植したTさん一家ぐらいだった。大潟村の大規模米づくりも減反を強いられ、やはり苦況に陥っていたのは、それまでの取材でよく知っていた。訪問したTさん方では、父親が亡くなっていた。それでわたしは彼の満州体験を聞く機会を失ってしまったのだ。それでも、息子さんの表情は明るいものだったから、順調のようだった。「弥栄」の地名は、第一次満蒙開拓団が入植、命名した、「弥栄開拓団」に由来している。

Aさんは数十頭の搾乳牛を手放し、牛舎は空っぽだった。「アメリカの夢」でもあった酪農は捨てて、東北新幹線のトンネル工事の現場で働いていた。わたしは岩手・青森の県境にある長大な「岩手トンネル」にさしかかると、そのころ四一歳だったAさんの姿を思い浮かべる。

満蒙開拓、六ヶ所開拓、北上開拓と、三度の開拓がそれぞれ失敗に終わったのは、国策に振りまわされてのことだった。とはいっても、その親子二代にわたる苦難と絶望とを思えば、はたから成功、失敗などと軽々しくいえるものではない。

野鳥の急降下に首を傾げるようにして、じいっと見つめていた少年のちいさな後ろ姿、トンネル工事の現場で工事車を運転していた中年男の疲れた背中、その間に横たわる三十数年にわたる、長い苛烈な農民の歳月が、核再処理工場にのし掛かっている。それはAさん一家だけの重さではない。

核燃と三代目たち

六ヶ所村の中心地である尾駮部落の入り口、十字路、村内を貫通する国道338号線に面した角地に、ひろい敷地を取った、ガラス張りの「いやさか自動車」がある。ダイハツの特約店だが、中古車の販売、レンタカー、貸し切りバスの運行など、多角経営による村内での成功者である。

社名の「いやさか自動車」が、字義通り「いよいよ栄える」をあらわしているだけではなく、いまは消滅した「弥栄」開拓部落の地名を残したものだ、とわたしはあたりをつけていた。それで、前の年にきたときに訪ねてみたのだが、社長は不在だった。

そのとき、専務の田村友和さん（三三歳）にお会いして、やはり集団移転のあと、事業をはじめたことを確認できた。といって、友和さんは集団移転のあとに生まれているので、開拓当時のことは知る術もない。彼は高校を卒業すると、家業を継ぐべく、ダイハツの営業マンになって修業、六ヶ所村に帰ってきた。核燃サイクル工事がはじまって、工事関係者の動きが活発になったころ、周辺につくられた飯場から、建設労働者をマイクロバスではこぶ仕事をはじめて、事業の基礎をつくった。

父親の七郎さん（六一歳）は、中学校卒業と同時に、集団就職で埼玉の自動車修理工場にはいった。ここで技術を習得して、村に帰ってきて自動車販売業をはじめた、とは友和さんから聞いていた。今回も店を覗いてみると、田村社長は社長室に在室だった。紺色のスーツに紺色のネクタイ、穏和な実業家タイプである。

話も率直なひとで、この不況下でも、売り上げは前年比一一パーセント増、という。車両販売は減ったが、輸送事業がふえた。大型バスやマイクロバスで、日本原燃に労働者をはこぶ仕事がふえたのだ。車両整備は自社でできるので、コスト負担がすくない。それにバスのレンタルも増収になった。

埼玉の自動車修理工場に、住み込み社員としているあいだに、田村さんは整備士の資格ばかりか、二種や大型、大型特種などの免許を取得して帰村した。集団就職者では努力家の筆頭といえる。おなじ村内に開業した、長兄の自動車修理工場で一〇年ほどはたらいたあと、「田村モーターサービス」として自立、自前の店を構えたのは、一九八四年九月。核燃料サイクル工場の立地が発表されてからである。三五歳になっていた。

さらに二〇〇一年に、現在地に新店をオープンさせた。輸送、整備、リース、販売の四事業を柱にした「リスク分散型経営」、とご本人はいうのだが、核燃関連事業あっての安定経営である。

わたしが聞いてみたかったのは、子どものころの思い出だった。乳牛三頭、農耕馬と山羊一頭、それと開墾した畑。戦後の緊急開拓は機械開墾ではなく、松を切り倒し、人力で根っこを引っこ抜いた苦しい生活だった。田村さんは小学六年生のころから、朝五時半には起床して牛の世話をした。乳を搾り、牛乳缶にいれてはこび、牛を放牧地までつれていく。それから登校した。中学卒業と同時に村を飛びだしたのには、脱出願望もあった。

まだ開発による立ち退き反対闘争が盛んだったころ、一九七〇年代はじめのことだったが、わたしはHさんという女性の家を訪ねて、満州時代の話をきいたことがある。その話をすると、田村さんは即座に思い出した。分教場の先生で可愛がってもらった、と懐かしそうだった。

そういえば、Hさんのお宅にも馬がいた。クルマがなかった時代だったから、馬耕ばかりか、馬車、馬橇などで馬は貴重な家畜だったが、馬をもてる家などかぎられていた。

田村さんにはいわなかったが、かつてHさんと話していたとき、彼女に、「満州」では、「満人」や「鮮人」を使っていたから、六ヶ所村開拓よりははるかに楽だった、といわれて、わたしは言葉を失った。それでも、それからなん年かたって、Hさんを移転先に再訪して雑談したとき、ようやく彼女自身、「満人」や「鮮人」とおなじ立ち退きに遭ったことに気づくようになっていたのだった。

「いやさか自動車」は、いまどきめずらしい安定経営である。従業員四〇人ほどで、四億五〇〇〇万円ほどの売り上げである。息子の友和さんは、これからの新規事業として、タクシー業務もはじめようかと考えている、といっていた。それでその後の構想を聞いてみたかったのだが、ちょうど雪が降りはじめて、緊急のタイヤ交換に訪れる客に忙殺されていた。とても話ができる状態ではなかった。

彼の友人である、附田(つくだ)角栄さん(三七歳)が常務を務めている、「六ヶ所エンジニアリング」は、「いやさか自動車」の翌年に創立されている。開発ブームのころ、土木・建設工事を請け負って発展した、附田建設の関連企業である。

再処理工場と塀を接するような距離にある六ヶ所エンジニアリングは、オイルショックのあとに建設された国家事業・石油備蓄基地のメンテナンスや労働者派遣などで急成長した。いまは核施設の放射線測定機器の点検、環境分析なども請負い、業務の拡大を図っている。

県内の大学工学部を出ている三代目の角栄さんは、村の商工会青年部の中心人物である。「(核燃)施設を活用して、生活水準をあげていきたい」「共存共栄で事業を拡大し、世界の六ヶ所村へ」と、将来に明るい見通しを語った。

――危険性についてどう思いますか。
「それぞれのプロセスには、インターロックがかかっていて、異常があれば自動停止します。被曝の問題はありますが、診療所で定期的に管理しています」

楽観的である。角栄さんにとっての問題は、メーカーが子飼いのメンテナンス業者を連れてくることだ。それで地元業者を優先するように、商工会でも要請している。

二〇〇六年にくらべて、二〇〇九年は、再処理工場の設備点検の仕事において、地元企業の参入は、二五社から六〇社へと二・五倍にふえた。作業従事者に占める県内出身者は、三割から四割にふえた、というのが、日本原燃の発表である。

「将来は、設備点検の仕事の八割は、地元のひとに携わっていただきたい」というが、ほとんどが非正規労働者である。

角栄さんの話によれば、いつも人手不足とのことである。実際に職安にいってみれば、日本原燃や原発の下請企業の募集はいつでも転がっている。たとえば、

職種　機械設備点検・配管工（見習可）
仕事の内容　六ヶ所村・東通村及び全国各地の原子力関連施設での機械の組立・解体・整備点検・配管等
年齢　三〇歳以下
賃金　二〇〜二五万円
就業場所　六ヶ所村

職種　設備保守点検
主に日本原燃内での保守点検業務低レベル放射線廃棄物管理業務
年齢　三五歳以下
賃金　一五〜二〇万円
就業場所　六ヶ所村

ほかにも、判で押したように、おなじ仕事内容の求人が、数社から出ている。

「日本原燃、環境科学技術研究所等の施設内での設備管理、メンテナンス、運転関連業務、設備診断、放射線管理業務等」。これらはたいがい年齢不問であり、いまどきめずらしく、「常用」もある。

核関連の仕事は、労働者派遣業が活躍できるうってつけの現場だが、二重派遣や被曝などの難題があって、安定した職場というわけではない。だからこそいつでも募集されているのである。

裏切られた土地

再処理工場の隣のブロック、「弥栄平中央地区」が、ゼネコン集落である。かつて工事現場にでる労働者を収容していた飯場が立ち並んでいた。いまは、簡易建築物に昇格して、軒をつらねている。鹿島、熊谷、竹中、大成、清水、大林、前田、西松、戸田、と核燃関連建設業の大前線基地である。

このあたりに、佐々木ミネさんの家と畑があった。弥栄平部落が閉村式をおこなったのは一九七九年一〇月だったが、彼女は買収を拒否して、ひとりここで畑を耕して暮らしていた。その期間がどのくらいになったのか、わたしには確認できていないのだが、一〇年ちかくは抵抗していたのではないだろうか。

まわりの住宅はすべて解体され、荒れ地になっていた。彼女はときどき手を休めて鍬を置き、腰を伸ばして、家の前の道路を通行するクルマを眺めていた。隣の境界線から再処理工場の予定地である。息子さんが村役場の職員だったから、その抵抗は並大抵のものではない。

「きのうもきたよ、電子レンジが」

という。驚いて聞き直すと、それは電事連を当てこすったいいかただった。電事連の担当者がふたりづれでやってくると、「うちの電子レンジはなんの故障もねえ」といって戸口で帰すのだそうだ。

なぜ、土地を売らなかったのですか、ときいてみた。「売れば（土地が）なくなってしまうべ」と答えた。なるほど。夫の直蔵さんとふたり、トンビ鍬一本で耕した畑だった。「いまダバ、幸せだな、手いっぱい好きなように稼げて」と彼女は歌うような口調でいっていた。こんどはなにを植えようか、と愉しんでいたのだ。

境界線のむこうから再処理工場の敷地にされたのだが、そこはかつて農林省の敷地で、馬鈴薯の「原原種農場（げんげんしゅ）」だった。種芋を採る圃場ができれば、村の農業は発展する、として、六ヶ所村が村有地四〇〇ヘクタールを無償で提供した。ところが、国は農民の悲願ともいうべきその土地を、こともあろうに再処理工場の用地に流用した。

わたしは、寺下力三郎元村長の「国に騙された」という憤りの声をなんども聞いている。原原種農場の土地は、もともとは旧陸軍軍馬補充部の放牧場だった。戦前のことだったが、それが廃止になるとき、当時の村長の大英断で、銀行から資金を借りて取得、村有地にした重要な土地だった。

村が国を買収したのだ。戦後になって、食糧増産を目指す国の要請を受け入れ、原原種農場に無償譲渡したのもまた英断だった。

弥栄平開拓農協の組合長だった福岡由太郎さんは、戦後、中国から復員したあと、種馬鈴薯採取組合をつくって原種を購入、原種圃で栽培して、ちかくの農家に販売する事業をはじめた。種芋は価格が安定していたので、部落のひとたちの生活に貢献した。

ところが、農民の生活のための希望の農場が、農民たちの期待を裏切って、電力会社の核施設に豹変した。それは村役場の職員出身で、その間の事情を知悉している寺下村長にとって、痛恨の極みだった。核燃サイクルは、農民たちに極秘にされていた計画だったが、その土地の取得もまた、国の裏切り行為だった。

ミネさんが軽蔑した唾棄する口調で「電子レンジ」と呼ぶ「電事連」が出資して、創立された日本原燃が取得した七四〇ヘクタール。この土地のうち、四〇〇ヘクタールが、村が無償で提供した原原種農場の土地だった。旧農林省官僚のこの裏切りは、あまりにも罪深い。

わたしには、風雪にくすんだ、横に長い木造庁舎の記憶がある。その後、雑草のなかに、コンクリートの土台や洗い場のような残骸などが残っていたのも記憶している。ここではたらいていた、というひとにも会っている。核工場よりは、馬鈴薯づくりの圃場ではたらく方が、はるかに健康的なはずだ。

老抵抗者たちの現在

「おれが村長選で戦った村長は、三人死んだよ」といって、高田与三郎さん（八六歳）は不敵な笑顔を見せた。古川伊勢松、橋本寿（ひさし）、土田浩の三村長である。高田さんは核燃反対村長候補として、極小勢力ながら反対運動の意志を表明していた。当選はもとより望むべくもない。それでも、彼の対立候補で「核燃推進」で当選した歴代村長が、それぞれ死亡した、というのはたしかな事実で、わたしはまったくだ、と同感した。

古川伊勢松村長の前が、反対派の寺下力三郎さんで、現職は古川元村長の実弟・古川健治氏である。わたしは古川伊勢松、橋本、土田の三人にはなんどか会っている。そのうちもっとも若かった橋本寿村長は自死だった。汚職の追及を逃れて、ともいわれている。父親は開発当時、いちはやく土地の売買で利益を上げ、村内ではじめて、自動ドアのビルを建てた人物だった。

伊勢松村長は、寺下村長に対抗し、自民党、電事連を後ろ盾にして当選、開発ばかりか核燃まで強行採決で引き入れた。土田浩村長は、「核燃凍結」を謳って反対派を攪乱し、反対運動に亀裂を生じさせた。その傷は深かった。

反対派として立候補しつづけた高田さんが、「ライバルはみな死んでしまった」と豪語するのを聞いて、わたしは笑ってしまった。それは「選挙の勝敗など目じゃない、大事なのは命だ」

というように聞こえたからだ。

　鷹架沼の畔に住んでいる高田与三郎さんは、この沼の主ともいえる人物である。祖父の代から、この沼で漁業をいとなんできた。彼が所属していた「内水面漁協」が、正組合員を水増しして漁業権を放棄（開発地域でよくやる手法だ）したあとも、彼は自分の小舟をだして漁業をつづけていた。彼ひとりだけ漁業権放棄に同意していなかった。

　その漁法は柴束を水中に沈めて置き、それを引き上げながら船縁で叩いて、獲物を網のなかに落とす。柴束のあいだにはいりこんでいた、小エビ、ワカサギ、ウナギ、ゴリなどの小魚が、網のなかで跳ねまわるというユニークなものである。お宅へうかがうと、獲った小魚が庭や縁側で干物にされていた。ゴリの佃煮などは絶品である。

　高田さんとお会いしたのは、老人福祉センターだった。七〇歳以上の老人は、村から「入浴券」を年間五〇枚もらい、温泉まで村がチャーターしたバスではこんでもらえるのだ。それでわたしたちは温泉のロビーで待っていた。なん年かぶりでお会いしたのだが、九〇歳にちかい老人にはみえないほど元気で、あいかわらず陽気だった。

　高田さんが住んでいる戸鎖（とぐさり）部落まで、K編集者のレンタカーで走った。道中、無人地帯になってしまった幸畑部落のそばを通り抜けたとき、「安田（光昭）さんや中村（福治）さんの畑に、原燃が長芋を植えて焼酎を造らせているんだ」と高田さんが怒った口調でいった。

「六趣」と命名された焼酎が、六ヶ所村にあらわれたのは聞いていた。が、安田さんや中村さんの畑で栽培されているとは想像もしていなかった。抵抗する開拓農民を力ずくで追いだして、その跡にちゃっかり長芋を植え、侵略した日本原燃と侵略された六ヶ所村との合弁で、それを原料に焼酎をつくって販売しているのだ。ふたりは、開発反対から核燃反対へと、最後まで抵抗して亡くなったひとたちである。

　自分たちが追っ払われた土地に、焼酎用の長芋を植えられ、「六趣」などと勝手な名前をつけられ、村の特産物にされては浮かばれないだろうな、とわたしは憤然たる思いになっていた。

　高田さんは、鷹架沼のそばにある、プレハブ造りの戸鎖老人クラブの休憩所に案内した。ここで高田さんと泊部落からやってきた種市信雄さん（七五歳）、むつ市の杉山隆一さん（六〇歳）、それからわたしと編集部のKさんが、コンビニで買った弁当を食べながら雑談した。

　そういえば、最近、村の北側の泊部落の坂井留吉さん（八四歳）の姿をみかけないね、と高田さんが低い声でいった。

「まえは温泉で、ときどき会っていたんだけどな」

「身体が弱ってしまったようだよ」

おなじ部落の種市さんが応じた。彼は開発当時から反対運動の中心的な人物である。郵便局員だったが定年前に辞めていた。いまはどうなのかお聞きしたことはないが、六ヶ所村ではめずらしい社会党員だった。

一〇年ほど前、家の裏の海で、コンブ採りをしていた奥さんが波にさらわれて水死する、という悲運に遭っている。これらのひとたちが、六ヶ所村反対派の生き残りである。ほかにも老部川の向中野（むかいなかの）義雄さん（九一歳）と新納屋の小泉金吾さん（取材当時八〇歳。二〇一〇年、八一歳で死去）がいる。指折り数えてみて、いまやそのくらいになってしまった。

灯しつづける種火

いちばん元気がよかった小泉金吾さんが、東北町の病院に奥さんともども入院して、もう二年ほどになる。前日に向中野さんのお宅に顔をだしてみると、足が弱って歩行が困難になっていた。彼も頑健なひとだった。零戦で太平洋に墜落、九死に一生をえた経歴をもつ勇者である。

頭はしっかりしているのだが、身体はちいさくなって、衰えは争えない。天間林（てんまばやし）村（現七戸町）に移転した、原原種農場につとめている息子さんが、いま父親の面倒をみている。

六ヶ所村は、南北三三キロ、東西一四キロのひょろ長い地形で、六部落が合併してこの地名になった。その部落にひとりずつ反対派が残っている形になっていたが、それもひとり世を去り、またひとり他界して、としだいに欠けていく。いちばん南の倉内（くらうち）部落に、集団就職で東京に出て結婚、そのあと暮らしていた千葉から帰ってきた菊川慶子さんが住んでいるのだが、彼女も病気を得て、千葉に避寒中である。

「核燃は日本の国をあげてやっているんだから、どうにもならないね。裁判をやっても負けるし、諦めるしかないね」

高田さんは嘆いた。戸鎖部落にいてたったひとり、組合の漁業権放棄は違法、と裁判に訴えた。組合員五二九人への補償金は、一一八億円という途方もないものだった。

最初のころは、茨城県の鹿島開発方式に倣って、土地を売れば六割の代替地をだす、といわれていた。が、それも嘘だった、と昔の話になった。

「核廃棄物は一〇〇年先まで管理する、というけど、二〇年先さえどうなるかわからない。まあ、大丈夫かなというのは、せいぜい五、六年先までだ」

と種市さんが核燃の不安をいった。彼はいつも、核燃反対の看板を自分のクルマに掲げて走っている。

「海も森も青いのが青森県だ。陸や海からの食べ物が採れなくなったら、日本も終わりだべ」

けっして元気のいい話ではない。四〇年も反対運動をつづけてきたが、いまは自滅を待つしか、再処理工場の操業開始を抑える手立てはない。六ヶ所村や下北半島全域、そればかりか、各地の原発反対運動や成田空港反対運動など、わたしには亡くなった多くのひとたちの面影が記憶にある。

運動初期のころ、最年少だった杉山さんにしても、すでに還暦を越えた。彼と知り合ったのは、彼がまだ二〇歳のころだったが、いまでも種市さんと日本原燃や六ヶ所村やむつ市、原子力安全・保安院、労働基準監督署などに質問書を送り、面会をもとめ、回答を引き出し、抗議している。

だから、運動が負けて反対運動が消えてしまった、というべきではない。なにかのときに、また燃え上がる火種は残されている、とわたしは考えている。たとえば、新潟の柏崎刈羽原発で、プルサーマルの実施が止められているのは、ここで一九七〇年代から建設反対運動をつづけてきたひとたちが、活動を停止していなかったからである。

こわばる人々

村役場で村長さんにお会いしたい、と申し入れた。以前は当日でも村長さんの時間が空いていると、その場で取材に応じたのだが、いまや年間予算一二〇億円の巨大な村になったので、そう簡単にはいかないようだ。企画課の担当者からは、取材内容をＦＡＸで送るようにいわれたのだが、どうせ村にきているのだから、と編集部のＫさんから直に担当者に手渡してもらうことにした。

企画課にいったきり、なかなかＫさんが帰ってこない。どうしたんだろう。下で待っていたわたしは三階まで昇っていった。と、彼は若い担当者と応接テーブルをはさんでにらみ合っている。

ちかづいて様子をうかがうと、取材内容をＦＡＸで送るように、と電話でいったのに、持参するとはなにごとだ、受け取れない、と怒られている。担当者はそばによったわたしにも三白眼をむけている。本人がもってきたんですから、一番まちがいがないでしょう、というのがわたしたちの理屈である。

かつて、「もんじゅ」の建設工事がはじまる前、敦賀市役所へいったときのことを、わたしは思い出していた。あたらしくできた原子力課で、大学の物理学科を出たばかりの担当者が応対した。

ところが彼は、あなたの原発にたいする立場がわからない、といって口をつぐんだままだった。挙句の果てに彼は、もんじゅとは関係ない、そこにあった佐賀県玄海原発のパンフレットをもちだして、わたしにお引き取りを願おうとしたのだった。

それが、住民にたいする自治体の姿勢を示している。賛成派以外は警戒する。その姿勢が習い性となっている。原発誘致の自治体が、電力会社は味方、反対者は敵、とはっきり色分けしているのは、原発はお得意様という価値観に染まっているからである。わたしは、「原発は民主主義の対極にある」と書きつづけてきたが、いまでも変わりがない。

地方自治体の職員よりは、当事者である原発や核燃社員のほうがはるかに役者がうえである。日本原燃の広報担当者は、東電などから出向してくるエリートで、あたりが柔らかでなかなか如才がない。地域宣撫が重要な役割だからだ。

人工的な街

二〇一〇年の正月、米ニューメキシコ州ロスアラモスにいて、わたしは六ヶ所村を身近に感じていた。ロスアラモスは、ナガサキに投下された、プルトニウム原爆「ファットマン」(太った男)を生みだした、国立研究所のある地域として知られている。

高度二〇〇〇メートル、巨大な台形の、西部劇でよく見かける、黄色い岩石の山がたち並ぶ砂漠の奥に、「マンハッタン計画」の町があった。アメリカ先住民プエブロ族の居留区から、二〇キロほど離れた秘密都市である。

道は谷間にあって、研究施設は台地のうえにあるので、道からはなにも見えない。道路の両側に、スーパーマーケットやレストランやカフェなどが、まばらに並んでいるだけである。

その人工的な町のつくりが、六ヶ所村の「レークタウン」を想い起こさせた。不自然な色のけばけばしいこの新しい町は、鷹架沼の前に、核燃関係者の集合住宅とショッピングセンター、文化会館などを貼りつけたような人工的な町で、昔からの村の生活とはまったくの別世界である。

338号線の沿道は、驚くほどに四〇年前と変わっていない。「開発された」といわれても、人口は一万一〇〇〇人と三〇〇〇人も減った。それにくらべて世帯数がふえているのは、単身赴任者がふえたからである。新住民の生活は、「レークタウン」でほとんど賄われる。

ロスアラモスの町のレストランもカフェも、はいっているのは白人ばかり、研究者と技術者とその家族の町であるのがよくわかった。住民以外はすぐ識別される。街でカメラを構えただけで、特殊警察から長時間、尋問された日本人がいる。

ここの視えない研究所では、いまでも秘密兵器が開発されているからだが、さすがに六ヶ所村では、カメラを構えただけで、どこからともなく警官隊が駆けつけ、取り囲まれて尋問されるということはない。たまたま、むつ小川原港の前を通りかかったとき、円筒状のキャスクが船から降ろされ、岸壁に積み上げられているのに遭遇した。この港が使用済み核燃料の専用港なのだ。

キャスクの内部では、使用済み核燃料が高熱を発しているはずだが、はじめのころとはうって変わって、フェンスの内側にいるガードマンは五、六人だけ。緊張の表情はなく、手もちぶさたの風情だった。地球上もっとも危険な核燃料の運搬も、回を重ねるうちにしだいに日常化してしまったのだ。

保安検査官

原子力災害が発生したとき、緊急応急対策をおこなう拠点が、「オフサイトセンター」である。これは全国の原発地帯に設置され、原子力安全・保安院の防災専門官と保安検査官が常駐している。県内には六ヶ所村と東通村にあるのだが、その二カ所を見学した。

双方とも、小学校の教室を二〇個以上集めたような、ひろいぶち抜きのスペースをもっている。非常事態発生とともに、そこに国、県、市町村の担当者が駆けつける、という。整然と並んだデスクのうえには、電話機、パソコン、ＦＡＸなどの機器がおかれ、テレビ電話で首相官邸と結ばれている。会議室でひときわ大きな椅子が、ヘリコプターで駆けつけ、陣頭指揮を執る経産省副大臣の席という。

しかし、大事故が発生したとき、本当に逃げ出さず、シェルターでもない建物に籠ってあれこれ指令を発する。そんな自己犠牲的なひとがどれだけいるのだろうか、というのが、わたしの疑問だった。「安全」宣伝の「コケ脅し」にみえて仕方がない。

わたしは、国策として原発を猛進させている経産省のなかに、監督機関の原子力安全・保安院が設置されているのは、ピッチャーが審判を兼ねているような八百長で、安心できない、と分離を主張してきた。

その意見には変わりはないが、ふたりの保安検査官とお会いして、その明朗率直な人柄に、実直な仕事ぶりを想像することができた。

日本原燃における、数多くの保安規定違反の事実を指摘し、指示文書をだして改善させた例が繰り返し発生している。督官は、たとえばかつての鉱山保安監督官のように、電話をしてから鉱山に乗り込んでろくに点検せず、午後からは鉱山側の接待を受けていた、というように伝えられていて、現場の労働者からは不信の目でみられるのが常だった。

わたしが原子力保安検査官にお会いしたのは、日本原燃で発生した、使用済み核燃料の高レベル廃液が、ガラス固化体に加工される小部屋で、三度も漏洩事故を起した事実を確認したかったからだ。

遠のく運転開始

再処理工場で、もっとも重要な、廃液をガラス固化体にするプロセスが、二〇〇七年以降トラブル続き、最終的な「アクティブ試験」は頓挫している。フランスの技術を導入した工場建設なのに、この部門だけ、東海再処理工場で使った日本の技術にこだわったのが、つまずきのもとともいわれている。

その復旧作業中にも、廃液漏れ事故がつづいているのが、現状である。さらに二〇一〇年一月上旬、精製建屋で、廃ガスから発生する廃液を処理するため、加熱蒸気を供給したところ、温度が急上昇してインターロックが作動、加熱設備が停止するトラブルが発生している。

児島伊佐美前社長が病気で倒れたあと、二〇〇九年九月に就任した川井吉彦社長は、再び竣工を延期すると発表したが、達成は難しそうである。

管理区域である核燃料の貯蔵施設で使用された、木材、紙、作業着、ウエスなど放射能に汚染された廃棄物が、所定のドラム缶にではなく、ビニール袋に押しこまれたまま、メッシュパレットにいれて積み上げられていた、という事実が、保安検査官に発見、指摘されている。

再処理工場内で、低レベル廃棄物を保管する能力が、当時、二〇〇リットルドラム缶で八五〇〇本分しかなかった。ところが、二〇〇二年に燃料貯蔵プールの水が漏水する事故が発生、計画外の廃棄物が大量に発生したので、収容能力よりもオーバーすることになった。その後も設計ミスによる補修工事などで廃棄物がふえていた。それらが、「仮置き」という名称で、そのまま廊下などに積み上げられ、労働者の生命と安全を脅かしつづけていたのである。

この状況について、日本原燃はつぎのように分析している。

「平成十五年以降もこの仮置きが常態化し、マニュアルの存在もあり特に問題がある行為であるという意識がなかった」

「新貯蔵庫の増設は時間がかかるため、対策として現実的ではないと考えた。再処理本体施設の竣工が早いと考えた」

再処理工場の完成を急ぐあまり、ほかの問題点はうち捨てられていた。貯蔵庫の増設など、あらたな方策は考えられなかった。仮置きという弥縫策がそのまま継続され、常態化し、廃棄物がふえると仮置きエリアを拡大する、という本末転倒の既成事実化をつづけていたのである。

とにかく、日本原燃は、「再処理工場が竣工するまで」という目標のために、こまかな対策をなおざりにしてきた。それが一年間に原発一〇〇〇発分のプルトニウムを生産する再処理工場の歴史である。プルトニウムを原料として、「夢の増殖炉」と宣伝された、敦賀市の「もんじゅ」とプルトニウムとウランとで加工した「ＭＯＸ」(混合酸化物)燃料専用の大間町の原発、再処理工場を結ぶ、「核燃料サイクル」の暴走が心配である。その中止が、もっとも重要な政治課題だ。

二〇一二年一〇月、それが再処理工場の竣工の目標日である。もしも本当に竣工し運転開始されるとすれば、そのあとなにが起きるか不安である。既成事実化としての出発、それは日本の未来にとって、未曽有のもっとも危険な出発である。

2　核最終処分場候補の不安・東通村

無人灯台海猫声尽くし……

いまは泊街道といわれている、六ヶ所村から東通村へ抜ける太平洋沿いの道は、昔は「北浜街道」だった。「御巡検道」とのいい方があったのは、幕府の役人だった巡検使の一行が、この道を通り抜けていったからだ。

古川古松軒の『東遊雑記――奥羽・松前巡見私記』が、この沿道の住民にたいしてやや冷やかなのは、百数十名にのぼる一団を引き受け、宿泊先の村の財政状態が疲弊するほどに、過大な接待をうけていたのを当然としていた、巡検使の随行員だったことにもよろう。目線が高いのである。それでも、二二〇年前の泊街道の状況が、ビビッドに書きとめられている。

「小田の沢より泊り浦まで三里半、浪打ち際の浜辺にてようよう往来せることにして、道と称すべきにはあらず。この日は風も吹きて、東海一面に鳴ること千万の雷のごとく、大浪馬前に立ちあがり、岩打つ浪の煙一丈も二丈も空にちりて、雨の降るごとくに頭上に落ちてみなみな衣をひたし、日本の内とはさらに思われず……」（平凡社・東洋文庫）

太平洋に沿って長くのびる下北半島の背骨というべき、低い段丘の東側、山裾と海とのあいだに辛うじて残されている断崖絶壁のかそけき道を、北から南下してきたときの描写である。

これとは逆に、六ヶ所村北端の泊部落から、東通村南端の白糠部落の境界線にかかる道を登ると、海に突きだした物見崎に到達する。そこから急に視界が展け、眼下に白糠港、目をあげると下北半島の海岸線が、遠く尻屋崎まで、およそ三五キロほども緩いカーブを描きながら、一気にのびているのを、望むことができる。

それは下北半島の中でも、わたしの一番好きな絶景なのだが、いまはその海岸線の途中で視界を遮って、異形の原発の塔と送電線がたちあらわれた。

　無人灯台海猫声尽くし雪降らす

物見崎の灯台をうたった、相ヶ瀬水啼さんの句である。海上保安部白糠分室に勤務していた人物で、俳文集『白糠』では、白糠の風土と村びとの生活が活写されている。

　沖吹雪離れ鴉が啼く死人礁

無人灯台の下は、目がくらむような激浪うち寄せる、黒々とした岩礁である。古川古松軒は、浜辺に散乱している難破船の帆柱や船具、かね箱、米櫃などがうち捨てられているのをみて、なぜだれも盗ろうとしないのか、と村びとに尋ねた。すると「船人から祟られるから」と答えたのを聞いて、ほかの国では人の死を顧みることなく荷物を奪い取るのに、この辺りは、「ひととはさらに見えざれども、心はさこそ見苦しくはあるまじく」と妙な感心の仕方をしている。

たしかに、洋の東西を問わず、難破船は略奪の対象となっているが、この東北の「僻地」の信心深さは、特筆に値しよう。

いまはこの物見崎まで、クルマで登ってしまう。古松軒が通過したのは夏だったが、五年後の寛政五（一七九三）年の冬、やはりこの道を牛の背に乗って南下してきた菅江真澄は、白糠から泊にむかう凍てついた坂道で、牛追いたちが灰を撒いたり、段を刻んだりしながら、牛をおろす様子を描いている。

泊街道、とはいっても、それは海岸っぷちの旧道のことである。それでも、わたしの記憶では、最初来たころ、物見崎から白糠に降りる曲がりくねった急坂の途中に、砂袋が置かれてあった。滑り止めである。

東通原発にたいするわたしの記憶には、古松軒や真澄の難儀が絡みついている。旅人ばかりか、村びとにとってもまた難儀だった。転けつまろびつ、道ともいえない道を往還していたのだ。

虚構の大原発基地構想

東通村議会が原発誘致を決めたのは、一九六五年だったから、いかにもはやい。まだ、「夢の原子力」の時代だった。誘致した川畑義雄村長に最初に会ったのは、県が東京、東北両電力会社と、用地買収の委託契約をした直後の一九七〇年だったが、彼が誘致の理由のひとつとして挙げたのは、温排水の利用だった。

「その熱を利用して、塩を取ったり、雪道を溶かしたり、熱湯でアルミニュウムを生産したり、できるそうです」

と彼は実直そうな表情で語った。

「（隣の）むつ市にくる原子力船も、放射能がなくて安全だそうです」

誰かが吹き込んだバラ色の夢だった。原発誘致は巨額の交付金がはいる、というのは、政治からおよそ見捨てられてきた寒村にとって、大いなる誘惑だったのは争えない。が、「雪道を溶かす」という「起爆的」な原子力による雪害からの脱却、という科学の力に幻惑されたのは、幻惑された方よりも、幻惑させた方が、何百倍も罪が深かった、とわたしは最近になって理解できるようになった。

原発が「地域開発の起爆剤」になる、といういい方は、スリーマイル島やチェルノブイリ事故の前まで、原発誘致自治体の首長がなんの疑問もなく語っていたストーリーだった。ところが、

「安全だ」といわれていた原子力船「むつ」は、一九七四年八月、漁船のピケを破って大湊港を出港、外洋へ出た途端、放射線漏れを起こして漂流、二度目の自力航海のないまま廃船になったのだ。

東北電力の第一号炉が営業運転（操業）を開始したのは、二〇〇五年一二月である。東京電力と東北電力が、下北地点に原発を建設する、と公式発表したのが、一九七〇年だったから、なんと三五年もかかったことになる。これには、原子力船「むつ」の失敗を目のあたりにした、漁民の抵抗が大きかった。

一方の東京電力は、ようやく準備工事をはじめた段階で、営業運転開始は、七年後の二〇一七年とされている。電気出力は、国内最大の一三八万五〇〇〇キロワットだそうだが、順調にいったにしても、発表から四七年目である。普通の工場ではありえないスロースピードぶりだが、「しぶとい」というべきか、やる気がなかった、というべきなのか。もともと無理な計画だったのだ。

いまのところ、両社ともに各二基の建設を発表しているのだが、東京電力、東北電力ともに二号炉の操業予定は二〇一九年以降としている。そのころでもまだ、新しい原発が必要とされているかどうか。

東通原発は、かつては一寒村の名前に制約されるのではなく、下北半島全体を占める「下北原発」を標榜していた。東京電力一〇基、東北電力一〇基、あわせて二〇基、出力二二〇〇万キロワット以上、文字通り日本最大の原発基地が目論まれていた。それはたんなる目論見だけではなく、実際に二〇基分の用地が買収済みだった。東京電力四五〇、東北電力三五八、あわせて八〇八ヘクタールにものぼる、途方もない土地が買い占められたのだ。

この土地面積は、両電力の現在のパンフレットにもとづいたものだが、『東通村史』（歴史編Ⅱ）には、両電力の「電力施設計画」（一九九三年）に依拠して、東京電力四九〇、東北電力三八三、合計八七三ヘクタールが、建設用敷地と記述されている。これはとっくに買収済みのものだったから、八七三から現有の八〇八ヘクタールを引いた、残りの六五ヘクタール（六五万平方メートル）もの広大な土地が、いつのまにか、両社の「所有地」から消えてしまったことになる。

とすると、原発施設以外の用途に使用されるのだろうか。一体、どこへいってしまったのか、なにに使われるのか、不気味である。もしも、両社の四基が無事に稼働したとして、残り一六基分の土地がなにに使われるのか、それも重大な疑問である。それが行方不明になった「六五ヘクタール」の土地とどう連動するのか、それとも別個の動きをするのか、疑問は深まるばかりだ。

残されていた記念碑

　全戸買収されて離村した「南通部落」は、泊街道を北上して、両原発の境界線にさしかかったあたり、かつて鬱蒼とした杉林に囲まれてあった。ここを通過しながらも、わたしはいつも先を急いでいたので、馬場勝雄さんのお宅を訪ねることはしていなかった。その先にあらわれる小田野沢部落の入り口に、移転先があったのだが、二〇〇九年一一月の今もご健在とは考えていなかったからだ。

　移転されてからは一回しか伺っていなかった。それでも気にかかっていたのは、彼が個人で建てた「記念碑」が、いまでもそのまま遺っているのか、こんどこそそれを確かめてみたいと考えていた。

　南通は東通村の南部に位置しているから、その名前になったのであろう。村内の二、三男が、戦後の一九四七年に県の緊急開拓に応じて入植、雑木を伐り、木の根を抜いて開墾した土地だった。原発が来たときは二〇戸が残っていた。いまはちょうど、東京電力と東北電力との敷地のあいだにはさまっているようである。

　馬場さんが買収に抵抗して、最後の一戸として残っていたのは、「なんでもカネで解決しようとするやりかたが気に喰わなかったからだ」。川から水を引いて、畑作からようやく念願の水田に転換していた。その矢先の全戸移転の話だった。

　わたしが会った川畑村長は、反対しているひとたちについて、「結局、金額の問題だ、ゴネ得だ」と軽く言い放った。しかし、「村の開発に協力せよ」と強要して、おなじ東北電力が買収した女川原発（宮城県）の五分の一程度の土地価格ですませてしまった。赤児の手を捩じるやり方、である。

　南通部落のひとたちは、原発誘致を決めた村の幹部たちに、まるで脅されるようにして買収に応じた。「圧（圧力）に負けた」という。県の開拓課にいて馬場さんたちを指導した職員が、こんどは開発課の副参事になって圧力をかけてきた。六ヶ所村の土地買収で聞かされた話とおなじやりかただった。

　わたしは、移転する前の南通部落で馬場さんに会っていたのだが、移転先を訪ねたときにはたまたま不在で、父親の嘉吉さんがひとりで留守を守っていた。雑談しての帰り際、嘉吉さんは「死ぬときは原発にかぶりつきたい」といって、わたしを驚かせたのだった。

　そのとき、玄関の横に、高さ一メートルほどの、ちいさな記念碑があるのを目にしていた。

「南通部落原発移転　記念碑　昭和四七年十二月十五日」

　無念の記念碑である。まだ遺されているのかどうか、それが気がかりだった。馬場さんのお宅を探しあてて、前庭からはいった。玄関に近づくと、植え込みのなかにその碑があるのがわかった。

「よくあったなあ」とわたしは手でさすっていた。と、納屋のほうから、作業着を着た、小柄なやや腰のかがんだ老人が近づいてきた。

「馬場さんですね」

と声をかけたものの、わたしは半信半疑だった。嘉吉さんはわたしが会ったとき七九歳だった。その残像があった。息子の勝雄さんはもう八五歳になっているはずだが、あのときの嘉吉さんよりはるかに若かった。ただ、記憶にあった馬場さんは、もっと体格がよかった。

「この碑を見せてもらいにきました。まだあったんですね」

馬場さんは破顔一笑、嬉しそうだった。

「嘉吉さんは、死ぬときは原発にかぶりつきたい、といってましたよ」

「一八回忌になります、九一歳でした」

「じゃ、原発を見ないですんだんですね」

かぶりつくことはなかったのだ。ホッとする思いだった。

「いま、家内が寝ているので」

と馬場さんは居室のほうに目をやった。上がってもらえばいいんですが、という無言の言い訳である。

補償金は、買収当時、水田一〇アール当たり五七万円、畑三二万円、山林原野二二万円だった。これはその後の六ヶ所村の買収金額の半分だったので、あとで差額分は上積みされた。いかに県と村の公権力が拙速で、強引、住民のことなど一顧だにしなかったかがわかる。

馬場さんは補償金で農地を買い直して、堅実に農業をつづけてきた。それは家のたたずまいをみてもわかった。質素である。長男夫婦があとを継いでいるそうだ。

移築されたもう一つの碑

「部落の記念碑は、東電にもっていかれてしまいました」

馬場さんは意外なことをいった。記念碑がもうひとつあるとは知らなかった。

「副所長に譲ってくれ、譲ってくれと責められまして」

馬場さんが住んでいる小田野沢部落から、原発のほうにもどった道の丘のうえに、東電の事務所がある。かつては、従業員のためのクラブといった趣だったのだが、その庭に置かれてある、という。

早速、いってみた。スロープを登った左手、車寄せに行き着く前の庭に、二メートルほどの横長、高さおよそ一メートルの自然石が飾られてあった。

「開拓25年　南通の石」

と刻まれてある。その下に敷かれたプレートには、こう書かれている。

「南通の石」

寄贈　馬場勝雄氏

当社の原子力発電所建設計画は南通集落の方々をはじめ多くの皆様方の協力を得て現在にいたっている

この石は、南通集落（22戸）の「夢の開拓」「開拓魂」を後世に残そうと、開拓中に掘り起こした巨石に氏自ら刻み込んだものである

平成7年11月吉日

東京電力株式会社

開拓二五年目は、閉村の年でもあった。部落に一家だけで残っていた馬場さんは、移転先の家にはこんで、その想いを自分で刻みつけた。それを庭に安置していた。これも無念の記念碑だった。たまたまやってきた東電の幹部が発見し、懇願してもらい受けた。住民の協力の証拠としての、戦利品である。

しかし、逆にいえば、「協力」させられ、屈服したとはいえ、「敵」の庭に遺されたネイティブの、遺恨の「開拓魂」とみえてくる。

後日、わたしは、東電のパンフレットのグラビアで、この石の前で記念撮影している新入社員たちの表情をみた。まるで、ネイティブ・アメリカン（「インディアン」）を「征服」した「騎兵隊」のようだった。

原発計画

わたしは東通村にきたときは、たいがい、伊勢田義雄さん（七八歳）と東田貢さん（七八歳）のお宅にお邪魔する。伊勢田さんと東田さんは同級生なのだが、奥さん同士が姉妹という関係から、義理の兄弟でもある。ともに小型漁船の船主として白糠漁協に所属、長いあいだ原発反対を闘ってきた。

３８８号線から山側にはいった道端に東田さんのお宅があって、その筋むかいが伊勢田さんの家だから、たいがい、先に東田さんのところに顔をだしてから、伊勢田さんのところへいく。その日は、東田さんの家の前にクルマがなかったから、まだ帰っていないと判断して、伊勢田さんのところに直行した。「最近はコンブ拾いに若いものがでるようになって、いいコンブが採れないようになった」

と伊勢田さんが溜息をついた。どういうことか、と聞き返すと、都会にでていた若ものたちが、解雇されて村に帰ってきている。いままでは老人や女の仕事だった海岸でのコンブ採りに、彼らも参入するようになった。それで競争が激しくなった、ということである。とんだ派遣切りの余波である。

出稼ぎがなくなる、というのが村長たち原発誘致派の宣伝だった。たしかに、仕事はふえたが、技術的な資格がなければ日雇い仕事だけだった。人口の推移をみると、一九六〇年には、一万二五〇〇人だったのが、二〇〇九年で七五〇〇人である。東北電力の第一号炉が稼働したのが二〇〇五年だが、そのときが八〇〇〇人だった。原発が動きだしても、人口は下げ止まりとはなっていない。

「孫子のことを考えれば考えるほど眠れない」と伊勢田さんがいったのは、けっしてオーバーな表現ではない。いま彼は七八歳だから、自分の将来はそれほど心配しなくてもいいのだが、ここで一緒に住んでいる娘や孫たちの、先行きがどうなるのかわからない。

母屋の隣の敷地を、伊勢田さんは原発の孫請会社に貸した。愛知県からきていた社長は、プレハブの「社屋」を建てて、作業員を送り込んでいたが、仕事がなくなって撤退した。「社屋」はあげます、といって帰っていったのだが、使い道はない。

こんな話をしていると、東田さんが顔をだした。わたしたちのクルマはレンタカーだったから、伊勢田さんの玄関先に見慣れないクルマがあったので、それでわたしがきていたのがわかったのだ。

六ヶ所村の開発を取材しはじめた一九七〇年ごろから、わたしはバスに乗って東通村にも足をのばしていた。それまで対馬や北九州などの公害地帯をまわっていたので、青森県に手をたずさえて進軍してくる石油コンビナートの大開発と原発など核施設に抵抗する、ふたつの村の人たちについて書き、それを結びつけたい、という想いがあった。それからキリンのように長い首をもつ下北半島の一本道を、上ったり下ったりするようになった。東通村の反対運動の指導者たちのほとんどが、推進派に転向した。

東通村の助役は「わたしの方には原発よこした」といったが、農民の土地を犠牲にして、工業県に転換しようと謀った県知事など幹部たちは、開発と原発の両方の進出のために職員の買収部隊を派遣していた。その幹部は「関東軍」と、回想録に自分たちのことを書いている。

一九八四年に、「下北半島を日本有数の原子力基地に」と中曽根首相は発言したが、それは、東北電力や東京電力による「東北開発」の方針に、政治力を与えたにすぎない。それより一四年もまえ、一九七〇年一月に竹内知事は記者会見をひらき、「第二原子力センターの建設地として東通村を内定した」と発表している。

その年の六月、竹内知事は東京、東北電力の原発予定地とされている東通村の用地買収にあたって、両社と「買収取得協定」に調印した。東京電力の四七八、東北電力四一二ヘクタールを県が買収して、一九七一年一二月までに引き渡す、という内容だった。

陸奥湾に面したむつ市の旧海軍工廠跡（長い間、鉄骨むき出し、破れトタンの巨大な建屋が風雨に曝されていた）に、三菱系の「むつ製鉄」が進出するはずだった。があっさり契約を破棄、日本の最初にして最後の原子力船「むつ」の母港とされた。が、それも放射線洩れを起こして廃船となった。

その後、国策会社・電源開発が、半島先端の大間町に原発を建設すると発表した。下北半島の核基地化は、一九七〇年以前から公然化していた、国、県、財界の一致した方針だった。

その中でも、不気味に伏せられてきたのが、東通原発二〇基分の買収地に関する方針である。

「これからどうなるか、それが怖い」

という伊勢田さんの不安は、防風林に囲まれて窺いみることのできない、二キロ先の原発での事故ばかりではない。買収済みの膨大な敷地に、下北半島核基地化の国の方針のなかで、これからどんな施設が建設されるかわからない、という底知れぬ恐怖である。

もしも原発の基数がふえたとき、温排水による漁場の変化がすすみ、はたして漁がつづけられるかどうかわからない。それらの将来にたいする不安が大きいからこそ、「孫子のことを考えれば考えるほど眠れない」というういいかたになる。

漁村にあらわれた原発

県知事が両電力と契約したように、一九七一年一二月で、原発用地八割強を総額二〇億円で買収した。が、完全な引き渡しはできなかった。馬場さんなど八名が拒否していたほかに、共有地が残された。完全引き渡しになるのは、馬場さんの「記念碑」にあったように、その一年後の一九七二年一二月だった。

ところが、漁業交渉が終結するまでには、それからさらに二〇年もの歳月を必要とした。東田さんや伊勢田さんたちの抵抗がつよかったからである。いま、ふたりにお会いしても、昔の話はしないし、わたしもむし返さない。漁業補償の話になったころ、チェルノブイリの事故が発生した（一九八六年四月）。それが漁民の抵抗を再燃させた。

伊勢田さんも、東田さんも自宅の長押（なげし）に、鋭角に尖ったクロマグロのひれを数本並べた額縁を飾っている。一本釣りの戦果である。一本二〇〇万円はした、という巨体と一緒に映っている英姿の写真もある。わたしはそれをみるたびに、かつての沿岸での漁の賑わいを想像する。サケ、マス、スルメイカ、ヒラメ、ウニ、アワビなどに恵まれた海である。

「養殖漁業など必要じゃない」というのが、東田さんの自慢である。かつて彼がしみじみとこういったことがある。

「この村はいい村だった。友だちや親戚がみんな仲良く暮らしていた。いまは友だちばかりか、親子でも喧嘩ばっかり。電力会社はカゲに隠れてて作戦を練るだけ。悪いものがきたもんだわ」

電力会社の社員が常駐して、部落の人間関係を掌握し、分断工作を図った。

民俗学者のあいだでよく知られているのは、下北の尻屋、尻労の「共産部落」「原始共産制度」である。これはイワシの地曳網の「網組」などのように、漁協の非組合員でも、仕事を手伝えば配分にあずかることができる。さらに、山林原野を共有し、公事の役割を家順にもちまわり、行政的な仕事を部落会が自治的に運営してきたことなどが明らかにされている。

農業も稗作が中心だったので、女性でも作業と管理が簡単で、協同労働が可能だった、との説（竹田旦「下北における農耕と労力組織」『下北——自然・文化・社会』九学会連合下北調査委員会編）がある。

男たちが、カムチャッカやサハリンへ出稼ぎにいった留守は女たちによってまもられていた。「部落が一個の生活共同体」だった、という。そのような相互扶助的な生活が、東京から、いきなり大資本が地域にはいりこんできて、無惨に分断されるようになった。

「エンジンが故障しても、引っ張ってくれなくなった」

と東田さんが嘆いていった。

一九七〇年代初めのむつ小川原開発反対闘争でも、もっともつよかったのは、漁業の集落である六ヶ所村の泊部落だった。東通村でも、原発反対運動がつよかったのは、漁民がいちばん多い白糠部落だった。板子一枚下地獄。漁はでたとこ勝負、ということからくる一本気ということもあるが、海が汚染されれば、たちまちにして漁に響く、との直感からだ。

東通原発から出される温排水は、毎秒八〇トン。二五メートルプールが、たった五秒で満水になる量、といわれている。それが海岸に流されず、放水管で八〇〇メートル沖合に流されている。その影響が魚にどうあらわれるかは、まだわからない。

一方では、原発の堤防が沖合いに張りだしたため、沿岸の潮の流れが変わってしまった。海底の砂が、沖から堤防をつたって陸に押し上げられてくる。いままで、自然界には、まったく見ることのなかった現象があらわれてきたことも、漁民たちにとっての恐怖なのだ。

東京電力の港湾工事がはじまってから、海に大量の捨て石が投入された。その石に付着している汚れが、海を汚染しはじめている。

海あればこそ

船主組合の副会長、漁業研究会会長を務めていた東田さんは、伊勢田さんとともに、白糠漁協理事であり、漁協内につくられた「原発対策委員会」の委員長として、原発受け入れにともなう漁業権放棄に抵抗してきた。が、いずこもおなじなのだが、漁をしたこともない村民が、水増し正組合員に格上げされ、議決権をもつ賛成派に編入されるようになって、反対派は少数派に転落した。

白糠漁協と小田野沢漁協（正組合員五三六人、準組合員一二九人）が、県知事の斡旋案を呑んで、補償金総額一三〇億円、漁業振興基金四〇億円で妥結したのは、一九九二年八月だった。

それまでも、三八億七〇〇〇万円二九八四年二月）、七二億六七〇〇億円（同六月）と提示額は引き上げられてきたが、漁協側は拒否していた。一九九〇年になって、漁協側から一人当り五〇〇〇万円、総額三二六億五〇〇〇万円という要求金額がだされ、結局、ほぼその半分で妥結した。

漁業補償金額とは、生活補償というような根拠はなく、原発側のそのときの緊急性と知事斡旋に見られるように、政治的解決金という性格である。海には地価のような、需要と供給、あるいは一般的な相場というものがないからである。組合員には一人当たり五〇〇〇万円から二〇〇〇万円の間の金額が支給された。配分委員会が算定したのだが、これにも強い不満が残った。

白糠、小田野沢漁協の妥結のあと、一九九三年六月、尻労・猿ヶ森漁協、各四億一五〇〇万円。同年一〇月、老部内水面漁協一億六二〇〇万円。一九九四年一月、隣村の六ヶ所村泊漁協にも一五億六四〇〇万円が支払われた。

「一八年もたって、とっくに補償金は使い果たしてしまった。家を改造して、それで終わりだった」

伊勢田さんの述懐である。

「死にたいなら死ね、生きたいなら生きろ、というのが行政だ」

「国はカネでごまかそうとしたんだが、それは、みな売りたい気持ちを見抜かれていたからだ」

「おれたちの代は、これでよかったかもしれないが、将来はどうなるか」

とふたりの話は、最初の話にもどった。自然を相手に暮らしているからこそ、地域の将来を心配する。たとえ息子や娘が都会へでていったにしても、そこでの生活が立ちゆかなくなれば、またもどってくる。故郷との根っこが切れてしまって、都会に定住するようになったものには薄れてしまったが、どこか心が安らぐ生活感覚である。

東田さん宅の居間には、「水産庁長官」の「表彰状」が飾られている。ヒラメ漁の漁具を改良した功績が顕彰されたものである。それ以前のヒラメ漁は、箱眼鏡で水中を見て、ヤスで突いていたのだが、東田さんは三年をかけて、刺し網で獲る漁法を成功させたのだ。

地先（ちさき）（沿岸）の海で、ヒラメ、アブラメ、ソイなどの高級魚を獲る。「老人と海」のような、三時間にもおよぶクロマグロとの格闘もある。漁の多い魚種としては、イカ、サケ、マス、などがある。磯ではサザエ、ウニ、アワビ、コンブ。不漁のときもあるが、海があればこそ生きていける。いまはまだ恵まれた海として残されている。が、これからは、原発の影響で先のことはわからない。

伊勢田さんと東田さんとの話は、明るいものにはならなかった。

カンフル注射としての交付金

東通村にこれまでに入った、国からの電源三法などによる交付金は、二三四億円（二〇一〇年現在）にものぼる。東北電力の第一号の稼働は二〇〇五年だったが、すでに一九八八年から交付金が入りはじめ、五年後の一九九三年には、その金額が一三億円に達した。それ以来、年によって増減はあるにしても、二〇〇八年には二八億円が入っている。いわば交付金漬けである。

どこでもそうなのだが、電力会社は飲ませ喰わせは当たり前だった。「打ち出の小槌」のように、叩けばなにかをだしてきた。

買収業務を請け負った県の開発室は、白糠、老部地区にお寺がないのでお寺がほしい、との要求にたいして、「法制上の制約から県、村の事業としてはできないが、実現したいので、別途協議して決定します」などと回答している。結局、実現しなかったが、ベラボウな話である。

村財政をみると、一九九七年の「村税」が六億三〇〇〇万円だったのが、二〇〇六年には五五億円に達している。これは前年の第一号炉の稼働にともなって、それまで一四億円だった「村税」が、一挙に五五億円になったものである。

しかし、歳入合計では、一九九七年の九三億円が、二〇〇六年、二〇〇七年とも一一一億円への微増止まり、それほど豊かになった感じはない。一九九七年当時は、地方交付金が歳入の三分の一の三〇億円もあったのだが、それが一億一〇〇〇万円に減らされているからである。それでも、赤字続きの過疎地の自治体にくらべれば、目をむくような巨額な財政である。

といっても、先行き補助金は切られる。つぎからつぎへと、アヘンのように、あるいはカンフル注射のように、原発を誘致しないかぎり、カネがはいってこない、というアリ地獄になるのは、いまからみえている。

巨額なカネがはいった、といっても、村の様子には、はじめてきたころとさほどの変化はない。たしかにアルミサッシに片流れの洒落た家がふえたのは、漁業補償金のせいかもしれないが、泊街道の風景にはさほどの変化は感じられない。ときどき、この道を通過して見慣れているからかもしれないが……。

極端に変わったのは、村役場が移転してきた砂子又（すなこまた）界隈で、ここはむつ市にむかう分岐点なのだが、マンガの宇宙人の顔を想わせる円形の交流センターや三角屋根の庁舎、巨大な中学校校舎などが集中して建設された。そこだけが巨額な交付金を感じさせる地域となっている。

六ヶ所村の知り合いで、亡くなったひとたちを指折り数えることができるのは、亡くなるころまでお邪魔していたり、消息をきくことができたからだ。それにひきかえ、東通村の反対派で気安く訪問できるのは、伊勢田、東田さんのふたりくらいである。

この村でいちばん最初にお会いしたのは、油屋の店主だったIさんだった。彼は村会議員だったが、原発先進地をみて反対派に変わった。その後、ふたりの息子さんが海難事故で死亡するという不幸に見舞われた。それ以来、妻はますます海を大事にしたい、と反対の意志を強めたが、夫のほうは賛成に傾斜していった。

小型漁船の船主のTさんは、よく勉強していた理論的な反対派だった。わたしはときどきお宅に寄っては、村の状況を教えてもらっていた。が、子どもが就職するときに、電力会社の誘いに乗った、といわれている。その後、漁協の理事になり、組合長になったが、そのころになると、もう反対とはいわなくなっていた。

そのように、人間の変化をみてきた四〇年だった。村議会の原発誘致決議から運転開始まで、長い時間がたった。Iさんにも Tさんにもお会いすることはなくなったが、「裏切り者」として弾劾できるようなものではない。外から批判するのは簡単だ。だが、反対を継続するために、おまえはなにをしたのか、と問われれば、なにをしたとはいえないからだ。

それは、「反対から賛成に変わるのはよくあること」というのとはちがう。政府や企業の重圧は、反対する住民だけにかかっているものではなく、支援するものにも加わっている。そこに住んでいる人たちが、運動から離れていくのは、まわりに押しとどめる力をつくれなかったからだ。

最終処分場への策動

東通原発が利用している敷地は、両電力が所有している土地の一七パーセントほどのものでしかない。ここに二〇基もの原発を並べる、と発表した当初から、わたしは強い疑問を感じてきた。それは最初から実際には考えていなかったストーリーだったのではないか。

「第二の原子力センターは、東通村」という竹内県知事の発表が、彼独自の判断であるはずがない。

「第二原子力センターは、茨城県東海村の後継地として、原子力委員会が物色していたもので、新全総発表のころ、有沢広巳原子力委員会委員長代行が、むつ市の原子力船定係港を視察したあと東通村をまわり、第二原子力センターの第一候補として、県と折衝していた」（拙著『六ヶ所村の記録』）

このとき、竹内知事は、原子力産業会議（現、日本原子力産業協会）から、「用地の先行取得を要請されている」とも語っている。原発の集中立地点のことを、「原子力センター」とは呼ばない。核の集中立地地域を指す。だから、高レベル放射性廃棄物の埋設も考えられていたのではないか。

たとえば、七基の原発をもち、世界的な原発集中地でもある、故田中角栄の足許にある柏崎刈羽原発地帯が、「原子力センター」と呼ばれることはない。その敷地でさえ、四二〇ヘクタールにすぎない。東通原発はその倍以上の、八七三ヘクタールである。

東通村の越善靖夫村長は、最終処分場について、積極的に発言してきた。

「自分の地域で出た廃棄物は自分の地域で処理する――という考えに基づき物事をすすめるのは当然だ」

村が独自にだした核廃棄物ではないはずだ。二〇〇九年一一月、村役場の経営管理課の西山純主査に会ったとき、すでに村議会は全議員参加のもと、「核燃料サイクル事業勉強会」を開催した、と語った。六ヶ所村の再処理工場や岐阜県瑞浪市の深層実験施設など、最終処分につながる施設の見学もしている。

三村申吾県知事は、「最終処分場は受け入れない」と語っている。「県知事の了承なくしては最終処分場にしない」と担当大臣が約束している、というのが「担保」とされている。

しかし、知事が代わったあと、後任の知事が認めれば可能になる、とのふくみもある。県は再処理工場の操業を認めている。しかし、最終処分場ができないかぎり、そこから発生する高レベル放射性廃棄物の行き場はなく、県内に堆積されるだけだ。

東京電力広報部に行って、二号炉建設計画のあとは、どうするのか、と聞いた。ところが、「それまで（二号炉まで）しか計画はない」と断言した。一〇基つくるとの発言は、社内的にはなかった、という。

「しかし、一〇基分の土地を手当てしているではないですか」

とわたしは自分の疑問をぶつけた。

「東北電力と共用で、電事連の最終処分場にするのではないですか」

広報部の担当者は、「時間を下さい」と、即答を避けた。翌日になって、

「本敷地は、当社が発電所建設用に取得したものであり、本敷地に最終処分施設を建設するという考えはございません」との回答が、編集部にファクシミリできた。

すでに六ヶ所村も東通村も、原発マネーの中毒患者、といえる。与えられるだけの補助金は、時間とともに減っていく。結局、なにものも生みださない。無駄に空費させるだけ。だからこそ、また、最終処分場の建設需要、固定資産税、迷惑料としての補助金、新税（核燃料税）などをあてにするようになる。

こうして、この東北の太平洋に面した、長い海岸線をもつ、

ふたつの隣りあった六ヶ所村と東通村とが、もっとも汚染の危険性が高い、日本最大の「原子力センター」にされようとしている。

それは、一九六〇年代、失敗に終わった、原子力船「むつ」の曳航からはじまった、下北半島の負の歴史である。低レベル放射性廃棄物埋設センター、高レベル放射性廃棄物貯蔵所、濃縮ウラン工場、核燃料再処理工場、やがてMOX工場、核燃料転換工場、その北側の東通村に最終処分場などの核施設がならびたつ、この押しつけられた「恐怖の未来図」は、下北半島だけの運命で終わるわけはない。無関心は加担であり、共謀である。

「毒を喰らわば皿まで」。東通村の悲しい選択は、持続不可能の選択、である。しかし、それは東通村の独自の選択ではない。「選択」の形をとった誘導であり、押しつけである。その政府と核産業連合の暴力を止めるのは、わたしたちの「当事者意識」である。

3　原子力に翻弄される町・むつ市

本州最北端の市

本州最北端・下北半島の中心都市が、人口六万四〇〇〇人のむつ市である。いまではひとびとからけろりと忘れ去られてしまったが、一九六五年ころから、原子力船「むつ」の係留港の候補地として、全国的な話題になっていた。

しかし、原子力船は東京湾に面した石川島播磨重工（現IHI）から曳航されてきたものの、出航と同時にあっけなくも廃船の運命を余儀なくされたのは、放射線漏れ事故によってだった。

原子力船「むつ」は、原子力潜水艦の開発の野望をふくみこんだものだったが、膨大な国費の無駄遣いとして、歴史に名を留めている。一度だけの実験航海のみで、原子力船をやめてしまったのだ。

建造費は七三億円だったが、二カ所になった定係港の建設費や地元対策費などで一五〇〇億円を空費した。原子力行政に群れる欲望の象徴的な事例である。

その自民党失政と利権の象徴としての「むつ」の原子炉が、かつての係留港の目前の丘のうえに建てられた。未練がましくも「むつ」の船体をかたどったコンクリートの建屋に、クレーンで移設され、まるで秘宝のように分厚いガラスケースに収められ安置されてある。

それは体のいい廃棄処分なのだが、その汚染された船の航跡に誘導されるように、この地が日本最初の核廃棄物の貯蔵所にされようとしている。

すでに原子力船「むつ」の廃棄物が貯蔵されているので、いわば既成事実化なのだが、この津軽海峡に突き出された「鉞（まさかり）」型の半島は、これまでなん度も「国策地帯」とされ、時の政府の犠牲にされてきた。最初は明治政府の冷血冷酷の記憶としてである。

ここは明治政府が、逆賊会津藩を復讐的に移封させた地である。愚直というべきか、松平会津藩は落ち目の幕府に忠誠を尽くし、奥羽越列藩同盟と協力して薩長連合に対抗し、玉砕戦を敢行した。

藩士が籠城した会津若松の鶴ヶ城は、新政府軍のアームストロング砲の集中砲火を受け、火炎とともに落城した。戦死者三〇〇〇、そのほかに白虎隊の切り込み、婦女子の自刃がつづいた。

その阿鼻叫喚の地獄絵図はさておいても、会津二三万石は明治政府から滅藩、領地没収の仕打ちを受けた。藩主松平容保は死一等を減じられたものの、上席家老は自刃、切腹。生きのびた敗残兵とその家族は、あるものは帰農し、あるものは東京および隣県に移住した。

残りのおよそ七割、二八〇〇戸は、寒冷の下北半島に、「斗南（となみ）藩」として移封させられた。そこはおなじ奥羽越列藩同盟に参加した盛岡藩の領地だったが、処罰として召し上げられ、斗南藩三万石として投げあたえられた。

「落城後、俘虜となり、下北半島の火山灰地に移封されてのちは、着のみ着のまま、日々の糧にも窮し、伏するに褥なく、耕すに鍬なく、まこと乞食にも劣る有様にて、草の根を噛み、氷点下二〇度の寒風に筵を張りて生きながらえし辛酸の年月、いつしか歴史の流れに消え失せて、いまは知る人まれとなれり」

のちに陸軍大将となった柴五郎の遺著（石光真人編著『ある明治人の記録』中公新書）の一節である。なお、実兄の柴四朗は、日本最初の政治小説「佳人之奇遇」を執筆した、「東海散士」である。

日本帝国海軍の亡霊

この記述がけっして誇張ではないのは、謹厳実直な軍人の筆だからではない。敗残兵たちが家族ともども、野山に散っては山菜、野草を摘み、蕨や葛の根を掘って澱粉を取ったのは、共通の記憶である。

旧住民が新住民を「会津のゲダカ」と呼んだのは、毛虫まで食べるという蔑称であり、「干し菜も食えぬ斗南衆」（乾燥させた大根の葉と会津藩の始祖である保科家をかけている）、「会津のハド侍」との尊称も奉られていた。馬の餌だった大豆を食べていたから、「鳩侍」である（『むつ市史』近代編）。

それらは庶民からの、落魄した武士階級への口さがない批判だった。それでも同情して援助した、とのエピソードも伝えられている。といっても、いまでも市内の民家に会津藩士の刀剣、武具、家具などが遺されてあるから、庶民相手に売り食いしたものが多かったのであろう。

「斗南藩三合扶持が足らぬとて炊かぬ前から釜臥の山」

政府から移住者一人あたり一日三合の扶助米が支給されていた。それを食さず、換金して生活必需品を購入していた。だから、炊ぐことなく飯炊き釜は伏せられたままだった、と地元の釜臥山とを懸けた戯れ歌である。

むつ市内にある下北半島の最高峰釜臥山は、海抜八七九メートル、けっして高い山ではない。「手持ち釜」「鍔付き釜」を逆さに伏せた形なので、地元のひとたちからは、極めて即物的に「釜臥山」と言い交わされてきた。山頂に恐山奥の院嶽大明神が祀られ、その小祠に参詣する霊山でもある。

山のまわりは、千古のブナ、ヒバ（ヒノキアスナロ）の原生林で、真下に周囲十数キロの宇曽利山湖の深い水を湛えているのがみえる。その傍らで熱湯を噴いているのが、霊場恐山である。

硫黄山の恐山信仰はいわば異端の宗教で、巫女が媒介者となり死者と交信できる。豊作、大漁、健康を祈願し湯治場としても霊験灼かとして知られている。背後に目を転じると、軍港大湊で、鼠色の自衛艦が碇泊しているのを見下ろすことができる。

むつ市は田名部町と大湊町とが合併して市政を敷いて形成されたのだが、大湊町には日露戦争後、海軍要港部が開庁された。敗戦後まで軍事基地として秘密地帯とされていたのだが、いまは霊峰釜臥山の山頂に、まるで脳天にグサリと巨大な杭を打ち込んだような、鋼鉄製、直径一八メートル、高さ四〇メートルにもおよぶレーダーを突起させている。景観ぶち壊しである。

ミサイル防衛用の航空自衛隊レーダーだが、それを眺めると、この町がいまだ軍隊の亡霊から解放されていないのを理解させられる。目のまえに聳える霊峰に、大型冷蔵庫のような巨大な異物が突き刺さっていて、朝な夕な陽を浴びて反射する。それを見せつけられていて、不安な感情を引き起こさせないわけはない。

が、地元のひとたちに聞いてみても、「いつの間にかできていた」とあきらめ顔である。景観権の侵害だが、市民は戦時中からの、「国防の町」という使命感にいまだ甘んじているのだろうか。

漂流した「むつ」

むつ市の裏側、というと語弊があるが、大湊港のある陸奥湾の山側、丘陵地を越え津軽海峡に面した北側の集落が、かつて原子力船「むつ」を入れるかどうかで大混乱になった、浜関根地区である。

陸奥湾の横、下北半島の縁に、あたかも身を潜めるようにしてあるのが大湊湾で、そこはいかにも秘密めいた深い入江になっていて、軍港として選ばれた護りの堅さを想像できる。

これにたいして、原子力船「むつ」を受け入れるために、慌てて三四〇億円をかけて築港された関根浜港（ほかに附帯陸上施設二六〇億円）は、おなじむつ市でも、陸奥湾側から山越えした、津軽海峡側にあって、遮るものはなにもない。

初航海で放射線漏れを発生させた「むつ」は、漁民の怒りを買って大湊港に入港できず、太平洋を一カ月以上も「漂流」したあと、佐世保重工の修繕ドックに回航され、碇泊していた。その間、関根浜に急遽係留港がつくられることになった。

やがて、「むつ」は廃船となった。いまは原子炉を抜いて、海洋地球研究船「みらい」と名を変えた。それでも、関根浜港が各地の原発から発生する使用済み核燃料の荷揚げ港に予定されている。

各地の原発から発生する核廃棄物や使用済み核燃料の一部は、当初から事故つづきで、実験操業も停止したままの六ヶ所村再処理工場にむかい、残りの一部はむつ市に建設される「中間貯蔵所」にやってくる。

かつての原子力船「むつ」の受け入れ賛成派と反対派の対立は、激烈な市長選や漁協幹部の裏切り、漁業補償金のバラ撒きなどで、市民に大混乱を与えたが、その記憶がようやく薄れたころになって、またもやあらわれたのが、行き場を失っていた核廃棄物貯蔵施設計画だった。

原子力船「むつ」に、日本ではじめてひらがな市名を採用した、下北半島の小都市の名を命名したことに、受け入れ先にこと欠いていた政府の安堵感が感じられる。定係港も決めずに、将来の原子力潜水艦建造の夢を乗せた実験船の建造を決定したのが、中曽根康弘科学技術庁長官だった。かつての日本海軍の軍港を「母港」としたことに、海軍出身、原子力政治家・中曽根康弘の野望と焦燥を感じさせられる。

訪米先から帰ってきた中曽根議員が、日本最初の原子力予算を成立させて、「学者の頬っぺた札束で張った」といったと巷間伝えられている（本人は稲葉修議員がいったのだと否定）。彼は「下北半島を原子力半島に」といったり、国会で「原子力潜水艦の可能性」を言明したり、「核武装」の研究を指示したり、核をめぐっては、一貫してキナ臭い動きをしてきた。

かつての軍都の栄光を捨てきれなかったむつ市長は、三菱財閥の「むつ製鉄」誘致に賭け（そのため市長は社会党から自民党に鞍替えした）たが、いったん進出をきめていた三菱側は、あっさり約束を反故にした。その挙句の果てに摑まされたのが、原子力船だった。

当初、「むつ」の船体は二九億円、原子炉が二六億七〇〇〇万円、と発表されていたが、実際はそれだけではすまなかった。修繕費ばかりか、地元対策費（被爆県長崎の佐世保重工への回航のときは、長崎新幹線まで要求される宝船になった）などの政治的加算金が重なり、総経費は五〇〇億円といわれている。それにむつ市関根浜への新港の築港で六〇〇億円、膨大な漁業補償金や広報費や人件費をふくめると、一五〇〇億円、「世紀の無駄遣い」といわれる原子力行政の出発だった。

買い与えられた市庁舎

むつ市役所庁舎は、異形の庁舎である。市役所や県庁は、たいがい市民を睥睨（へいげい）するかのように、頭のたかい、威圧感のある建物になっているのだが、ここは平屋建て、横に長く、平家蟹のように両手をついて平身低頭、謝りつづけている風情である。聞けば、「アウトレット（放出）戦争」に敗れて撤退した、ダイエーの店舗を買収したもの、という。

売り場だった跡に、市民課、総務課などの各課が並んでいるのだが、天井がたかくて空間がひろく、ローラースケートで書類を運び歩けるほどの余裕である。といっても、放出された物件なら合理的といえる。まして、スーパーマーケットだっただけに、駐車場はひろく、敷地面積は一万五〇〇〇平方メートルもある。

買収資金の一五億円は、東京電力と日本原電の寄付に依った。まるごと原発資金、市庁舎を原発会社に買ってもらったことになる。二〇〇六年の市財政「寄付金」の欄に、「一七億六三四四四万円」とある。前年は「二五九万円」だったから、突如としての巨額寄付金である。

なお、同年の一般会計歳入は三二四億円だった。市庁舎購入に使った残り、東電二億円、原電五〇〇〇万円分は、関根浜漁協への「漁業振興費」として配分された。

核のゴミを引き受けて、いったい、どのくらいのカネが入ってくるのか、それが誘致に賛成した議員たちの関心だった。これにたいして、企画部長は市議会で答えている。

「九億八〇〇〇万円の電源立地など初期対策交付金は、平成一八年、平成一九年の二年でございます。その後、電源立地促進対策交付金というのがありますが、これが約二億円ずつしばらく入ってきます。開始した後は、リサイクル燃料が入る量に応じて入ってきますが、これは幾らというような確定した額を示すことはできません。ただ、平均して見ますと、大体二〇億円

平均の額がずっと続くというような状態です」(二〇〇五年一二月一五日)

むつ市は南隣に六ヶ所村、西隣に大間町(予定地)を抱えて、電源立地交付金の「隣接分」の配分にはあずかってきた。企画課の話によれば、これから中間貯蔵施設が完成すると、固定資産税の税収に期待できる。それに陸続と搬入されることになる使用済み核燃料の入った金属キャスクは、償却資産なので、これから税金が発生する。県にはいる「核燃料サイクル交付金」の一施設分六〇億円、核燃料税の何割かがまわってくるようだ。

しかし、ほかの原発地帯でもみてきたことなのだが、一基三〇〇〇億、四〇〇〇億円といわれた原発の建設工事は、かつて「地域開発の起爆剤」「過疎地経済のカンフル剤」といわれたが、本工事が終わり、まもなく、七カ年限定の交付金が切れると、禁断症状がでて、もっとあらたな原発を、と要求するようになる。

軍港、原子力船、そして核廃棄物貯蔵施設。薬物依存、というのは、県出身者である自分にとっても、やや酷である。「施設を引き受けたメリットはなんですか」と企画課の担当者に聞くと、「恒久的な財源」と「エネルギー問題への貢献」と定式化した答えが返ってきた。

むつ市の人口は、六万四〇〇〇人、二五〇〇人の海上自衛隊員(家族ふくめて六五〇〇人)が下支えしても、減少の歯止めはかからず、ピーク時の一九八四年にくらべて、約一万人も減っている。

許可前に進められた「準備工事」

二〇〇八年、わたしは、ひさびさに建設予定地を訪れたのだが、原野と山林に覆われた広大な丘陵地帯が、まるで表皮を剝ぎ取られたようにブルドーザーでひっくり返され、土砂を積んだダンプカーがせわしく走りまわっているのを目撃して絶句した。

まだ建設許可がおりない段階で、「使用済み核燃料中間貯蔵所」の厖大な工事がはじまっていたのだ。作業現場の入り口ちかくに立っている掲示板によると、「新設工事の内準備工事」という名目で、「自)平成二〇年三月一七日、至)平成二二年六月二五日」とある。いまからみれば、その通りにすすんでいる。施工業者として、準備工事共同体、間組、熊谷組の名前がある。

「準備工事」という抜け道である。たとえて言えば、建築確認が取れていない段階で、整地作業を先におこない、付け替え道路の工事をすすめる抜け駆け、である。あるいは、スタートをはやめるフライング、工期を圧縮する方法である。

さらに二〇〇九年冬に再訪したときには、もうあらかた「準備作業」はすんでいた。しかし、この中間貯蔵所にたいして、原子力安全・保安院が建設を許可したのは、二〇一〇年五月一三日である。それなのに五月下旬に広報課にきいてみると、すでに敷地造成工事は九四パーセント、専用道路工事が九三パーセントの進捗率だという。

国の認可は、東電などの事業者や建設業者には織り込み済みである。拒否されることはない。核燃サイクルの実施は、国策だからである。政府と民間企業との癒着である。許認可官庁である経産省への天下りが接着剤である。本体工事は二〇一〇年七月に着工、二年後の七月に操業開始という。

「中間貯蔵」は、原発建設とちがって、ドンガラの建物をつくるだけだから、このままでは二〇一二年には、使用済み核燃料が搬入される予定だった。

しかし、福島第一原発の事故のあと、大間原発でも、東電東通原発工事もそうだったが、すべて休止、労働者は福島原発の復旧工事に狩り出されている。

建設工事がストップした工事現場の入り口に、「暴力団関係者立ち入り禁止」。鹿島の名前での立札がたっている。「火の気のないところに煙はたたない」。これは暴力団関係者がいる、ということをあらわしている。労働者の手配は、職安ばかりではない。暴力団の重要な仕事のひとつである。

偉丈夫の漁師

むつ市にきたとき、たいがいわたしが顔をだすのが、松橋幸四郎さんのお宅である。海岸ばたにある漁協のすぐうえ、道沿いに住んでいる。顔の造作のしっかりした偉丈夫で、漁協の理事や組合長を務めてきた。

一九七五年ころから、仲間と県内の日本海側でおこなわれていた、底引き建網漁法を採り入れ、研究した理論派でもある。それまで関根浜の漁業は、小舟でコンブ、ワカメなどを採る根付け漁業、零細なものだったが、底引き建網の導入で、ようやく近代的な高収益の漁法に転換できた。そんなときにやってきたのが、原子力船「むつ」だった。

松橋さんが「むつ」に反対したのは、原子力に対する考えがあったからではなく、波の荒い外洋に港をつくる、という無謀にたいしてだった。この工事によって、危惧したように、自然環境は破壊された。港のつくられた場所は、すべての魚の産卵にとって、一番いい場所だったのだ。

砂地で岩盤のない場所で、およそ港にはむかない場所でもあった。が、いまの港湾技術なら港はどこにでも造れる、と強行された。

「漁業補償金は、最初三億円、それから六億円、九億円、一八億円となって、最後は二三億円になったよ。こんなやりかたってあるのか」

バナナのたたき売りの逆で、オークションのように、一声ごとに価格が上がっていくのだが、いかにもいい加減である。そのほかに「漁業対策振興費」として、五億円プラスされた。

松橋さんは、補償金を受け取らず、法務局に供託して、農林水産大臣あてに「行政不服審査」の請求をおこなった。漁業権放棄は、組合員資格のない、水増しした組合員による不当なものである、という請求である。

五カ月ぶりに訪ねた二〇一〇年春、玄関先にでてきた松橋さんは、「恐山へいくところだったよ」と笑顔をみせた。幽冥界の入り口までいった、という冗談である。これまでも、心臓が悪かったのだが、急に口がきけなくなった、という。ほかにも、腹部に大きな手術の跡があってみせてもらったことがあるが、裁判を続けてきて満身創痍。その苦闘は並大抵なものではなかったはずだ。

漁業権放棄の不正のほかに、港にかかる共有地払い下げも、松橋さんなど共有者の了解をえないでやった、との裁判もあった。それらは仙台高裁でも負けて諦めた。「問題があったにしても、公共の利益のために受忍すべきだ」との判決だった、と松橋さんは苦笑いしている。

最近まで、使用済み核燃料を運ぶための、航路設定の補償問題が残されていた。海洋調査船「みらい」のほかに、核燃料専用運搬船の「六栄丸」、低レベル放射性廃棄物運搬船「青栄丸」などが往来するようになると、操業が規制される。その補償問題なのだが、「むつ」問題のときにつくられていた、「関連協議会」が交渉団体になって、協定書を結んでしまった、という。

関係する漁協は、関根浜と石持漁協だけなのだが、影響のない周辺漁協もはいって補償協定が締結された。漁業権放棄とおなじ、非民主的なやり口である。

これまでも、県漁業部が漁協を指導してきた、というのが松橋さんの不満である。国の機関だった原研（原子力研究所）と県、それらが漁協幹部を指導し、不正がおこなわれる。これまでわたしは、全国の原発地帯を歩いてきたが、その地域がすっぽり、透明の大きな網に絡めとられているような、息苦しさを感じてきた。なにをいっても通らない、奇妙な疎外感。

「組合（漁協）の定款がよく変わるんだよ」と松橋さんは、呆れたようにいった。「理事会に監事が出席できるようになったんだ」

実行者と監督者との癒着は、経産省と保安院のように、原子力行政の特徴である。松橋さんのお宅へうかがうと、彼はいつも押し入れからさまざまな資料をだして説明をする。説明しているうちに、顔が紅潮してくる。ひとりの漁民が、漁協ばかりか、国や原研を相手に闘争してきた執念が、蘇ってくるようだ。

原子力船がいなくなった、と思うまもなく、こんどは高レベル廃棄物のゴミ捨て場である。本州最北端の海に生きるひとたちの不安はやみそうにない。

土地先行取得、狂言強盗……

原発敷地以外の地域にでも、使用済み核燃料の貯蔵が可能になるように、「原子炉等規制法」が改正されたのは、二〇〇〇年六月だった。六ヶ所村の核廃棄物再処理工場がいつまでたっても完成せず、原発内の保存プールが満杯に近づいていた。どこかに廃棄物をはこばないと操業ができなくなる、そんな原発会社の危機感のあらわれだった。

それと呼応するように、その五カ月後の二〇〇〇年一一月、むつ市側から東京電力へ、中間貯蔵施設の立地にかかわる技術調査の依頼がだされている。東京電力がむつ市内に、「むつ調査所」を設置したのが、二〇〇一年四月。ところが、すでにそのころには、ひそかに用地買収がはじまっていた。

一九九九年一二月、当時のむつ市長杉山粛（故人）が、支持者だった市内の砂利販売会社の社長に、中間貯蔵施設誘致の計画を漏らした、という。その会社は五カ月後の二〇〇〇年五月に、県外の会社が所有していた「予定地」内の四ヘクタールを購入、東京の業者に転売されたのが、二〇〇一年一月だった。

このあたりの山林原野は、かつて売買の実績などなかったのだが、一九六〇年代後半、六ヶ所村を中心として巻き起こされた、「巨大開発」にともなう「開発ブーム」が、下北半島の北端まで波及した。使うあてのない原野を、「買っておけば儲かりますよ」との甘言をもって売買する、「原野商法」が駆けめぐっていた。

その後の調査によって、準大手ゼネコンの西松建設が、立地周辺の土地を先行取得していたのが判明した。「ダミー会社使い土地買収」。地元紙の東奥日報は、次のように報じている。

「複数の関係者や内部資料によると、西松建設の東北支店幹部が元建設会社役員や元参議院議員秘書と協議。秘書の知人が役員だった東京の建築資材販売会社が、二〇〇一年一月、地元企業のむつ市の所有地（約四ヘクタール）を購入した。

この際、西松建設ＯＢが役員を務める東京の不動産会社が、資材販売会社に約五〇〇〇万円を融資したように装って購入費を負担する形をとった。西松側は「先行投資のため」と説明したという。

一連の取引について、西松建設関係者は「西松を表に出さずに土地を入手し、受注を有利にすることが目的だろう」と指摘している。

問題の土地は誘致話が表面化する前の二〇〇〇年、杉山市長から情報を聞いた地元企業が購入したことがすでに判明。市議会などで批判されたが、この購入資金も西松ＯＢがいる不動産会社が融資したとされている」（二〇〇八年一二月三〇日）

ほぼ整地の終わった中間貯蔵施設の敷地前に、たちふさがるようにあるのが、砂利採集・販売業の「フロンティア開発」である。砂利を運搬するコンベアが、赤錆びて放りだされたように横たわっているのが、道路側からみえる。作業をしている気配はない。

二〇〇二年一〇月、「フロンティア開発」の社員ふたりが、用地買収の交渉にいったあと、強盗に襲われて七〇〇〇万円を奪われる、という事件が発生した。それで、この会社がひとしきり脚光を浴びることになった。

しかし、それはむつ市の中間貯蔵施設用の土地買収ではなかった。隣の大間町の電源開発の原発に反対していた、熊谷あさ子さんの土地をめぐる話である（彼女の話は、次章の大間原発の項で紹介する）。

フロンティア開発の社員YとKは、社長のSにいわれて、二〇〇二年七月頃から、なんども津軽海峡に沿った道を、隣町の大間まで通って、あさ子さんに土地を売るように迫ったが、歯が立たなかった。

電源開発の社長まで、あさ子さんの畑に交渉にやってきた、とわたしは彼女から聞いている。喉から手が出るほど欲しかった土地だ。だから、フロンティアのS社長がどこかの業者から依頼されて社員を交渉にあてたのか、それとも電源開発から直接依頼されたのかはわからない。

YとKのコンビは、S社長に交渉はうまくいっている、と報告していた。それでS社長は、はやく詰めるように、と金額をあげることを指示した。S社長から預っていた金額を、あさ子さんに渡していなかったことが露見しそうだった。

それで、進退窮まったYは、Kに狂言強盗をもちかけ、Kが友人のMに拳銃を入手できないか、と相談した。YはS社長に、七〇〇〇万円あれば、あさ子さんと売買契約ができる、と話した。S社長はその資金を調達した。しかし、そのころ彼は、資金繰り費用として友人から手形を借りているほど窮迫していたから、右に左に七〇〇〇万円もの大金を調達できるわけはない。

それはともかく、一〇月二一日、あさ子さんとの交渉が予定通り不調に終わったあと、海岸で三人組にクルマを止められ、拳銃を発射されて、全額奪われた、とのストーリーをつくり、大間町の海岸の空き地で、Mがもってきた拳銃を運転席に発射して、被害届を出した。七〇〇〇万円のうち、一〇〇〇万円は社長に返したが、残りの半分はYが取得した。

主犯のYは、青森地裁で懲役六年、拳銃を所持、発射したMも懲役六年、Kが懲役五年の判決を受けた。仙台高裁は、控訴を棄却した。一年刑がすくなかったKは、被害者フロンティア社の重役だった、というから、いい加減な筋書きだった。

フロンティアの所有地は、「リサイクル燃料貯蔵（株）」の敷地前に陣取っているが、同社の広報課によれば、その土地を買収することは考えていない、という。だから、フロンティアのせっかくの用地取得も、狂言強盗のようにカラ振りに終わりそうだ。

中間貯蔵施設

むつ市に建設中の施設は、正式には「核燃料中間貯蔵施設」だが、会社名は「リサイクル燃料貯蔵（株）」（資本金三〇億円）と、意識的に核燃料を外して、リサイクルを強調した社名にされている。資本金の三〇億円は、東京電力八〇パーセント、日本原子力発電（東京電力など一〇社が出資）二〇パーセントの出資である。

この会社は、東京電力と日本原電の原発から発生した使用済み核燃料を、最終処分するまで、ほぼ五〇年間貯蔵する。「中間」の名があるのは、最終処分までの間、という意味である。

使用済み核燃料は、「キャスク」と呼ばれる、高さ五・四メートル、直径二・五メートルの金属製、重さ一二〇トンのドラム缶状の円筒に、六九体（約一〇トン）分が収納されて、原発敷地内の専用港から、専用船「六栄丸」で運ばれてくる。到着した使用済み核燃料は、キャスクに収納されたまま、五〇年間保存される。保存は地中にではなく、地上の平屋建て倉庫に、縦に並べられるだけである。

「リサイクル燃料貯蔵」の建屋の建設が予定されているのは、原子力船「むつ」が係留されていた関根浜港の突き当たりの台地の一画である。

ここの二六ヘクタールの土地に、幅六〇メートル、奥行き一三〇メートル、高さ三〇メートルの建物がつくられ、その床に三〇〇〇トンの使用済み核燃料が貯蔵される。年間二〇〇〜三〇〇トンが四回に分けられて搬入される、というから、一〇年ちょっとで満杯になる。

最終的な貯蔵量は、五〇〇〇トン。そのためには、もう一棟の建屋の建設が必要になる。建設費は、総額で一〇〇〇億円、そのうち、七、八割は金属キャスクの費用、という。それでも二〇年たらずしかもたない。搬入された使用済み核燃料は、五〇年間寝かせておいて、それから再処理工場へ搬出される予定だが、原発が操業しているかぎり、無限に建屋を増設しなければならない。

二〇〇五年から二〇四六年まで、各原発で発生する使用済み核燃料は五万五〇〇〇トン、このうち、三万一〇〇〇トンは六ヶ所村へ、二万四〇〇〇トンはむつ市の中間貯蔵所へ運ばれる、と電気事業連合会（電事連）は想定している。一サイト（用地）の貯蔵規模は、五〇〇〇トン。だから、これだけでも五サイトが必要となる。しかし、いまのところ、「中間貯蔵施設」の候補地は、むつ市しかない。このままでいくと、むつ市に五サイト分の「中間貯蔵施設」が設置されることになる。

電事連は、中間貯蔵施設の専用港をつくる計画だった。敷地造成費用四三億円、港湾施設費用一八八億円、と試算されている。

ところが、東京電力は、原子力船「むつ」の専用港を所有している「日本原子力開発機構」と賃貸借契約を結んで、「借用」で済ませる方針である。

　それによって浮いた資金を、二〇〇九年度だけでも、むつ市立病院へ五億円、補正予算に計上された八億五〇〇〇万円の寄付など、東電は異例の大盤振舞いをつづけている。それにかかわる経費は、電気料金として、消費者に支払わせればすむ。

4　フルMOXに脅かされる本州最北端・大間町

「こゝ本州最北端の地」。大間崎の突端に立てられた、羊羹型の石碑に刻まれた文字である。そこから北海道函館市汐首岬まで、一七・五キロ、町の灯が漁火のように迫ってみえる。フェリーで二時間弱の距離である。

　北海道のひとたちが、本州とを遮る津軽海峡を、「しょっぱい川」といってのけたりするのは、本州から隔絶されて未練がましく、「内地」などとはいいたくない、そこにあるのはたかだか川じゃないか、という負け惜しみの表現でもある。

　下北半島から北海道を望むと、ここはけっして日本最北端の袋小路ではない、北海道へ渡る海上の道のはじまりである、とホッとする思いにさせられる。ここでは渡島（おしま）は対岸北海道の別名だが、ここにくると、そうか、とその言葉を実感させられる。


むつ市の市街地から、津軽海峡沿いの国道にでて、下北半島、鉞型の嶺にあたる海岸線をクルマで走ると、海のむこうに長い渡島連峰が輝いてみえる。それを伴走させるようにして西北にむかう。松前（北海道）の山には陽があたっているが、こちらにはあの綺麗な光は一度だって当たったことはない、と詠ったのは津軽の詩人だった。

　菅江真澄がその陽の当たっている松前の福山港から乗船したのは、寛政四（一七九二）年一〇月七日だった。もう寒風が肌に痛かったはずだが、乗客たちは「波もたいらで、こんな海がすこしも荒れないなぎの日は、またとないことだ。ああ、たのしい、飲めや歌え」と船端をたたいては、杯を挙げていた（『菅江真澄遊覧記3』平凡社・東洋文庫）。

　高くのぼった皓（しろ）い月明かりに照らされながら、船は無事に大間崎の奥戸港にはいった、というから、一日がかりの船旅だった。着地した場所が、いま、原発予定地にされている場所である。かつて渡島から鹿の大群が渡ってきた、ともつたえられている。月光が一面に白く拡がる海上を、角の張った頭をもたげた鹿たちが、必死に泳ぐさまをわたしは想像したりする。

　奥戸から南下した佐井村は、南部藩が檜葉（ヒバ）山を留山（とめやま）（山林保護のため狩りや伐採を禁じた山）にするまで、たとえば享保年間（一七二〇年ごろ）は、杣夫たちが入り込み、五〇〇〇人もの大集落（『大間町史』）となっていた。ここの長福寺に祀られてある十一面観音像は、円空仏だが、滑らかな肌で穏やかな表情である。

やがて四〇年後、檜葉山のほとんどが藩有化され、さらに飢饉が襲いかかったため、佐井村のひとびとは北海道に渡って函館の町をつくった、と伝えられている。

江戸時代の探検家松浦武四郎が、一八四四年にこの辺りを歩いた記録が、『東奥沿海日誌』だが、そこには、大畑の集落は六〇〇軒あったのが、三百二、三十軒に減った、と書かれ、「松前辺へ出稼に行て其儘彼地に在附故に町内空家多く、然れ共檜山稼、松前稼、小商人等皆内心にハ忿りけり」（時事通信社）とある。いつの世でも圧政は地域を選別、切り捨てる。日本は民草を押し潰して、「近代化」をすすめてきたのだ。

いま、この「本州最北端の地」は、ＮＨＫの朝の連続ドラマによって、「まぐろ一本釣りの町」、あるいは「くろまぐろの町」として知られるようになった。が、それ以前に漁協は漁業権を手放して海をカネに替え、原発建設工事がはじまっている。

つくられるのは全量がプルトニウムを使うＭＯＸ燃料という、さらに危険な原発だが、稼働したあと温排水の放流が心配されている。温度に敏感なマグロの回遊と温排水の放流とは、とんでもない矛盾である。

かつて、陸奥湾内の漁民が生活に疲弊していたころ、原子力船「むつ」の定係港を受け入れた。補償金の誘惑に負けたのだ。が、数年たって、船影があらわれたとき、湾内ではホタテ貝の養殖がさかんになっていた。無数の漁船のピケを排除して無理矢理出航した「むつ」が、海上で放射線洩れ事故を発生させ、港に帰れなくなった背景には、ホタテ養殖がドル箱になっていた歴史のすれちがいがあった。

国策会社の原発計画

津軽海峡に面したふたつの漁協、大間漁協（組合員八六二人）と奥戸漁協（三五四人）は、長いあいだ、国策会社「電源開発」の原発建設に反対だった。電源開発（以下、電発。二〇〇三年に同社は民営化し、正式名称とは別にＪ－ＰＯＷＥＲとも称している）が当初計画していたのは、カナダが開発した重水炉（ＣＡＮＤＵ炉）だった。これは天然ウランを直接燃焼させるので再処理は不必要、米国型軽水炉一辺倒ではなく、リスクを分散できるとされていた。

ところが、日本の原子力政策は、米国が支配する核不拡散条約の支配下にあったためか、軽水炉路線の充実、という名目でＣＡＮＤＵ炉の導入は見送りとなった。その代わりに、動燃（動力炉・核燃料開発事業団、その前身が原子燃料公社）が開発した、天然ウランとプルトニウムを混合して使用する、新型転換炉（ＡＴＲ）の実証炉建設に方針転換された。

しかし、福井県敦賀市に建設した原型炉「ふげん」が事故を起こして廃炉となると、こんどは大間に全燃料をウランとプルトニウムの混合酸化物（ＭＯＸ）とする、世界ではじめての改良型軽水炉（一三八・三万キロワット）を建設する方針へと再転換され、プルトニウム依存路線の先頭をひた走ることになった。最悪の選択である。

おなじ動燃が開発した高速増殖炉「もんじゅ」が、事故を起こしながらもまだ実験にこだわっているのは、六ヶ所村の再処理工場でのプルトニウム生産と消費のサイクルにしがみついているからである。ついでにいえば、動燃は事故つづきのイメージから逃れるため、「核燃料サイクル開発機構」と名称を変更したあと、こんどは日本原子力研究所と統合して、「日本原子力研究開発機構」に収まった。

第1章で述べたとおり、下北半島の核半島化は、公式的には、一九六九年三月、通産省の外郭団体「日本工業立地センター」の調査報告書からはじまっている。このときすでに、核燃料サイクルのすべてを、この半島に集中立地させることが構想されていた。

しかし、むつ市の市街地に面した岸壁を、「原子力船母港」にする計画が発表されたのは、それより四年もはやい一九六五年の夏、あたかも三菱系四社による「むつ製鉄」建設が、突如として中止にされた直後だった。地元に過大な夢をあたえた最初のきっかけが製鉄所建設だった。

幻の製鉄所

この半島には、キリシタンが日本に製鉄技術をもちこむまえから、たたら製鉄の歴史があった。しかし、その製鉄法をささえた砂鉄を原料にする計画だったから、実現したならあたりじゅう掘り返され、重大な環境破壊になっていたはずだ。しかし、大量生産を維持するほどの埋蔵量があったのかは、疑問である。

幻に終わった製鉄所に大型電気炉を建造するはずだった三菱重工が、原子力船「むつ」の原子炉を製作することになったのは、偶然だったのかどうか。辺境の地に突如としてぶちあげられた「幻の製鉄所」計画が、原子力船「むつ」を引きこむための、水路だったのかどうかはわからない。

しかし、日本最大財閥、三菱系企業の進出発表が、過大な開発幻想となってふくれあがり、急転直下の破談が、むつ市民に極端な飢渇感を煽ったのはまちがいない。

巨大開発といわれた「むつ湾小川原湖開発」が、その構想の底に、三菱重工や石川島播磨重工（現ＩＨＩ）など原子力船「むつ」グループによる、原子力半島化計画を下敷きにして、じいっと出番の瞬間をまっていたように、原子力船「むつ」の進水が、使用済み核燃料の中間貯蔵施設にむかう出港だったのは事実だった。

その貯蔵第一号が、ほかならぬ「むつ」の原子炉と廃棄物だったから、自作自演である。それもいまは鉛入りガラスのケースに収まり、見世物になって入場料を徴収、原子力の安全性を喧伝するサンドイッチマンになっている。一五〇〇億円も投入して廃船になったあとの、なんともささやかな廃物利用である。「巨大開発の村」から「核燃サイクルの村」に変身させられた六ヶ所村は、「悲しみの村」というべきであり、広大な買収地の使用法が定まっていない東通村は、「疑惑の村」であり、「夢の原子力船」母港から使用済み核燃料の荷揚げ港に変貌したむつ市は、「裏切られた市」である。そして、これから報告する大間町は、「転換の町」というべきか。

　むつ市の中心部から、下北半島の先端、大間町まではおよそ四〇キロ、津軽海峡沿いの一本道だが、途中、下風呂温泉街を通り抜ける。時間があれば共同風呂に飛び込むことができる。すこし山側にはいれば薬研(やげん)温泉である。

　水上勉の「飢餓海峡」の女主人公は、下北半島出身の娼婦であり、それを映画化した内田吐夢監督は、森林鉄道の軌道車のうえで、三國連太郎と左幸子が握り飯を頬張る印象的なシーンを再現している。このブナとヒバの原生林が、ロケの舞台である。

　大間に至る国道の右側は北海道の山並みだが、左側にアーチ型の鉄橋やトンネルの廃墟がみえる。戦時中に敷設工事がおこなわれながらも、ついに挫折した鉄道の名残である。連行された朝鮮人の強制労働だった。海岸まで山が迫る難工事だったから、犠牲者も多かったはずだ。生き残った人たちは、戦後になって「浮島丸」で故郷にむかった。が、途中、舞鶴沖で爆発事故を起こして沈没した。

　なお、笹沢魯羊の『下北半嶋史』(下北郷土会)によれば、大湊要港部司令官として着任した栃内曾次郎提督は、大間と函館の位置が英仏海峡のドーバーとカレーに酷似する、両港の連絡が軍事上緊要だと提唱した。鉄道工事の速成を訴えた関係町村の請願書にも、ドーバーとカレーの地名が記されてあるのだが、この寒々とした風景が、ドーバー海峡の町カレーに似ているのはまちがいない。

原発拒否を貫いた女性

大間漁協、奥戸漁協はともに、原発建設計画に反対していた。それを電発の現地駐在員たちが、長年にわたる執拗な工作によって、漁協内に「対策委員会」を設置させて交渉にこぎ着け、さらに議決権のある正組合員を水増しさせるなど、形振りかまわぬ攻撃によって(六ヶ所村も東通村もむつ市もおなじ手法だった)、狙い通り漁業権放棄決議へともちこんだ。

　漁業補償額は、大間漁協が五二億円だったのが、一九九四年二月、最終的に七六億円、それにプラスして漁業振興基金二〇億円、奥戸漁協が当初二八億円だったのが、三八億円八〇〇〇万円、一〇億円の漁業振興基金と大盤振舞いの妥結だった。このとき、電発側との仲介人だった山内義郎副知事は、こう語った。

「再提示額が一〇〇億円を大きく超え、両漁協に評価してもらえるのではないか。電源開発は頑張った。今回決まらなければ、計画は一〇年延びてしまう。両漁協には、総会で是非決定してもらいたい」（『東奥日報』一九九四年二月一六日）

県当局は住民側だったのか、それとも電発側だったのか、よくわかるコメントである。ところが、そのあと電発は「新型転換炉」の導入をやめ、よりプルトニウムを消費する「フルＭＯＸ」型に変更、その能力拡大にともなう温排水の増量分として、大間へ二二億円、奥戸へ一三億円の追加払いをした。その金額も、当初提示額の倍となった。

前章のむつ市関根浜漁協の例でも紹介したが、どこの地域の原発施設でも、打手の小槌のようにカネをバラ撒き、その力だけで地元を屈服させてきた。それにたいして、一貫して拒否しつづけてきたのが、奥戸の熊谷あさ子さんだった。

あさ子さんが土地を売るのはいやだ、といっていたのは、海を汚したくないという想いによる。これまで用地買収は、金額を積み上げるとか、相手が根負けするまで感情に訴えるとか、あるいはその双方によって目的を達してきた。しかし、彼女はいっさい聞く耳をもたなかった。

あさ子さんとの交渉を依頼されていた建設会社の社員が、持ち歩いていた補償金を横領したのは、なんど交渉にいっても難攻不落、そのうち手許の七〇〇〇万円に目が眩んで、狂言強盗を自演したのだ。海峡の淋しい海岸に一台の外車が停まっていた。不審に思った一人の漁民が近づいていくと、車内に二人の男が粘着テープでぐるぐる巻きにされていた。

と運転席の男が、待ちきれなかったように、口許の粘着テープを自分で外して「警察へ連絡してくれ」と頼んだ。自分でテープを外したのが怪しまれ、逮捕のきっかけとなった。

買収と切り崩し

大間原発は一九七六年四月、大間町の商工会が、町議会にたいして「原発立地の適否調査」を請願する、という形ではじまった。環境調査をするだけ、というのだから反対はなかった。議会が誘致を決定したのは、それから八年もたった一九八四年の暮れである。

おなじ年の四月、電気事業連合会（電事連）が、六ヶ所村に核燃料サイクル施設をつくるとはじめて公表した。大間町に建設するのが、プルトニウムを産みだす、六ヶ所村の核燃サイクル施設と一体化した原子炉の建設だった。

建設予定地にされた一三〇ヘクタールの地権者は、四三〇人にもおよんでいた。海に面した段丘のうえ、半農半漁のひとたちの零細な土地である。漁民は漁業権ばかりか、畑まで失うことになるのだから、抵抗はつよかった。

そのころ、たったひとりの反対派町議で、子どものころからの漁師だった蛯子久三郎さんは、「このあたりは、日本にふたつとない漁場だ。なんでも獲れる」と自慢していた。アイナメ、ソイ、ヒラメ、ブリ、マグロ、タコ、イカ、アワビ、ウニ、ツブ貝、それにコンブ、ワカメ、テングサ。そのほとんどが根付け漁業といわれる沿岸の漁撈である。一・五トンほど、船外機をつけた小舟で漁ができる。

それだけに、原発の温排水の影響をもろに受けることになる。「大間原発に土地を売らない会」や「大間原発を考える会」などの反対団体が結成された。が、そのひとたちも年老いたり、息子に代替わりしたり、死亡したりして反対陣営から去った。まして漁協が賛成して補償金を受け取ってしまえば、反対とはいえなくなってしまう。

切り崩しのために用いられた方法が、「先進地視察」だった。交通費から飲み食いすべてが無料の、接待旅行である。この住民にたいする買収行為は、各地の原発でおこなわれた常套手段である。

大間町の議員で、七回も「視察旅行」にいった、という豪の者がいた。タダが当たり前になってしまうと、地域を売り渡すことに抵抗を感じなくなってしまう。

「県、町、会社の緊密な連絡」とは、電発が地域攻略のための内部文書に書いていたノウハウだった。といっても、それもまた、原発立地地域では全国共通の現象だった。電発の社員は七〇から八〇人も常駐しては、田植え、稲刈り、コンブ取り、挙句の果てはペンキ塗りまで手伝って、住民の歓心を買っていた。

戦後、GHQの財閥解体の対象となり、九分割させられた「日本発送電」に代わって、「電源開発」が大型工事をおこなう国策会社として設立された。国家予算による企業だっただけに、「ただ飲み川」といわれた只見川ダム建設や石川達三の「金環蝕」でよく知られるようになった、九頭竜（くずりゅう）ダム建設など、自民党政治家たちと建設会社の暗躍の舞台となった。

最近の例でいえば、小沢一郎議員への大量献金で話題をまいた西松建設が、東通村の東電原発一号機の土木工事（一四億円）を受注したり、むつ市の中間貯蔵施設で、土地の先行取得のために、「融資」を偽装して、市長（故人）に資金を提供していた事実もあきらかになった。

しかし、なぜこの下北半島の突端の丘陵地帯に、旧国策会社が登場するようになったのか。

これについて、営林署の職員で、全林野労組の役員や地域の労働運動をつづけてきた佐藤亮一さん（七四歳）は、二〇年ほど前、つぎのように語った。一九七三年ころ（商工会が原発立地の適否調査を議会に請願する三年もまえ)、北海道へ電力輸送するための海底ケーブルを敷くための調査、という触れ込みだった。

そのあと原発の話がきた。立地のための調査ではない、といっていたのだが、書類をよくみると「立地を条件とする」と書かれていた。「ほかはみな賛成している。反対しているのはお宅だけだ」といわれた、という。

買収工作がはじまる前の話である。町議たちが「抵抗しても、最後は強制収用で取られるだけだ」と町民を脅していたのは、電発職員の受け売りだった。

六ヶ所村の「巨大開発」の土地買収がはじまったときも、農民たちは強制収用を心配していた。一九七〇年代はじめの三里塚(成田)闘争のころ、テレビは強制収用のシーンを繰り返し報道していたし、それ以前の水力発電所用のダム建設もまた強制収用だった。それらは住民に刷り込まれた恐怖の感覚だった。それればかりか、電発の社員にも残されていた尊大な感覚だった。

それでいながら、大間のひとたちがいま心配しているのは、このまま原発ができなかったら、いままでもらった土地代を返さなければならない、ということのようだ。不安がいろいろなことを口走らせる。だれかがまことしやかに言う。それがブーメランのように自分たちに返ってきて、意識を束縛する。

「海があれば生きていける」

原発の予定地で畑を耕しつづけ(といってもひとの土地を勝手に予定地にしたのだが)、執拗な買収工作にもめげず、拒みつづけてきた熊谷あさ子さんに、電発側は一億円以上の補償金額を提示し、さらに積み上げた。が、なんら効果はなかった。

あさ子さんの畑に、みずから乗り込んできた杉山弘電発社長は、「私の在任中に契約させてください。どうか一基だけでもつくらせてください」と頭をさげた。

あさ子さんは、「一基も二基も三基も同じだべな」といって取り合わなかった。町長も議会議長もやってきた。人口六〇〇〇人、狭い町での抵抗は並大抵ではないはずだが、あさ子さんは、持ち前の大きな声で、明るく笑っていた。

もしも原発設備が完成すれば、電源三法交付金で七二億円、固定資産税が四三〇億円、ざっと五〇〇億円ものカネがはいる、と町では見込んでいる。

「あさ子様ご所有の土地につきましては、発電所の建設に当たり非常な重要な位置に所在しており、あさ子様のご理解とご協力が極めて重要な状況にございます」

バカ丁寧な書き出しの手紙がやってきた。電源開発の現地事務所責任者からのものだった。そのあとに、「海の工事に伴う監視船も多くの方々にでていただく」と書いてあるのは、漁船を「監視船」に借り上げるので、漁がなくても高い日当をだすぞ、有利な仕事を与えてやるぞ、との恩着せがましいいい方である。沖縄県名護市の辺野古のボーリング調査でも、防衛施設庁は高額な日当で地元の漁船を雇っていた。

「町、議会からも話し合いによる円満解決を図るようご要請を受けている」

などと書いているのは、地域の権力者たちがバックにいるよ、といういやらしいいい方である。

勝手に工事をはじめておいて、あなたの土地は原発建設にとって、「非常に重要な土地だ」というなど勝手な理屈だ、とあさ子さんは、鼻先で笑っていた。本来ならば土地を買収してから、工場のレイアウトを考え、それにもとづいて原子炉設置申請をするとか、公有水面埋め立て申請をするとかすべきはずである。

ところが、勝手に工事をはじめてから、そこは重要な土地だ、そこをどけというのは、町長や議員たちと結託していて、用地買収は楽勝と考えていたからだ。「ひとの生活を無視して傲慢だ」とあさ子さんはあきれていた。町長と議長の連名で、「用地買収に協力してください」との手紙もきた。彼女は「話し合う意志はない」と配達証明付きの返書を送った。

あさ子さんは、精神的に追い詰められていた。気丈夫そうだったが、話をしながら首を左右にふっていたのは、ストレスが強かったからだ。それでも、だれがきても一歩もひかなかった。

敗戦の年が小学校二年生、戦後教育の申し子である。そのこともあってか、だれとでも人間は対等との意識がつよく、電発社長や町長、役場のエライさんたちが日参しても、頭を縦に振らなかった。

「海や畑を売ったら終わりだべさ」

夫の志佐夫さんが元気だったころ、一緒に船に乗って、太平洋側の三沢沖あたりまで、イカやマグロを獲りにいった。一九九五年に志佐夫さんが六二歳で病没してからは、小船でコンブやワカメを獲る根付け漁業。

「海があれば生きていける」――それは子どものころから、漁の手伝いをしてきた、あさ子さんの哲学だった。男たちは権力に弱くてすぐ賛成する。

大間にあらわれた「戦略村」

二〇〇三年二月下旬、電発の中垣喜彦社長は、県庁と大間町役場を訪れ、「炉心位置を変更する」と表明した。それまでにも、着工時期は一四回も延期されていた。彼もまたあさ子さんの自宅を訪問していた。それはいかに彼女の畑が原発建設に重要だったかを物語っていた。

結局、電発は彼女を説得しきれず、炉心を南へ二五〇メートル移動させることにした。これによって、原発建屋が、あさ子さんの土地にかからないことになった。といっても、原発建屋の二五〇メートル隣に、住民の土地があって、軒を連ねて民家が建っているのは、原発建設史上はじめて、前代未聞である。

わたしはこれまで、奥戸や大間の漁民の反対派のひとたちと会ってきた。土地を手放してしまうと、お宅へうかがってもなにもいわなくなってしまう。あさ子さんは、カラオケへ一緒に行く仲間を失った。

最初のころ、風の強い丘のうえに、アンテナのような気象観測塔が立っただけだった。そばに、電発がつくった簡単な見晴らし台があって、そこから海を望む方向に、港の堤防と原発の配置図を描いた案内板が立っていた。

やがてなにやら穴が掘られ、ビニールシートで覆われ、海岸を走っていた国道が、山側に付け替えられた。住民の共有地も買収され、あさ子さんは、裁判に負け、畑に通う道を取られてしまった。

電発が一方的に用意した道を、通うしかなくなった。それはヴェトナム戦争のときに写真でみた、米軍の「戦略村」のように、ぐるりとフェンスで囲まれ、人間が通れる幅だけをあけた通路である。国道からはいる入り口の監視小屋には、電発が雇ったガードマンが常駐し、はじめのころはいちいち誰何(すいか)していた。が、いまはさすがにやらなくなった。

買収しそこなった私有地を囲い込む政策は、成田闘争など買収が長期化した地域にみられた。一九九五年に夫を亡くしたあさ子さんは、たった一人の抵抗者だった。それを甘くみた電発側の失態だった。

あさ子さんが急逝したのは、二〇〇六年五月である。長女の小笠原厚子さんは、畑でツツガムシに噛まれたのが原因だ、と考えている。熱があった。冷やしてはいけなかったのだが知らずに冷やした。そのあと入院した。が、四〇年間もツツガムシの被害がなかったため、医者には知識がなかった、と厚子さんがいう。右の頸に虫に噛まれたような赤い斑点があった。一週間たらずで亡くなったのだ。六九歳だった。

母親が亡くなり、厚子さんは函館の生活を引き上げ、娘の奈奈さんといっしょに大間に帰ってきた。一五年前、ニューヨークでの十数年にわたる生活を切り上げ、帰国して住んだのが、函館だった。そこなら実家でひとり暮らしている母親に会うために、フェリーで二時間たらずである。大間のひとたちにとって、函館はおなじ下北半島のむつ市よりもはるかに大きな町で、通院や買い物に便利である。

原発用地の中でつづく抵抗

三年前から、厚子さんは一人娘の奈奈さんと「あさこはうす通信」を発行している。「はじめに」に厚子さんは、こう書いている。

「私の母、熊谷あさ子はたった一人で電源開発と戦ってきました。

「津軽海峡の海は守るんだ。この自然と土地を大事にして生活していれば、人間どんなことがあっても生きていける」

電源開発は母の土地を買収しようと、絶対土地を売らないと言う母に対して、肉体的にも精神的にも支障をきたすほどの大変な圧力をかけてきました。

「こんな危険なものを将来を担う孫たちに残したら駄目だ。どんな大金をつまれても自分の目の黒いうちは絶対に土地は売らない」といっていました。

でも悲しいことに昨年五月一九日に天国に旅立ってしまいました。

今現在も原発予定地から二五〇メートルしか離れていない所に私有地があり、その土地の中にログハウスが建っています。そしていまも戦っていることを知らない方も多いと思います。すこしでも多くの方々に現状を知って頂き、この土地で自然の恵み、太陽の恵みを活用して生活できる状態にする事、こどもたちが安心して自然にふれながら遊べる場所にするのが、亡き母のそしてわたしの目標であり、夢です」

娘の奈奈さんは、こう書いている。

「今まで祖母が生きていた頃からも表立って活動することなく、第三者の方が祖母の名前を借りて（とまではいきませんが）活動し、「大間原発反対」と主張していました。また、それらは同じ青森県の六ヶ所村の運動と並行して行なわれていて、大間原発を中心にされておらず、悪く言うとオマケといわんばかりでした（あくまでも私個人の感想です／汗）。そして祖母が亡くなってしまった今、母が代わりになって代表者をしておりますが、いままでの活動の方法のままではいけないと思い、どうにかして私たちが今していることを一人でも多くのひとに伝えることは出来ないだろうかと考えた所、このような会報にして発行していくことに決定したのです」

原発用地のなかにいて、まったく孤立していた。それでも、これから自分たち独自の運動を親子の場から立ち上げます、支援してください、との訴えである。

「あさこはうす」は、八畳二間ほど、屋根裏部屋つきの手づくりのログハウスで、電気は風力発電と太陽光発電の混合、洗濯機やテレビ、こたつなどに不自由はない。飲用水はその電力で地下からくみ上げている。あさ子さんは、ここに住民票を移して、ここで生活するつもりだった。が、残念ながら予期せぬ急死だった。

ここに泊めてもらった朝、柵のむこう側でウサギが死んでいた。痩せこけていたから、食糧を探しにやってきたようだった。一三〇ヘクタールもの土地を囲って、その中の樹木を伐り倒したのだから、小動物が生き残れるはずがない。このあたり一帯は、「貴重動植物保護域」にはいっている地域だが、県は黙殺している。

この海岸段丘の畑に、「ドウマンチャ貝塚」がある。縄文晩期といわれているが、厚子さんは「あさこはうす」の敷地内で畑仕事をしていて、土器の破片や鏃を、いくつか採掘している。九学会の下北調査報告書によれば、クジラ、トドなどの遺存骨が出土していて、石鏃、石槍などの刺突具が盛んに使用されていた、という。先人の狩猟と漁撈の姿が髣髴される。

注ぎ込まれるカネ

一九八四年一二月に、大間町議会で決議された原発誘致の意味づけは、「積極的に原子力発電所の誘致を図り、我が町が念願してきた地場産業の育成と若い産業人の人材開発に寄与すると共に、さらに町民に広く就労の場を設定し、もって町民の福祉向上と明るく豊かな家庭生活を通して伝統ある歴史を護り文化の向上を図るべきである」というものである。

これほど空疎な文章はめずらしい。なにも考えていないのに等しい。狙いは、ただカネである。現在の工事進捗率は、一三パーセントていどなのだが、一桁台のころから、大間町には国から八〇億円もの交付金が支払われている。さらにこれから、国の交付金が一〇〇億円ほど、固定資産税四〇〇億円、合計五〇〇億円ちかいカネが、人口わずか六〇〇〇人の町にそそがれる。

青森県には大間原発のほかにも、むつ市の中間貯蔵施設、六ヶ所村のＭＯＸ加工工場といった新規の建設計画があるため、これからの一〇年間で、国から一施設あたり六〇億円、上記の三施設だけでも計一八〇億円の交付金がはいる。「サイクル交付金」という名の買収金である。大間原発は、そのサイクルから産みだされるはずの、厄介者のプルトニウムを消費するためにだけ建設される。

はじめのころ、九電力は国策会社・電源開発の原発進出に反対だった、という。青森県企画部長だった千代島辰夫氏は、東奥日報の記者に、「東北電力や東京電力の役員を通し、すべての電力会社が電源開発の原子力進出に反対している事情を知っていたものだから、電力業界との調整が決着しない限り、大間原発は実現しないと思っていた」（二〇〇六年六月二三日）と語っている。進出の切迫感はさほどなかった、ということのようだ。

国策会社だったころはそれでもよかった。が、いまは民営化され、大きな資金負担になっているはずだ。一週間あとの同紙には、経費回収のカラクリについて、元東電副社長の池亀亮氏が語っている。

「原子力は「国策民営」だなんてきれいな言葉を使っているが、どういう仕組みかというと、国策の費用を電気料金に上乗せし、国民に負担してもらうことだった。誰も文句を言わない、実にうまい隠れみのだった」

建設現場ではすでに死亡事故が発生している。温排水の放流路に鉄製水門を設置する工事で、下請労働者が鉄板の下敷きになって死亡した。つづけて、送電塔の下で作業していた労働者が、落下してきた部品で顔面に重傷を負っている。

さらに、六ヶ所村の再処理工場内では、二〇一〇年六月上旬、社員が転落死しているのが発見された。最終工程のガス溶融炉のなかに落ちた耐火煉瓦を、遠隔操作で回収する作業が難航している現場である。試運転はデッドロックに乗り上げたままだ。転落事故はその極限状況を反映している。

再処理工場では、被曝事故も発生しているが、派遣労働者の二重派遣、三重派遣、四重派遣までおこなわれていたデタラメが露見した。それを担っていた原燃環境、青森クリエイトの村内二社とクリハランド、木内計測、千代田メンテナンスなど五業者にたいして、青森労働局が改善命令をだした。

県内のどこの核施設でも、人手不足になっている。大間原発の本体工事がはじまったとしたなら、悪質な労働者供給事業の違反行為が、問題化するであろう。

原発と向きあう人びと

いま、大間町で「原発反対」と公然と発言しているのは、小笠原さんと郵便局員だった奥本征雄さんと自分の三人だけだ、と佐藤亮一さんがいう。ご本人は以前うかがったとき、鼻血がでてしょうがない、と横になっていたのだが、その後、脳梗塞を発病した。いまはリハビリで回復した。命拾いだった。「みなやめてほしいと考えているんだけど、補償金をもらったから、なにもいえないのさ」という。

金澤満春町長(六〇歳)は、父親や叔父も町長だった、という家柄である。東京で会社勤めをしたあと帰郷、町長選にでた。二期目である。歴代町長とおなじ原発誘致派である。「なぜ、原発なんですか」と聞いた。

「先人がすすめてきた事業だし、地球温暖化をふせぐ。エネルギー政策に貢献する」という模範回答だった。「安全性は信頼している」という。これもまた、歴代おなじ口調である。

役場は木造の古びた懐かしい建物だが、「原子力防災のためにも新築したい」と町長がいうのは、矛盾である。「原発は安全」なはずだ。

わたしは金澤町長に二〇〇八年にも会って、小笠原さんの畑について質問している。今回も前回とおなじ、「解決はしていないが、問題はない」との見解である。「当人と事業者の問題で、町には関係ない」

奥戸漁協にいくと、体格の立派な中年の漁師が書類をもらいにきていた。「大間(漁協)はまだマグロがいい(成績だ)」と彼がいうのは、奥戸漁協の漁区の海流が、大間漁協と微妙にちがうためだ。

マグロの稚魚は、ほかの地域からやってくるトロール船に乱獲され、育たない。温暖化でタイ、ブリなども獲れず、海草類も激減している。水産庁が巻き網漁船の漁獲枠を拡げたのが、沿岸漁民の苦況を生んでいる、もっと規制してくれ、と彼は息巻いた。彼にとっては、原発による温排水の心配は、まだ先のことのようだった。

国策被害地帯に無関心の世論

原発の埠頭ができている奥戸の海岸にでてみた。前にきたとき、作業小屋で海から揚げたばかりの海草を整理していた老人夫婦と話したことがあったので、「またいないかな」と考えてのことだった。が、その日は風がつよく、海岸にはだれもいなかった。海にむかって遠く延びる防波堤がつくられてから、海流が変わって、海草もとれなくなった、とその老人は嘆いていたのだ。

かつて、海岸に家が点在していたのだが、いまは急にフェンスで断ち切られ、行き止まりになった。そこから先が原発の敷地になったからだ。原発の境界線をしめす金網とならんで建っているのが、Kさん（七九歳）のお宅である。その奥は行き止まりである。

Kさんはこの海岸で製材所を経営していたのだが、立ち退きに遭って廃業したという。いまは家だけがここにある。この部落では、二〇戸が立ち退いた。フェンスのむこうで、大型のクレーンのアームが、せわしく動いているのがみえる。

「原発の施設がだんだん形になってくると、心細くなります」という。それでもKさんは、「反対はしなかった。危険なものとは思っていなかった」と、さほど不便ではなさそうな口ぶりだった。

二〇〇九年一一月にも、わたしは電発の現地事務所に出かけて、広報グループの担当者と会っている。そのとき、運転開始の時期は二〇一四年に延びた、といった。「あと四年でできるわけはないでしょう」とわたしが押しても、否定しなかった。福島の事故が起きたいまでは、ますます絶望的である。

温排水の放水管に関心があった。海岸線から七〇〇メートルほど沖合、水深一二メートルの海中に、大量の温排水を放流する。一秒当たり九一立方メートルの量である。水温は七度上昇する。影響が出ないわけがない。

民主党政権は、連合傘下の大労組の圧力を受けてか、原発の輸出を強める政策を発表している（3・11後、中止）。日本の原発は、輸入から始まり、ライセンス生産、自主開発、そして輸出へ、と「死の商人」への道をすすんできた（最近は、モンゴルに使用済み核燃料の最終処分場を建設することまで計画されている）。

それはかつてのアジアへの公害輸出のような、「核の恐怖」「下北核半島の矛盾」の輸出である。下北半島はいまなお戦争時代からの国策被害地帯である。ここを日本でもっとも危険な地域にする計画がすすめられているのだが、本州―北端の地での核の進行に、ひとびとはまったく無関心のようだ。

5　3・11後の下北半島

凍結された工事

津軽海峡を背景に、鉄骨を組み立てた巨大なクレーンが数本、虚空を刺したまま身じろぎもしない。

福島第一原発事故から一カ月がすぎ、四月も下旬になった。ホテルのロビーで見た今朝の新聞は、冬のあいだ閉ざされていた、霊場恐山に登る道が開通した、と報じている。雪山の底を溝状に切り拓いて姿をあらわした、黒々としたアスファルト道路の写真は、春を告げる恒例の風物詩である。

たしかに春はきた。福島第一原発事故のあと、下北半島最先端の町、大間での原発建設工事は、ぴたりと止まった。もともと、もっとも危険なプルトニウムを燃料にする、世界ではじめての実験的な原子炉である。このまま工事が凍結され、建設中止になるか、それとも、数キロ先に係留されていた原子力船「むつ」のように、事故を起こして廃炉になるか、そのどちらかである。

二〇一〇年の夏きたとき、なだらかな海岸段丘に、ポツンとタービン建屋だけが建っていたのだが、いまは原子炉建屋が姿をみせはじめている。進捗率三七・六パーセント。わたしがこれまで各地でみてきた、無愛想な箱形や円筒形のコンクリートの塊とはちがって、三角屋根なので、おやと思わせた。

プルトニウムを詰め込んだ、危険なＭＯＸ（ウランとの混合酸化物）燃料の専用炉だから、大事を取って天井を厚くしたのであろう。実験もないまま、いきなり商業炉になった、出力一三八・三万キロワットの巨大原発である。

すぐそばに、小笠原厚子さんのログハウスが建っている。そこにむかう道の両側は、有刺鉄線を張り巡らした背の高いフェンスに囲まれている。迷路のように曲がりくねった、狭い、陰鬱な道を通り抜けながら、わたしはいつも憤りにかられる。入り口には監視所があって、ガードマンが常駐しているのだ。

これまでも、開発事業は、イギリス中世の「囲い込み（エンクロージャー）」を土地収奪の手段としてきた。が、ひとの出入りをチェックする監視所の設置は異常である。わたしはここにくるたびに、かつて訪問したパレスチナのガザ地区の出入り口にある、イスラエル側の検問所を想い起こす。原発を建設するものの過剰な恐怖と警戒心は、力で支配しているイスラエルの恐怖に似ているのかもしれない。

ついこの間まで国策企業だった電源開発（以下、電発）が、小笠原さんが畑仕事のために通う一キロたらずの道を、フェンスで取り囲み、警備会社に監視させているのは、農地を買収できなかった腹いせである。わたしもガードマンになんどか誰何されたことがあって、そのたびに強く抗議してきた。

小笠原さんのログハウスは、原発から二五〇メートルしか離れていない。わたしが知っている例では、どんな極端な場合でも、原発までは五〇〇メートルほどの距離だが、ここは超極端である。経済産業省が認めた電発の計画書は、無謀にも、小笠原さんの畑の上に原子炉建屋を設計していたのだ。

ところが、社長直参で説得しても、母親の熊谷あさ子さんは、「土地を売って原発がつくられたら、海がだめになる」といって、頑として土地の売却に応じなかった。結局、会社側が計画を変更して、炉心を海側に二五〇メートルも移動させて、再審査を受ける羽目になった。

生き死にに無関心な学者たち

経産省が安全審査した文書「電源開発株式会社大間原子力発電所の原子炉の設置に係る安全性について」（二〇〇七年四月）でも、「炉心の中心から敷地境界までの距離は……北方向で約300ｍである」と書かれている。「約」というが、二五〇メートルだ、と小笠原さんはいう。半径五キロ以内の人口は七一〇〇人、一〇キロ以内では九九〇〇人、と書いていながら、結論部分で、「周辺公衆との離隔の確保については……「原子炉立地審査指針」に適合しており、妥当なものと判断した」という。

人口がすくないから安全だ、と政府は認定したのだが、ほぼ一万人のひとたちの生き死にに無関心なのが、安全審査に携わった大学教授たちである。まして二五〇メートルの近距離に、小笠原さんと娘の奈奈さんが住んでいても、黙殺した。

原発推進の国策を担ってきた経産省が、原発の安全性を審査するのだから茶番だが、福島第一原発の事故が発生したあとになってみれば、その作為は犯罪的行為だった、と気づかせる。

電発の広報担当者と大間町の町長に、小笠原さん親子のことをきくと、「あすこは敷地から外れていますから」と双方とも無視の風情だった。敷地を外して建設しているのだから、なにも問題ない、という見解である。

母親のあさ子さんは二〇〇六年、ツツガムシ病という、いまでは珍しい病気で急逝した。そのあと、原発の侵略に抵抗して、一ヘクタールほどの畑を、厚子さんと娘の奈奈さんとで守っている。この三代にわたる親子にしても、プルトニウムの恐怖に対抗し、反対してきたわけではない。「海と畑があれば、人間生きていける」というあさ子さんの父親、銀蔵さんの教えを守っているのだ。

わたしは生前のあさ子さんに二度ほどお会いしている。地域みな原発に転んでしまった孤立のなかで、はじめて玄関の戸を開けたとき、警戒の視線が厳しかった。が、話しているうちに次第に打ちとけて、明るい女性なのがよくわかった。

ここの漁協が「原発反対」だったころから、わたしは取材にきているのだが、電発は、建設するのがプルトニウムを大量に使用する「フルＭＯＸ炉」なのに、まったく説明することなく地元に押しつけた。詐欺的手法である。

八畳二間ほどのログハウスは、「あさこハウス」と呼ばれている。電気は太陽光と風力、水は井戸、自然エネルギーの生活である。大地震のあと、福島原発の事故と同時に、県内東通村の原発も停止、青森県も停電になった。ところが、「あさこハウス」だけは電気がついていた、と小笠原さんは笑っていった。

「送電線はいらないんです、だから停電がない。今回の事故で、母親のことがよくわかりました。母親が反対していなければ、ここの原発はなん年も前から動いていて、いまごろどうなっていたかわからなかった」

地元の大間と奥戸漁協が、漁業権を放棄したのが、一七年前の一九九四年だったから、技術的に問題がなければ、原発はとっくに完成、運転されていた。それが運転できなかったのは、ただひとつあさ子さんが土地を売らなかったからである。このままでいけば、あさ子さんは地域の恩人になるはずだ。ところが、電発はなんども延期した運転開始を、二〇一四年一一月と設定し直して、まだこだわっている。

建設再開の要望書

「あさこハウス」の目の前にフェンスが建って、海を望むことができなくなった。わたしの記憶では、かつては海側の道から畑へすぐ登ってこられたのだが、その道は原発によって潰され、山側に取り替え道路がつくられ、そこから、「わざとくねくねさせ、有刺鉄線を張って暗い気持ちにさせる、畑への通路をつくった」（小笠原さん）。

クルマをもっていない親子は、大間の市街地から歩いてくるだけでも大変である。途中で断ち切られた海側の旧道も、フェンスで囲われてしまったのだが、最近までフェンスのむこうにあった民宿の看板が遺されていて、行き止まりの標識のまえで、奇妙な感覚に襲われたものだった。

その原発の下の道に沿って、何軒かの民家が残っている。遠くの高台から望むと、まるで原発が頭の上にのしかかっているようにみえる。そのうちの一軒、松山光弘さん（六三歳）がちょうど家からでてきたところだった。

「選挙はどうですか」

「ちっとも歩いて来ねえな」

統一地方選挙中だったが、宣伝カーはちっともやってこない、という。わたしたちは、クルマで青森市から、横浜町、むつ市、風間浦村、大間町と北上し、帰りは東通村、六ヶ所村と南下、下北核半島を縦走したのだが、宣伝カーを見たのは風間浦で一台だけだった。地方紙の候補者へのアンケートの調査結果をみても、原発反対を訴えた候補はいなかった。

松山さんに、福島原発の事故についてうかがった。

「おっかねえもんだ、とはじめてわかった。まえは一〇〇パーセント安心していたんだ」

いまは工事がストップしていて、そっちのほうが不安だ、という。漁業、農業、出稼ぎの三つをあわせて生活していた。三年前、神奈川の出稼ぎ先から帰ってきたのは、原発工事の現場で働けるようになったからだ。が、賃金は、むこうの半分になった。

「でも、働いて原発が完成すれば、こんどは危険になるでしょう」

とたずねた。

「んだな、そんでも、背に腹は替えられない」

生活と危険、それが糾える縄のようによじり合っている。わたしは原発はダモクレスの剣といってきた。繁栄の頭上に一本の馬の毛でつるされた剣の恐怖である。

小笠原さんによれば、工事関係者は、あっという間にいなくなってしまった。実家のちかくに、古い一軒家があって、一〇人ほどの孫請か、ひ孫請の若い労働者がいたのだが、布団と柴犬二匹ともども引き揚げ、犬小屋だけが残された。スーパーもコンビニも暇になってしまった、という。核廃棄物の中間貯蔵施設の工事がはじまっていたむつ市でも、東京電力の原発工事中の東通村でも、下請労働者は姿を消した。

そのこともあってか、下北半島五市町村の商工会は会長連名によって、二〇一一年四月下旬、東京電力、東北電力、電源開発、リサイクル燃料（使用済み核燃料中間貯蔵施設）など、運転および工事をストップしている企業をまわって、要望書を提出した。東電はその場面を非公開にした、と地方紙は伝えている。

提出された文書は、「原子力関連施設の早期安全確保と建設工事等早期着工に関する要望書」という、表紙ともども五枚におよぶ長大なものである。「安全確保と早期着工」。なかなか両立しない事項の要望だが、安全工事に名を借りた着工促進策とも読める。

「福島第一原発災害の収束や事故の検証等行われていない段階での政府首脳の原子力政策の転換等の発言が報道されているが、立地地域の住民等においては代替エネルギー産業への転換等将来展望が容易に図れる状態になく、不安を増幅する事態にもなりかねないため、絶対的な「安全確保」のもとに原子力エネルギー利用計画の堅持・推進をはかること」

小企業の集まりである商工会が、「原子力エネルギー利用計画の堅持・推進」を求めるのは、いかにも城主への忠誠を誓っているようでいたましい。原発側の巻き返しの第一弾のようにも読める。「安全性をたかめて推進」は、福島事故後の電力会社のキャッチフレーズである。工事再開か。それとも、このまま凍結か。住民生活の安定にとって重大な岐路である。

要望書は、エネルギー政策の転換に反対する、電力会社の主張に沿ったものだが、もう原発の決着はついた。もはや新増設する時代ではない。撤退し、脱原発へむかうときである。まして、この電発の大間原発は、福島第一原発の三号機よりさらに危険な、大量のプルトニウムのペレットを詰めこむ、フルＭＯＸの原発なのだ。

大間原発は、下北半島の中心地であるむつ市から西へ、クルマで一時間ほど走った半島の先端にある。過疎の町と言いくるめられたにしても、実は炉心から対岸の函館市汐首岬までは、たかだか二三キロ、周辺の市町村と合わせて三七万人の人口がある。前述の経産省安全性審査では、半径三〇キロ以内で約三万四〇〇〇人、と認定していたが、それは北海道の人たちをまったく無視したものだった。

いわば、大都市に匹敵する人口を、意識的にか無意識的にか、経産省は計算にいれずに、「周辺公衆との離隔の確保は、「原子炉立地審査指針」に適合しており、妥当なものと判断した」との審査結果をだした。一種の詐術である。

北海道新聞のアンケート調査によれば、函館市民の八七パーセントが、大間原発に「不安を感じる」と回答、このうち「大いに不安を感じる」が六七パーセント、「建設中止」をもとめる意見が、四九パーセントもある（二〇一一年四月一九日）。

全国的に有名な大間の黒マグロが回遊する海峡に、一秒間に九一トンの温排水を排出し、海水は七度上昇する。それは函館市民を中心とした、「建設差し止め訴訟」で、電発が答弁書で認めている事実である。

電発が淡水の水源にしようとしている、奥戸川のダム建設に、県の「ダム事業検討委員会」は、「中止が妥当」との決定書を提出している。またこの辺りは、国から希少野生動植物種に指定されているクマタカが棲息する「鳥獣保護区」である。

「建設差し止め訴訟」の原告のひとりである、佐藤亮一さん（七四歳）は、「町の人に、原発は危険だ、という意識がやっとでてきました」という。原発用の港がつくられてから、「海が汚染されて海草採りがだめになった」と海岸にいた漁師から聞いたことがある。それでも、もしも反対して原発ができなかったら、もらった漁業補償金を返さなくてはならない、と漁師たちは心配していた。ところが、佐藤さんによると、「もらったのは親たちで、おれたちは関係ない」という三〇代の二世たちがあらわれてきた、という。

抵抗の人生

福島、新潟、福井などにつぐ原子力県である、青森県にはいった電源三法による交付金は、一九八一年から二〇〇九年までで、二〇〇九億円になる（『東奥日報』二〇一一年四月一〇日）。大間町にとっても、県にとっても、原発は危険と引き換え、禁断の毒まんじゅうである。

大間町からむつ市にむかう道は、左側に遠望する函館の山と随走する、わたしのお気に入りのルートである。ところがその日は珍しく、五メートル先も見えない濃霧で、運転役のSさんは、悲鳴をあげていた。

むつ市へ来たとき、わたしはたいがい、松橋幸四郎さん宅を訪ねることにしている。彼は漁協幹部として、一九六九年に進水し、一九七四年に放射線漏れを起こした、原子力船「むつ」の試験航海反対運動から、最近の使用済み核燃料中間貯蔵施設建設反対まで、率先抵抗してきた人物である。車内から携帯でお宅に電話すると、妻のゆきえさんがでた。

「お元気ですか」

「わたしは元気です」

「そうですか。ところで、幸四郎さん、いますか」

と、彼女はちょっと間を置いてから、思い切ったように言った。

「亡くなりました」

偉丈夫だった。お宅の仏前にゆきえさんと坐って、わたしは幸四郎さんの写真を見上げていた。夫婦で船の支度をしていたとき、ゆきえさんが右足を負傷した。彼女が入院している間に、幸四郎さんはひとりで自宅にいて、くも膜下出血で急逝した。四〇年にわたる抵抗の人生だった。葬儀は、3・11大地震のあと、停電の最中だった。

むつ市から、国道338号線を南下して、地震のあと、建設をストップした東京電力東通原発の正門にむかった。これ見よがしな、いかにも白々しい巨大な看板があった。

「私たちは地域と共に安全最優先を合言葉に世界に誇れる原子力発電所を建設します」

門前には小屋があって、いつもは二人の警備員が詰めていた。が、今回はひとの出入りはなかった。

そこからさらに南下すると、運転停止中の東北電力東通原発である。三月一一日の大地震のときは、運のいいことに、一カ月まえから定期検査にはいっていた。それでも、外部電源喪失事故が発生した。非常用発電機が自動的に起動してカバーした。ところがこんどは四月八日の余震を受けて、起動していた非常用発電機が油漏れで停止した。一時は、非常用発電機のすべてが使用できない、危機的な状況になっていたのだ。

ということもあってか、門前にいくと警備員に取り囲まれ、写真撮影も阻止された。

広報課員が駆けつけてくるまで、門前の様子を観察していた。構内に入る車両の前後に、警備員が手際よく鋼鉄製の車止めを置いて急発進を防ぎ、荷台や後部トランクを開けて点検、車台の下も長い棒につけたミラーで調べていた。

それはかつて東ドイツと西ドイツの境界線、チェックポイント・チャーリーで体験した恐怖を想起させた。四方八方の方向をむいた、数個の大きな拡声器をつけた高いポール、監視カメラ、スイッチで自動的に開閉する門の柵、構内には機動隊を常駐させている。徹底した厳戒体制である。

しかし、外にたいしては厳しくしていながら、事故によって内側から放射性物質を放出するのでは、「原発よ、あまりに身勝手ではないか」と毒づきたくなる。

三〇分ほどしてやってきた広報課員に、「いつまで操業停止ですか」とたずねると、「いまはまだわかりません」と答えた。

東通村をさらに南下して、東通原発の建設に反対しつづけてきた、伊勢田義雄さんと東田貢さんに一年ぶりにお会いした。七九歳のふたりとも、松橋幸四郎さんの急死は知っていた。行政区はちがっても、おなじ漁民として、原子力に反対してきた仲間である。その連帯をまぶしいものにわたしは感じていた。

「原発は難しいものだと思う」

と伊勢田さんがいった。それに万感の想いがこもっている。たしかに、原発がきて医療や教育はよくなった。原発がくる前、東京電力の「研修旅行」があった。いいところばかり見せられ、ご馳走を食べて、大名旅行だった。いま思い出すと憤りを感じる。どこの原発地にもあった、「先進地視察」という買収行為への伊勢田さんの苦い想いである。

東田さんは「くるものがきた」といった。事故の危険性を訴えていただけに、さらに恐怖が強まっているようだ。伊勢田さんの家を出て、すぐそばの東田さんの家で話していると、伊勢田さんが追いかけてきて、「鎌田さん、モニタリングポストをつけるのは難しいのですか」

と真顔できいた。

「どこか公共的なところへつけさせるのは、難しくないでしょう」

といったあとで、伊勢田さんと東田さんの恐怖の強さをあらためて理解させられた。

いまは静かである。しかし、東通、女川、福島第一、福島第二、いま止まっている東北地方の海岸にある巨大原発一四基が、もしもまた運転をはじめようとするなら、周囲の目はいままでとちがって、怒りをふくんだものになる。原発よ、止まれ！

〔編注〕本章は『ルポ 下北核半島　原発と基地と人々』（岩波書店、二〇一一年、斉藤光政氏との共著）のうち、著者執筆による、まえがきから五章までを収録しました。

第二部　福島原発事故のあとで

さようなら原発運動

鎌田慧セレクション——現代の記録——

第4巻
2025年3月

〒101-0051　東京都千代田区神田神保町3-10-601
TEL 03-6272-9330　FAX 03-6272-9921
e-mail book-order@libro-koseisha.co.jp
URL https://www.libro-koseisha.co.jp/

皓星社

ルポルタージュの、精神！

佐藤徹郎（編集者）

鎌田慧さんが最初に書いた「ルポルタージュ」稿は、都電労働者を取材したものだったと記憶している。１９６０年代の終り、消えてゆく都電の労働現場を歩き、都電と共に生きてきた労働者たちの声を綴った。そののちに鎌田さんが書きおろされた「隠された公害」、「死に絶えた風景」、「自動車絶望工場」では、労働現場に居続け、労働者の方々の話を聞き続け、八幡製鉄やトヨタ自動車の工場で自ら働き続け、そうした実体験の中で感得したさまざまな状況を「ルポルタージュ」として描き切られた。

鎌田さんの強い意識の中で、ルポルタージュは、「常に現場から真実をつかみ取ってゆく」という、これしかない報道の形であったと、私は思っている。鎌田さんのほぼ60年に及ぶルポライター活動のお蔭で、報道という創造文化におけるルポルタージュの意義が明確に意識されるようになったと言えるだろう。

「死に絶えた風景」の取材は、一年近く続けられた。鎌田さんは八幡製鉄（当時）の工場で日雇い労働者として勤務し、本工と臨時工の労働差別を実体験しながら、企業経営と労働現場の諸問題に言及している。「自動車絶望工場」では、トヨタ自動車の工場が舞台となった。鎌田さんご自身が工場現場で働きながら感じ取り、認識を新たにし、思索を重ねていかれた思考プロセスが、そのまま原稿となって描かれていった。

鎌田さんとの交流・交信は60年余りになっているが、私がずっと感じてきたことは、彼がもともと持っている優しさ、である。分断や差別が社会のさまざまな領域、さまざまな場面で起こり、権力構造の醜い姿が現出するたびに、鎌田さんのルポルタージュ精神が研ぎ澄まされて発動する。それは、分断され、差別される側の人たちに対する鎌田さんの優しさの発露にほかならない。優しさは常に、強さと同義であることを、彼は教えてくれた。

鎌田さんは東京新聞に19年間、ご自身のコラム稿を書き続けておられる。反戦、反核、公害、基地、冤罪等々、彼が主張・発言する内容はことごとく、人間社会の差別と分断を限りなく小さくしていくための道標であろう。稀代のルポライター「鎌田慧」の優しい心情が、この「現代の記録〈全12巻〉」に集約されていると確信し、本シリーズを刊行する皓星社の皆様に深く感謝します。

警察が事情聴取へ

古賀義章（講談社）

鎌田慧さんと私は危うく刑事事件の被告にされるところだった。

91年6月3日、長崎県島原市の雲仙普賢岳で大火砕流が発生し、地元住民やマスコミ関係者など43名が犠牲となる大惨事が起きた。

講談社に入社後、写真週刊誌『フライデー』に配属されて3年目の編集者だった私が、鎌田さんに現地取材を依頼したのはその1か月後のことだった。


当時、被災地周辺は「警戒区域」に設定され、立ち入りが禁止されていた。入域すれば「災害対策基本法」違反に問われ、1万円以下の罰金刑、もしくは拘留だ。記者クラブに所属する新聞やテレビは自己規制し、「警戒区域」内を撮影したビデオや写真を自衛隊から提供を受けていた。

現地に到着した鎌田さん、カメラマン、私の3人はタクシーで現場へ向かった。しかし広大な地域が「立ち入り禁止」に指定され、被災地の惨状を十分に取材することが出来なかった。鎌田さんは唖然、そして憮然としていた。

その日の夜、市内の居酒屋で食事をしている時、ふいに鎌田さんがこう言った。

「なかに入ろう。被災地がどうなっているか見ることができないのに記事は書けない」

それを聞いて驚いた私にこう続ける。「原発でもし事故が起きて、立ち入り禁止区域が設定されたら、どうなるか。なかの様子を報道できなくなるなんておかしいじゃないか」

目から鱗だった。その翌朝から「警戒区域」内の取材を敢行し、『フライデー』誌上に「『灰の街』・島原絶望地帯を往く」というタイトルの記事を掲載する。報じられていなかった被災地の現状を克明に綴った鎌田さんの渾身のルポだった。しかし、その発売号の翌日の読売新聞の朝刊を見て愕然とする。

〔「雲仙」立ち入り禁止区域をルポ〕
〔「フライデー」掲載〕
〔警察が事情聴取へ〕

全国版の社会面、しかも6段抜きの記事の内容は警戒区域内の取材は「被災者の感情を逆なでする行為で報道の自由を名目として行った違法行為である」というものだった。まるで犯罪者扱いだ。

この読売の記事のおかげでその1ヵ月後、島原署から「事情聴取」の出頭要請が来た。応じるべきか否かで社内の意見は分かれたが、最終的に、カメラマンと私は「警察に協力して丸くおさめよう。そうすれば、送検されることはないだろう」という上層部の判断に従った。

一方、鎌田さんは出頭を拒否する。その理由はこうだ。

「取材し、報道する立場の人間が、その報道によって警察の取り調べを受けるという悪しき前例をつくりたくない。あくまで私はフリーであり、『鎌田慧』という看板にかけてもつっぱねる必要もあったし、つっぱねる自由もある」

鎌田さんが出頭を拒否したため、捜査員二人が上京。それでも鎌田さんは事情聴取を断固拒否し、その代わりに取材意図などを盛り込んだ「意見書」を提出。毅然とした態度で警察を退けた。

会社の予想は外れ、結局、3人とも書類送検されるが、その後、「悪質な行為のない報道目的である」ことを理由に不起訴となった。当然のことだった。

この「不起訴」以降、記事を掲載した読売新聞は他のメディアからの批判に晒されることになった（詳細は鎌田さんの著書『大災害！』をご一読いただきたい）。

この一件を振り返ると警察の「事情聴取」の要請に対して当時、社内や周囲の関係者は大いに混乱し、当事者の一人だった私も動揺した。しかし鎌田さんは違った。自分の主張を貫き通し、揺ぎ無き態度でのぞみ、まったくぶれるところがなかった。その素振りさえ見せなかった。

鎌田さんから「書くこと」、そして「生きること」の本当の意味を教えていただいた。

半世紀前の敗北

宮崎勝弘（元朝日新聞編集委員）

デジタル社会の急速な進展と相俟って、2024年11月の兵庫県知事選挙では戦いの構図よりも選挙そのものの様変わりが喧伝された。逆風の中で再選を果たした齋藤元彦陣営の「ネット」を駆使しての取り組みの激しさとともに、「伝統的なメディアや新聞はその存在感を失いつつある」というマスメディア関係者自らの指摘である。こうした状況に論壇も反応、月刊『世界』(2025年2月号)は「マスコミはなぜ嫌われるのか」と題して特集をくみ、『「敗北」の意味』(林香里・東大大学院教授)という論考を載せ問題を提起した。林教授は「この『敗北』は、マスメディア側の単なる技術革新への適応の遅れを意味するだけことではなかろう。……メディア自身が抱える構造的な課題によるる部分が大きい」としている。

「メディアが抱える構造的な問題」はさておき、ともかく「マスメディアは敗北」したのである。実は半世紀前、鎌田慧さんに敗北していた。それも「メディア完勝」という装いのなかで、である。どういうことか。

1974年3月8日、朝日新聞は朝刊の一面トップに「企業が公害を隠す」との見出しで特報した。当時、イタイイタイ病問題が問われていた東邦亜鉛が長崎県対馬に展開する対州鉱業所の公害隠しに関わる特ダネである。開会中の国会はすぐに動き、三木武夫環境庁(現環境省)長官は衆院の特別委員会で「言語道断な事件と思います」と述べ、再調査を約束した。さらにその日(8日)夜、東邦亜鉛は記者会見し、対州鉱業所元所長が同記事を前に「ここに書かれていることは否定しません」と認めた。そこだけを切り取れば「朝日完勝」といえるかもしれない。公害の発生源と被害住民、そこに関わる政府・行政の力関係や思惑が錯綜するなかで、この種の問題はこじれ長引くことが少なくないからである。何がこうさせたのか。

報道後、ある月刊誌から取材を受けた私は「鎌田慧さんがすでに掘り起こし、そのすぐれた筆質が現地の良心的な会社の人を動かしたもので、私はそのうわみずをすくったに過ぎません」と答えたのを覚えている。

鎌田さんは70年、最初の著書『ドキュメント隠された公害』を書きあげた。そして73年12月の同鉱業所閉山に前後して、彼の許に「対馬イタイイタイ病鉱害始末記」が送られてきた。差出人は「佐須川流域農民有志一同」とあるだけで分からない。鉱業所の所長命令による無処理坑内水の夜間放流や汚染地点の鉱泥洗い流し、さらに採取試料の夜間希釈など、そこには典型的な公害隠しがつづられていた。鎌田さんは「克明な記録を読んで鉱山の管理職が書いた内部告発だと思った」という。事実、報道するに際に分かったことだが、始末記を書いたのは鉱業所の管理職の方だった。企業良心の存在というのか、何か救われた思いがした。

始末記には手紙が添えられ、「貴殿の……著書発行に到る迄の絶大な苦心と労苦に敬意を表しその空発に終る事を惜みて……」とある。鎌出さんは鉱業所から監視されながらも、その粘り強い取材活動は心ある人たちからしっかり見られていた。東邦亜鉛が公害隠しを発覚したその日に認めたのは、閉山という事情もあるだろうが、追及する側に外堀を埋められている、と思ったからではないだろうか。

「書き続けていれば何かを動かすこともある」。鎌田さんはさりげなく言うが、それは間違いなく日ごろの取材の一つの成果であった。一方、始末記の送り先なれなかった意味において、またその限りにおいて朝日は敗北した、という図式が成立する。日常の取材の積み上げがいかに大事かをあらためて噛み締めている。

鎌田さん、これからもよろしく!

岡田孝子
（NPO現代女性文化研究所代表理事）

鎌田慧さんに初めてお会いしたのは、ある出版記念会のときだった。それまでも遠くから姿を見かけたことはあったが、畏れ多くて話しかけることなどできなかった。私にとって鎌田さんは長い間「憧れのルポライター」だったからだ。

青春の悩める頃だった。『自動車絶望工場』を読み、衝撃を受けた。巨大なトヨタ工場に潜入、それも季節工として半年も寮に住み込んでのルポで、長時間のベルトコンベアーでの作業が続く。部屋に帰り、同室の同僚に悟られないようにその日のメモを記す。くたびれ果てた体に鞭打つ非人間的な作業は、30台半ばの、それも肉体労働とは縁遠い日常を送っていた著者には、どれほど過酷だったろう。一緒に入った仲間が「からだがもたない」と次々やめていく。心を病む若者もいた。そのなかで契約期間をまっとうした強靭な精神力は尋常ではない。人間を「機械のコマ」として扱う「トヨタ方式」への断じて許せない、その怒りがなせる業だろうか。それにしても、現場を徹底して取材し、「声なき声」に身を置いて問題を抉り出していく姿——。なんてカッコいいのだろう。それ以来、もやもやしていた日々を抜け出し、「ルポライター」になることが私の夢になった……。

時は流れ、そんな夢もいつしか消えてゆき、2001年にNPO現代女性文化研究所を仲間たちと立ち上げた。女性史、女性文学を軸にしながら差別・戦争のない社会をめざすNPOで、講座、シンポジウムの開催、会報の発行などの活動をしている。

さて、先の出版記念会で、恐る恐るご挨拶をしたのだが、鎌田さんの意外な軽やかな姿勢に驚いた。ちっとも怖い人ではなかった。するどい政権批判、社会悪を許さない厳しい姿勢から、勝手に気難しいイメージを作り上げていたのだった。メガネの奥の目は柔和そのもの。笑っている。思い切って講演をお願いした。それが2005年の9月、「今、日本列島は――現場から〝現代〟を問う」になった。この時の講演はブックレットにまとめている。

その後、原発、えん罪、沖縄……様々なテーマで講座やシンポジウムにご登壇いただき、しまいに企画から司会・コーディネーターまで引き受けてくださった。

「鎌田さん、今年のシンポジウムは何をテーマにしましょう」「そうですね、……やはり沖縄かなあ。パネリストには……、僕がコーディネーターをしましょう」といった具合。また、会報へのご寄稿はもちろんのこと。つい先日発行した69号は「怪奇な政府の『原発回帰』策」、その前68号は「大杉栄と伊藤野枝」、ちなみに67号は「ミサイル要塞にされた南西諸島」だった。

なにかといえば「鎌田さん頼み」で、すでに20年も経つ。今後もどうやらこのパターンは続いていく気配だ。鎌田さん、あと10年はお付き合いをお願いします！

元死刑囚の言葉

藤原　聡
（共同通信編集委員）

「忘れ得ぬ言葉」という鎌田慧さんの連載エッセーを月1回、共同通信から全国の地方紙に配信した。担当編集委員として、私は連載のリードをこう書いた。「膨大な取材メモの中から、珠玉の一言を拾い上げる。社会問題を追い続けてきた反骨のルポライターが、これまでに出会い、感銘を受けた人々を振り返り、戦後史の一こまを切り取っていく」

取り上げたのは、大江健三郎、今村昌平、大田昌秀、菅原文太ら各界の著名人で、かれらの言葉は、それぞれ含蓄があり、印象深いものだった。だが、ただひとり、意味不明の言葉を発し、鎌田さんの脳裏に刻み込まれた人物がいた。袴田巖さんである。

1966年に静岡県で起きた一家4人殺害事件で死刑判

決が確定した袴田さんは、半世紀近い独居房での拘禁と死刑執行への恐怖から、精神をむしばまれた。2014年に釈放されたが、会話による意思疎通が困難になっていた。

鎌田さんは2018年、浜松市のマンションの自宅で、袴田さんに会った。プロボクサー時代のことを尋ねると、うちわを使いながらいすに座っていた袴田さんは「もう終わったことだ。もう世界の神に対して期待はないんだ。時代は終わってしまった」と言った。さらに、妄想にとらわれ、ハワイにある別荘に帰りたい、とも話した。鎌田さんは、袴田さんが釈放された後、一時入院していた精神科病院の医師に取材し、袴田さんの意識は死刑にされようとする自分の肉体から乖離してしまったのだと聞かされていた。

「忘れ得ぬ言葉」は、各人物の意思や人柄を伝える言葉を取り上げた。例えば、瀬戸内寂聴「やはりそういう自分の逃げる姿勢というものは許せない」、上野英信「かねを惜しむな。時間を惜しむな。いのちを惜しむな」というように。これらの言葉とは対照的で、意味が分からない袴田さんの言葉は、この連載にはなじまないのではないか、という危惧があった。

しかし、鎌田さんと私が話し合った結論は「あえて、連載で袴田さんの言葉を取り上げよう」というものだった。妄想にとらわれた言葉によって、袴田さんを精神破綻の淵にまで追い込んだ刑事司法の残酷さや不正義が浮かび上がる、と考えたのだ。果たして、袴田さんのことを書いた「忘れ得ぬ言葉」は、多くの新聞に掲載され、反響を呼んだ。

鎌田さんは、死刑確定後に再審無罪となった死刑事件、「財田川事件」の弁護人、矢野伊吉の取材を1970年代に始め、後に「死刑台からの生還」という本にまとめた。以降、狭山事件、三鷹事件、福岡事件などの取材を続ける。炭鉱、原発、労働、教育……。様々なジャンルで旺盛な執筆活動を展開してきた鎌田さんにとって、国家権力の犯罪、冤罪事件の告発は、仕事の柱のひとつとなっている。

月報執筆者（掲載順・敬称略）

■第一回配本　冤罪を追う　2024年9月　佐高 信（評論家、作家）／野島美香（冤罪犠牲者の会 事務局）／根深 誠（作家、登山家）　**■第二回配本　真犯人出現と内部告発　2024年11月**　柳 広司（小説家）／金平茂紀（ジャーナリスト）／後藤正治（ノンフィクション作家）／松元ヒロ（芸人）／小野民樹（編集者・映画研究）／内田雅敏（弁護士）　**■第三回配本　日本の原発地帯　2025年1月**　石川文洋（報道カメラマン）／中山千夏（著述業）／斉藤光政（東奥日報特別編集委員）／佐川光晴（小説家）／出河雅彦（ジャーナリスト）／高橋真樹（ノンフィクションライター）

鎌田慧セレクション―現代の記録―

既刊

1　冤罪を追う
冤罪という権力犯罪の追及。財田川事件の『死刑台からの生還』、狭山事件、袴田事件、三鷹事件、福岡事件、菊池事件など。

2　真犯人出現と内部告発
警察とマスコミの退廃。『弘前大学教授夫人殺人事件』『隠された公害』の二編を収める。

3　日本の原発地帯
チェルノブイリ、福島原発事故のはるか以前、1971年から鎌田は反原発だった。『日本の原発地帯』『原発列島をゆく』を収録。

続刊

4　さようなら原発運動
脱原発の大衆運動を一挙に拡大した「さようなら原発運動」の記録と現地ルポ。

5　自動車工場の闇
トヨタ自動車の夢も希望も奪い去る、非人間的労働環境を暴いた鎌田ルポルタージュの原点。『自動車絶望工場』ほか。

6　鉄鋼工場の闇
溶鉱炉の火に魅せられた男たちの夢と挫折。高度成長を支えた基幹産業の闇に迫る。『死に絶えた風景』『ガリバーの足跡』を収める。

7　炭鉱の闇
落盤事故、炭塵爆発事故、合理化による大量首切り。必死に生きる労働者と家族の生きざまを伝える鎌田ルポの神髄。『去るも地獄残るも地獄』ほか。

8　教育工場といじめ
「いじめ」を追う。『教育工場の子どもたち』　ほか。

9　追い詰められた家族
社会のひずみは擬制の共同体「家族」を破壊して子どもを追い詰める。家族が自殺に追い込まれるとき』『橋の上の殺意』　ほか。

10　成田闘争と国鉄民営化
日本史上最長、最大の農民闘争となった三里塚闘争の渦中からの報告。

11　沖縄とわが旅路
『沖縄―抵抗と希望の島』。及び著者の自伝的文章を再編集して収録。

12　拾遺
人物論／文庫解説／エッセーなど単行本未収録作品を精選し収録する。

A5判並製　平均350ページ
予価　各巻2,700円+税

皓星社　新刊のご案内

パレスチナ、イスラエル、そして日本のわたしたち
〈民族浄化〉の原因はどこにあるのか

早尾貴紀

4月中旬発売予定

イスラエル建国を支持し、その暴力を黙認し続けてきた欧米諸国の責任が問われる現在、かつて東アジア史におけるグレート・ゲームに名乗り出た帝国日本との関わりを起点に、国際的な植民地主義の負の遺産を検証する。そして、ユダヤ人国家・イスラエル建設の発想はどのように生まれ、知識人たちはどのように正当化／批判してきたのか、思想史の観点からも経緯を追う。

パレスチナ／イスラエル問題を「自分のこと」として考えるために

予価 2,500円+税
四六判並製　約340頁
ISBN978-4-7744-0857-6

さようなら原発の決意

原発再稼働への抗議行動の拡がり――序に代えて

東京電力福島第一原子力発電所の破壊された原子炉四基が、このまま無事に廃炉を迎えるかどうか、その保証はまだなにもない。溶融した核燃料棒はいまだ制御不能、原子炉と燃料プールの中がどんな状態なのかは不明である。

福島原発のことだけではないが、もう一度、大地震がきたらどうなるのか。まるで時限爆弾を抱えているような不安である。津波だけが恐怖なのではない。それでも野田首相は大飯原発の再稼働を決めた。「国民生活を守る。わたしがよって立つ唯一の絶対の判断の基準だ」「わたしが責任をもつ」という。

説得性はまったくない。原発事故にどんな責任が取れるのか。だれも責任を取っていないのが、いまの状況ではないか。取れもしない「責任」を取るというのは、ペテン師の虚辞である。原発依存の「国民生活」など、もう真っ平だ、というのが、「国民」多数の意見なのだ。

原発五四基の全停止（そのうち福島四基は壊滅）の状況がつづいている。各地の原発の使用済み核燃料プールの動静が心配だが、それでもまがりなりにも平和である。原発がなくても、なんら生活には痛痒を感じていない。この生活が本当の生活で、原発が稼働している状態が異常だったのだ。五四基の原発がまったく稼働していない生活の継続が明らかにしたのが、原発がなくても生活になに不自由もない、という真実である。そして原発がある社会がいかに不安な生活だったか、という安心感である。

原発がある社会とは、いかにもフィクショナルな社会だった。原発がなければ生きていけない、といわれていたけれど、原発がなくともなんでもない、ということがわかったのだ。たとえば、ＤＶ（ドメステック・バイオレンス）男のように、いなくなれば平和に暮らせるのだ。原発のない社会が、いかに真っ当な社会だったことか。このようやく巡りきた平穏が、このまま長引くのに恐怖したのが、電機、電力、鉄鋼、重工、ゼネコンなど、原発利権産業である。

その代表者である、米倉弘昌経団連会長は、事故直後でも、「原子力行政はもっと胸を張るべきだ」と号令をかけていた。原発の存在は彼らにとって、算盤計算の虎の子でしかない。その企業の経営者と癒着している電力労連の幹部（東電出身）たちは、忠誠心からか、「裏切った民主党員は報復される」とヤクザもどきの脅迫的言辞を公式の場で吐いた。実際、脅かされている、という民主党議員の発言をわたしは聞いている。

「脱原発依存」を閣議決定していたはずの民主党政権は、いつのまにか、「原発は重要な電力源」（野田首相）と言い直すようになった。

東電福島原発事故は、「放射能放出事件」とか「放射能バラ撒き事件」というべき犯罪事件である。たしかに、オウム真理教の「地下鉄サリン事件」のように、犯意に基づいた犯行ではないにしても、それまで福島第一原発の危険性は高い、と指摘されていながら、コストがかかると無視してきたのだから、その「不作為性」、あるいは「未必の故意」は追及に価する。

もう時代も変わって、チッソやJR西日本のような、コストと人命を外部に負担させ、公害や交通事故を発生させた非人道経営者の責任が、これから問われずにすむ時代ではない。

各地の原発建設は、餌付けのように、カネをバラ撒くことからはじまった。「先進地視察」という買収旅行。地域の人たち全員を招待旅行へ動員、二泊三日、飲み食いタダ。一〇回以上もいった豪の者もいる。

土地買収にともなう政治家のリベート（柏崎・刈羽原発での田中角栄の例が有名）や村長選や村議選での買収工作、大は原子力関連産業の利益から、小は市長や市議、村議の縁戚による原発工事受注。なんと矮小な世界なんだろう。ブレヒトの『三文オペラ』のような世界。

大飯原発の再稼働は、県知事が首相官邸に呼ばれて決めた。これだけ重大なことが、少数の政治家だけの「責任」で決められるのが不思議である。国は自治体が受け入れてくれた、といい、自治体は「国が安全だといった」という。デキレースである。原発建設のときは、自民党政府と自民党支持の自治体首長との掛け合いだった。民主党政権でもまたおなじ手法である。たしかに、原発立地地域で、原発に依存してきた商工業者（民宿やクリーニング屋やレンタカーやゼネコン）は、原発が稼働しなければ打撃が大きい。が、それは意識的に依存するような経済にしたからで、ほかの可能性（農業、エコツーリズム、地元産品の開発）を阻害してきたのだ。その復権にむけて国と自治体が予算措置をとればいい。

再稼働の必要性とは、「電力不足」である。ところが、これも原発建設の論理だった。

「三〇年たったら、石油はなくなる。だから原発」というウソは、その後「石油火力は温暖化に悪い」、「原発はクリーンエネルギー」。

原発の存在自体が、フィクショナルなものだったことが、いま毎日証明されているのだが、説得の方便もウソだった。電力八月危機説が、ＮＨＫニュースを中心にした、原発再可動の宣伝だが、このウソは八月だけにしか通用しないことが明らかになると、日本経済の空洞化など、露骨な経済の話になった。

推進派の追い詰められた論理は、「カネと命の交換」。公害企業の論理に逆戻りしてしまったのである。七〇年代の公害反対のスローガンは、「公害の空の下のビフテキよりも青空の下でのおにぎり」などだった。死に至る繁栄よりも、身丈にあった経済生活を、である。電力を無限に使う時代は去ったのだ。

フィリピンのルソン島の捕虜収容所にいた大岡昇平は、米軍の「星条旗紙」を読んでいたので、日本本土が空襲を受けても、「国体護持」のために降伏しない天皇に批判を感じていた。

若い兵隊で、「天皇がお身体を投げ出して、日本国をお助け下さい、と伊勢神宮にお祈りされたら神風が吹かんこともなかったろうに」と嘆いているのをみていた。敗戦前夜だった。

「五十年来わが国が専ら戦争によって繁栄に赴いたのは疑い容れぬ。して見れば軍人が我々に与えたものを取り上げただけの話である。明治十年代の偉人達は我々と比較にならぬ低い文化水準の中で、刻苦して自己を鍛えていた。これから我々がそこに戻るのに何の差し支えがあろう」（『俘虜記』）

「五十年来わが国が専ら原発によって繁栄に赴いた」かどうか。それでも、かつての軍人のように、電力会社が政権との利益共同体だったおこぼれを与えてきたのは、事実かもしれない。それがなくなっても、刻苦して生きていける。それが敗戦を眼の前にした、大岡の見通しだったし、決意だった。そしてそうなった。

ところが、野田内閣は軍閥同様ぐずぐずと「原発敗戦」を引き伸ばし、破局前の利益配分を最大の政治目標にして、徒らに被害をふやそうとしている。この責任は大きい。大岡は「天皇は有害である」と書いている。野田内閣は、こともあろうに、原発の憲法というべき、原子力基本法の民主、自主、公開（実際は、独善、従属、秘密だが）を定めた第二条に、いきなり「安全保障に資する」を挿入した。核武装の野望を明文化した重大決定である。

これについて、細野豪志原発事故担当相は、「自民党の修正で入った部分なので、政府として積極的に入れようということではなかった」と記者会見で弁明した。「語るに落ちる」。自民党は財界の傀儡（かいらい）政権だったとすれば、野田民主党は自民党の傀儡政権ということか。

毎週金曜日に、官邸前に集まっていた若者たちの数は日増しにふえ、四万を超えた。若者たちの解放感あふれる表情は、ますますふえることを予想させる。新宿アルタ前のデモも再開した。歴史に逆行し、市民への挑戦である「大飯原発再稼働発表」以来、市民の怒りのデモが急速に拡大している。

戦時中、厭戦気分が蔓延していたが、デモなどの抗議行動は考えられなかった。それが、いまとの最大のちがいである。

第一章　原発絶対体制の崩壊

1　原発拒絶の思想と運動

「推進派」となった、ある元町長の死

3・11から四カ月が過ぎても、東京電力福島第一原発事故は、終熄にほど遠い。住民と労働者に、将来、大量の被曝被害があらわれるのではないか、との予感に戦(おのの)きながら、わたしはこれまで見聞きしたさまざまな事例を、生々しく思い出している。

事故のあと、ときどき考えるようになったのが、岩本忠夫さんのことだった。岩本さんが福島県の県会議員だったときに、わたしは二度ほどお会いした記憶がある。彼は県議会で福島原発の事故隠しを追及して、議会の「懲罰委員会」にかけられたり、被曝労働者の問題を追及して、問題になったりしていた。彼は社会党系の反原発運動のリーダーだった。篤実な人格者で、わたしは親近感を感じていた。

が、つぎの選挙で、東京電力の選挙妨害に屈し、県議会を去った。そのあとも一回お会いした記憶がある。そのときは双葉町の町長になっていて、一転、賛成派となり、原発の増設を要

求するようになっていた。その傷ましい軌跡を、わたしはときどき思いだしていた。

と、二〇一一年三月一一日、東北地方を大地震と大津波が襲い、いみじくも、岩本さんがかつて批判していたように凄惨な原発大事故が発生した。「転向」したあとに、昔の主張がブーメランのように返ってきたのだ。その過酷な現実に逢着して、岩本さんはどのように折り合いをつけているのか、それを伺ってみたいとの感慨があった。

つい最近、新聞を読んでいてわたしは目を疑った。

> 岩本　忠夫さん（いわもと・ただお＝元福島県双葉町長）15日、慢性腎不全で死去。82歳。葬儀は17日11時から福島市宮町5の19の福島斎場で。喪主は長男久人さん。
> 　1985年から町長を5期務めた。社会党の県議時代は原発に反対したが、84年に離党後、推進に転じた。全国原子力発電所所在市町村協議会副会長などを歴任。東日本大震災後は福島市内に避難していた。（「朝日新聞」二〇一一年七月一七日）

「福島市内に避難」の記述が傷ましい。死者を鞭打つことはしたくないのだが、岩本さんの最期を悲劇的なものにした原発の魔性、について考えているのだ。はじめは匿名にして書くつもりだったのだが、新聞記事のあとなので実名にした。

爆発事故を起こした福島第一原発も、そこからすこし離れた第二原発も、岩本さんが誘致したわけではない。だから、いわば「戦争責任」はないといえる。しかし、原発の危険性に気づいていながら、それを押しすすめてきた道義的な責任はある、と思う。それは原発の安全性を信じる、といって誘致した各地の首長の責任よりは軽い。とはいえ、住民の生活と健康を守る手立てを尽くさなかった責任は、免れない。

福島原発をめぐる時代の変転ぶりを、わたしは一〇年前につぎのように書いた。

> 「東電は発電所の新・増設凍結の方針を打ち出し、佐藤栄佐久知事が『プルサーマル実施』の凍結を主張する時代に急転した。かつては県知事の木村守江が原発建設をゴリ押しし、岩本議員が県議会で追及する役回りだった。
> 　ところがいま、知事が『ブルドーザーのような原子力政策』を批判しているのとは逆に、岩本町長は積極推進である。時代に裏切られた政治家の悲劇である」（拙著『原発列島を行く』）

東電は一時、増設を「凍結」していたことがあった、そのときのことである。岩本さんはかつての同志、鶴島常太郎さんから、告発されていた。七七歳だった鶴島さんは、「妻に先立たれたのだから、おれはもう捨て身だ」といっていた。

鶴島さんは、岩本町長が第一原発の七号炉、八号炉の増設を促し、国の交付金を受け取るために、町が先回りして建設道路をつくったり、町有地を無償提供したりして便宜を図っている、として告訴、告発した。さらに新聞の折り込みチラシでこう書いていた。

「岩本町長よ。傷は浅いうちに、満身創痍に陥らない前に潔く速やかに身を引き、精神的苦痛などより解放されることを、以前の社会党員として、一緒に行動した同志、友としてこころから忠告する次第である」

五歳上の同志の心からの訴えを、岩本さんはどう聞いたのだろうか。

死亡記事には、「東日本大震災後は福島市内に避難」とあるから、原発事故のときは、まだ入院していなかった。病名が「慢性腎不全」だから、事故後、急速に体調を崩して入院、他界したのであろう。原発事故の重大化にともなって、病気が進行したと想像できるが、元町長としての心労もあったであろう。事故が死の引き金を引いたなら、「原発に殺された」ということにもなる。

浪江小高原発を阻んだ農民

地元のひとが岩本さんを、いまどう評価しているのか。葬儀に東京電力の幹部は参列したのだろうか。かつての同志はどうしたのだろうか、などと考えながら、わたしはもうひとりの人物のことを考えている。第一原発の事故によって、東北電力が計画していた、浪江・小高原発はほぼ破綻したが、それは舛倉隆さんである。隣の浪江町に住んでいた舛倉さんの拒絶に阻まれた、といっていい。

この地域でいちはやく、反対運動に立ちあがった舛倉さんは、頑固な農民で、「原発関係者立ち入り禁止」の札を自分の玄関先に掲げたばかりか、各戸に配って歩いた。四〇年以上も前の話である。

つまり、東北電力は、四基の原発建設を計画していたが、四〇年たっても浪江町棚塩地区の農民を攻略できず、建設用地を確保できなかった。舛倉さんたち農民は拒絶し、原発は建設されなかった。が、隣町の原発事故によって、東京・調布市などと各地に散って、避難生活を余儀なくされている。不合理である。

「百姓はコメをどうするかということしか考えないが、相手は毎日だますことだけを考えているんだ。口をきいたら負けるだけだよ」（拙著『日本の原発危険地帯』）

といって、舛倉さんは、いっさい交渉に応じなかった。

「会社の儲けのための犠牲になりたくない、ではなく、犠牲にはならない、ということさ」

政府、県、電力会社の巨大な権力とひとりの百姓は対等だ、という思想である。対等な対峙、それが「拒絶の姿勢」である。

「反対」ではない、「抵抗」でもない。用地買収にやってくる開発公社職員を寄せつけず、隠者のように白眼をみせての拒絶が、「浪江・小高」原発を幻のものにした。

「舛倉隆は百姓だ。けっして原発の犠牲にはならない」

と胸を張っていた舛倉さんの声が、いまでもわたしの耳底に残っている。たしかに浪江町は東電福島第一原発事故に捲きこまれて犠牲になったが、もしも浪江にも原発があったとしたら、被害はもっと大きくなっていたはずだ。舛倉さんが生きていたなら、口惜しがっているであろう。

最近、わたしが「拒絶の思想」と名付けるようになったのは、もう一五年になる沖縄県名護市の辺野古地区のおじいやおばあの座り込みに影響されている。それによって、米軍の新基地建設は止まったままだ。沖縄に新しい基地は認めない、という拒絶の思想である。

各地にあった住民運動

日本の原発は、全国一九カ所に五四基ある。そこは反対闘争が敗れた地域でもある。原発建設は、農民の土地買収と港湾建設のための漁民の漁業権放棄が前提条件である。

このふたつの条件を解決すると、あとの安全審査は、推進する経産省がおこない、監督は経産省内にある、原子力安全・保安院がおこなう。公然たる癒着であり、八百長である。申請する電力会社と許認可の官庁が天下りの関係にあるので、八百長と天下りが、もっとも危険な原発建設と運転との間に介在してきた。福島原発大事故の発生基盤である。

七〇年代のはじめ、新潟県の柏崎(かしわざき)・刈羽(かりわ)、愛媛県の伊方(いかた)などで、原発建設にたいする農漁民の抵抗闘争がはげしかった。わたしはその運動の報告から、原発の取材をはじめたのだが、そのころは、公開ヒアリング反対、工事差し止め裁判など大衆的な運動として盛り上がっていた。が、それぞれ形式的に、政府のスケジュール通りに終わらされていた。

福島第一原発の周辺は、というよりも、原発地帯はすべてそうだが、陰謀と偽計、カネと悪意とに汚染された地域である。あるいは、隠蔽とミステリー。急いでつけ加えていえば、それはそこに住むひとたちの責任ではなく、進出してきた電力会社がつくりだした、破壊的な戦略である。

それでも、原発の侵攻を食い止め、ついに原発地図に載らずにすんだ町がある。わたしが取材に行っただけでも、新潟県巻町(現、新潟市)、石川県珠洲(すず)市、山口県豊北(ほうほく)町(現、下関市)、宮崎県串間(くしま)市である。ほかにも、三重県の芦浜地区(南伊勢町・大紀町)、高知県の窪川町(現、四万十町)などがある。

巻町は新潟市に通うサラリーマンが住んでいて、これまでの立地点のような、老人の多い過疎地ではなかった。東北電力は

「観光開発」を名目にして三〇年もまえに海岸線の予定地、九六・五パーセントを買収していた。さらに漁業権も放棄させていたので、わたしは、「クビの皮一枚を残して」とか「九回裏」と表現していた。辛うじて反対派の「共有地」と「町有地」が残されていたからだ。

その零細な土地をバックにしてひろがった巻町の運動は、サラリーマンや商店主や主婦を中心とする、「町民革命」ともいうべき、あたらしい運動のスタイルをつくりだした。

この運動で画期的だったのは、町のひとたちが「自主住民投票」を実施したことだった。模擬投票を実施して、町民の意識を引き出そうという卓抜な運動だった。「自分たちの運命は、自分たちで決める」というスローガンが掲げられていた。人口三万ほどのちいさな町だから、労働組合員を動員するなどの運動ではない、町民意識に信を置く、ひとりひとりの自己決定の運動である。

巻町の民主主義

街の空き地に、クリスマスツリーのようにポールをたて、ロープを張った。ハンカチにサインペンで、原発にたいするひとりひとりの気持を書いて、そのロープに結びつける。いままでになかった、こまやかな動きをつくりだした。ひとりひとりが個人として参加し、表現するハンカチ運動が、自主住民投票を成功させた。

そのあと、町議選で住民投票派が半数を占め、住民投票条例を可決させた。原発誘致派の町長のリコール、町長の辞任、住民投票派町長の誕生、「原発ノー」の住民投票の成立、とたった一年のあいだに、「町民革命」は一挙にすすんだ。

保守的な地盤で一歩一歩、匍匐（ほふく）前進するように町の民主化をすすめたのは、原発反対のために弁護士になったひとや教員や商店主たちで、指導者がいたわけではない、無党派のひとたちによる手探りの運動だった。

東北電力に決定的な打撃となったのは、住民投票の運動を背景に、当選した笹口孝明新町長が、原発建設予定地にあった町有地を、「巻原発・住民投票を実行する会」のメンバーに、さっさと売却してしまったことだ（一九九九年九月）。東北電力にとって驚天動地の出来事で、意表を衝く決断だった。

「巻町における原子力発電所建設についての住民投票に関する条例」という、長ったらしい条例に、

「町長は、巻原発予定敷地内町有地の売却その他……の執行に当たり、地方自治の本旨にもとづき住民投票における有効投票の賛否いずれか過半数の意志を尊重しなければならない」

とある。東北電力に転売するなどありえない、反対派のひとたちに売却するのは、原発を認めない住民投票の意志を尊重す

ることになる。東北電力と推進派はぶつぶついったが、後の祭りだった。価格上の問題はなかったし、買収したひとは「原発計画がなくなれば町に寄付する」と記者団に語った。

その後、笹口町長は、すべての行政の情報を公開する条例をつくった。地域の民主主義を破壊してきたのが、電力会社と自民党だったが、市民派のネットワークがそれを修復した。笹口町長は二期で町長を辞任して、家業の酒造にもどった。

巻町の運動の成功は、もっと伝えられる必要がある。

原発がきて変わったこと

巻町の町民運動は、細心にして大胆な行動で勝利した。おなじ海岸線の南側に並んでいる柏崎・刈羽原発は、二〇〇七年七月の新潟県中越沖地震で、大事故寸前となりながら、かろうじて無事だった。もしも事故になっていたなら、巻町のひとたちは、浪江のひとたちのように、故郷を喪っていた。

巻原発の推進派の団体「巻原子力懇談会」の会長さんは、原発関連の印刷物をひき受けている印刷屋さんの社長さんだったが、「巻はタイミングがことごとく悪かった」と嘆いていた。原発建設へむけてうまくすすんでいる、と思っていると、どこかの原発で事故が起きて、原発批判がたかまり、元の木阿弥になる、その繰り返しだった、との慨嘆である。原発はそれほど不安定な存在、ということなのだ。

先日、鹿児島で原発反対の集会があって、講師に呼ばれた。そこでわたしは前田トミさんの息子さん、裕さんにお会いできて、トミさんは四年前、八二歳で亡くなった、と教えていただいた。トミさんは、毎日、首相や通産大臣（現在の経産大臣）に、原発をやめるように、とのハガキを書き送っていた。

「昔より『地震国』の名を背負い、今また原発列島の名を重ねる、環太平洋地震地帯の中の狭い火山列島日本、確実に夥しい核ゴミを生み遺す原発の新・増設は、もう絶対にお止め下さい。見直して下さい。賢い国に原発はいりません」

このようなまっ当なひとたちの願いを、政府は無視してきたのだ。「原発がきて、なにが変わりましたか」とトミさんにたずねると、

「日本人の心を忘れて、自分よがりのひとがふえました」

と答えたのだった。

「原発絶対体制」の崩壊

日本の原発は操業から四〇年たったが、電力会社社員、下請け、孫請け、曾孫請け、日雇い、出稼ぎ労働者など、膨大な原発労働者のなかで、「被曝労働者」として労災認定されたひとが、東海村ＪＣＯ事故の三人をいれても、十数人しかいない。

この事実が、都合の悪いことはすべて隠蔽してきた、原発社会の闇の深さを物語っている。「安全」を看板にして推進してきたため、「安全」をおびやかすものはすべて否定してきた。事故があっても事故ではない、原発の存在にとって危険なものは、無視、改竄、過小評価で乗り越えてきた。科学の名においての、もっとも非科学的方法だった。

わたしはそれを「原発絶対体制」と名づけている。隠蔽は原発推進の自民・公明党政府、政治家、官僚、財界、マスコミ、裁判所の一致した方針だった。訪米した翌年の一九五四年、さっそく、原爆の原料、ウラン235をもじった、二億三五〇〇万円の原子力予算を成立させて、「学者の頬っぺたを札束で叩いた」と豪語した、と伝えられる、中曾根康弘議員の策動が、原発輸入のはじまりだった。

その不幸を、学者たちは「自主、民主、公開」の原子力基本法三原則で縛ろうとした。しかし、これまでわたしが批判してきたように、従属、独善、秘密、さらには、札束、陰謀、暴力、非民主、非人間性をもっぱらにしてきたのだ。

原発推進の経済産業省が、原発を監督する「原子力安全・保安院」を内部に抱える癒着を解消しなかったことにも、「原発絶対社会」の傲慢さがあらわれている。いままた、「原発に依存しないと経済が落ちる」（米倉弘昌・日本経団連会長）と「原発抑止力論」が喧伝されているが、危機を煽り立てて精神を支配する、「核の抑止力」の焼き直しである。

経済成長が生命や安全より優先されてきた、チッソや公害企業擁護の論理である。癒着と談合は日本の病巣だが、財界と政治家と官僚の頽廃が、大事故を準備してきた。

原発建設を最高裁判所が承認し、被曝労働者の死を最高裁判所が否定して、虚構の「安全性」が塗り固められてきた。原発の「戦犯」ともいえる、中曾根氏は性懲りもなく、

「原発政策は持続し、推進し、雄々しく前進しなければならない……今回の災害や困難を克服し、それが今日の日本民族の生命力だ」（「朝日新聞」二〇一一年四月二六日）

と語っている。「玉砕のすすめ」である。地下壕に原発をつくろう、という議員たちもあらわれた。徹底抗戦を叫ぶ「旧軍部」のアナクロニズムが浮き上がっている。

いま、九州の川内（せんだい）原発で計画されている三号炉は、出力一五九万キロワットの巨大原発である。巨大化、大量化と大量消費の幻想は、まだつづいている。九電力による日本列島分割、独占支配体制、発送電独占、料金独占という、眼をむくような経済の非民主主義は是正されることもなく、原発非合理体制が維持されてきた。

巨大な原発が海岸線を埋め、巨大な送電塔と送電線が日本列島の空を覆っている。異様な光景である。厳戒態勢と秘密主義、裏切りと拝金主義によって、原発は地域の民主主義を分断して

きた。田中角栄的な数と力の信仰、中曾根的な民衆に犠牲を押しつける空疎な精神主義、与謝野馨経済財政相、海江田万里経産相のような経済絶対主義。それらに対峙するのが、舛倉隆さんや笹口孝明さん、前田トミさんの拒絶の論理である。

核廃棄物の巨大な集積場にされかかっている青森県六ヶ所村は、「巨大開発」の幻想に取り込まれた村である。村議たちは開発景気にうまい汁を貪った。村役場書記から村長になった寺下力三郎さんは、「政治はレベル以下の人たちが生きていくためのものだ」との信念を変えず、つぎの村長選挙で大企業の妨害に敗退した。

「下北核半島」には、なん人かの拒絶の系譜がある。小泉金吾さんが畑を売らなかったから、六ヶ所村の「核燃料再処理工場」へ行く道が曲がった。大間(おおま)町の熊谷あさ子さんも、最後のひとりになっても、電源開発に土地を売らなかった。だから、電源開発は、建設許可を受けたあとに、設計を変更し、炉心を移動させたが、二〇一〇年も建設工事ができなかった。

しかし、残念ながら、全国的な原発反対運動のなかで、ひとりひとりの拒絶の思想をつくりだせなかった。「反対」というのではない。個人の尊厳を無視して、勝手に作成された計画などは、認めない。無視する。条件は一切ない。嫌なものは嫌だ、と交渉に応じない拒絶の思想は、孤立を深めさせる。そこからはじめて真の連帯がはじまる。頑固者の連帯を、いま捉えなおしたい。

人間的で自由な運動を

脱原発、自然エネルギーの世界への道筋は、地方から中央に電力を吸い上げる中央集権主義からの脱却であり、地域分権をめざす運動でもある。大量殺人の兵器を商業化した原発の思想とは、一発、一基での最大効果である。だから周辺にはなにも発達しない。荒野だけが遺される。たった一回の事故は、周囲の生物に壊滅的な打撃を与える。それにたいして、自然エネルギーを組み合わせる方法は、安全なばかりでなく、地域の可能性を掘り起こす、地域おこしの発想でもある。

これから電力会社、原発メーカー、関連産業の労働者のなかで、未来なき原発社会からの脱出を模索する議論が必要になる。企業のまちがった方針に従属せず、企業の未来を拓き、原発の輸出もふくめて巨大なリスクを負う、危険物の生産に従事することをやめ、平和な生産への転換をもとめるべきだ。

原発に依存した地域経済から、持続可能な社会にむかうための経済の転換を自治体が考え、政府が支援する。原発からの転換運動は、人間のための、地域のための、より人間的な政治と経済にむかう運動である。

いままでのように、政党と労働組合が請け負う、パターン化した集会やデモではなく、大らかなひろがりをもち、だれでも参加できる、柔らかで自由なつながりの運動が各地ではじまっている。派遣労働者の生きるための運動から、個人が参加しやすい、ネットワーク型の運動がひろがってきた。脱原発は、思想の違いを乗り越える、生きるための運動である。

わたしたちが準備してきた、「さようなら原発五万人集会」は、二〇一一年九月一九日、午後一時から、千駄ヶ谷・明治公園でひらかれた。これは、内橋克人、大江健三郎、落合恵子、坂本龍一、澤地久枝、瀬戸内寂聴、辻井喬、鶴見俊輔、鎌田の九人の呼びかけでおこなわれた。その前の九月八日、やはり千駄ヶ谷の日本青年館で、夜六時半から、内橋克人、落合恵子、澤地久枝、鎌田の「さようなら原発」講演会が開催された。

脱原発、自然エネルギーへの転換を、ムードで終わらせず、具体的な政治課題とするための運動に拡大しなければならない。そのための一〇〇〇万人署名運動もはじまった。これは子どもの将来がかかっているので、字を書ける子どもたちとともにすむことのできる運動である。危険を知りながら、手をこまねいていて、むざむざ原発事故を招いてしまった過ちを、もう二度と繰り返したくない。

ノーモア、フクシマ！――ヒロシマ・ナガサキの被爆者の訴えの声とフクシマのひとびとの声が、いま重なりあった。

2　そして反原発運動の連帯へ

反原発運動の四〇年

私が最初に原発関連の反対運動の取材をしたのは、下北半島の六ヶ所村でした。一九六九年の新全総（新全国総合開発計画）の中でプランが発表されたわけですが、はじめは巨大な石油コンビナートをつくるということでした。その公害反対運動の取材に入ったのです。ちょうど四日市や川崎でコンビナートによる喘息の問題があったし、各地の海水の汚染も指摘されていました。六ヶ所村の反対運動もまた、そうした公害問題として始まったのです。

もう一つの問題は、一万五〇〇〇ヘクタール――現在は五〇〇〇ヘクタール――もの計画だったから、村がなくなるということですね。つまり立ち退き反対運動で、原発に対する反対運動ではありませんでした。計画の本性が明らかにされていなかったからです。核について発言をしていたのは、新日鐵の稲山嘉寛（当時社長）くらいで、『六ヶ所村の記録』（上下巻、岩波書店）に書いたのですが、財界の思惑は工業開発が主で、その中に核サイクルを中心とした核産業も含められていたけれど、争点にはなっていなかった。そのときから核問題に触れていたのですが、かなり先のことと考えていました。住民闘争の報道に行っていたのです。その中で用地買収反対運動のパンフレット『開発阻止のために』を製作、配布していました。

そのようにして六九年の終わりから七〇年代にかけて公害・用地買収反対を取材していたのが、原発を正面から問題にすることになったのは、七三年の新潟県の刈羽・柏崎の反対運動に接してからです。刈羽・柏崎でも、はじめは公害闘争の延長線上で入りました。私はその前に公害闘争の本を二冊書きました。対馬のイタイイタイ病をテーマにした『隠された公害』（三一新書）、明治末期から八幡製鉄が建設されて北九州の洞海湾が埋め立てられ、汚染されていったプロセスを書いた『死に絶えた風景』（ダイヤモンド社）です。そこでは工業開発と公害汚染と住民運動という視点を取っていて、その延長として柏崎の反対同盟の取材に行ったのです。刈羽・柏崎は私が初めて取材したはずです。カメラマンの樋口健二さんも早かったけど、彼も「誰か取材にきてますか、と聞いたら、鎌田が取材にきていると言われた」と言ってましたから。

その刈羽・柏崎と同じような運動が、実は同じ時期に四国の伊方にもあった。住民を中心にした反原発闘争ですね。当時は「東の刈羽、西の伊方」と言って、二大闘争でした。他の地域では、実力闘争的なものではありませんが、反対運動自体はありました。

それらは大衆運動化しないうちにつぎつぎと潰されていったのです。ですから原発の住民闘争を伝えるのが最初にあって、刈羽に行き、伊方に行き、それから他の原発反対運動を取材するようになったわけです。

なぜ住民は反対していたのか。みんなすでに原発は危険であると認識していたのです。教材として、アメリカの技術者による文章が七一年頃には入ってきていました。J・W・ゴフマンの『人間と放射線』などです。そうしたものの幾つかは雑誌『技術と人間』でも紹介されていました。またジョレス・A・メドベージェフの『ウラルの核惨事』のような、核の惨事と原発内部の技術者の批判もありました。日本でも久米三四郎さんや水戸巌さんのような批判者がいたし、安斎育郎さんも植物に影響のある微量放射線の研究をしていました。そういう方々が当時の理論的支柱でした。久米さんは全国をまわっていたし、私が水戸さんをむつ市の原子力船むつ反対運動に紹介したこともあった。技術評論の星野芳郎さんも、むつの反対運動をしていた漁協の集会にきてもらっています。そのあと、高木仁三郎も六ヶ所村にかかわるようになりました。私は技術者ではないから原発の技術自体はわからないけれども、住民闘争というかたちで参加してきました。このように、六ヶ所村から東通（ひがしどおり）村に行き、むつ市に行き、ここ一〇年は大間に集中するという感じで、その間に他の地域にも寄ってきたわけです。

七〇年代の原発反対の住民闘争では、用地買収に対する抵抗や漁業権放棄に対する抵抗が中心でした。さらに八〇年代に入ってからは公開ヒアリングが問題になりました。現在もニュースになっている「やらせ」が横行していたのです。用地や漁業権の買収が済むと、原発が建設され、それが稼働する前に公開ヒアリングという八百長があった。それに抗する裁判闘争もあったけれども、多くの場合はそこでも負けてしまった。そうして各地で原発が建設・稼働していったのです。

もちろんその過程でも、反対運動は連綿としてありました。それがスリーマイル事故のとき、あるいはチェルノブイリ事故で盛り上がった。とくにチェルノブイリのときは反原発の本は随分売れたし、集会にも多くの人が集まりました。しかし時間が経つと、その盛り上がりも収束したのです。原発の本もほとんど売れなくなってしまった

私が代表というわけではないけれど、反対派を含めて、結局は原発の存在を認めてきたでしょう。反対しているけれどその体制を認め、その中で生きている、という、非常に奇妙な状態にあったということです。もちろん賛成はしていませんが。

私も原発については七〇年代はじめからずっと書いてきました。『原発列島を行く』（集英社新書）は一〇年前の話です。『日本の原発危険地帯』は三〇年前（初版は一九八二年、復刻二〇一一年、青志社）、こんどの『ルポ　下北核半島』（斉藤光政氏との共著、岩波書店）は、フクシマの半年前に連載が終了しています。それでもパンチが全然なかった。反対運動や批判者の声を丹念に拾って書いてきましたが、大衆運動的にはどうだったのでしょうか。もちろん反対集会は間欠的に開催されました。ただ建設はほとんど終わっていた。新しい立地点は東通村くらいで、他はすでに稼働している原発の増設です。それに対しても伊方では反対運動があり、裁判で差し止めになったりした。さらにもんじゅで事故があり、再処理工場は故障続きで何もできず、ＪＣＯの大事故も起こった。それでも、反対運動は大衆的なうねりをつくれなかったのです。

今回の福島原発事故は、そうした中で発生したのです。かつてアジア太平洋戦争に対して、反対を言いながら何もできなかった人たちがたくさんいましたが、それと同じだという反省が私にはあります。これでは「『事故が起きる』とか『危ない』とか言っていたけれども、結局何にもしていなかったんじゃないか」という後世からの批判に、私たちは弁明の言葉を持てない。運動の力が弱かった。大衆は見向きもしなかった。つまり戦争反対の論理と同じなんです。だから今度こそ、ちゃんとやらなければいけないはずです。

金の論理の獰猛さ

反原発運動は論理的には負けませんでした。原発に対する批

判は正しかったし、今回の事故によってその正しさが証明されてしまった。されなかったほうが良かったわけですが、しかしながら、それでも反対運動は負けてしまったということです。つまり、嘘に負けている。後ほどまた触れますが、原発は全部嘘つまりフィクションで始まっている。だから論破すれば勝てるはずなのに、論破しても阻止できなかった。それはつまるところ、運動が足りなかったからです。理屈で勝って運動で負けた。これでは勝ったことにはならないんです。

推進派が説得に使う論理は「安全」で、こちらの論理は「危険」でした。安全と危険とがまっこうから対立していたのです。しかし、いつも彼らは「安全」の上に「絶対」をつけてきました。「絶対安全」です。そうなると、その絶対安全に「絶対危険」を対峙させても、どうしても絶対安全のほうが強い。なぜなら絶対危険をさらに強調する論理はないからです。危険であることを証明してしまったら、さらに危険を強調することは難しい。それに対して、絶対安全の論理を支えるのは、最終的にはその責任を誰かが取るということです。誰が取るのか。これまでも頻繁に書いてきたのですが、原発立地地域の首長はいつでも「国が絶対に安全だと言っている」と答えてきました。そうやって国が安全を絶対的に保証してしまえば、あとは違う国が危険だと言って戦争で決着をつけるしかありません。その次元でしか決着がつかないのです。安全と危険で論争をしても、向こうが国家権力を盾に絶対安全と言ってしまったら、これ以上の保証はない。反対派には国家の保証はないのです。せいぜい個人が保証したところで、たかが知れています。

そういった国家の保証に加えて、さらに巨額の国家資金がつくわけです。それが「電源三法交付金」です。現在出力が最も大きい原発は一三五万キロワットですが、それを一基つくるごとに立地点の自治体に約一〇〇〇億円が支払われます。内訳は、建設を引き受けたときから支払われる交付金が一〇年間で約四八〇億円、加えて運転開始後の固定資産税などで約五〇〇億円です。ただ固定資産税は徐々に減っていき、二〇年経つとなくなってしまう。だから、モルヒネのように、金欲しさにもう一基つくることになるわけです。

こういう金はすべて電力料金でまかなわれています。原発建設と稼働のコストが電力料金に加算されるという無茶苦茶な総括方式が採られているわけです。加えて国が地域対策として一〇〇〇億円を支払うことになっています。国が民間企業を支援することなど、他の業種では絶対にありえない。トヨタが自動車工場をつくるのに国が金を出しますか。原発建設というのは完全に国策として進められてきたのです。

これだけの金の力には、反対運動も負けざるをえないでしょう。電力料金として消費者から簒奪(さんだつ)された建設資金によって、ジョイント・ベンチャーを組む大手ゼネコンが原発をつくる。地域の業者は下請け・孫請けでしかない。さらには原発に直接関係しない地域の箱もの施設やインフラも国の補助金によってゼネコンがつくるから、そこでも金が落ちる。そのゼネコンから政治資金を政治家が吸い上げている。金が循環しているのです。

電力会社は全く負担をしないから、経営は野放図になっていきます。その象徴が福島のJヴィレッジで、あれは電力会社が一六〇億円かけた寄付行為です。あるいは、むつ市では撤退したダイエーのアウトレット・モールを改修して広大な市庁舎にしましたが、その費用の一六億円はすべて電力会社が負担しています。

福島で事故が発生したのにもかかわらず、野田首相をはじめとする経産省・財務省に近い政治家たちの多くは、原発稼働は経済的に見て妥当だという意見を崩しませんよね。原発がなければ国内産業がダメージを受け、工場が海外に移転してしまうとか、電力料金が上がるとかといって脅している。

結局、すべて金の論理なんですよ。だから命の論理と金の論理が対立しているのですが、命のほうはどうしても少数の命になってしまうのです。放射能はいまや全国に蔓延していますが、当面の問題としては福島第一の近傍地域の人々の命の問題と、全国的な生活の繁栄とが対比される。もちろん、原発が稼働し続けたとしても多数の人々には大した繁栄はありません。しかしロジックとしては、少数が死んでも多数が繁栄すればいいという功利性に埋め込まれてきたわけで、だからあれだけの事故があっても経済のほうが心配されている。その欲望の防壁をなかなか突破できないでいるのです。

地域の中でも同じ問題があります。早い話が、反対派は料亭に連れて行かれるし、子弟の就職や建設現場での雇用で誘惑されてしまう。だから事故になっても金の問題から離れられないのです。『ルポ　下北核半島』で取り上げた大間原発でも、事故で建設がストップすると土方仕事がなくなってしまって、町の商工業者が工事の再開を要請している。これは野田首相と同じ論理です。とにかく原発の建設・稼働を再開することで経済的にうまくやろうと。それを断ち切る論理を、いままでの反対運動はつくれなかったのです。

いままでのような危険の論理は、事故が発生しなければ証明できない。それでは非常に困難な論争を強いられるのです。今回のように重大事故が起こり反対運動が盛り上がったとしても、次の事故が起こるまでには時間がかかる。その間に、推進派によって事故は福島原発だけの特殊な欠陥とされてしまうでしょう。次の事故が起こらなければ証明できない論理では、これに勝つことはできない。結局、過去・現在・未来をつなげる命の論理から、事故の危険性と経済優先の論理という二つの文脈において、どのように抵抗を生み出していけるのか。これまでは、その論理がなかなかつくれなかった。

拒絶の思想

そうした歴史を踏まえた上で、反原発の運動から何を見出すべきか。私はそれを、「拒絶の思想」だと考えています。「原発拒絶の思想と運動を、今こそ」(『世界』二〇一一年九月号)でも浪江原発に反対していた舛倉隆さんに触れ、「拒絶」の意義を強調しました。彼の拒絶の思想は重要です。それはつまり、電力会社の人間はだますのが専門だから、はなから交渉には応じないということで、戦術として非常に有効だったのです。「民主主義では敵の言い分も聞かなければならない」などとよく言われますが、原発を建設しようとする側とは論争にもならない。科学的な論争にもならない。推進派のやることは、先ほども述べたように、つまるところ金で反対派を潰すことでしかありません。「相手の話を聞かなければならない」「対案を出せ」ということでは、その交渉が始まってしまうのです。

もちろん、論争で勝とうという運動もありました。例えば徳島の吉野川第十堰の可動堰化反対運動です。これは非常にユニークな市民運動で、建設省を相手に勝利し計画を潰すことに成功しました。また論争ではありませんが、粘り勝ちをしたのは巻原発反対運動ですね。先の論文でも触れましたが、これも市民の創意工夫を集めて勝った運動です。しかし一般的には、原発建設に対して言論で勝つことは非常に難しい。電力会社というのはとても獰猛な相手で、しぶとさ、大量の金、そして攻撃力を持っている。吉野川では建設省の官僚が相手で、彼らは時間が経てば交代するから、攻撃も弱かった。巻原発はどうだったのでしょうか。東京電力ではなく東北電力だったから弱かったのかもしれませんね。そして舛倉さんが闘った浪江も東北電力が相手でした。

しかし振り返って思うに、やはり「拒絶の思想」は大事にしていかなければならない。「拒否は論理的でない、感情的で頑固でしょうがない」と言われるけれど、だからこそ敵に対しては強いのです。そのことをもう一度考え直さなければならない。私がこの思想を考える上で影響を受けたのが、沖縄・辺野古の米軍基地建設反対運動です。これは完全な「拒否の運動」だと思います。そして、状況が煮詰まってくると、「拒否の運動」しかありえないということです。もちろん今後、沖縄でも仲井真(なかいま)県知事がいろいろな政策に妥協するかもしれない。しかし辺野古の住民や民衆のおじい、おばあ、そして彼らを支えていた人々は、一九九五年一一月の日米政府による、米軍基地の再編と強化を目指すSACO(沖縄に関する特別行動委員会)合意の後の一五年間、一切の妥協をしてこなかった。それには政府も打つ手がないから、補償を積み重ね、いろいろな懐柔策を弄してきたわけです。しかし、それでも彼らは受け入れなかった。あの海岸端にじっと座り込むという思想を、やはりきちんと評価するべきだという気持ちが強まってきたのです。それがいろいろな運動を見てきた私の総括です。

考えてみれば、大間原発の建設予定地内で反対運動をしていた熊谷あさ子さんや、六ヶ所村の小泉金吾さんにも「拒絶の思想」がありました。言うならば「拒絶の思想家列伝」のようなものが、連綿としてあったわけで、それが重要ではないか。一度拒絶をすれば、頑固で無知でしょうがないと言われてしまい、だんだんと地域や住民から孤立する。偏屈とか話を聞かないとさえ言われる。しかしそうやって思想を貫けば、最後はどうなるのでしょうか。巻原発の場合では、他は全部買収されても町有の共有地だけが買われずに残った。それを当選した反対派の町長が反対派に売ってしまったのです。普通は町の共有財産を個人に売ったりしません。しかしそんな想定外の出来事で勝負がついた。だから孤立はするけれども、ひとりの運動への思いで勝った例もあるのです。

拒絶を貫くということ

もちろん孤立して負けた例もあります。ここで話すべきかはわかりませんが、例えば三里塚闘争では反対派がまだ何軒か残っています。そのため成田空港に計画された二五〇〇メートルの滑走路は完成していません。建設予定の一方に何軒か残っていて、しょうがないから反対側に滑走路を延伸してやっている。だから負けたと言えば負けた感じなのですが、それでも反対派住民はまだ残っているわけです。さらに飛行機が飛んでくる航路の完全な直下にも一戸だけ、Sさんの家が残っています。のべつまくない轟音の襲来で、完全な拷問ですが、これはもう意地ですよね。騒音がうるさくて生活環境にはまったく適さないところで、彼自身も負けたとは思っているけれども、それでもまだ屈していない。その精神をどう評価するのか。

つまり日本の大衆運動史の中で、死ぬまでそういう拒絶を貫いた人々がいたことは、特筆すべきことだと思うのです。彼らをつなぐ「拒絶の思想家列伝」を書くのは大変で、もう自分には無理かもしれませんが、『世界』の論文ではそういったことを念頭に書きました。

結局、原発に対する運動は、拒絶の論理に拠るしかなかったのです。そこに妥協はありえなかった。原発立地地域の人々は国の事業を理解して妥協したわけでも、論理的に負けたわけでもない。そこにあったのは獰猛な金の力であり、またさまざまな利益を享受させることで負けたのです。反対派の子息の就職を電力会社が斡旋するとかね。立地地域はどこも過疎地帯で人口密度が低い。それが立地の条件だったからです。経済産業省資源エネルギー庁の許可条件には、人口密度が低いことが明記されています。そういう地域では終身雇用がないし、生活も難しい。だから金や利益の供与で負ける。しかしそれでも、そこで闘ってきた人々の「拒絶の思想」へと、もう一度脚光を当てる必要があるのではないか。それが私の現在の問題意識です。「原発地図」というのがあります。原発の立地点を日本地図の上に載せたもので、拙著『日本の原発危険地帯』にも載せました。これは、言わば負けた運動の残骸を印したもので、勝ったところには印がないという不思議な地図です。地図にない地点のことは、原子力資料情報室が編集した『脱原発年鑑』（七つ森書館）を参照（本書一二ページにも「日本の原発と関連施設地図」として掲載）すればわかります。能登半島の珠洲市や新潟県の巻町など、計画が完全に消えてしまったところでは、住民は平穏に暮らしている。一九七〇年に福島第一原発が運転開始してから約四〇年が経過して、その間に反対運動が勝ったところは地図から消え、負けたところが印されている。しかし負けた場所でも個人が抵抗していたところ、あるいは現在も抵抗していてつくれないところがある。私の問題意識は、それをどう表現するかということでもあります。

　大間原発では計画を変更し炉心を移動させました。東通村には再処理工場になるのかわからない巨大な買収地がありますが、原発建設が決まったのは六五年です。それから三五年以上かかって、ようやく原発がつくられた。普通の工業開発ならば、三五年も経過して実施されることなどありえません。それほど時間をかけずとも、反対派が妥協・納得する理由がつくられます。反対派は大企業がきて公害が起こることに反対しますが、やがて雇用の拡大、地域産業の振興といった論理が、公害の発生を覆い隠していく。現在では新規に立地するのは重化学工業ではなく、コンピュータ関連が多いでしょうが、それでも地元の雇用にはある程度貢献しています。しかし原発は雇用には貢献しない。定期検査のときには三〇〇〇人くらい労働者を集めますが、全国から集められ、終わったらまた散っていく。原発は雇用に関係せず、地域は発展しない。だから「拒絶の思想」しかありえないのです。

連帯への回路を

ただ、拒絶は孤立でもあります。ですから孤立と連帯の関係も問われることになります。まずは孤立して頑張っている人たちが庶民の中にいたことに光が当てられなければならない。その上で、連帯をどうつくっていくのかが問われるはずです。

　その一つの契機となるのは、さまざまな被曝者の運動でしょう。第五福竜丸の乗組員だった大石又七さんも原発反対運動に合流されましたが、福島、広島・長崎、第五福竜丸、さらには南太平洋の核実験による被爆者、あるいは世界各地のウラン鉱山やチェルノブイリの被曝者をつなぐことで、今までとは違った問いかけがなされるのではないでしょうか。核廃絶運動と反原発運動は完全に同じところから始まっているのですから、そのつながりを再び打ち出さなければならないということです。ここにあるのは、軍縮・平和・核廃絶と、反原発運動がどのようにして合流できるかという問いです。これまでは両者が別のところにいた。私自身、原水爆に関係する運動はしていなかったわけで、どのようにして二つを強力につなげていけるか。

これを歴史的に見れば、原水禁と原水協の運動が完全に分裂していたという問題があります。原水禁は現在の民主党にもつながる旧社会党系の運動でしたが、いま母体は連合です。しかしその連合には三菱重工のような軍需産業や原発メーカー、そして電力業界の労組が含まれています。つまり、原発によって連合加盟の主要産業が維持されてきた。だからなかなか原発反対闘争を組めなかったのです。一方の原水協は共産党系ですが、これも今までは冷戦における東側の核の正当性を背景に、原子力の平和利用を大原則としてきた。最近ようやく「原発からの撤退」という言葉を使い出し、九月一九日には、私たちが呼びかけた、明治公園で行なう「原発にさようなら集会」にも参加することになりましたが、完全に遅れていた。ただ、原子力の平和利用というロジックが完全に破綻したこと、持続可能な平和的エネルギーが自然エネルギーしかないことが明らかになったことは、大きな前進でしょう。

これでようやく、反原水爆と反原発の運動の意識的な分断も無効にならざるをえない。政府や財界は「減原発」という論点で生き残りを図っています。自民党からは全く声が上がっていないからわかりませんが、それでも新規建設が不可能になった流れは、誰にも巻き返せないでしょう。

運動においてこれから問題となるのは、やはり連合をどうするかということでしょうね。労働運動はやはり連合が握っているわけですから。電力産業、原子力産業、軍需産業、電機産業、そして鉄鋼業。こうした原子力と兵器によって利益を得ている産業を縮小し、どのように平和産業に切り替えていくか、それが課題となるはずです。具体的には、産業界の中の脱原発派を増やし、脱原発産業を拡大させる。連合の幹部と民主党の幹部クラスは同じような出自ですから、彼らの頭を「平和・自然エネルギー産業」に切り換えさせる。そして連合の運動を変えていく。そうなると民主党の中で原発推進派と反対派の対立抗争が起こるでしょう。それで民主党が分裂するかもしれない。つまり運動を担う原水禁を孤立させないことです。

さらに言えば、共産党の影響下にある原水協は産業構造や企業の利害に左右されませんから、世論が脱原発に向かっていくなかで、連合の保守性が露呈し、そして民主党政権の動揺が進むでしょう。民主党系が動揺していくなかで、市民的な力によって、政党を超えた新しい運動をつくれるかどうか、原発廃炉運動にどれだけ力が注げるか、それが問われてくるでしょう。これが私の見通しです。

脱原発へ――三つの課題

では、運動の課題はどこに設定するべきか。まず、核廃棄物を巡る問題があります。

原発推進側の論理を歴史的にたどると、六〇年代の後半までは、クリーン・エネルギーや第三の火による明るい未来の創造、あるいは地域開発というロジックで新規立地がなされていました。今では信じられないかもしれませんが、原発が「地域開発の起爆剤」と呼ばれていたこともあったのです。スリーマイルの後では「起爆剤」から「メリット」へと表現が変わりましたが、原発の関連産業が生まれることで、地域が発展していくというイメージで、これは工業開発と同じ論理ですね。しかし、繰り返しますが、そのような開発がされた場所はない。原発がつくられる過疎地に、工業開発のための土地が造成されるわけがない。土地を造成しようがないところに原発が建てられるのですから。地域の発展という幻想、あるいはフィクションによって、進出してきただけなのです。

それが六〇年代の論理でした。しかし七〇年代後半にスリーマイルがあって、それにクエスチョンマークがつけられた。新聞の論調の変化にそれがよく表われていて、スリーマイルの後で、『朝日新聞』が、"Yes"から"Yes，but"に変わる。その後、『朝日新聞』では大熊由紀子記者が八三年くらいに「核燃料」という大連載記事を書き、私が批判をして『日本読書新聞』紙上で論争したこともあります。それから八六年にチェルノブイリ事故があり"Yes, but"から"No, but"に変わったのですが、しかし今日に至るまで"No"にはなりませんでした。『東京新聞』だけは今では"No"のような感じですが。

結局、チェルノブイリ以降、新規立地はありえなくなったわけです。関係のない地域に新しく原発をつくると言ったところで、もうそんなことはできないでしょう。だから今までの原発内で原子炉を増やしていった。用地の買収は以前になされていますから、浜岡や福島では増設が可能だったのです。東通村では東北電力が一〇基、東京電力が一〇基、合わせて二〇基分の用地がありますから、物理的には増設が可能でした。しかしもはや、二〇基なんてとてもつくれない。もちろん、その土地を何に使うか（最終処分場とか、核工場とか）については別の疑惑が多々ありますが、原発に関しては新規立地もすでに無理だし、新増設もついに無理になったのです。あとは五四基のうち、一一基しか稼働していない原発を、再開させず、止めていく運動です。電力はまだ余っているのです。

残されたのは、最終処分場をどうするのか、廃棄物をどこに持っていくのかという問題です。廃棄物を福島に集めるのか。しかし福島は東京に近いでしょう。また福島第一にある使用済み燃料棒を放置しておいたらどうなるのか。それをどこに運ぶのか。

原発がある地域を取材すると、私が質問をする前から、行政や電力会社は「廃棄物は六ヶ所村に持っていきますから安心です」と言ったものです。六ヶ所村があるという安心感があった。しかし六ヶ所村では全国の廃棄物は収納しきれません。六ヶ所村に第二再処理場をつくるという漠然としたプランやＭＯＸ（混合酸化物燃料）工場をつくる計画もあったけれど、どうなるかわからない。もはや国も原子力行政をどうするかという新しい戦略をたてられる状況ではないのでしょう。これは運動側の攻撃のチャンスで、いまこそ頑張らなければならない。

いま残された推進側のロジックは、現在稼働している原発に関しては、部品の補給で安全性を高めつつ使えるだけ使う。さらには海外へプラントを輸出していくことで産業を維持していくというものです。そしてこうした流れはいまだ止まっていません。原発の輸出先としてはヨルダンやベトナムがあり、さらにはモンゴルに核廃棄物を輸出し、ウランを輸入することが計画されています。このような海外展開は、八〇年代はじめの公害輸出と同じパターンです。かつては日本で稼働できない化学工場やコークス工場が東南アジアに移転していった。しかし、公害を海外に移転させて国内はクリーンにしていった過去をもう繰り返すことは許されない。公害輸出としての原発輸出、廃棄物輸出を断ち切る運動は、次の大きな課題になるでしょう。

緊急の課題としてあるのが、国内の原発の稼働再開阻止です。特に浜岡原発を稼働させてはならない。稼働を停止していても燃料棒は原発内にあるわけですから、非常に危ないことには変わりがないのですが、ともかく運転を中止させていくべきです。そうやって一つ一つの原発を、稼働停止から運転中止・廃炉に向けていく。輸出で海外に逃げるのを止めつつ、国内の原発も稼働再開を許さず、運転中止に追いこんでいく。脱原発へ向けて、そのような運動課題が挙げられる段階にきていると思います。

可視化された差別構造

福島原発事故が大衆に与えた重要な影響として、被曝労働者の姿が見えるようになったことがあります。原発の中で働いている被曝する労働者は、以前であれば全く見えない存在でした。いまも完全には見えているわけではないけれど、原発に残って働かなければいけない労働者がいるということが人々に認識されました。さらにそこでは女性も含む被曝者が次々に生まれているし、爆発の瞬間に大量に被曝した労働者がいるのではないか、あるいは消火活動にあたった消防団員や自衛隊員が被曝しているのではないかと心配されています。多分、そうした被曝はあったでしょう。

さらに原発をめぐる労働構造の中で、原発労働者が酷い立場に置かれていることも知られだした。だいたい一日一人五万円くらいで働きに行くこととか、重労働の中で熱中症で倒れたこと。さらには事故死に加えて——東電は否定していますが——急性被曝で亡くなった労働者も現れましたよね。このように、被曝労働という概念が具体的に現れたというのは非常に大きいと思います。重大な人道問題なのです。

もちろん以前から被曝労働者はいました。定期検査、という補修作業の際に、炉心近くに入る労働者はみんな被曝していて、その後、白血病や癌になった。しかし職業病認定闘争はできなかったのです。弁護団や闘争の資金、さらには安定した住所が必要で、それなしには裁判闘争ができない。原発労働者は生活が安定していない人たちですから、職業病認定闘争にならなかった。原発に起因する業務上の障害あるいは死亡で労災に認定された労働者は、私が知る限り二二人しかいません。その中には、JCO事故で亡くなった二人も含まれます。たったそれだけしか認定されず、あとは全くの闇に閉ざされていたわけですが、今度の事故でそれもオープンになった。六〇歳以上の男たちが福島原発に行って事故の鎮圧活動にあたらなければならない、という世論が一定程度出てきたというのも、原発労働が危険だという認識が広まったからでしょう。

ただ、雇用の問題は深刻ですから、一日二～三時間働いて二、三万円貰える原発労働も、いまだに人を集めてはいます。しかしそれがどこまで続くかはわからない。被曝労働の問題を前にして、末端労働力を担う人々も減少していくでしょう。これも原発推進の隘路になるはずです。さらに電力会社に入る社員も増えないでしょうし、大学の原子力学科にしても——今までも斜陽でしたが——さらに進学希望者は減っていく。今度の事故を契機にして、原発は黄昏の時代に入ったのです。

福島原発の隣の町で反対運動をしていた舛倉さんは、原発で働いた経験から反対運動をはじめました。上関（かみのせき）原発に反対した因島（いんのしま）の漁師さんも、出稼ぎで働いたことがきっかけで原発反対になったと言っていました。そういう人たちの実体験も、これからさまざまに伝えられていくでしょう。マスコミもようやく被曝労働者に対して関心をもってきた。偽名で働いている労働者とか、未成年労働者とか、線量計ももたされていない、とか被曝労働の問題も出てきていますね。

結局、原子力産業全体が差別構造の上に成立していたのです。労働においても、最末端労働者に依存する差別構造があった。電力会社やゼネコンの正社員は安全地帯にいて、被曝した人もそれなりにいたでしょうが、ほとんどの被曝労働者は六次、七次の下請けの労働者に集中していました。原発の立地点も、国土の上の末端だったと言っていいでしょう。東京電力の原発の配置図を見れば明らかですが、関東地区には一基もない。新潟に七基、福島に一〇基、建設中が青森に一基と一八基もある。さらに北海道電力泊と東北電力女川に計六基、合計で二四基、五四基中ほぼ半分です。敦賀湾を含めると完全に過半数を超えます。水上勉が生まれたような日本海の貧しい地域、そして東北の貧しい地域に原発がつくられてきた。

これはむつ市の職員が言っていた皮肉混じりの名言ですが、「こなかったのはウラン鉱山だけだ」と。青森県にはそれ以外の核施設がすべてきた。『ルポ　下北核半島』にも書きましたが、これは財界と国が計画的に行なったことで、いわば下北半島は核半島化されたのです。このように、原子力政策はもっとも弱い場所に集中して現れてきました。押しつけやすく、攻撃しやすく、受け入れられやすく、依存させやすい地域です。つまり、労働力と地域とで、差別構造が垂直・水平に交わったところに、日本の原発はあるのです。

過去から何を学ぶか

「拒絶の思想」へと話を戻しましょう。

大間原発反対運動の熊谷あさ子さんが私に語ってくれた、「海と畑があれば生きていける」という言葉は、私たちにとって非常に重要だと思うのです。反原発運動における論理をも超えて、これはまさに人類の哲学としてあります。畑を失くして海が汚染されれば人間は生きていけない。逆に言えば海と畑さえあれば生きていけるという生活体験がある。全くその通りでしょう。国や電力会社はそれを全部失わせ、原発と工業化で豊かに暮らしていけるという嘘をついてきた。しかし福島の事故が発生して、やはり生きていけないということがわかった。私たちはようやく、この思想に向き合うことになったのではないでしょうか。

舛倉さんも「百姓は騙されないぞ」と言っていました。国家や産業は、それは古い生活形式だから都市型の生活には敵わないと一生懸命宣伝し、人々を都市に誘導して労働力にしてきた。しかし別の仕方で生きていく方法はあったのです。これは日本のみならず、他の国にとっても教訓になると思います。

五月に福島に行って飯舘村にはいったとき、ちょうど田植えの季節でしたが、田んぼには誰もいませんでした。去年刈った稲株が灰色に腐って、ずっと並んでいるだけ。土を掘り返して水を張った田に苗がきれいに並んで風に吹かれている、そんな普通の風景が全くありませんでした。蛙、ミミズ、蝉のような地中にいたものはどうなったのでしょうか。牛も豚も大量に死んでいました。原発事故によって、あの地域の自然は完全に破壊されてしまったのです。

そういうものを目の当たりにしてもまだ「原発がいい」と言えるのは政治家と経営者しかいない。それは金の亡者です。もはや完全に少数になったのです。それに彼らは気がつかない。まだ経済優先でやっていける、それで説得できると思っている。もう完全な誤りです。

人間、そして微生物も含めた生きものの命をどうするのかという、根源的な問いかけが始まったのです。原発をこのままやっていくなど、絶対にできはしない。もう一回事故が起きてしまう前に、どう脱却するか、それだけです。それが、これからの政治の中心課題になっていくでしょう。（談）

3　「原発絶対体制」の正体

原発集中立地の意味するもの

いま原発が建ち並んでいる地域は、たいがい反対運動がさかんなところだった。

ひとくちに、日本に五四基の原発がある、といわれているが、福島第一、第二あわせて一〇基、新潟柏崎・刈羽七基、福井若狭湾に一三基の集中立地である。これだけで三〇基である。

福井県を西日本として外しても、北海道三基、青森一基、女川（宮城）三基をいれると、東北、信越だけでも二四基で半数ちかくが北海道・東北地方になる。東京電力は、東京周辺には一基ももたず、福島、宮城、新潟で発電している。電力植民地主義だが、「過疎地」を利用した集中立地である。

と同時に、いったん反対派を封じた地域に、まるでだめ押しのように、つぎつぎと原発を押し込んできた横暴をも物語っている。それはまた、新規立地が困難なことも示している。

一九七九年の米スリーマイル島、一九八六年のソ連チェルノブイリ。宇宙衛星開発で鎬を削ってきた両大国での大事故が発生してから、にわかに原発の危険性が知れわたることになった。あらたに危険施設・原発を引き入れる地域がなくなったのだ。

原発推進派の巻き返し

福島原発の一〇基が全面停止になったのは、第一原発の爆発、炉心溶融という最悪のシナリオとともに、一〇キロほどしか離れていない第二原発もおなじ地震の打撃を受けたうえに、第一原発から放出されている放射能に汚染されているからだ。

浜岡原発全面停止は、政権の危機意識のあらわれでもあったが、今後の課題は、活断層とともにある、と批判されてきた浜岡原発の全面廃炉であり、さらにもっとも老朽化し、関西圏の中心、京都・大阪に近い若狭湾原発の全面停止である。

しかし、中部電力にたいして、浜岡原発の停止を要請した菅首相は、二〇一〇年一〇月、ベトナムへの原発輸出にかかわって、成約させていた。民主党自体が、自民党に匹敵するほどの原発推進政党で、鳩山、菅内閣は二〇三〇年までに、原発発電量の全体に占める比率を五三％、一四基の新設を掲げていた。

が、福島事故以後、菅首相は、その計画を見直し、自然エネルギーの推進を語り、浜岡の休止を決断した。それは堤防を築き、緊急時の電源供給を確立するまで、との留保づきだったが、首相が原発を休止させたのは、原発の歴史上はじめてである。

と同時に、当時の菅首相は電力会社が独占してきた、「発電」と「送電」の分離を示唆した。それはまだおぼつかないおよび腰だったが、自民党ばかりか、民主党内での「菅降ろし」が猛然と高まった。

菅首相と面談した山口二郎北大教授は、「浜岡原発の停止を決定した後の様々な反発はすさまじかった」と菅がいった、と書いている(「東京新聞」六月一二日)。

原発推進派の巻き返しだった。

安倍晋三元首相などのタカ派の猛烈な反撃の手段は、「菅首相は一号炉への海水注入を中止せよ、と命令した」との宣伝だった。ニュースソースは、安倍氏が流した自分のメールマガジンで、マスコミが騒然となった。

が、第一原発の吉田昌郎所長は、海水注入は継続していた、と発言して、菅首相は「冤罪」を晴らしたのだが、時遅し、すでに政局は菅降ろしに下降していた。

そもそも自民党がだした不信任案に、民主党の小沢一郎などが賛成する構えをしめして、菅内閣に動揺を与えるなど、原発がらみ、としか考えられない。福島原発事故が継続中で予断を許さず、被災地のひとびとの生活が疲弊しきっているのを尻目にした、権力争いである。菅降ろしに目の色を変えている、自民・民主の議員たちの頽廃は深い。

小泉元首相は、はやばやと「脱原発」に名乗りをあげたが、巷間に伝えられるところによると、東電から政治献金をもらっていない数少ない議員、という。

民主主義の対極にある「原発」

わたしは、「原発は民主主義の対極にある」といいつづけてきた。「原子力発電所は金子力発電所」ともいってきた。立地の推進力は、ただむき出しのカネだけである。

立地点の首長に会って、「危険だと思わないですか」と尋ねると、「国が安全と言っています」と判で押したような答えだった。核燃料廃棄物が残りますが、というと、「あとのことはあとの町長が考える」とケロリとしていた。そして亡くなると、電力会社が胸像を建ててやった(伊方町)。

いまでは信じられないことだが、立地自治体の長は、「原発は地域開発の起爆剤」といっていた。「原発は明るい未来のエネルギー」とおなじ思想である。今度の事故によって、原発は「地域」と「未来」をつぶす存在であったことが明らかになった。

もっとも悲惨なのは、津波で流された原発周辺の住民たちである。放射能汚染が激しいため、遺族や友人の捜索にむかえない。雨晒しになったままの遺体の悲惨は、原発が人間社会にまったくそぐわないものだったことを告げている。

「地域の夢を大きく育てる」というタイトルのパンフレットは、経済産業省資源エネルギー庁のものである。青い海のうえに大きな入道雲が浮かんでいる写真があしらわれている。「原子力発電所が建設される市町村等には、様々な財源効果がもたらされます」として、モデルケースが示されている。

出力一三五万kwの原発立地で、運転開始までの一〇年間で、交付金が四八一億円、運転開始の翌年から一〇年間で、固定資産税が約五〇〇億円、つまり二〇年間で合計九八一億円が入る、とされている。このうち、固定資産税を引いた五六五億円が、国家が支給する国民が支払った税金である。

ということは、一民間企業の一施設の建設を承諾するだけで、一地域で五六五億円もの税金が費消されることになる。官民一体化は極まっている。もし、五基をつくるのに応諾すれば、二八二五億円もの巨額なカネが、僻地の町村に入る。

立地町村は、小さな自治体が多いので、それは年間歳入の四割から五割に達する。いわば国家資本をつかった、民間企業による自治体の買収である。

このほか、交付金は立地周辺部にも払われるので、一基あたり一三五九億円が費消されてきた。原発建設費はいま、一基あたり四五〇〇億円。これだけの大事業はない。経済的な大事業ばかりではなく、建設工事は政治的なイベントでもあり、これによって自民党を支えてきた。公明党も反対することはなかった。

青森県下北半島の中心地、むつ市の市役所は、撤退した旧ダイエーの建物をそのまま利用している。あたらしく建設するよりは安上がりだから、だれも反対しないが、その購入資金一六億円は、東京電力と日本原電が全額出資した。寄付行為である。市役所が丸ごと電力会社に買収されたことになるが、疑問をもつひとはすくない。

かつての軍港だったむつ市は、六〇年代から原子力船「むつ」の母港として、知られるようになった。が、「むつ」は漁民の反対を押し切って強引に太平洋へ出航、原子炉の試運転をしただけで、放射線漏れ事故を起こし、そのあとは一度も実験することなく、廃船となった。

その原子炉は、偉大な「ゼロ」の記念碑として、かつての係留港のうえにつくられた、むつ記念館に安置されてある。

だから、むつ市にある「むつ」記念館は、原子力開発の負の記念館でもあるが、いまはそのすぐちかくで、使用済み核燃料の「中間貯蔵所」建設工事がすすめられている。一度、核施設がもちこまれ、「核資金」に汚染された地域を、核産業は手離さない。ほかの候補地を探すのが難しいからである。

が、いま福島原発の事故を起こした原発震災のあと、青森県の核施設の運転と工事はすべて停止、女川、柏崎も停止している。もちろん、浜岡原発も停止されている。それでもわたしたちは、ごく普通の生活をしている。

　むつ市の南側が、東北電力の原発が一基建設され、東京電力が一基建設している東通村であり、さらに南下すると、再処理工場が建設されている六ヶ所村である。むつ市の西側隣接地が、電源開発がプルトニウムとウランを混合した、ＭＯＸ燃料を全量使用する原発を建設している、大間町である。

　六ヶ所村、東通村、むつ市、大間町と四つの市町村で、ウラン濃縮から原発、使用済み核燃料の処分場、と核産業のほとんどを引き受け、「来なかったのはウラン鉱山だけ」といわれている。これほどの悲しい集積はない。

　これらの計画は、六〇年代後半からすでにあったのだが、発表されたのは八〇年代になってからだった。二〇年近くも秘密にされていたのだ。

非科学的精神に汚染された「原発」

日本の原子力政策は、中曾根康弘元首相がまだ若かった、五四年三月、抵抗する学者の「頬っぺたを札束で張って」（中曾根談、のちに本人は否定）はじめられたのは、よく知られている。

　このあと、原子力産業の横暴を防ぐため、「自主、民主、公開」の三原則が定められたが、それはいわば「イチジクの葉っぱ」とされてきた。「迎合、従属、秘密」の三原則であり、「非民主、非人間性、非倫理性」の三原則であって、人間の存在と未来への対立物となっている。

　原発推進派の「絶対矛盾」は、「安全」を掲げるしかないことである。「絶対安全」など、どこの社会にもありえない、危険なものはつくらないのが、基本的な安全対策なのだが、絶対危険な原発からはじまった歴史を覆い隠すのは難しい。

　だから隠しきれる事故なら、なかったことに隠蔽するし、隠蔽しきれない大事故は、できるだけ小さく発表する。それが行き詰まって、今回のように住民の避難に後れをとったばかりか、事故に先手を打って解決せず、いたずらに被害を大きくした。

　原発は「主観的願望」の塊りであり、「事故はない」という非科学的精神に汚染されている。主観が極まったオカルトでもある。

　原発はアメリカのアイゼンハワー大統領時代の、「原爆の商業利用」からはじまったのだが、このときの拡販のキャッチフレーズが「アトムズ・フォー・ピース」。商業利用でしかない原発を、「平和利用」に化けさせたのである。

言い換えと詐術は、原発建設の常套手段になった。原発があたかも、「赤頭巾ちゃんのおばあさん」を食べにきた狼のように、白粉を塗りたくって各地のドアを押した例は、拙著『日本の原発危険地帯』や『六ヶ所村の記録』に詳述した。

デマと隠蔽

わたしが原発を許せないのは、巨額の国家資金と膨大な利益(地域独占、発送電一体化、高料金)によって集まったカネで、政治家に献金、官僚の天下り、学者に研究費、マスコミに莫大な広告費と買収によって、社会に批判者をなくす全体主義を形成してきたからである。

中曽根氏の核武装を狙う核推進と田中角栄氏(彼が三億円もらった話はよく知られている)、渡部恒三氏など「核とカネ」は、政治の退廃をつくりだしてきた。

事故は絶対ないとは、デマゴギーであり、事故があっても事故でない、とマスコミをいいくるめてきた。それはこれまで、四〇年間も操業しながらも、放射線による職業病患者が、死者をふくめても一三人しかいないことによくあらわされている。これほどの隠蔽はない。

被曝労働者の発生は日常である。しかし、認定しなければ、ゼロになる。こんどの福島原発事故によって、これから膨大な被曝労働者が発生する見通しになるが、それが労災として認められるかどうか、労働行政の問題である。

僻地の住民と身分不安定な労働者、それはダブった存在でもあるが、かれらにたいする差別構造のうえに、原発が辛うじて存在してきた。非民主的とは、原発の地方議会への関与のことをいうのだが、労働者を犠牲にしている非人間性支配でもあり、カネで買収する非倫理性でもある。

それでも、この巨大な、国家と独占資本が結託した原発の「黒い手」の誘惑を、はね除けた地域がある。わたしが実際訪問しただけでも、新潟県巻町(現、新潟市)、宮崎県串間町、山口県豊北町(現、下関市)、福島県浪江町・小高町などだが、ほかにも、高知県窪川町(現、四万十町)、三重県芦浜地区(南伊勢町・大紀町)、和歌山県日置川町(現、白浜町)などがある。住民闘争の勝利だった。これらの教訓を学ぶ必要がある。

第二章　原発被曝と差別構造

1　わが内なる原発体制

「毒まんじゅう」と「モルヒネ」

福島原発が放射能を放出しつづけている。その陸側の集落には、津波に呑み込まれた遺体が放置されたままだ。亡くなった多くのひとびとが、建物の下敷きになり、雨に打たれ、放射能をふくんだ風に曝されている。その壮絶な光景を、わたしは想像できなかった。

しかし、津波が原発に襲いかかるのは、「想定内」だった。海水が去って海底があらわれる。取水口がむなしく露呈して、原子炉が空だきになる。あるいは震動によって配管が破断され、緊急炉心冷却システム(ＥＣＣＳ)が作動せず、炉心が溶融する。

今回は外部からの電源が切れたあと、非常用発電機が、津波によって押し流された。さらに格納器の容量がちいさかったので、ガス放出弁をあけ、爆発を防ぐため炉内に充満したガスと放射性物質とを大気中に逃がした。

チェルノブイリでは炉心が爆発、地球規模で放射能をまき散らしたが、住民の急性死亡はなかった。トラックで消防士や兵士が動員され、背中丸出しの人海戦術で、片付け作業をした。そのドキュメンタリー映画をみて、わたしはドキッとしたが、いま、彼らのうち、どれだけが生存しているのだろうか。

爆発しそうな原子炉に、水をかけつづけている。汚染された魔水が海に流され、海に棲む魚に放射能が蓄積される。臨界と暴発を防ぐためにはたらかされている、数多くの下請け、孫請け労働者たちは、やがて被曝の後遺症で苦しむことになるであろう。

それでも、わたしたちはかれらにむかって、「原発に行くな」とは叫ばない。だれかが、家族以外のだれかが、原発の暴走を食い止めなければならないのを知っているからだ。原発が放射能を吐きつづけ、ひとびとは避難区域の境界線にたたずむ。その地域はさらにひろがり、遺体は見棄てられたままだ。

余震が続いている。恐怖が強まっている。地震の活動期にはいったようだ。原発は地震と両立しない、といい、直下型の「東海地震」とその活断層のうえにある浜岡原発の破綻を指摘しながら、原発建設を止める行動に全力をあげなかった。

いま、余震のたびにテレビは、原発は「異常なし」とつたえる。宮城県の女川原発、青森県の東通原発、六ヶ所村再処理工場もいまのところは、「異常なし」である。しかしそれは、ギリギリのところでの「異常なし」なのだ。いままで、音をたてることもなく、忘れられていた原発の動静が、ようやく心配されるようになった。

すでに被害は大きい。遠く離れても、野菜と牛乳が侵され、水と空気と土とが汚染されている。住民は故郷には帰れず、原発暴走の危機はまだまだつづく。

原発を動かしてきたのは、カネだった。カネ以外に、理想や夢や哲学が語られることはなかった。地域にどれだけのカネが落ちるか、それが受け入れの条件だった。農地も漁場も買収された。電力会社と国と県とが、カネにあかして原発の恐怖を圧し潰した。これほどカネまみれの事業はない。電源三法による「原発立地交付金」、周辺には「周辺立地交付金」、政府と電力の「毒まんじゅう」であり、モルヒネ注射。いったん引き受けると、「毒を食らわば皿までも」と増設に期待した。

自治体の選挙には、電力とゼネコンとが一体となって、自民党の原発容認候補を推した。電力総連、電機連合、基幹労連などの関連産業の労組が原発推進、ナショナルセンター・連合も原発賛成、その支持政党の民主党も大賛成、与野党癒着、原発翼賛体制が恐怖の原発社会をつくった。

村や町や市の首長たちに、「安全だと思うのですか」と尋ねると、みなおなじように、「国が安全だ、といっています」と澄ました顔だった。マニュアルに書いてあるような言い方だった、というようなことを、わたしは原発地帯をまわって書いてきた。


「ある日、テレビが金切声をあげる。

『○○原発に重大事故が発生しました。全員退避して下さい』

が、光も、音も、臭いも、なにもない。見えない放射能だけが確実にあなたを襲う」

（『ガラスの檻の中で』一九七七年刊）


「ある鉄鋼メーカーは、その労働条件の劣悪さから、『カネと命の交換(鋼管)会社』といい伝えられてきた。というなら、原発は、その極限である。すべてをカネによって測る価値観がひろがることが、放射能汚染のように恐ろしい。『カネは一代、放射能は末代』である」

（『日本の原発地帯』一九八二年刊）


「いまのわたしの最大の関心事は、大事故が発生する前に、日本が原発からの撤退を完了しているかどうか。つまり、すべての原発が休止するまでに、大事故に遭わないですむかどうかである。大事故が発生してから、やはり原発はやめよう、というのでは、あたかも二度も原爆を落とされてから、ようやく敗戦を認めたのとおなじ最悪の選択である」

（『原発列島を行く』二〇〇一年刊）


「なぜ、電力会社を信用できないのか。彼らは『事故などありえない』といいつづけるしかない宿命にあるからだ。

というのも、原発にたいする反対論の中心は、原発はかならず事故を引き起こす、というものだから、それへの反論は『事故など絶対にありえない』という非科学的なものにならざるをえない」

（『週刊金曜日』二〇〇四年八月二七日号）

大事故が発生して、政府は「緊急事態宣言」をだしながらも、まだ未練がましく、「繰り返しますが、放射能が現に施設の外に漏れている状態ではありません。落ち着いて情報を得るようにお願いします」と強弁、被曝者を大量に発生させた。

新聞は「今回の地震では、心臓部である原子炉に損傷が見つかっておらず放射能漏れも認められていない」（『朝日新聞』三月一二日朝刊）と東京電力の大本営発表を垂れ流した。監督官庁の経産省、原子力安全・保安院は、原発推進の国策を祀る「護国神社」にすぎない。

総力戦だった原発推進

原発戦争の戦犯ともいえる、日本原子力技術協会の石川迪夫（みちお）最高顧問は、原子炉建屋が水素爆発で破壊され、大量の放射能が、大気中と海中に流出していた三月二五日におよんでも、記者会見で「福島原発収束の方向」（『毎日新聞』）といい張っている。

勝俣恒久・東電会長と清水正孝社長は、原子炉への海水注入の遅れなどについても、「対応にまずさを感じていない」と突っ張っている。「原発は絶対安全」といってきた手前、なにがあっても認めない。日本は絶対負けない、という「神風神話」である。これだけの人間と社会と子どもの未来に打撃を与えてなお、人間的な反省の言葉はない。

一九五四年、アメリカ政府の招待旅行から帰ってきた中曾根康弘代議士は、早速、ウラン２３５をもじった原発予算を提案、公安警察出身のメディア王・正力松太郎ともども、原発推進のラッパを吹き、与野党政治家、官僚、電力会社、財界、学者、裁判官、マスコミ一丸の総力戦となった。

原発反対派は、かつての戦争反対派のように、弾圧され投獄されたわけではない（佐藤栄佐久・前福島県知事の例もあるが）。が、対決のこころが弱かった。行動がたりなかった。拒否の思想と行動、切迫感が弱かった。

大量の被曝者と故郷喪失者、生業を喪った農漁民、これから発生する未来の被曝者たちから、批判されることになるであろう。原発反対といいながらも、いつしかその原発体制のなかで生きていることを、忘れていたのだ。

2　原発はモラルに反している

なぜ原発に反対するのか

原発に関して問題になっているのは、もちろん今度の東電福島第一原発事故のような危険性のこともあります。私自身も、『ガラスの檻の中で――原発・コンピューターの見えざる支配』（国際商業出版）という本を70年代に出していまして、その中で「見えない放射能があなたを確実に襲う」ということも書いています。

それはほとんどの原発反対派の人が見ていた未来像だったわけで、それを指摘していながら、誰も止めることができなかった。どうして止められなかったのかという問題について、「週刊金曜日」臨時増刊号（２０１１年4月26日）に「わが内なる原発体制」という文章を書いています。結局、反対とは言いながら、その体制を支えてきてしまったんではないか、そういう思いで書いた文章です。

原発に反対している理由として、もうひとつ、他の人たちがあまり指摘しないことがあります。私自身が原発地帯を何度も回って、地域の人たちの話を聞いて出した結論は、原発の存在自体がモラルに反しているっていうことです。つまり、どんなにいやだと言っても、カネだけで説得してきたということです。「迷惑施設」とよくいいますが、それは言葉の使い方で、本来は「危険施設」なんです。危険を強制していくのが、カネによる「説得」ということです。

たとえば、青森県のむつ市にいま使用済み核燃料の中間貯蔵施設が建設中です。工事の事故で建設自体は止まっています。実は、むつ市の市役所はかつてのダイエーの店舗を使っています。市役所ってのはふつう、5階とか10階とか高さがあって、地域の住民を睥睨（へいげい）するわけですけど、むつ市の市役所は、平たい、カニが謝っているみたいな建物です。ダイエーが、下北半島の中心地だからということでむつ市に進出したんですが、計算違いで撤退しました。それを東京電力が全部一括して18億円を支払って、いま市役所の庁舎になったんですね。福島のＪヴィレッジは１６０億円で買い与えました。

欲しいものはなんでもカネで与える、それによって原発を推し進める。自治体も、何でもいいから要求する。以前は、寺院を作ってくれって話もあったりしました。打ち出の小槌みたいな感じです。そういうことを許してきているんですね。電力会社はコストを電気料金に計上すると何の痛痒もない、株主の利益もちゃんと配当で出る。そして、地域独占ですから、競争相手がいない。これを許してきたのです。

それから、かつての通産省、現在の経済産業省が日本の原発を一貫して進めてきた原子力行政のメッカですけど、その中に原子力安全・保安院という、原発の安全をチェックする機関があるわけです。

　私は、ピッチャーとアンパイアが一緒だっていうふうに言ってきましたけど、汚職のでっち上げで落とされた、元福島県知事の佐藤栄佐久さんは、犯罪者が警官をやってるみたいなもんだと言っています。私よりも強烈だなと思いますが、原発に反対していて汚職をでっち上げられ、逮捕されたという恨みがありますから、もっと激しい言い方なのです。

フィクションとしての原発

　どうしてそういうことが全部まかり通ってきたかというと、原発自体がフィクショナルな存在だからなんですね。安全だと言わないと進まないわけです。

　ところが、原発は危険なんです。危険なものを安全と言わなきゃいけない。でも、これまでもいろんな労働者が、原子炉はものすごく入り組んでいるから、地震の振動でパイプが切断されるってことを昔から言っているし、何十キロメートルにわたっているパイプを、下請けの孫請けで作るわけですから、どうしても手抜き工事になるんですね。でも他に業者がいない。完璧にやることは、コストを計算する民間企業では無理なんです。

　よく「安全神話」と言っていますけど、安全「信仰」なんですね。迷信なんです、原発は。絶対安全だという宗教で、何かあってもそれでつなごうというもの。国が、電源三法という、地域が原発を引き受ければカネを払うというしくみを作ってきた。原発が稼働してから交付金を払うのではなく、用地を決めるともうお金を払います。稼働10年前から、10年間でおよそ450億円ずつ払います。稼働しはじめると、10年間で固定資産税など500億円が入る、と資源エネルギー庁が宣伝しています。交付金がなくなってしまって、さらにこんどは固定資産税が毎年減っていく。

　それまでの間、原発を誘致した首長は、自分の政治力を誇示するために、地域に見合わないようなでっかい体育館や公民館などのハコモノを作るんですが、それを維持できなくなってしまう。それで、もう一基原子炉を作ってくれ、もう一基作ってくれっていう形になる。福島第一原発も、震災前は7号機、8号機を誘致していました。

　原発周辺というのは、私に言わせれば、「裏切り地帯」なんです。反対していた人がどんどん賛成に変わっていく。典型的な人は――第1章でもあえて実名で書いており、繰り返しますが――福島県の県会議員だった岩本忠夫さんという人です。この人には、彼が原発反対のころからずっと会っていました。なかなか人格者で私は尊敬していました。電力会社の妨害で選挙に落ちたこともあります。妨害と口で言うと簡単なんですけど、六ヶ所村だったら、村長選で一票3万円ぐらいでした。

岩本さんはのちに福島第一原発のある双葉町の町長になりますけど、１００％転向して増設要求をするようになりましたね。町の財政をどうするかってときに、やっぱり原発からカネを引き出すしかないという結論になったんだろうと思います。転向した後もお会いしたことがあるんですが、お嬢さん二人が東電の社員と結婚したということもファクターになったらしい。こういう、反対派の人で、息子を東京電力とか関西電力とかに就職で引き受けてもらってから、変わってしまった例は無数にあります。

被曝労働は日本の労働構造を象徴している

それから、被曝労働の問題です。防護服といっていますが、防護服がどれだけ防護するかよくわからないところがある。一生懸命シャワーで体をこすったりして落としているんでしょうけど、だいたい放射性物質の被曝って蓄積していきますから。いま、原発労働者は、今度の原発事故を契機に年間２５０ミリシーベルトまでっていう被曝の基準が出ていますが、以前は１００ミリシーベルトでした。このとき、一般人は50ミリで労働者は１００ミリでいいとなっていました。

このときから僕は問題にしてました。人間にいったいどういう種類があるのか。被曝していい人間と被曝して悪い人間との差があるのか。原発で働くんだから被曝してもいいという論拠なんですね。いまは非常時だからもっとそれも上げてもいいという、そういうふうになってきている。

これまで、被曝労働で労災認定された人は十数人しかいません。いろんな裁判がありました。しかし、日雇い労働者ですから、ましていろんな地域を転々として回っているうちに被曝した人たちですから、裁判闘争やれって言ったって、まず無理ですよね。お金もないし、バックアップする人もいないし、証明する資料もない。いろんな被曝労働者が現れてこれから社会問題化するでしょうけど、それをどういう風にして国が認めていくのか。

福島第一原発が始まったころに、白血病とかガンとか小頭症とかが発生しているっていうんで、私も取材に行ったことがあるんですが、結局、病院に行くと、そういう患者はいるけど、因果関係を証明できない。いままできちんと調べていれば、地域の疫学的な統計上の差が現れるのかもしれませんけど、昔の統計がない、ということで、なかなか疫学的に証明できないっていうんで、それっきりになってしまっていました。

被曝労働は、日本の労働構造の集約的な象徴なんですね。元請けがあって下請けがあって孫請けがあって曾孫請け、「曾々(ひひ)」孫請けがあって、８段階ぐらいになっている。事故当時は、1時間2万円ぐらいといわれていましたが、平常時は1日1万円ぐらいでしょう。元請けがいくら払って、いくらピンハネされたかはわからない。日本の資本主義が成立したころから、北九州八幡の官営製鉄所が始まったころから、本工と日雇い人夫の重層的な労働構造がずっとあったわけです。日本の資本主義を発展させてきた構造が、いまコンピューター社会、原発社会になって、むしろ拡大してきました。

こないだ、原発でお父さんが働く子どもが毎日新聞に投書して採用されたものが問題になりましたよね。電力会社だけが悪いのか、みんな悪いのではないか、都会に住んでいる人も電気使っているんじゃないのか、という批判です。

これはもう根本的にまちがっています。あくまでも、政府と電力会社の責任です。都市住民の責任じゃない。無関心であったという意味では責任はありますが。みんながいやだいやだと言ったのに、カネで押しつけてきた、そういう原子力行政なんです。私は、「原子力発電」ではなく、「金子力発電」だと呼んでいます。

なにも電気をつくるのに、原発使う必要ないんですね。そういう巨大な無駄を、これまでやってきたわけです。原爆のヒバクシャの犠牲をまだ処理できないうちに、またあらたな犠牲者をつくったことは、原発反対運動が弱かったからです。今度こそ、原発を止める。その運動が必要です。

3　オキナワとフクシマ

反対運動勝利も

原発反対のひとたちが、なぜ、原発に反対してきたか、といえば、原発は危険だからである。危険を知っていたからこそ、いま原発のある18カ所の立地地域すべてで、反対運動があった。しかし、残念ながら、ついに福島第一原発の大事故をとめることができなかった。

原発のある町とは、反対運動が敗れた町、といっても過言ではない。しかし、いま、原発の影も形もない、いくつかの地域で、原発反対闘争があったことを合わせて考えれば、いかに原発がひとびとから、危険物として嫌われてきたかを理解できる。

たとえば、用地を買収されていながら、根強い抵抗をつづけ、ついに建設を断念させた例として、新潟県巻町（現、新潟市）、石川県珠洲市の住民運動がある。

福島第一原発の大事故によって、これからの新規立地が否定的になったのが、計画が進んでいた、福島原発に近い浪江・小高原発（東北電力）と、漁民の抵抗が強い山口県の上関原発（中国電力）などである。

さらに工事がはじまったとはいえ、反対の世論がたかまっているのが、わたしの故郷・青森県の大間原発、東通原発である。

おなじ青森県六ヶ所村の再処理工場は、もっとも危険な核工場であり、福井県の「もんじゅ」とともに、廃棄すべきだ。

原発反対運動は、敗北だけではなかった、という事実は、もっと強調されるべきだ。勝利の記録は書き残す必要がある。それらを列記すると、三重県芦浜地区、和歌山県日置川町（現、白浜町）、同日高町、山口県豊北町（現、下関市）、宮崎県串間市などがある。それぞれ、住民運動が原発を追い払った誇り高き町である。

それでは、なぜほかの地域は反対していたのに敗退したのか、である。

原発が建設される地域は、県内でも極端に過疎地域である。島根原発こそ県庁に数キロという場所にあるが、経産省の「原子炉立地指針」にもあるように、「周辺公衆との離隔の確保」というのが、立地の適合条件である。

安全基準のひとつが、人口の少ないところ、というのが、原発猛進の経産省自体が、原発の安全性に疑念をもっていることを示している。

過疎地とは、道路、橋、港など、いわゆるインフラが遅れているところである。道がほしい、橋がほしい、港がほしい、という渇望の目の前に、ぶら下げられたのが、毒まんじゅう原発だった。

それでも、温排水によって漁業が悪影響を受けるとして、漁民は漁業権放棄に反対してきた。長い時間をかけて、たとえば東通村の原発建設は、用地買収から40年もたってから着工されている。その間に補償金は、3倍、4倍、5倍と吊り上げられてきた。

とすると、補償金ほしさに抵抗していたのか、ゴネ得か、という批判がでそうだが、そうではない。長い時間をかけての攻略に、ひとびとが疲れ果てて、というのが実際である。地域の巨大企業である電力会社は、カネと人間を際限もなく送りだしてくる。

少数犠牲の構図

原発地域と沖縄は共通している、という意見が最近でてきた。少数が多数の犠牲になる、という図式である。たしかに、沖縄本島で圧倒的な存在感のある基地は、「本土」の非存在感と対照的だ。それは危険負担の不平等でもある。

三沢、岩国、横田、横須賀などと、「本土」にも巨大な米軍基地がある。それでも、沖縄の過剰存在とは質がちがう。過剰存在でいえば、日本の原発は54基、米仏についでいる。とはいっても、国土のひろさがまったくちがう。それも、東北の青森、福島、宮城、日本海側の新潟、福井と偏在している。

原発は、日本列島の辺境に押しつけられた危険施設である。

しかし、米軍基地を押しつけられた沖縄は、辺境ではない。歴史の深い、誇り高き国である。

とすると、原発立地地域と沖縄とは、なにが共通していて、なにがちがうのか。そして一緒にたたかう課題はなにか、というテーマが浮かび上がってくる。

5万人の集会企画

「いまのわたしの最大の関心事は、大事故が発生する前に、日本が原発からの撤退を完了しているかどうか。つまり、すべての原発が休止するまでに、大事故に遭わないですむかどうかである。大事故が発生してから、やはり原発はやめよう、というのでは、あたかも二度も原爆を落とされてから、ようやく敗戦を認めたのとおなじ最悪の選択である」

と、10年前にだした『原発列島を行く』（集英社新書）に書いたが、結局、わたしたちは、大事故前に原発社会から脱出できなかった。脱原発の運動に本気で取り組んでいなかった、との自省がある。

それで繰り返すが、２０１１年9月19日に「さようなら原発5万人集会」を準備し、１０００万人署名を集める運動をはじめた。呼びかけ人は、内橋克人、大江健三郎、落合恵子、澤地久枝、坂本龍一、瀬戸内寂聴、辻井喬、鶴見俊輔さんと鎌田である。ほかにも石川文洋、宇沢弘文、上野千鶴子、大石芳野、山田洋次さんなど１００人を超える賛同人がいる。大集会前の9月10日には、大江さんなど呼びかけ人の講演会をひらいた。

ヒロシマ、ナガサキ、フクシマだけで、核の犠牲者を食い止めなければ、いったい戦後の平和運動とはなんだったのか、と問われることになる。

意見のちがいや運動のちがいを超えて、とにかく、原発の被害にはもう遭わない、子どもたちの未来を脅かす核政策は廃棄する、との運動を拡大させ、脱原発、自然エネルギーへの転換を実施する。それが目標の運動である。

運動のきっかけは、フクシマのあと、ヨーロッパではすぐに20万、30万人の大集会がひらかれたが、日本では1万、2万で終わっている。もっとさまざまな声をだそう、というのが動機である。

それには、沖縄の教科書検定批判の大集会と辺野古基地建設反対集会の昂揚が影響している。ふたつの集会には、わたしも参加しているので、沖縄のように本気さがたりない、まだまだ原発拒否の大きな力をだしきっていない、という反省である。

いまの沖縄の辺野古基地反対の運動は、「反対」ではなく、「拒否」だと思う。県知事と県議会、名護市長と名護市議会、あるいは地域の自治会、その一致した拒否は、基地の歴史を背負っている。それでも、なお、基地を押しつけようとするのは、日本政府の侵略行為である。

もっとも厭なものを、もっとも虐げられているところに押しつけるのは、差別である。原発でももっとも危険なものを、もっとも虐げられてきた地域に押しつけてきた。

しかし、沖縄と原発との大きなちがいは、沖縄は受け入れていないのに、押しつけられていることであり、原発は受け入れていることである。一方では、ノーと拒否しているのに、いうことを聞け、といい、もう一方はイエスといわせる実績をつくったことにある。

これは決定的なちがいである。たしかに原発容認は、住民の総意ではない。地域ボスや市町村長と議会の承認を受けている。議会で受け入れると、待っていました、とばかりに、何十億円もの交付金が国から支給される。補償や土木工事のクスリ漬けである。

「民主的」は欺瞞

しかし、炉心溶融(メルトダウン)以後のフクシマの悲惨は、放射能汚染と内部被曝による恐怖であり、故郷喪失であり、一家離散であり、動植物の大量死である。フクシマは平和時の被曝であったとはいえ、ヒロシマ、ナガサキとおなじ悲惨となった。

平和時といっても、原子炉が爆発するような社会を、平和ということはできない。それも4基連続の爆発と炉心溶融である。沖縄戦とおなじように、ひとびとは逃げ場を失い、家族を喪い、故郷を喪った。民主主義的な形式は欺瞞である。本質は沖縄に対する強権的な接収とおなじ悲劇となったのである。

政財官、学者マスコミ、裁判所が結託した「原発絶対体制」は、民主主義の敵である。中央集権と地域独占、発電と送電の独占、電力料金の独占価格、地域差別、被曝者を無限に生みだす労働者差別、被曝労働にささえられる発電、未来を無限に汚染する核廃棄物、核産業に依存する社会の不安、中央集権国家の地方への強制、なんと沖縄差別と原発差別は似ていることか。

4　原発は差別の上に建つ
——東電福島第一原発事故と原発の差別構造

反省を強いられた福島原発事故

——東電福島第一原子力発電所の一号機から四号機が、二〇一一年三月一一日の東北地方太平洋沖地震(マグニチュード9・0)によって国際原子力事象評価尺度で最悪のレベル7に達する大事故を起こし、環境中に大量の放射性物質をまき散らしました。原子力安全・保安院でも、放射性ヨウ素に換算して七七万テラ(兆)ベクレルの放射性物質が放出されたと推定しています。この事故をどう思われましたか。

鎌田　原子力発電所（原発）に批判的な人たちは、地震国の日本では必ず事故が起こると想定して、原発に反対してきました。事故のシナリオは、ひとつは、地震によって津波が発生し、津波の引き潮の際の水位低下で原発の取水口から海水を取り入れられなくなって、炉心を冷やすことができなくなり、メルトダウン（炉心溶融）するというものでした。もうひとつは、地震によって原発に無数に走っている配管が破断・破損して、やはり冷却水が供給できなくなり、メルトダウンにいたるというものです。この二つのシナリオが原発反対派の、いわば常識でした。

これに対して原発推進派は、原発の核燃料は、燃料ペレット、燃料被覆管、原子炉圧力容器、原子炉格納容器、原子炉建屋という五重のバリアによって守られているし、緊急時に炉心を冷却する装置を何重にも施しているから、環境中に放射性物質が放出されることはないと主張してきました。

今回の事故で推進派の主張がすべて吹っ飛んでしまいました。事故の様相は多少違うけれども、批判されていたとおりのことが起こったわけです。

私たちは、東海地震の想定震源域にある浜岡原発がもっとも危ないと警告してきましたが、実際には福島で事故が起こってしまいました。地震国である以上、どこの原発でも事故の可能性があるということです。

事故で私も反省を強いられました。力を尽くしていなかった、運動が足りなかったという反省です。たしかに原発の危険性をずっと訴えてきましたが、事故を想定していたのだったら、少しでも早く廃炉にしろ、原発をやめろという運動をしなくちゃいけないわけです。ただ反対と言っていただけで、結局、想定していた事故をむざむざと起こしてしまいました。アジア・太平洋戦争のとき、心ある人々は戦争反対を言っていましたが、やはり戦争を阻止することはできなかった。それと同じだという反省があります。

柏崎・伊方の取材から始まった

――ただ、鎌田さんは非常に早くから、原発立地が計画されたり立地している現場で原発反対の立場から取材を続けてこられましたね。

鎌田　最初は一九七三年でしたか、いま柏崎刈羽原発がある新潟県柏崎市に原発反対闘争の取材に行っています。当時、各地に原発反対の人たちはいたけれど、デモや集会をするような大衆的な原発反対闘争があったのは、この柏崎と愛媛県の伊方町だけでした。柏崎のあと、伊方も取材しました。当時は公害反対闘争が各地で盛り上がっていた時期で、私は公害反対闘争の取材から入って、同じ住民闘争ということで柏崎に行き、伊方をまわって原発の勉強を始めるようになったわけです。

そのころ、樋口健二さん（写真家）も柏崎の取材に入っていました。福島原発一号機が一九七一年に稼働しますが、それから二、三年して、被曝労働の問題が現れてきます。私は七四年に福島で被曝労働者の取材をしましたが、樋口さんもここから被曝労働者の問題をずっと追求するようになりました。

柏崎の前、七〇年ぐらいに青森県の六ヶ所村にも行っています。これは「むつ小川原開発」という巨大開発に対する反対運動を取材するためでした。しかし、その開発計画のなかにすでに核関連施設の計画も入っていたんです。

お金で過疎地に押し付ける

――原発の立地地域には、共通する構造がありますね。

鎌田　それは過疎地だということです。国の原子炉立地審査指針では、人口の多いところから離れていることが原発立地の条件になっています。福島原発のあるところは、浜通りといって開発されていない寂しい海岸でしたし、原発が密集している福井県の若狭も貧しい集落ばかりでした。原発のあるところは、みんなそうです。

――しかも、そこでつくられた電気は、地元で使われるわけではなくて、福島原発ですと、東京などの首都圏に送られていますね。

鎌田　東京電力の所有する原発は、新潟県の柏崎刈羽に七基、福島の第一と第二で一〇基の計一七基で、青森県の東通村に建設中が一基あります。すべて東北電力の管内で、奥羽と越後に集中しています。とにかく人が少ないところに原発を押し込んだわけで、これは、事故が発生したときに死傷者が少ない、補償金の額が少ないということを意味しています。彼らの言う「安全」とはそういう意味です。

「白河以北一山百文（白河の関より北の地は、一山で百文にしかならない）」という東北をおとしめた表現がありますが、原発というのはそれを地で行っています。

原発にはそういう差別構造がありますが、でも、これは東京都民が差別をしているわけではありません。都民は別に原発を造ってくれと言っていないし、自分の使っている電気が原発でつくられているか、火力発電でつくられているか、わかりません。たしかに都民にも、差別構造の上に乗っかって電気を使っていながら、それに無関心であった罪はありますが、原発を選択し推進の方針をつくったのは、自民党政府であり電力会社です。そこは区別すべきです。

原発立地地域は、政治からまったく見捨てられていたところで、インフラがなく、道路が欲しかったり、港が欲しかったりする。そこに道路や港を造るとか、仕事がくるということで、原発を受け入れてしまうわけです。

原発立地を推進するために、電源三法（発電用施設周辺地域整備法、電源開発促進税法、電源開発促進対策特別会計法）が一九七四年、田中角栄内閣のときにつくられました。原発を受け入れた地域（立地市町村、周辺市町村、都道府県）に対し、その見返りに交付金として税金を注ぎ込む制度です。

たとえば、一三五万キロワットの原発を一基造るとすると、議会が誘致を決定した段階から運転を開始するまでの一〇年間で、合わせて約四八〇億円の交付金が支払われます。そして、運転開始から一〇年間では、固定資産税などで約五六〇億円が入ってきます。民間企業の事業を進めるために、血税を投入するというひどい制度です。

また、立地地域にはもともと産業がなくて、都会に出稼ぎに行っている人が多かったんです。しかし、原発建設が始まると、建設工事の仕事に就くことができます。単価は安くなっても地元で仕事ができるから、そのほうがいいわけです。もちろん、建設工事を請け負うのはゼネコンで、地元は孫請け、曾孫請けになりますが、それでも仕事が入ってきます。さらに漁民には、漁業権放棄に対する補償金が支払われます。原発は海を埋め立て、大量の温排水を海に流しつづけますから、漁業がダメになるんです。

つまり、お金がすべてです。安全じゃないものを安全だと説得するわけですから、結局、お金で押し切っていくしかないのです。だから私は、原子力発電所ではなく「金子力発電所」だと言ってきました。原発は、金の論理で地域の政治、経済、文化を破壊していきます。これはまったく民主主義と人間の倫理に反することです。

被曝労働で電気をつくりだす

――原発は、いったん事故が起こると、環境中に放射性物質が放出され、取り返しがつきません。

鎌田　今回の福島原発事故では、事故を収束させるために人海戦術で作業をしていますから、被曝労働者が大量に発生しています。彼らは英雄扱いされていますが、被曝によって今後どんな影響が出てくるか、たいへん心配です。それでも、私たちは彼らを手をつかねて見ていることしかできません。

当初、線量計を持たされていなかった労働者も多くいました。一号機、三号機、二号機、四号機の水素爆発の際にはみんな相当量の被曝をしているはずです。ところが、労働者の体内被曝も含めた被曝量の検査もまだすべて終わっておらず、行方不明者は数百人に達しています。被曝労働をさせる場合、すべての労働者の被曝量を管理しなければなりませんが、それができていないこと自体が大問題です。

もともと、被曝現場で働く労働者の供給を下請け企業や派遣会社に依存する差別的な就労構造になっているので、こんなことが起こるわけです。また、事故が起こってから、それに対処するために労働者の年間被曝限度量が、従来の一〇〇ミリシーベルトから二五〇ミリシーベルトに引き上げられました。ひどい話だと思います。

しかし、労働者の被曝は事故のときだけの問題ではなく、ふだんから発生しています。定期検査のときには、人間が放射線量の高い場所に入っていかないと、修理やメンテナンスができませんから、労働者は被曝せざるをえません。原発は、日常的に被曝者を生み出しながら、その犠牲の上に立って電気をつくりだしてきたわけです。

一九七四年に私が福島を取材したころは、原発の周辺に原発で働いて被曝した労働者がたくさんいて、がんや白血病なども現れてきていましたが、被曝との因果関係が証明できなくて苦しんでいました。電力会社は、最初のころは、近くの農民を被曝現場の労働者に使っていたんですね。ところが、被曝の問題が周辺地域で噂になってくると、それからは遠くの労働者を使うようになりました。

政官財の癒着で推進

鎌田　今回の事故で、大量の放射性物質がまき散らされ、原発の周辺地域では故郷を失った人たちがたくさん出て、そこにいた牛や豚、鶏などの家畜も野垂れ死にをしています。外国にも放射性物質が流れています。これだけの大惨事を起こしていながら、政府（インタビュー当時）には、与謝野馨や海江田万里など、まだ原発を推進しようとする人たちがいます。私は、この姿を見て、太平洋戦争を聖戦と呼んで最後の一兵卒まで戦え、と言ってきた「玉砕」の精神を連想します。

戦後、政府の原発政策を中心となって推進してきた中曾根康弘も、事故後の新聞のインタビューで、「これを教訓として、原発政策は持続し、推進しなければならない。……雄々しく前進しなければならない」と言いました。これは、原発の利益に絡んできた財界・政治家・官僚・学者の意見を代弁しています。原発は二酸化炭素を出さないクリーンエネルギーだと宣伝されてきましたが、これはけっしてクリーンではない、政官財が癒着したきわめて汚れた構造によって推し進められてきたのです。

原発の事故は破滅的なダメージを人間と社会に与えること、原発と人類は共存できないことがだれの目にも明らかになりました。もう後戻りすることはできません。少しでも早く、原発を全廃しなければなりません。

第三章　原発廃止アクション

1　虚大・危険産業の落日

日本の原発54基のうち、52基がストップ、2基だけしか稼働していない。これは驚くべき事実である。

2012年3月7日現在、新潟県の柏崎刈羽6号炉、北海道泊3号炉の2基だけしか運転されていないのだが、そうかといってパニックが起きているわけではない。福島原発の被災者には申しわけないが、むしろ、原発立地地域の住民にとっては、心安らぐ日々であろう。

5月上旬には最後の泊原発が休止して、日本の原発は全面休止、1966年7月、日本原電の「東海原発」が運転開始（98年3月廃炉）して以来、実に46年ぶりに原発のない国になる。

政府と電力会社は、原発がなくてもなんにも困らない、という現実がたちあがるのを防ぐためにか、とにかく関西電力大飯原発3、4号炉を稼働させようと躍起になっている。

つまり、電力会社の机上の安全計算にすぎない「ストレステスト」の結果をうけて、経産省の原子力安全・保安院が、「妥当」との評価を原子力委員会に提出した。

これまでも、原発の安全審査は「八百長」の定評があったが、こんどもまたそうである。二人の委員は、妥当という結論の審査書の提出は認められない、との声明を発表した。

さしもの原子力安全委員会の班目（まだらめ）委員長でさえ、「1次評価だけでは判断できない」と批判している。

原子力ムラの腐敗は目を覆うばかりで、もっとも危険な物質をあつかう検査機関が、業界や推進官庁に丸抱えなのだから、日本人は長いあいだ危険に曝されてきた。

わたしは、原発推進の通産省（現・経済産業省）が、内部に安全・保安院を抱えているのを、「ピッチャーとアンパイア」がおなじ人格、と批判してきたが、佐藤栄佐久前福島県知事は、「泥棒と警官がおなじ人間」と酷評している。

政府のエネルギー政策をつくる「新大綱策定会議委員」の3人に、原子力業界から研究費名目で大量のカネが流れている、と暴露した記事が世間を驚かせたが、それっきりである。

ストレステスト意見聴取会のメンバー3人も、原発マネーに汚染されている、と批判されているが、研究のためだ、と開き直っている。これまでも癒着が問題にされることはなかった。

アメリカのＮＲＣ（原子力規制委員会）では、委員と事業者が同席することすら禁じられているそうだが、日本では堂々として恥じることはない。日本人は恥を知る民族、といわれたりしたが、最近の学者の無恥蒙昧ははなはだしい。

日本の原発は、２０１２年5月で全面ストップになるが、闇雲に危険な再稼動に突進するか、重大な岐路になる。

　原発がないと電力が不足する、という脅しは、最近は影を潜めた。政府でさえ電力不足になるとはいわない。夏場の暑さのピークと甲子園中継が過熱する一瞬くらいは不安だが、節電意識がたかまっているので、危機にはなりそうもない。

　このままでは、海外へ工場が流出する、というのが新手の脅しだが、日本経団連のアンケートでも、電力需給対策としての「海外シフト」の効果は考えられていない。原発が稼働しなければ経済的に困る、というのは、電力会社や原発メーカー、学者や研究員だけだ。

　が、これからは、運転停止から廃炉までの研究と事業化に転換すればいいだけである。自然エネルギーのマーケットはこれから拡大される。原発はあまりにもロスの大きな産業だった。

2　震災・原発とマスメディア
――１０００万人による反原発運動を

　大江健三郎さんや澤地久枝さんら憲法第一世代が呼びかけて「さようなら原発１０００万人アクション」という運動が始まった。呼びかけ人のひとりである著者が、思いを語った。

　6月（２０１１年）に記者会見を行い、「さようなら原発１０００万人アクション」という運動を起こすことを呼びかけました。１０００万人の署名を集めるほか、9月19日には明治公園で5万人による「さようなら原発集会」を開く予定です。

　運動の呼びかけ人は内橋克人さん、大江健三郎さん、落合恵子さん、坂本龍一さん、澤地久枝さん、瀬戸内寂聴さん、辻井喬さん、鶴見俊輔さん、私の9人です。澤地さんは「気軽にできる1円カンパ運動をやろう」と意気込んでいますが、1円ずつだと集金の手間が大変なので実現は難しい。でも趣旨としては、そういった子どもでも参加できるような運動として、広げていきたいと考えています。子どもの生命の問題だからです。

変わりつつある原発をめぐる動き

　原発をめぐる動きは、この間、明らかに変わりつつあると言えます。福島原発事故の約1ヵ月後に『週刊金曜日』が全国の原発所在地の知事にアンケートを送ったのですが、その時は態度保留という回答がほとんどでした。自治体は電源三法交付金と固定資産税という形で、原子力発電に関係する多額の金を受け取っています。たとえば資源エネルギー庁の試算だと、

１３５万キロワットの原発1基を作った場合、稼働するまでの10年間で４８０億円、稼働後の10年間におよそ５００億円が自治体にはいります。

ところが最近は首長の中でも、滋賀県の知事が「卒原発」を言い出すなどの動きが出始めました。自民党からも河野太郎議員らが脱原発の動きを見せ、小泉元首相までも後援会で、反対の立場を表明しました。原発を推進してきた学者の中にも自己批判を始めた人もいます。流れは大きく変わってきています。

この3ヵ月、メルトダウンは収束していないし、新聞やテレビに反対論者が登場するようになってきました。ただ、今後は原発産業側の巻き返しもあるでしょう。最新型の原子炉を1基建設する費用が４５００億円と言われています。こんな商品は他にありません。他のどんな超高層ビルを造っても、ここまでの建設費はかかりません。東京スカイツリーですら総事業費６５０億円とされています。

原発建設は、重電機メーカーや関連会社、ゼネコンやその下請けまで含めて、巨大事業です。原発1基を作るとき、そこに投入される国家資金は35年間で２５００億円にものぼるとされています。こんな手厚い国の援助は、他ではないですよ。私は「原発絶対体制」と呼んでいますが、日本経団連も電気事業連合会も、ゼネコン、官僚も方向を変えるという話はしていません。原発で利益を得ている政治家もいます。このように原発につぎ込まれる金はめちゃめちゃ巨額なので、なかなかやめられない構造です。

本当はこの体制を変えて、自然エネルギーの方に向けていけば、違った需要が生まれてきます。同じ金額になるかどうかはわかりませんが、政府の補助金もそちらへ向ければ良いわけだし、新しい商品を開発していけば良い。1ヵ所で大規模な工事をしなくても、コンパクトで分散した施設を何ヵ所にも作れば良いし、小さな需要を増やしていけば良いんですよ。そうすると、社会全体が暮らしやすい、柔らかな社会になると思います。

亀裂が生じた原発絶対体制

先ほどいった原発絶対体制は、中央集権的で政財界、裁判所を含めた体制で、これが崩れればかなり自由に発言できるようになります。今ようやくちょっと、その体制に亀裂が生じて、これまで「原発反対」と言ってこなかった人でも、「脱原発」と明言する人が増えてきました。『週刊現代』が行ったアンケート調査にも、その傾向は現れています。これまでは原発に反対すると、仕事を干されるという懸念があったのではないでしょうか。大マスコミでも脱原発の論調が出てきた。確かな変化が表れています。

私は50年代の中小企業の労働争議以来、日本あちこちの大衆運動に関わってきました。昔の運動は「社共・総評ブロック」というように、政党が仕切ってきたという歴史があります。他の人達は何もしなくても、組織で動員すればだいたいの頭数は揃い、日比谷野外音楽堂ぐらいは満杯になる。４０００人ぐらいしか入れないのですが、それで満足してしまっていたところがありました。

戦前の強圧時代も戦後日本でも、大衆運動が地域から彭湃（ほうはい）として沸き起こる、ということはありませんでした。

60年安保闘争は例外的なケースで、59年秋から60年6月にかけて、どんどん運動が広がっていった時期がありました。左翼政党や労働組合だけではなく、そこには学生や市民も入って、例えば商店主が店を臨時休業とし、デモに加わるというような動きがありました。ですが、その後、様々な経緯で運動は分裂し、最終的に市民が横に並んで高揚していったという歴史がありません。総評（日本労働組合総評議会）は解体したし、社共は力がなくなって、大きな運動がなくなりました。労働者派遣法ができたのも、そういう歯止めがなくなったからでしょう。

ところが、今は大衆運動が成り立つ芽があります。原発事故以降、多くの人が不安感を抱いていて、何かの行動をしたいと思っています。これらの思いを形にして示す必要があります。

今の若い人達はツイッターやネットで連絡をとって集まってくる。政治関連でいうと、派遣労働関連の集会などから出てきた傾向ですね。4月以降、たびたび行われているデモや、6月11日に全国であった反原発集会・デモでもそうです。次第に新しい運動が始まってきました。この動きは、「年越し派遣村」などの流れも受け継いでいます。「派遣村」だって急に実現したのではなく、フリーターの組合や少数の組合など、個人加盟の組合の存在が基礎としてありました。それが拡大されて、「素人の乱」など、若い連中が現れたという新たな潮流です。日本の大衆運動の中での、新しい傾向です。従来の組織型運動とは違う枠組みで、前向きな風が吹いていると思います。

憲法第一世代から新しい世代までを

「さようなら原発１０００万人アクション」呼びかけ人の澤地久枝さんや内橋克人さんは、敗戦時に中学生だった憲法第一世代です。その人達が「これだけは」という強い決意を抱いています。この世代から新しい世代までをネットワークでつなげていきたいと思います。

１０００万という署名は大変な数ですが、署名活動が新聞報道されたことで、「用紙をくれ」といった引き合いが増えています。反原発では、いままでも坂本龍一さんは熱心に活動されていて、小さな集会にも出てきてくれましたし、賛同人には映画監督の山田洋次さんも名を連ねています。原発問題は全国レベルの問題で、波及性も大きいので、頑張れば達成できる数だと思っています。

運動が成功するかしないかのポイントは、賛成でも反対でもない中間派を味方に付けられるかどうかです。時間の経過とともに、賛成派から中間派へ移る人が出てくる。反対派がかたくなにならず、柔軟な運動をしていれば、中間派とも協力できるようになります。巻原発（編注：東北電力が新潟市郊外の海岸に建設を計画していた原子力発電所。住民投票を経て、04年に東北電力が設置許可申請を撤回）や、霞ヶ浦の埋め立て反対の時も、中間派の人たちが合流してきたので、最終的に反対運動が成功しました。

近ごろの集会に参加して、以前と大きく変わったなと感じたことがあります。以前は集会の写真といえば、ひな壇に偉い人が座っていて、カメラマンが客席側から壇上を写すという形でした。ところがそれを逆転させて、場内の参加者が看板や横断幕を持っていて、カメラマンは壇上から参加者を写すようになってきた。そうすると、臨場感もあるし、参加者が中心というのがよく表れます。発想の転換ですね。音楽もやるようになったし運動の様子は変化しています。

もう偉い人の演説を聞くという時代ではないんですよね。9月に開く集会でも、いろんな人が集まって自発的に盛り上がれば良いと思っています。

署名運動となるとやはり事務局が必要です。とりあえず原水禁の協力を仰ぐことにしましたが、原水禁と原水協の対立といったことに僕は興味がない。そういうしがらみを超えた運動をしなければなりません。皆が不安を感じて、何かしなければいけないとの欲求がある時に、政治的対立を超えた運動を作り出さなければいけない。僕は7月2日には明治公園で開かれる共産党系の集会にも呼ばれているし、そこにも出るつもりです。

立ち入り禁止区域と原発取材

僕は今回、福島原発周辺では、相馬市と南相馬市を取材しました。被災地一般という意味では岩手、宮城、福島を見て回っています。私は以前、雲仙普賢岳の取材で立ち入り禁止区域に入り、災害対策基本法違反で書類送検されたことがあります。不起訴になりましたが、その時は罰金1万円の脅しです。今回も、メディアは防護服を着て立ち入り禁止区域内に入り、取材すべきだと思いますが、無断で立ち入ると罰金刑になるでしょう。そうなると、基本的に事を構えたがらない大手メディアには難しいですね。

一方で立ち入り禁止にすると、補償もしなければならなくなります。今回、避難や立ち入り禁止区域の範囲が5キロ、10キロ、20キロと後からぶざまに広げたり、自主避難という形にしたりした背景には、補償のこともあったでしょう。避難の手順が基本的に間違っていて、はじめに逃げろといって、落ち着いたら帰れとやれば良かった。あまり言いたくありませんが、健康への影響を受けた人がこれから出てこないか、心配しています。その補償は絶対必要です。

3　自立した市民運動として反原発へ

東電福島原発事故を受け、大江健三郎さん、澤地久枝さんら、9人の呼びかけ人とともに、著者は「さようなら原発1000万人アクション」実行委員会を結成。脱原発を実現し、自然エネルギー中心の社会を求め、1000万人の署名集めや「9・19さようなら原発5万人集会」などを主催。今も反原発の旗を掲げ、全国各地を飛び回っている。原発事故から1年、改めて、脱原発への思いを語っていただいた。

「しまった!」という痛恨の思い

――今回の運動に取り組まれたきっかけは、何だったのでしょう。

鎌田　僕はずっと原発反対を書き続けてきました。集会や反対運動にもそれなりに付き合ってきたつもりです。それなのに福島の原発事故を止められなかった。第一報を聞いたときは、「しまった!」という思いでいっぱいでした。原発反対運動は各地にあったけれど、それを結ぶ中央の運動というのはなかったんです。もっと本気で反対してくればよかった、努力が足りなかったって、痛恨の思いだった。それで、今度は頑張ろうと思って始めたんです。

――1年間やってこられて、総括というか、今どんな思いをお持ちですか。

鎌田　今回は、放射性物質が吐き出されているから、いろんな問題も出るだろうし、人の噂も七十五日なんて、すぐに運動が収束することはないと思う。関西なんかでは関心が薄れてきているということは聞いています。でも、事故当時のような強烈な形ではないにしても、人々の心の反原発という意識は、そんなに簡単にはなくならない。その母体があるうちに、方向性を明確にして、（私のように）「原発は潰す」ってしょっちゅう言ってる奴がいれば、無関心にならずにそっちに期待する人が多くなりますよね。そういう意味で、あちこちの集会に行ったり、署名運動をやったりしています。それで、政府を動かそうと思っているわけです。夏には新エネルギー政策のようなものを作る。そのときに原子力政策から脱却するっていう方針を出すような形で押していきたい。今はせめぎあっているところで、ここが頑張りどころだと思っています。

――はじめに原発の問題と直面されたのはいつごろですか。

鎌田　１９７０年代です。柏崎刈羽原発の建設前に、柏崎の住民運動を取材に行って、それから、全国各地の原発を回るようになって、だんだん原発のからくりがわかってきた。今原発のある地域は、全部反対運動のあった地域なんです。でも、お金で反対運動を潰されて原発ができたわけです。住民をだまくらかして土地を買い、ずっと工作して漁業権を放棄させる。僕はＣＩＡ（アメリカ中央情報局）の前に東電のＴをつけて、ＴＣＩＡって言ってるんですが、その村に何十人もの社員を常駐させて、住民を監視してる。それで、金で引っぱたいて、親子や親戚まで切り離していく。電源開発なども、そういう汚い方法でやってきた。

原発それ自体が危ないだけじゃなく、そもそも原発を導入するときの、だましたり買収したりっていう汚さ……、そういうことが生理的に嫌でしたね。

原発には出発から利権のキナ臭さ

――原発そのものの問題もさることながら、原子力ムラという、原発の周りに権益集団のようなものが形成されている。その構造はどうなっているのでしょう。

鎌田　今でこそ批判の対象になっているけど、今初めて原子力ムラができたわけじゃない。１９５４年に中曾根（康弘元首相）が原子力予算を作ったスタートの段階から作られた体制なんです。原子力の予算化は学者たちにも寝耳に水でしたが、札束攻勢で頬を叩いた。産業界も、戦後はなくなった軍需産業のかわりに、産業発展の起爆剤にしようと、原発産業に参入した。政府・官僚・政治家・地域首長・産業界・学者・マスコミ・裁判所が一体化して「原発絶対体制」として市民の頭の上に乗っかって始まった。原発には出発からして利権のキナ臭さが漂っていたんです。

僕は原発の町をいろいろ取材して歩きましたが、市役所でも建設事務所でも、まともに相手にされたことはないです。「危なくないですか」って聞いても、国が安全だって言ったから安全なんだって、まったく無関心。「あなたは原発に賛成か反対かわからないから何も言えない」とも言われた。自治体は企業城下町だから、「原発絶対体制」という巨大な石の下敷きになっていれば、金は入ってくるという構造。自治体の職員にしてみれば、ビビってへたなことは言えないわけです。

――でも、１９５４年といえば、第五福竜丸の事件のすぐあとでしょう。ニュースでも、ガイガーカウンターで被爆したマグロの放射能の値を計っている映像なんかが流れていて、雨に当たると頭が禿げるなんて言われた。そんな日本人の意識に「安全神話キャンペーン」はどんなふうに浸透していったのでしょうか。

鎌田　アメリカも血みどろのエネルギーだったと思いますよ。危険だっていう意識を安全だというふうに１８０度転換させたわけですから。理屈で言うと平和利用なんだけど、実際は核兵器という大量殺戮兵器を逆転して、平和のための大量発電兵器に転換させたってこと。最初は広島に原発を作る計画もあったんだからね。目には目をっていうか、傷口に焼いたコテを突っ込むぐらいの荒療治です。日本は被爆国だから、逆療法をやったようなもんですよ。原子力を目の前に見せて、これは安全ですって。

――鎌田さんは、原発の裏には、事実を隠蔽したり薄めたりしながら世論を形成して、国家主義的な、暗に核兵器的な仕掛けが隠されているとお書きになっています。そこについてはどうお考えですか。

鎌田　すぐに核武装するということではないんです。ただ、僕は兵器工場も取材しているんですが、兵器工場と原発メーカーって同じなんですよ。三菱重工・三菱電機、東芝、日立、ＩＨＩとか。だから、再処理工場と高速増殖炉を国営化すれば、すぐに作れる。原発の延長線上には、将来のそういう不安はあるということです。

――中曾根元首相及び正力松太郎、岸信介、佐藤栄作にも核武装の必要性を謳った手記がありますね。列強だったはずの日本が敗戦して、今度は列強の一つの条件として、核技術がないとだめなんだという……。

鎌田　そう、原発を導入した当時の支配者たちの意識の中には、強国でありたいという気持ちがあったわけですよ。彼らは中国や朝鮮で支配者として君臨してきた世代ですから、僕らみたいな平和教育を受けて、軍隊のことなんか全然知らない世代とは、根本的に感覚が違うんだと思います。

――それにしても、なぜ「安全神話キャンペーン」がまかり通ったのでしょうか。飛行機だってモノになるまでには何回落ちたかわからない。技術発達のセオリーとして、１回も事故がないっていうのはあり得ないことだと思うのですが。

鎌田　小さい事故は想定してたけど、爆発するっていうまでの事故は想定しなかったんでしょうね。細分化しているからじゃないかな。全部の原発を管理する人はいないわけだから。

――トータルなポジショングでゼネラルマネージングするような人はいなくて、個別の判断だったということですか。

鎌田　現場関係の人は危ないのを知ってるわけです。たとえば、原発内には何十キロものパイプが走っているんだけど、これが全部高品質なものではなく、そんじょそこらにある程度のパイプも多いという。現場でパイプをつないでいる連中と話していると、溶接漏れがあったとか結節点がもろくて亀裂が入ったとか、地震があったら耐えられないだろうとか、そんな声が盛んに聞こえてきていた。ところが、原子炉のほうは東大工学部の大学院卒とか、そういう連中が担当しているわけで、そういう下々のところまでは目がいかない。

――小さな事故は、頻繁に起こっていたということですよね。

鎌田　六ヶ所村の再処理工場だって、プールを作った段階から、燃料棒用のプールの底の溶接ミスで水が漏れているのがわかって、何度もやりなおして、実験するまで10年くらいかかっているんです。末端にはそういったいろいろなミスがあって、小さな事故は発生してたけど、それは本体には関係ない。だから、事故はあってもないってことで、これまで来ていたわけです。

再稼働に突進する政府、産業界

――不幸な話ですが、今回の事故によって、そうしたいろんな問題点も浮き彫りになったということですよね。1年目を迎えて、今後の運動の展望はどのようにお考えですか。

鎌田　今、54基のうち2基しか稼働していない。5月になれば全部停止しちゃう。するとね、全部停止しても、意外に電力はびくともしなかったってことがわかるわけです。だから、当面の戦術は、再稼動させないで原発を全部ストップさせておいて、火力や天然ガスや自然エネルギーや代替のエネルギーにシフトしていく。再稼働を認めるかどうかが一つの山ですね。だから、2月11日の集会では声明を発して、全国の自治体の首長に「再稼働はするな」って要請しました。東海村の村長とか南相馬市の市長とか、賛同人になって意を決して反対しようという首長も増えています。

やればやるほど波及していくとは思う。ただ、野田政権だってなんとか逃げ切りたいわけですよ。全部ストップしてしまったら、自分の国で止まってるクセしてなんで輸出するんだってことになるでしょう。商売の邪魔になるから、政府と産業界は必死に再稼働をしようとする。熾烈ですよ。でも、人間のいのちがかかっている。これが最後の運動だと思うから、勝つか負けるかわからないけど、呼びかけ人たちも一生懸命です。

――みなさん他人事ではなく、切迫した問題としてとらえているると。

鎌田　一つは、呼びかけ人は70～80歳前後でしょう。戦後民主主義の世代なんです。戦後の青空の青さを信じた世代ですよ。敗戦を体験し、戦後に始まった民主主義を当然のように信じて生きてきた。それがずるずるになっているのが、今回の事故で露呈した。

僕は76年に福島第一原発のルポルタージュで大事故が発生する可能性について書きました。「ある日、テレビが金切り声をあげて、○○原発に重大な事故が発生しました。全員退避してください」なんていう日が来ると。でも、今の政府は「ただちに健康に被害はありません」と言っただけで、退避すらさせなかった。だれもそこまでひどいとは想像もしなかった。あまりに汚いよ、それはないぜ……って、今度の事故では本当に頑張ろうということになったんです。

市民によるネットワーク形成

――声は小さいけれど、原発への警鐘はずっとならされていたのに、私たちはなぜ、安全神話に疑問を持たずに来てしまったのでしょうか。

鎌田　それは全部国がやっているからです。国策民営というんだけど、国の方針だったから、国家企業としての東電があり、通産省があって原子力安全・保安院があってっていう……。だから、本当に汚いんだよ。戦争に負けたんだけど、われわれはまだ国を信用していた。お上に従うそういう奴隷根性がずうっと続いていたんじゃないですか。

民衆、個人個人が自立して、自分たちでネットワークを作っていくしかないんだと思います。

――ドイツの緑の党も、初めは活動家が10人、20人を前にして、酸性雨のメカニズムなんかを地道に説明していた。だから、今の運動になったという。

鎌田　大衆運動、自立した市民がいて、いろんな小さい運動、自分たちでやった運動があったわけです。日本は敗戦のあと、政党と労働組合が一手に運動を引き受けてきて、自立した市民運動はなかった。だから、これからだと思います。

4　さようなら原発運動の精神
――「3・11」以後を生きるということ

埋めつくされた集会場周辺

二〇一一年九月一九日に、東京・明治公園でひらかれた、「さようなら原発」集会は、五万人を目標にしたのだが、わたしたちの予想をうわまわって、六万以上のひとびとがあつまった。

会場からあふれ、公園の外の広大な空間を埋めつくし、千駄ヶ谷駅のプラットホームのうえまで一杯にして、電車が止まれず通過する事態になった。

わたしたちはその全容を把握できないまま、「六万人」と発表したのだが、あとで会場にはいれなかったばかりか、航空写真のフレームからもはみでていた大群衆をみて、計算ちがいを残念に思ったほどだった。

会場にちかづくこともできず、そのまま帰ったひともいた、という話をきいて、申しわけなく思ったのだが、六万以上だが、だれも正確には全体を把握できなかった。ちなみにいえば、警察発表は「二万八千」とか「三万人」とかのデタラメで、「読売新聞」などはそれに従って書いている。

その日の集会にむかうまえ、わたしはあちこちの脱原発のあつまりにでかけて、盛り上がりを実感していた。一万、二万の集会がつづいていた。わたしは、「9・19は会場を埋め尽くそう」と訴えて歩いた。「行きます」というひとの表情は本気だった。それぞれの集会が終わると、駅に集合する連絡やバスの手配などをその場ではじめるひとたちがいた。

9・19集会に集まってきたひとたちは、老若男女さまざまなひとたちで、乳母車を押した若い女性もパレードに加わっていた。六〇年安保闘争のデモ以来はじめてというひとや、はじめてデモや集会に参加したというひとも多かった。

福島原発の大事故は、けっしてひとごとではなく、遠く離れていて、原発など意識していなかったひとたちに、突然、放射能が襲いかかる、という恐怖になったのだ。

「ある日、テレビが金切り声をあげる。

『○○原発に重大事故が発生しました。全員退避して下さい』

が、光も、音も、臭いも、なにもない。見えない放射能だけが確実にあなたを襲う」（『ガラスの檻の中で――原発・コンピューターの見えざる支配』）

と、わたしは三五年前、まだスリーマイル島やチェルノブイリの事故が発生する以前に書いていた。しかし、実際大事故が発生してみると、予想とはちがった展開になった。テレビが繰り返し放送したのは、「ただちに健康には影響しない」という官房長官の欺瞞的なメッセージだった。そのあいだに、逃げ遅れたひとたちが、どれほど被曝したかはわからない。

「いまのわたしの最大の関心事は、大事故が発生する前に、日本が原発からの撤退を完了しているかどうか。つまり、すべての原発が休止するまでに、大事故に遭わないですむかどうかである。大事故が発生してから、やはり原発はやめようというのでは、あたかも二度も原爆を落とされてから、ようやく敗戦を認めたのとおなじ最悪の選択である」（『原発列島を行く』）

とも一〇年前に書いたが、事故が起こってみれば、この書き方はあまりにも客観的だった。原発社会から脱却するために、お前は具体的になにをしたのか、と自分が問われている。たしかに、わたしは、原発が建設されるまでの、電力会社と政府による地域への攻撃、そこでの抵抗などを四〇年にわたって書きつづけてきた。しかし、もっと運動に力をそそぐべきだったのだ、との想いがある。

足りなかった「拒絶する生き方」

それが「さようなら原発運動」をはじめた動機である。内橋克人、大江健三郎、落合恵子、坂本龍一、澤地久枝、瀬戸内寂聴、辻井喬、鶴見俊輔さん、このひとたちとわたしの九人の力で、すべての原発の廃炉、核増殖炉「もんじゅ」と使用済み核燃料の「再処理工場」の廃棄、それらをもとめる大集会をひらき、一〇〇〇万人の署名運動をはじめることになった。

わたしは、原発社会批判の文書を書きながら、「原発体制」のなかで暮らしてきた。原発体制を内側に取りこみ、そのなかで平然と生きてきた。批判をしながらも、拒絶する生き方はしていなかった。

事故の報道を受けて、わたしは戦時中のことを考えていた。そのときはまだ、「国民学校」一年生だったから、戦争批判については無知だったが、戦時中から、戦争を批判し、敗戦を予想していたひとたちは、すくなくなかった。が、戦争にむかう日本を押し止めることはできなかった。それとおなじように、原発は事故を起こす、と予想できていたなら、なぜ、もっとそれを止める有効な手立てを考え、実行しなかったのか。

しかし、原発予定地でわたしが出会ったひとたちは、生活の場で原発を拒絶していた。反対運動が分断させられ、「少数派」どころか、たったひとりになっても、敢然と拒絶し、孤絶も厭わなかったひとたちがいる。わたしは、そのようには生きてこなかった。孤立しているひとたちのことを紹介はしたが、運動で結びつける努力をしなかった。

各地の原発建設反対運動は、孤立させられ、各個撃破されてきた。批判的にいうのではないが、高木仁三郎さんが組織した「原子力資料情報室」が、運動の連絡を担い、核実験に反対する「原水禁」（原水爆禁止日本国民会議）が運動体となっていたが、まだまだ非力だった。

これまでの運動がひろがらなかったのは、反原発運動ばかりのことではなかったが、政党や労働組合が主導してきたからだ。政党や労組が運動するのは、けっして批判すべきことではないが、大胆に市民へ訴えることは苦手だった。訴える姿勢と訴える言葉をもっていなかった。政党と労組がそれぞれに「動員」すれば、そこそこの運動として形ができる。それでほぼ自己満足に終わっていた。

原発の立地地域が、過疎化した地域や「辺境」にあるため（人口密度が少ないのは、立地の許可条件だが）、住民の反対運動は孤立しがちだったし、それを結びつける運動がなかった。

原発が日本に輸入されるころ、社会党は原発に反対ではなかったし、共産党は原子力技術の「平和利用」を単純に信じこんでいた。あまりふるいことをいいたてる気はないが、ソ連の核実験には反対しなかったのは、よく知られている。

被爆国・日本に輸入された原発

かつて『ガラスの檻の中で』で、わたしは福島原発周辺の被曝者たちについて書き、中曾根康弘氏の立ち回りのキナ臭さについて書いた。日本の「原発予算」とアイゼンハワー米大統領の原発売り込み攻勢は偶然の一致ではない。その事実は知られていたのだが、その後、追及されることなく、フクシマまで、マスコミでは封印されてきた。

原発の巧妙な宣伝とともに、日本は「原発列島」と化した。一回目は「平和利用」という名目で、ほかならぬ被爆国・日本に輸出され、二回目は「石油危機」にたいする電力安定、三回目は、「地球温暖化」の抑止力として、クリーンエネルギーの宣伝だった。

フクシマのあと、朝日新聞のインタビューで、原発事故があっても、日本民族は「雄々しくすすめ」と号令をかけた中曾根氏は、一九五三年夏、まだ陣笠議員だったころ、およそ四〇日間、ハーバード大学の「夏期国際問題セミナー」に出席した。

日本の核政策は、ここからはじまったのである。

中曾根氏は、ＧＨＱのＣＩＣ（対敵国諜報部隊）に所属し、国会議員などから情報を収集していたコールトンの斡旋で、キッシンジャーがやっていた、ハーバード大学の「夏期国際問題セミナー」に参加した。「海外原子力事情視察の目的で渡米した」（『日本原子力発達史』国会通信社刊）ともいわれているが、根拠はあきらかではない。

このとき、中曾根氏は、カリフォルニア州バークレイにある、「ローレンス放射線研究所」を見学している。この研究所は、アメリカでの原爆、水爆開発に重要な役割を果たした、原子核・

素粒子物理の研究所である。ここにいた理化学研究所の嵯峨根遼吉博士に、「国家としての長期的展望に立った国策を確立しなさい」と日本の原子力政策について助言された、と彼は語っている。

招待旅行から帰ってきた中曾根議員は、翌五四年三月、改進党、自由党、日本自由党の保守三党の議員に諮って、予算委員会に「原子力予算」二億三五〇〇万円を提案して、衆議院を通過させ、そのあと、自然成立となった。なぜ、その金額か、と聞かれた中曾根氏、「ウラン二三五」をもじったものだ、と答えて議場を沸かせた。禍々しい広島原爆の原料を、予算獲得の促進剤に使ったのは、「原爆の商業利用」のもっとも極端な表現だった。

「中曾根二三五」は、よく知られているエピソードである。そのときの提案説明をおこなったおなじ改進党の小山倉之助議員が、「ＭＳＡ（相互安全保障）の援助に対して、米国の旧式な兵器が貸与されることを避けるがためにも、新兵器や、現在製造の過程にある原子兵器をも理解し、またはこれを使用する能力をもつことが先決であると思うのであります」と演説していた（藤田祐幸「戦後日本の核政策史」、『隠して核武装する日本』影書房）。原爆投下から九年目にして、すでに「軍事利用」を想定して、予算化されていたのだ。

前年一二月八日、日米戦争の記念すべき日、アイゼンハワー大統領は国連総会で「アトムズ・フォー・ピース」と演説し、米国が世界にむかって、核技術を原発と燃料用濃縮ウランの商品として解禁することを宣言した。中曾根氏による予算化は、大統領の原発の売り込み作戦の第一弾だったが、日本の原爆研究の第一歩でもあった。さっそく、米国が核爆弾に使った使い残りの濃縮ウランが、日本に輸入された。

秘密、拙速、札束の三つが基本姿勢

原子炉建造の予算化は、日本の科学者にとって寝耳に水だった。それを尻目に、「もたもたしている学者の頬ぺたを札束で叩いた」と中曾根氏は豪語した、とつたえられている。秘密、拙速、札束、この三つがその後も原子力行政の基本姿勢となった。専門家たちになんの根回しもせずにはじめられた、この狂暴なエネルギーの研究には、疑問が多い。

とにかく、札束攻勢からはじまったのが、日本の原子力政策を象徴している。中曾根氏は、後年になって、あの「札束」発言は自分ではなく、おなじ改進党議員だった稲葉修氏だった、と訂正している。しかし、稲葉氏は黄泉の国へ旅立って不在である。

翌五五年、原子力基本法成立。被爆国日本は敗戦一〇年目にして、核の「平和利用」に舵を切った。そのあと、五六年に科学技術庁が発足、原子力委員長になっていた「読売新聞」社主・正力松太郎氏が初代長官に就任する。「私は科学技術庁長官になった正力松太郎さんを助けて働きました」と中曾根は謙遜しているが、正力氏は五五年二月に衆議院議員に当選したばかりだった。

それでいて、鳩山内閣の原子力担当大臣に就任し、大臣・社主の二枚看板で、原子力の大宣伝につとめた。原子力予算が決まった前日、日本にとっての三度目の被爆というべき、ビキニ環礁で「第五福竜丸」が「死の灰」をあびていたが、まだその被害は判明していなかった。

この大事件は、「読売新聞」のスクープとして報道され、三度目の被爆によって、世論の反核感情がたかまっていった。この反核感情に、「平和」を表看板に、真っ向から挑戦して、広島に原発をつくろう、と提案したのが、米国原子力委員会の戦略だった。

正力氏が支配する読売新聞と日本テレビが、あたかも米国の「平和利用」キャンペーン、売り込み政策の日本側代理店と化して、宣伝につとめ、読売新聞主催の「原子力平和利用博覧会」が、「核アレルギー」を払拭し、科学技術神話を振りまき、原発建設の道を清めた。

原発と正力氏とCIA（アメリカ中央情報局）との関係については、有馬哲夫の『正力・原発・CIA』（新潮新書）に詳しい。

原子力（原子炉建設）予算が成立したあと、有力企業があつまって、電力中央研究所に、「原子力発電資料調査会」を設置し、翌年、「日本原子力産業会議」（原産）が発足した。三菱グループが、「『三菱』原子力委員会」を結成したのが五五年一〇月。東芝など三井系、日立系、住友系などは、その翌年に原子力開発グループをたちあげた。各資本グループが、新規事業として原発産業に参入したのだ（『ガラスの檻の中で』）。

日本に発電施設を売り込んでいた、WH（ウェスティングハウス社）とGE（ジェネラルエレクトリック社）が、それぞれ七〇年運転開始の美浜一号炉（二号炉もWH社）を押さえ、七一年運転開始の福島一号炉（二号炉も）は、GE社が押さえた。WH社はその後、日本の原発会社・東芝に買収され、東芝は政権と結びついて、アジア諸国への輸出を図っている。

「原爆と原発は違う」との宣伝

七六年五月号の『経団連月報』で、長谷川周重・経団連副会長は、こう語っている。

「過去の日本のいろんな産業が発達したインパクトとして軍需産業が非常に大きな力があったわけで、いまはそういうものはない。アメリカあたりはやっぱり軍需産業でもって産業が発達している。日本にはそれがない。そうすると、一つの産業というか、そういう技術の発達のインパクトとして原子力というものを使っていいのではないか」

原発を平和時の「軍需産業」として、産業発展の「起爆剤」にする。それが財界首脳の原発の位置づけだった。

しかし、一九六九年九月、佐藤政権下で作成された、秘密文書「わが国の外交政策大綱」にはすでに、「当面核兵器は保有しない政策をとるが、核兵器製造の経済的・技術的ポテンシャルは常に保持するとともに、これに対する掣肘(せいちゅう)をうけないよう配慮する」と書かれていた（藤田、前掲論文）。五七年五月には、岸信介首相が「現憲法下でも自衛のための核兵器保有は許される」と発言していた。

それ以来、佐藤、中曾根など歴代首相の「核武装研究の必要性」発言がつづいてきた。「非核三原則」があっても、核武装の物質基盤としてのプルトニウムが増殖しているのだから、政府は二枚舌である。

日本は核兵器を所有していないのに、唯一、使用済み核燃料の再処理工場の建設を認められた国である。故障と事故がつづいていても、青森県六ヶ所村の核燃料サイクルと濃縮ウラン工場、敦賀市の核増殖炉の「もんじゅ」にこだわりつづけている。「核兵器製造のポテンシャル（能力）を常に保持し、掣肘をうけない」ためである。

ところが、核武装論批判と原発反対運動とが、これまで結びつくことはなかったのは、わけ知り顔の「原爆と原発はちがう」という、核の「平和利用」と核の安全宣伝に意識を麻痺させられてきたからだ。

今回のフクシマの被曝という、極めて不幸な出来事によって原発が、ようやく、ヒロシマ、ナガサキ、第五福竜丸とむすびついたのは、必然でもあった。

フクシマを核社会から脱却する転換点にしなければ、いままで建設反対運動のなかで亡くなったひとたち、被曝労働者、汚染された地域で被曝の不安に戦いているひとたち、将来の被曝者と子どもたちに報いることができない。

原発に反対する運動は、フクシマ事故以前までは、大胆率直に市民に訴えかける方法を欠いていた。運動拡大の努力がたりなかった。現地での建設反対運動は、住民中心だったが、立地点が僻地という悪条件のうえに、「支援」の社会党と総評の力が壊滅し、運動が衰退した。このあいだに、既成組織に依存することなく、市民運動化に転換ができなかった。

制御不能に陥る危険性

フクシマのあと、わたしが「原発絶対体制」と呼んできた、歴代の自民党政権、原発利権にむらがった政治家、中央官僚、財界、地方政治家、地方官僚、マスコミ幹部、学者、評論家、記者、大労組の幹部たち、この旧体制護持の集団のあいだにも、動揺がはじまっている。

現実の目のまえに起こった取り返しのつかない大事故をみとめ、これから拡大するであろう放射線被曝の被害のさまを想像できる感性があれば、これからも原発に依存するなどとは口が裂けてもいえないはずだ。ところが、まだ残存する原発推進派は、墜落した「安全」の代わりに、こんどは「危機」をふりかざしている。

「電力危機」と「経済危機」である。原発がなくなると、電力が不足するぞ、経済が停滞するぞ。いうにこと欠いてというか、盗っ人猛々しい。福島の経済を破綻させたのは、だれか。東電である。停電を招いたのはだれか。東電じゃなかったか。不安定な原発に依存していたからこそ、電力供給の義務を果たせなかった。〇七年七月に発生した、新潟県中越沖地震でも柏崎・刈羽原発が大事故手前で全面停止、発電休止したばかりだった。

原発は電力不足の「抑止力」、あるいは、原発建設は「地域開発の起爆剤」などと威勢よくいわれてきた。原爆を「戦争の抑止力」や「運河掘削」などに利用するとか、その強大な力で破壊する思想は、二〇世紀の遺物である。原爆も原発も、「戦争の時代」二〇世紀の怪物だった。ひとりでも多くの市民を殺すための原爆が悪魔の凶器であり、一キロワットでも多く発電して、広い範囲を支配しようという原発は、原爆の思想である。原発は時代とともに巨大化してきた。当初は一八万キロワットだったが、いまは一三〇万キロワットだ。巨大化は制御不能に陥る危険性を招く。神を恐れぬ傲りである。

その脅威がカネの力で、貧しい地域に押しつけられた。いうことを聞けばカネをだす、いうことを聞かなければカネはださない、といってきたのが、この国の政治家と官僚たちだった。地域をカネで籠絡（ろうらく）する「電源三法交付金」が罷り通ってきた。本来ならば、原発に賛成しなくとも、交付しなければならない、国の予算だった。

電力会社は、理由もなくとにかく地域にカネを配り、カネに依存する社会にした。そのカネが「原価総括方式」として電力料金に加算された。政権、官僚、電力会社の結託である。

9・19集会場にあふれたのが、被曝の危険ばかりか、民主主義を妨害する、これらのやり口にたいする怒りだった。いま五四基のうち一〇基しか稼働していない。それでも、なんの不自由もない。このままでいくと、二〇一二年五月にはすべての原発が停止する。それでなんの不自由もない。

原発廃止で持続可能な生活に

いままでは、マスコミが報道しなければ、どんな集会も非存在として、伝わらない、という限界があった。が、あの集会であきらかになったのが、「ソーシャルメディア」と呼ばれる、インターネットなどの伝達能力だった。さらにラジオや

ＢＳ・ＣＳ放送などもよく反原発報道を担った。それらがさらに原発社会から脱却するための運動を強めている。

〈核のない、持続可能な、さまざまな自然エネルギーの社会にむかう政策に転換させるためのスローガン〉

停止中の原発を再稼働させない運動をつくろう。

核武装の基盤を準備する高速増殖炉「もんじゅ」の運転と六ヶ所村の使用済み核燃料「再処理工場」の試運転を止めさせよう。

事故の危険性が高い、核サイクルの連鎖から脱却しよう。

電力会社の地域と発送電の独占をやめさせ、あらたな電力会社が参入できる電力の自由化をすすめよう。

経産省から原子力安全・保安院を分離させ、民主的な監視機関によって、すべての原発の廃炉にむかおう。

将来にわたる被曝者と被曝労働者救済の準備をはじめよう。

市民と労働者、農民、漁民すべての原発を許さない人たちとの連携を強めよう。

これがスローガンである。「さようなら原発」は、持続可能なエネルギーと持続可能な生活を目指し、たがいに助けあい、ささえあう未来の子どもたちとの平和な生活を目指す、新しい運動に繋がっている。

フクシマは、核の支配から脱するためのあたらしい運動の出発点である。そうでなければ、この重大な「犠牲」を無駄なものにしてしまう。フクシマのあと、ドイツ、イタリア両政府は、原発廃止を決定した。それはもう原爆も追求しない、という明確な意思表示でもある。もうひとつの「枢軸国」日本は、まだ戦争の反省が決定的に不足している。これはとても恥ずかしいことである。

原発ゼロへの決意と行動

第一章　悪政と闘う

1　脱原発は憲法の使命

東電福島第一原発事故直後の春、人影のない田んぼで、耕起されることなく、むなしく腐敗している、前年に刈り取られた稲株の列を目撃したとき、残酷な感情に襲われた。田植えの時期だったのだ。

いま、立ち入りが制限されている警戒区域に、建ち並んだ家がそのまま残されていて、すぐにでも住めることができそうなのだが、視えない放射能の壁が阻んでいる。年老いた主(あるじ)たちは、遠く離れた仮設住宅で、自宅へもどることもなく、貴重な残りの生を終えようとしている。

故郷があっても帰られない。魚を獲っても食べられない。コメもつくれない。柿が実っても採れない。自宅へいつ帰られるかわからない。この不安定、不条理な生活が、精神に悪影響を与えないわけはない。そして、子どもたちの未来の不安。

日本の政府は、どれだけ子どもたちの健康といのちを大事に考えているのだろうか。「経済」のために、「日本の成長」のために、「生活」のために、といって、まだ原発をつづけようとしている。

放射線被曝にもっとも弱いのが、子どもである。子どもを経済のための犠牲にする国に、未来があるはずがない。政府が日本の未来を自分でつぶすようなものだ。

安倍首相は、野田政権が市民運動に押されて、ようやく決意した「原発ゼロ」を「ゼロにする」と見得を切っている。このひとには、子どもや人間の未来にたいする想像力がない。ひとにたいする優しさがない。

強い国家、美しい日本、「強靱化」国家。空スベリする言葉の羅列。ひとびとがひとのことなどにかまっていられないほどに疲弊し、過労死や自殺者があとを絶たなくても、なんとも感じないかのようだ。

安倍首相や石破自民党幹事長は、アメリカとの軍事同盟を強め、核武装の「潜在的基盤の維持」のために、原発政策をまだ進めようとしている。

これから大きな地震に襲われるのが予想されている。原発があるだけで危険なのだ。濃縮ウラン工場、核再処理工場、高速増殖炉。これが核武装の物質的基盤である。核政策は人間を破滅させる。

わたしたちは、「恒久の平和を念願する」「自国のことのみに専念して他国を無視してはならない」と誓った憲法とともに、生きてきた。脱原発運動と自然エネルギーの追究は、「専制と隷従」から脱却する、日本国憲法の精神である。

2　脱原発運動は勝利する

——運動の幅を拡げ、賛成派を孤立させるのが、課題

東電福島原発の放射能汚染水漏れ事故が続いている。汚水処理に携わっている労働者の被曝被害がこれから問題になる。国連科学委員会は、日本政府や東電が、労働者の内部被曝を二割も過小評価している、と結論づけた。

これまでの収束作業でどれだけの被ばく労働者が発生したか、これからどれだけ出るかは分からない。ほとんどが、下請け、孫請けの労働者たちである。

原発事故は連続して発生し、東電は無策にして、防ぐことができなかったので、これは「連続原発爆発事件」というべきだ。さらに、汚染水漏れは「連続放射能水垂れ流し事件」というべきものである。「事故」にしているから、東電幹部たちが自己の責任から逃れようとする。これは事件であり、彼らは加害者なのだ。

汚染水漏れには、構造的問題が伏在している

ストロンチウムやセシウムなど放射性物質を大量にふくんだ汚染水漏れは、東電が経費を惜しんで急ごしらえした、貯水タンクの不具合、腐食、地下貯水池の漏水や仮設配電盤のショートなど、膨大な構造的な問題が伏在していることを告げている。

原発敷地内に林立する不安定な汚水タンク群の航空写真を眺めれば、これらが地震などによって、倒壊、決壊する悪夢のような光景を想像されて、絶望的な気持にさせられる。高濃度の放射能汚水が満タンなのだ。地元に住む人はどれだけ不安に暮らしていることだろうか。

いまとなっては結果論だが、東電は社内でも問題視されていたにもかかわらず、防波堤を高めるなどの津波対策をとらず、非常用電源装置が破壊された後の対策（たとえバッテリーの常備）もしていなかった。事故への備えが全くなかった無責任だが、非常用炉心冷却装置に注水不能という非常事態になっても（これは想定されている事態だった）、原子炉を惜しんで、海水を注入することなく、いたずらに建屋の連結爆発事件を引き起こした。

報道陣の追及によって、ようやく一部公開された、東京本店と福島第一原発免震重要棟との「テレビ会議」によれば、爆発に至る一号炉に気をとられていて、三号炉、二号炉と続く連続建屋爆発を防ぐことができなかった。

つまり、巨大なパワーを持つ原発を六基、第二原発を含めると一〇基という集中立地を支える、技術的能力を欠いたまま、これまでさまざまな事故を繰り返しながら、ついに制御不能、爆発という最悪の事故を招いたのである。これは少なくみても安全注意義務違反の犯罪といえる。

さらに、当時の原子力安全・保安院も、爆発に至るまでに、未然に防ぐ指導ができなかった。そしていま、どこにあるか確定できない使用済み核燃料に、やみくもに水をかけては、一日四〇〇トンの放射能汚染水を発生させ、その貯水プールやタンクが満杯、破壊の恐怖にさらされている。打つ手のない悲惨な状況になっている。

政府の責任で事故の収束を図るべき

二〇一〇年八月五日に発生したチリ・コピアポ鉱山の落盤事故では、坑底に生き埋めになった炭鉱夫たちを救うために、セバスティアン・ピニェラ大統領は膨大な国家予算を投入し、国際的な知見を集め、六九日かけて全員を無事に救出した。

そのことを思えば、国策として原発を進めて来た政府は、どれほどの資金を投入したとしても、事故の収束を図るべきである。でたらめな「収束宣言」や「コントロールしている」とか「ブロックしている」などの安倍首相の妄言は撤回して、陳謝し、ドイツやイタリアのように、原発推進政策からの速やかな脱却と持続可能エネルギーへの転換を宣言すべきであろう。

そして、被災者の全面救済、労働者の長期的な被曝対策、さらには廃炉や核燃料の最終処分をどうするかなど、日本の将来にわたる問題を解決するための、原発反対派の学者をふくむ、学際的な会議を設置して、虚心に対策を立てるべきだ。

小泉元首相の「原発ゼロ発言」は、評価に値する

小泉純一郎元首相の「原発ゼロ発言」が注目を集めている。小泉氏に批判的な人たちは、警戒心から眉唾のポーズと批判しているが、これは脱原発運動の成果として歓迎すべきことだ。

これまで述べてきた原発推進側の退廃と無能力と、産業界、政界、官界、学会が一体化した金権癒着構造、その基盤としての地震列島の実態をみれば、真っ先に原発から撤退すべきだ、という発言は、誰であろうと正論である。

核物質を完全に制御できるというのは、学者の空論、退廃、横暴であって、原発実験と原爆投下、その延長線上の原発は、これまですでに、継続不能なほどに充分な犠牲者をつくりだしてきた。「直感政治家」の小泉氏が、利権に関係なく「原発の終わり」を宣言したことは、これまでの原発反対運動の対極から始まった、原発反対運動として評価すべきことだ。運動の側はフクシマ以後の自分たちの運動がつくりだした事態として受けとめ、自民党の分裂に力を尽すべきなのだ。

運動は反対者だけで固定化すべきではなく、運動の成功は賛成派の中からどれだけ反対派をつくりだすかによっている。そのためには「中間派」と言われている人たちを、どれだけ説得し、運動の幅を拡げ、賛成派を孤立させるかが、運動課題である。

そのために、わたしたちは運動の垣根を低くして、市民や農漁民の参加しやすい体制をつくり、理解を深めてもらう。講演会や音楽会、祭りなどのイベントとパレードやデモ行進を繰り返す。行進は運動参加者の一体感をつくりだし、次の行動への自信を高め、原発推進の政府や議員や自治体首長、議員に対して、世論の力強さを示す。

おたがいの行動はたがいに批判しない。大きな集会は協力し合って、一緒に行なう、この単純な原則をわたしたちは運動の理念としてきた。いま、脱原発、反原発のさまざまな運動があるが、それらは共感と連帯の関係にある。そのための努力はしてきたつもりである。

政党間の対立や新左翼運動の内ゲバが、どれだけ長い間、運動の拡大を阻害してきたか、歴史を学べば簡単に理解できることである。

脱原発は、国民の声であり、日本の社会構造を変える

福島原発爆発、放射能汚染水放出事件から、二年七カ月になる。いままた、原発ゼロの時間を過ごしている。これはわたしたち脱原発派がつくりだした運動の成果である。手を緩めることはできない。成果の時間を限りなく長くして、ひとつずつ廃炉に持ち込む。いまわたしたちは、ますます、原発から遠く離れて生活をしている。ほとんどの人たちは原発の存在をうっとうしいものに感じはじめている。

政府は、浜岡原発を止め、東電福島第一原発の五号、六号炉を廃炉にし、さらに福島第二（四基）の廃炉も検討する、と言っている。それは当然のことだ。被爆地帯での作業などできるはずがない。

わたしたちは、「脱原発法」を準備した。原発推進の「原子力基本法」を廃止する法律をつくる運動だったが、脱原発派の多くの議員が安倍選挙に敗れて、国会を去った。

しかし、脱原発は国民の声である。これをさらに拡大していく。自民党内、公明党内にも、「カネよりもいのち」の価値観を粗末にできない議員たちはいる。脱原発は日本の社会構造を変える。

原発輸出は、危険を押しつける「死の商人」だ

安倍政権の原発輸出は核拡散であり、平和日本が行なう経済行動ではない。トルコへの輸出に伴う「原子力協定」には、「核物質をトルコ内で濃縮・再処理できる」と規定されている（『東京新聞』一〇月一〇日）。原発輸出は原爆の原料であるプルトニウム輸出であり、利益と引き換えに、危険を押しつける「死の商人」である。

日本の原発が、核兵器の「潜在的能力」保持のためだったのは、自民党歴代政権の隠すことのない欲望だった（岸、佐藤、中曽根、安倍、石破発言）。濃縮ウラン工場はすでに稼働している。そのための、使用済み核燃料再処理工場、高速増殖炉「もんじゅ」稼働の準備を政府は捨てようとしていない。

脱原発社会まで、粘り強く、大胆に歩き続ける

わたしたちは、一〇〇〇万人署名運動で、すでに八四〇万筆を集めた。これをさらに積み増しして、ちかく首相官邸に運びこむ。原発立地、周辺自治体の議会と首長への再稼働反対の要請行動もある。非核都市宣言のような、脱原発都市宣言もつくっていきたい。来年三月には、福島から霞ヶ関まで、谷中村農民のような、「押し出し」を成功させたい。各原発訴訟団との連帯を深める。

当面は、原発各立地地域での再稼働反対運動に力をそそぐ。大集会、首相官邸前デモ、国会デモ、経産省前テント、すべての脱原発・反原発運動とともに、脱原発社会まで、粘り強く、大胆に歩き続ける決意である。

3　「非道の政府は、絶対に許さない」

——さようなら原発九・一集会から

きょうは九月一日でして、「防災の日」となっていますけど、九〇年前、関東大震災の翌日、戒厳令が布かれています。忘れてはいけない、ほんとうに恐るべき日だったのです。

東京では、九月一六日に、アナーキストの大杉栄、伊藤野枝、

それから大杉栄さんの甥っ子の七才の橘宗一ともども三人一緒に、和田倉門前にあった憲兵隊本部で虐殺されています。下町では、やはり軍隊に社会主義の労働者十人が殺されています。あるいは在日朝鮮人、中国人も含めて六千人ほど虐殺されています。

軍隊があって、大災害があると人民に対する弾圧がはじまったのです。それから日本は戦争に一気に向かっていきました、そういう恐ろしい時代から九〇年後の現在、いま安倍政権がやろうとしている、国軍を建設するとか、憲法に非常事態法（戒厳令）を規定するとか、あるいは軍隊内に裁判所（軍事法廷）を作るとか、秘密保護法や憲法を改悪して弾圧体制をつくろうとかの策動と思い合せて考える必要があります。

まして、この日比谷公会堂は、安倍首相の祖父岸元首相が大多数の国民の反対を無視して、六〇年に日米安保条約改悪を強行したあと、当時社会党の浅沼稲次郎委員長がテロルに倒れた記念すべき場所なのです。

いま安倍政権は外に向って軍備をつよめていこうとしてますし、内に向かっては弾圧体制をつくろうとしています。彼は戦後の民主主義に敵意をみせ、古い時代のものとして一掃しようとしています。そんな時代にするため、憲法の改悪と軍備の強化をいまはじめようとしています。

それにたいする憲法強化運動として、この脱原発運動が大きな力になっていると思います。脱原発運動は、日本を民主化していく、わたしたちが平和に暮らしていこう、孫や子どもとともになかよく平和に暮らしていこうという願いをこめた、いのちを守る運動です。

いまフクシマの災害は、まだとどめようもなく汚染水を海外にまで運んでいます。海も汚染されていますし、山や川などの自然もなおかつ汚染され、除染作業などできるような状態じゃない。

そういうことを十分知りながら、安倍内閣はさらに再稼働を進めようとしています。あるいは原発を海外に輸出しようとしている。こういう人民の意思をまったく無視するような政権に対して、わたしたちは力を尽くして抵抗する、それがこれからの時代、担っていく役割だと思います。

この九月一日からもういちど、脱原発運動の大きなうねりをつくるべきときです。皆さん、力を合わせてがんばっていきましょう。

もう一つお願いです。脱原発署名運動がいま八五〇万集まっています。

じつは昨日までフランスにいまして、フランスからも署名をまたもらってきました。国際的な運動が、これからはさらに重要です。ドイツでは、もう脱原発を決めて、あたらしい雇用をつくりだして、新たな社会にむけてすすんでいます。

日本社会だけが、アジアのなかでうしろむきの軍事国家としてすすんでいく。とても恥ずかしいことだと思います。そういう意味でも、わたしたちは国際的な連帯をつよめ、国内のまだまだ運動に立ち上がっていない人たちと、手をあわせながら運動を広めていく。

もう少し皆さん、近くの人と話し合って、日本の社会がどういうところにむかっているのか、憲法の問題はもちろんもっとも重要な問題ですけど、原発をこのまま再稼働させていいのか、福島のひとたちとわたしたちのこの悲しみと苦痛を何とも思わないでやっていくような、そういう非道の政府は、絶対に許せない。新しい社会のために、力を尽くして頑張っていきたいと思います。

4　福島からフクシマへ

「福島」といったとき、わたしたちは「原発やめろ」の声を高める。三基の原発が爆発し、残る一基の使用済み核燃料が、臨界寸前だった。

かつて、「チャイナ・シンドローム」（溶けた核燃料が地球を通り抜けて反対側の中国まで、到達する）と米国で冗談半分に言われていたメルトダウンが、横に並んだ三基連続で発生したのは、想像を絶する事態だった。

天文学的数値で、放射性物質が自然界にまき散らされた。住宅地ばかりか、海や川や森や林、草原や田畠、それらを数えられないほどの永年の年数で汚染した。恐怖と罪の意識のまったくない石原慎太郎などは、わざと無視して歯牙にもかけない勢いで、原発推進を煽っている。

言論の責任をまるで考えない、経済とか国益とか言って、日本の政治を動かそうとしている男が人気を得ている社会を、わたしたちはつくってしまった。

これだけの過酷な事故があっても、人間や小動物、魚や月や昆虫、カエル、ミミズの果てまで、それらの命を脅かしていることの罪悪感がまったくない。自分たちがすすめてきた原発政策を、なんら反省することのない安倍政権など、人間の顔をしているようには、見えない。

フクシマは、ヒロシマ、ナガサキとおなじ、重大な人類の過ちだった。そのことの理解が、わたしたちにはまだまだ足りない。

福島のひとたちは、もう二度とこんな過ちを繰り返してほしくない、と考えている。それでも、「今度はだいじょうぶだ」とまた原発を動かしたがっているひとたちがいる。

福島のひとたちが、原発爆発事故のあと、どのような悲惨を強いられたか。それはいままでの巨大な地震や津波の被害の上に、さらにおぞましい、放射能の恐怖が同時に襲いかかってきた。地震と津波と原発爆発。人間にとって、これ以上の不幸はない大惨事だった。津波で流された家族を探そうにも、立ち入り禁止。放射能に阻まれて探しにいけない。遺族の焦燥と絶望を、まずまっさきに「復興」を掲げた政治家は、まったく理解していなかった。

原発事故がなければ、立ち直ることができる。帰るべき山河を奪われてなければ、である。

恐怖の避難の道行きで、どれだけの人命が奪われたか、いまも奪いつつあるか。病院の庭に放り出されたストレッチャー（寝台車）の収積が、ベッドの主の命を物語っている。病人や身障者、それらのひとたちひとりひとりの逃亡と避難、疎開と離散の悲劇は、まさに黙示録的なものだったと思う。

その歴史的な悲劇から、ひとびとが立ち直っていくのを、これからの政治の根幹にしなければならないはずだ。原発建設は、「国策民営」。自民党政権の政策だったからだ。

わたしたちは、福島の原発被災者を最後のひとりまで、以前の生活にすこしでも近づけるための政治を要求する義務がある。

故郷に帰る夢を抱いたまま、仮設住宅で亡くなるひとがあとをたたない。たとえば、そこに住む、九〇代の女性に、なんと声をかけられるだろうか。彼女は故郷に家がそのまま残っているのを知っていながら、そこには帰ることなく、「仮設」のまま、自分の生を終えるのを、覚悟しているのだ。

5　王様は裸だ！――私の原発爆発事故論

ことは危険物にかかわるのだから、人間や自然にたいして害をあたえないように、厳正かつ公正にあつかわれている、とひとびとは思いたがっている。

ところが、それにまつわる、暗くて、怖くて、汚い話は、どこの地域でもハンで押したように転がっている。まるで、アウトローの産廃業者のようなひどい話ばかりなのだが、それがれっきとした、大企業である電力会社のやり口である。

日本を代表する大会社が、法を無視した、法治国家にあるまじき、人間をばかにした行為をつづけていて、許されてきたのが不思議である。しかし、もしも電力会社が原発に手をださなかったなら、会社のイメージは、もっとあかるい、誠実なものであったのはまちがいがない。

わたしが原発を信用していない最大の理由は、その建設をウソとカネと権力とで、むりやり住民におしつけてきたことによる。原発は一民間会社が自分で考えた事業ではなく、国家をバックにした強権的な政策だった。それに従っていれば、儲けが大きいと考えられたからこそ、権力をカサに着た、恥も外聞もない、醜いやりかたですすめられてきた。

だから、政府の方針が変わったり、電力販売の独占が禁じられたりして赤字になれば、たちまちにして、原発は存在不可能となる。堆積された核廃棄物は未来に重くのしかかるが……。

まず、キタナイ話。

六〇年代。原発が「クリーンエネルギー」とか「第三の火」とか喧伝されていたころ、東電、東北電それぞれ一〇基ずつ、原発建設が予定されていた青森県東通村の村長は、温排水を利用すれば、燃料のいらない工場群が立地して村が発展する、との夢にとりつかれていた。だれかが吹き込んだデタラメだった。このように、六〇年代に、争うように原発を誘致した自治体が、バラ色のビジョンにいかれていたのは、デマに誘導するものがいたからだ。

そのつぎの時代。スリーマイル島の事故のあとは、たとえば、わたしがお会いした、伊方町の町長や柏崎市の市長のように、「国が安全だといっているから安全だ」といういいかたに変わった。推進役の国に責任を押しつける方法である。

そして、チェリノブイリの悲劇のあと、よく知られているように、「日本の原発は安全だ」という大合唱がはじまった。「神風神話」のような日本主義だった。もっとも厳密でなければならない原発をささえているのが、「神風特攻隊」や「戦艦大和」のような、神がかったヒロイズムである。

原発にたいして、疑問がでてくるころになると、建設計画は秘密にされたまま用地の買収がすすめられた。たとえば、福島第二原発の予定地、富岡町毛萱部落にやってきた町の幹部は、道案内にたった部落長にたいして、「大工場」の建設としかいわなかった。それよりはやかった双葉町の第一原発でさえ、ボーリング調査には、適当な理由をつけていた。

原発はいわば「忍者」のように蠢いていた。その親方が六ヶ所村の「核燃三点セット」(昔はこう呼ばれていた)だった。ここに建設されている核廃棄物再処理工場などは、「むつ小川原巨大開発」の計画が破綻した跡地に、誘致されたのではない。当初の開発計画の中に、核燃料加工工場もふくめてはいっていた。

発表された石油コンビナートの計画でさえ、大反対運動に迎えられたくらいだから、県知事が「核」を隠した開発を発表したのだ。用地を買収したあとだれがいいだしたのか、「核燃三点セット」と、まるで三種の神器のようないいかたで、住民をたぶらかした。

当初計画では、「低レベル廃棄物埋設施設」「ウラン濃縮工場」「核燃料再処理工場」の三施設で、一兆円だったはずだ。それがいま、再処理工場だけで、二兆四〇〇億円といわれている。それで稼働できるかどうか。

それはともかく、「高レベル廃棄物はもちこまない」と地元に説明していながら、再処理工場の試験用などといいくるめてはこびこんでいる。まだ再処理工場など、どうなるやらわからないころからである。そのあと、なしくずし的に、各原発の貯蔵プールに溜まっている、使用済み燃料の貯蔵場にされた。

ところが、原因不明の漏水がはじまり、貯蔵プールや作業ピットで次々と不良溶接が発見され、合計四カ所の「貫通漏洩箇所」が確認された。ほかにも、配管接続ミスなども発見され、核施設の安全性があらためて疑われている。原因は核廃棄物をはやくはこびこみたい電力会社の圧力に押されて、下請け会社が手抜き工事をしたからだが、電力会社の横暴と国の監督、検査体制の無責任による。

つぎに、コワーイ話。

しかし、肝心の原発の監督者は、経産省のなかにある「原子力安全・保安院」である。原発を推進する元締めが監督する非合理が、公然と許されているのは、ピッチャーがアンパイアーを兼ねる不正といえる。

これが、日本国家が血道を挙げてきた原子力行政の本質である。たとえば、東京電力が原発の損傷を隠蔽、記録を改竄、ただ運転だけを優先してきた無謀なやりかたには、「聖戦」を維持しなければならない国家のメンツが色濃く投影されている。

米ゼネラル・エレクトリックの子会社の元社員から、「記録の改竄」について、すでに二年前に内部告発があった。にもかかわらず、安全・保安院は放置していた。見てみぬふりをしていたのだが、それでいながら、あろうことか、東電に「内部告発」があったとつたえ、告発者の名前まで漏洩していた。公務員が業務上の秘密を売ったのである。産官一体、天下りの癒着体制のなかで生活している官僚にとって、業界は身内であり、告発者は敵である。

これは原発地域を取材していると、いやでも感じさせられる現実である。中央官庁ばかりではない。原発推進地方自治体の職員の意識もそうであって、地域の「安全」よりも、企業への「注進」のほうを大事にしてきた。なぜかといえば、その意識の背景に、原発建設は一民間会社の商売ばかりか、国家権力の遂行との事大主義があるからだ。国が支払う「電源三法」などの補助金が影響している。

このように、国民の安全よりも、身分の安泰をはかる官僚たちが、原発を推進している。ＢＳＥ（狂牛病）の発生も、そのような官僚の保身と無能が食い止めさせなかった。臨界事故を起こした東海村のＪＣＯに、七年間も立ち入り検査をしていなかったのも、この業界の官民一体のコワーイ体質によっている。

そのためもあって、住民にたいする恐怖と警戒心とは異常なほどである。資源エネルギー庁の外郭団体である「電源地域振興センター」は、地元民の買収資金ともいえる、「原子力立地給付金」を拒否しているひとたちのリストをつくっている。これは一種の思想調査というもので、防衛庁に情報開示を要求したひとたちがリストアップされ、情報が付加されて保存されていたのとおなじ監視体制である。

それらのリストが、地方自治体に流されていたのをみても、原発反対者をとりまく、国、自治体、電力会社、この三者が一体となった敵視の包囲網をみることができる。

　このような監視は、これまで電力会社が地域住民に実施してきたことでもある。原発反対運動のリーダーの子弟が、就職時期にさしかかると関連会社に誘われたり、いうことを聞かないと、子女を左遷させたり、その陰謀によって数多くの「裏切り」をつくりだしてきた。

　なぜ、原発はキタナイことを平気でやってきたのか。「原発は安全だ」というデマゴギーを死守するしか、自分たちの存在を維持できないからである。

　それはたとえていえば、「王様は裸だ」と絶対にいわせないための悪あがきなのだ。

6　原発絶対体制の完成と崩壊
――いのちと地域を守る価値転換へ

再稼働ありきの見切り発車は許されない
――この期に及んでも反省のない日本の原子力政策

このブックレットが発行されるころ、日本の原発五四基は、すべて停止しているであろう。このストップで、一九六六年七月に日本原電「東海原発」（すでに廃炉）が運転をはじめて以来、じつに四六年ぶりにすべての原発が停まった、静かな国になる。

　それでも、電力不足という事態とはならず、原発がなくてもなにも困らない国だった、との真実が立ち上がりつつある。

　しかるに政府は、原発がなくてもなんら生活には影響がない、という事実が立ちあらわれるのを隠蔽するため、大飯原発（関西電力）や伊方原発（四国電力）を、とにかく再稼働させようと策動している。

　東電や関電、日本経団連などは、今電力不足に陥っていないのは老朽化した火力発電などもフル稼働させ、かつ夏場でないからだ。夏になり、二〇一〇年並みの猛暑になりたら到底足りない、と主張しているが、節電と転換で対応する方策をサボッているだけだ。

　この現実を糊塗するため躍起となっている電力業界は、とにかく、大飯原発の三、四号機を運転させるため、手前味噌の「ストレステスト」（耐性評価）を経産省原子力安全・保安院（以下、保安院）に提出し、保安院はそれを受けて原子力安全委員会にたいして、そのテスト結果は「妥当である」との審査結果を提出した。

　といって、保安院は、原発を遮二無二推進してきた経済産業省の一機構にすぎない。わたしはそれを「ピッチャーとアンパイアが同じインチキ」と批判してきたのだが、政府の原発政策を批判したため、汚職をでっち上げられて県知事の椅子から蹴落とされた佐藤栄佐久・前福島県知事は、もっと厳しく「泥棒と書官が同じだ」とこき下ろしている。

日本の原子力政策はアクセルだけ、ブレーキのない中古車といってもいい。このような欠陥行政が、いままで大事故寸前の事故を多発させ、ついに福島原発で最悪の「過酷事故」を発生させた。

さすがに、天下り先の電力会社に弱かった保安院は、「原子力規制庁」に改組されることになったが、幹部、職員は旧態依然たるものである。とにかく、改組される前に「安全」のお墨付きを与えて食い逃げしようとしているのだが、その机上の空論ともいえるストレステストを「おおむね妥当」と認める政府は、人間のいのちよりも、電力会社の利益を優先させる退廃した思想に陥っている。

この保安院の決定にたいして、保安院の「意見聴取会」のメンバーである井野博満東大名誉教授と、元東芝社員で原子力プラント設計技術者だった後藤政志さんは、「議論を終了する、と言わないで終了した」と保安院の背信を批判、論議は尽くされていないとして抗議の「緊急声明」を発表した。

「はじめに再稼働ありきの見切り発車と言わざるを得ません。このような姿勢こそが、福島原発事故を招いた要因です。このような原子力安全・保安院は、規制当局としての役割を十分に果たしていません。まずすべきことは、自らのありようについて根本的な反省をすることです」

これまでの電力会社の原発建設と運転申請は、経産省が受け付け、認可し、保安院が監督する、という同じ庁舎内での連携プレーだった。「はじめに稼働ありき」の八百長審査でやってきた。が、今回の「ストレステスト」の審査には、いままでとちがって慎重な専門家が入っていたからこそ、「はじめに再稼働ありきの見切り発車」との批判がだされるようになったのだ。

アメリカ原子力規制委員会との大違い

とにかく、再稼働に持ち込もうとする「無反省」な保安院の姿勢にたいして、事故後の対応がデタラメと批判された原子力安全委員会の斑目春樹委員長でさえ、停止中の原発を対象にする「一次評価」だけで終わることなく、運転中の原発も対象にする「二次評価」が必要だ、と発言していたほどである。

それでもなお再開を強行するとしたなら、日本はすべて電力会社と原発メーカーに支配されている、異論を排除し、なんの反省も規制もない、原子力帝国と言わざるを得ない。「原子力委員会」は、原子力基本法にもとづいて内閣府にあって、原子力行政の民主的運営を図るために設置されているはずである。

ところが、「原子力委員会」のメンバー五人のうち一人は電力会社の研究所の幹部であり、一人は東京電力顧問という偏向である。やはり原子力基本法による「原子力安全委員会」五人のメンバーのうち一人は原子力研究所幹部、もう一人は日立製作所出身である。さらに各地の安全専門委員会のメンバーを構成する学者には、原子力業界から、億単位の研究費が支給されている、というデタラメな癒着ぶりだ。

アメリカの原子力規制委員会（NRC）でさえ、任期中に委員が業界人と同じテーブルに着くのを禁じているそうだが、日本の原子力行政の中心的な、右の二つの委員会は、委員長をふくめた複数の委員が、業界から「研究費」を受け取っているのだから、どこまで公正か、である。保証はない。

政府のエネルギー政策をつくる「新大綱策定会議委員」の三人にも、やはり原子力業界から研究費名目の大量のカネが流れている、という。それでも、その批判は底なしの泥沼に落とされた石のように、「原子力帝国」に波紋がひろがることはなかった。

まともな資本主義にすらなっていない
仰天お手盛り三点セットの「経営」実態

三・一一東日本大震災によって、東電福島第一原発の原子炉が次つぎにメルトダウン（炉心溶融）を起こしていたとき、同社の最高権力者の勝俣恒久会長は、新聞記者や雑誌編集者などを引き連れ、恒例の中国旅行のまっ最中だった。爆発事故の余波として、電力会社とマスコミの驚くべき癒着を白日のもとに曝したのだ。

しかし、招待旅行などはまだ可愛いほうで、東電は年間二〇〇億円以上の広告宣伝費を費やし、さらに原発立地自治体には（国の電源三法交付金とは別に）年に二〇億円程度の寄付金を支払ってきた。あるスポーツ評論家が新聞記者に語った話では、新聞の企画広告で対談を依頼され、その謝礼として五〇〇万円の金額を提示されたが、あまりに常識外の金額だったので対談を断ったという。

広大な地域（たとえば、関東一円、東北全域、北海道、四国、九州などの島全部）の電力供給と消費を、一社だけで完全に独占している電力会社が、カネに糸目をつけない買収を行なってきた。それは、白昼の犯罪というべき、人倫に悖る行為だった。

電力会社は、日本列島を、沖縄をふくめ一〇ブロックに分割・支配した完全独占体で、地域に競争相手はまったくいない。宣伝など不必要の無競争の業態なのだが、それでもたとえば東京電力は、マスコミ、芸能、文化など業界人や学者の買収費といえる二〇〇億円もの広告費を費消してきた。電力料金は独占価格であり、それを政府が支持しているからである。

電力会社のコストは、「総括原価方式」といわれる積み上げ方式である。人件費や燃料費などのほかにも、修繕費、減価償却費、広告費や寄付金などの一切合切を足して、それに三%程度の利益率を掛ける。すべてお手盛りで、無駄な経費でも多く計上すればするほど儲かるという、摩訶不思議な大盤振舞い放漫経営である。

コストと利益の逆相関関係に支配される、資本主義経済の制約から逸脱した「経営」なのである。

これが「国策民営」という名の「国家的独占大企業」の実態だ。形態では国鉄を分割・民営化したＪＲに似ているが、ＪＲ各社は地域の私鉄との競争が激しく、ＪＲ西日本のように、尼崎での福知山線脱線転覆事故[注1]を発生させている。

広大な「地域独占」であり、発電ばかりか送電線も独占的に握って、他産業からの参入を排除する「発送電一体化」、そして「総括原価方式」。この三点セットで、どんな無能な経営者であっても、巨額の利益を計上できるシステムなのだ。

国策民営の国家資金に群がる経団連中枢お仲間大企業

そのとばっちりを受けるのが家庭用小口料金で、その高さは世界でもトップクラスで韓国のおよそ二倍だが、経産省は庶民生活などどこ吹く風、値上げをどんどん認めてきた。一方の企業など大口むけは個別契約で、家庭用のような使用量に応じた支払いとはなっていない。

個別の割引料金は秘密になっているのだが、日本経団連加盟の大企業には大幅な割引があるといわれている。『週刊文春』（二〇一二年三月一日号）には、経団連の米倉弘昌会長が率いる住友化学が支払う電気料は、年間一一〇億円にのぼるが、「割引がなければ二〇〇億円かもしれない」とまで言われている。

これは米倉会長の原発事故後の発言が、「事故は想定外の津波が原因なので、賠償は政府が前面に立つべきだ」などと、あまりにも東電寄りだった発言の背景として言われていることである。

米倉会長は、「千年に一度の津波に耐えているのは素晴らしい、原子力行政はもっと胸を張るべきだ」などと発言していたが、世論が原発批判に動き出すと、（将来の話だが）脱原発を言い出したりしている。

東電は歴代経団連副会長の椅子を占めて財界の指導部を担っていた。すべて「原価」に計上され、利益率を押し上げる莫大な設備投資の資金は、その設備投資を受注するお仲間の経団連加盟大企業に還元される。このようにして、経団連各社は「国策民営」といわれ、国家資金にバックアップされている電力会社のまわりに群がって、貪欲に利益を吸収してきた。

三六年前の七六年五月号の「経団連月報」に、住友化学の経営者だった長谷川周重（経団連副会長）は、こう書いている。

「過去の日本のいろんな産業が発達したインパクトとして軍需産業が非常に大きな力があったわけで、いまはそういうものはない。アメリカあたりはやっぱり軍需産業でもって産発が発達している。日本にはそれがない。そうすると、一つの産業というか、そういう技術の発達のインパクトとして原子力というものをつかっていいのではないか」

　戦時中の軍需産業のように、原予力産業を育成する。それは産業界に国家予算を導入する回路をつくることだった。新産業としての原子力開発、それによって、三菱、三井、住友など、財界系大企業の裾野にまでカネを回す。このような「戦略産業」として、原発が考えられていたのである。

アトムズ・フォー・ピース戦略に乗って

　戦後日本を支配していたＧＨＱ（連合軍総司令部）に属するアメリカＣＩＣ（対敵国諜報部隊）にコールトンという人物がいた。そのコールトンに誘われて、のちの総理・中曽根康弘衆議院議員は、一九五三年、ハーバード大学の夏期講習に参加した。そのコースで四〇日間、アメリカの核研究所などを見学。核に洗脳されて帰国した彼が、翌五四年になって、いきなり衆議院で原子力予算二億三五〇〇万円を提案、成立させたのは、よく知られている。その金額は、ヒロシマ型原爆の原料・ウラン二三五をもじったものだった。

　このとき、「学者がもたもたしているから、札束で頬を叩いた」と言った、と伝えられているが、のちになって、「あれは稲葉修[注2]さんが言ったことだ」と訂正している。そのとき、稲葉氏はこの世にいない。

　一九五三年一二月八日、一二年前の真珠湾攻撃と同じ日に、アイゼンハワー米大統領が国連で開陳した「アトムズ・フォー・ピース」（平和のための原子力）は、核爆弾生産で余剰になった濃縮ウランとそれを消費する原発の輸出を解禁する、という商業政策宣言だった。

　その戦略に乗ったかたちで、日本の核開発がはじまった。さっそく有力企業が集まって、電力研究所に「原子力発電資料調査会」が設置され、翌年「日本原子力産業会議」が発足した。五五年一〇月、戦前も戦後も最大の軍需企業である三菱重工業を中心に、「三菱原子動力委員会」が結成され、翌年には三井系の東芝や住友系、日立系などの「原子力開発グループ」が創設された。それぞれ、いま原子力メーカーとして成長した。

　そしていま、日本に原発を協出したＧＥ（ゼネラル・エレクトリック）は日立と、ＷＨ（ウエスチング・ハウス）は東芝と提携し、これから中東やアジアの国々に、原発を輸出して利益をあげようとしている。

日本社会を深層から腐敗させてきた原発マネー

この地震大国の海岸線沿いに、五四基もの原発をならべたてたのは、無謀極まりない。それは札束で恐怖を振り払いながらの突進だった。原発は危険産業なのだが、国の援助が手厚い「国策民営」。親方日の丸。無責任な、果てしなき欲望産業である。

札束といえば、原発があらわれる前にはじまるのが「先進地視察」である。これはどこの原発でも、ひとしくおこなわれてきた住民買収工作である。わたしは三五年前にこう書いた。

「どこの原発予定地へいっても聞かされるのが、えげつないカネの話である。原発がやってくる前に、そこはすでにカネによって汚染される」(『ガラスの檻の中で—原発・コンピューターの見えざる支配』国際商業出版、一九七七年)。

内閣に所属する「原子力委員会」が発行する『原子力白書＝昭和四九、五〇年版』には、住民の反対運動に手こずったすえ、堂々とこう書かれている。

「このように隘路を打破し、原子力発電所の建設を軌道に乗せるためには、一部残っている安全性等に対する不安を一掃する一方、発電所の開発利益の一部を積極的に地元に還元する施策を講じる必要がある」

こうして、電源三法(発電用施設周辺地域整備法、電源開発促進税法、電源開発促進対策特別会計法)交付金が創設された。田中角栄首相が考えた、地域買収資金である。しかし、「発電所の開発利益」とは何か。字義どおりに解釈すれば、電力会社の利点、ということになる。ところが、右の『原子力白書』がいうように、まるで地域のための利益のように装いながら、実際には消費者が払う電力料金が水増しされて請求されているのだから、消費者が負担しているだけの話である。

原発を推進させたのは、「国策民営」という政府主導の経営だった。経営の「地域独占体制」、業務の「発送電一体の完全独占」、無駄なカネを使えば使うほど儲かる「総括原価方式」。

このようなでたらめが、電力会社に膨大な利益をあげさせ、その資金で軍需産業のように、原発をコスト計算抜きで建設させた。それを推進する官庁である経産省と安全を監視する保安院とは、八百長の関係である。

結局、大事故を発生させて、国家財政破綻の瀬戸際まで推し進め、国民の健康を犠牲にし、将来の子どもたちの健康と生活を甚大な不安に陥れることになった。

「国策民営」方式は、長年政権を独占してきた自民党支配がつくったシステムである。そこに政治家、財界、官僚、自治体の幹部、マスコミ、御用学者がぶらさがって、巨大な利益の分け前にありついてきた。日本社会を深層から腐敗させてきたのが、この原発マネーだったのだ。

財界は一基四五〇〇億円、「一三五万ｋＷ」の建設費にぶらさがっている。電機、重機、鉄鋼、非鉄金属、鉄構メーカー、さらにはゼネコンなどの巨大な需要をつくりだした。それらのカネは、保守派の選挙資金に回され、地域の保守構造を盤石なものにした。たとえば、東電の柏崎刈羽原発（新潟県）の用地買収費の一部である四億円が紙封筒に入れられて、「目白御殿」の主、田中角栄に届けられた逸話は有名である。

経産省の高級官僚には東電副社長の椅子が与えられるばかりか、電力業界や原子力関連団体にはさまざまな天下り先が準備されている。

地域と人間性を破壊する不道徳と反倫理

電源三法交付金は、原発建設を受け入れるとただちに自治体に交付されるのだが、そこまでに漕ぎ着けるための買収が、「先進地視察」である。過疎地の人たちがバス、新幹線グリーン車、飛行機に乗せられ、温泉に宿泊する。「視察」という名の買収旅行である。「賛否は別にして、原発を見学しよう」という触れ込みだが、たとえば、北海道電力が旅行に狩り出した建設予定地の住民は、二〇三〇人にものぼっていた。

「昭和四六年六月二六日、漁民総決起大会及び海上デモンストレーション実施のとき、泊・盃漁協が参加しなかった。この海上デモの当日に焦点を合わせた北電のもてなし旅行は豪勢をきわめ、参加者の話によると、銚子四〇〇本あけたというから大したものである」（浜田洋『北電原発裏面史』）。

地元のひとたちが多数参加するために、この招待旅行は、どの地域に行っても持ちきりで、この問題を専門的に追及してこなかったのが残念である。村会議員で七回も先進地視察に行ったという豪の者もいた。三・一一フクシマ爆発事故まで、住民陥落作戦というべきか、土地の買収などに関係なく、周辺の町内会のひとたちの反対を封じるため、バス旅行に連れていっては、食事をだしている。これらはコストとして、電力料金に加算され、それを政府が認めているのだから、官民一体の原子力侵攻作戦である。

それでも、注意探い漁民は、まるで大河のように原発から大量の温排水が流されているのを目撃したり、放水管にカキなどの貝類が付着しないように薬物を流してる、ということを聞いたりして、俄然、反対派になったりする。だから、最近では原発の放水管を遠くまで延ばして、人目に触れないようにしている。

水温が七℃ほども高い温排水によって、ホンダワラなど、沿岸にあって魚が排卵する海草が真っ先に枯れる。それで漁民の反対運動がたかまった。しかし、それでも電力会社は漁協幹部を抱き込んで、漁業権を放棄させる工作を何十年間も執拗につづけてきた。

このように、原発は運転開始からはじまる放射能事故の危険せてきた。

のはるか以前から、カネで人間性を破壊し、地域の人間関係を分断するなど、非倫理的、不道徳によって、人間社会を荒廃させてきた。

それでは、なぜ、法外なカネが動くのか。

危険なものを建設し、運転しなければならないからである。日本の場合、ヒロシマ・ナガサキの教訓があって、たいがいの人たちには、放射能被爆のイメージがある。

日本人の中年以上は、ヒロシマ・ナガサキの被爆の映画や丸木位里・俊夫妻の絵によって、その悲惨を網膜に焼き付けられている。その恐怖をはね除け、日本に原発を売り込んだのが、アイゼンハワーの「アトムズ・フォー・ピース」演説だった。

衆議院で原子力予算が通過したその翌年から、立役者の中曽根康弘が、ＧＨＱと関係が深かった読売新聞の社主・正力松太郎を「助けて働いた」（自伝『天地有情』一九九六年、文藝春秋社）。正力は「原子力委員長」となり、初代「科学技術庁長官」となった。正力は彼が握っていた読売新聞社と日本テレビを、核爆弾の「商業利用」の宣伝機関にした。全国的に展示会なども巡回され、原子力の宣伝、洗脳がはじまった。大量破壊兵器であり、ヒロシマ・ナガサキと、悪魔のイメージの強い「核」を、「平和」「クリーン」「未来」へと一八〇度転換させることに貢献したのが、マスコミの大攻勢だった。

〝カネよりもいのち〟――価値転換の大運動を

中曽根式「札束」攻勢に危機感を抱いた当時の学者たちは、「原子力基本法」に自主、民主、公開の三条件を入れた。秘かな核武装を危惧していたからである。まだ原子力産業ははじまったばかりで、「利益共同体」としての「原子力村」は誕生していなかった。

政官財が癒着した体制を、わたしは「原発絶対体制」とか「原子力帝国」と言ってきたのだが、そのチェック機能を喪失した政府の無責任体制が、大事故を発生させたのはまちがいない。しかし、もしも完全な管理があったにしても、「地震大国」日本には、原子炉建屋内にパイプの入り組んだ構造で、原発が安全運転できる基盤などなかった。ただアメリカ軍需産業の余剰生産物を押しつけられての出発だった。

福島原発事故の取り返しのつかない大惨事は、まだつづいている。この事故のあと、ようやく日本のマスコミもいままで書かなかった原発社会の秘密を少しずつだが書くようになった。

原発列島は、自主、民主、公開などとはほど遠く、独占、虚偽、秘密の社会だった、というのが三五年前に出版した『ガラスの檻の中で』での主張だった。それ以降も原発については書きつづけてきたが、福島原発事故を目のあたりにして、本気で原発社会からの脱却運動に取り組んでこなかった、との痛恨の思いがある。

それで、内橋克人、大江健三郎、落合恵子、坂本龍一、澤地久枝、瀬戸内寂聴、辻井喬、鶴見俊輔の皆さんと一緒に、昨二〇一一年九月一九日の「さようなら原発」六万人集会を成功させ、一〇〇〇万人署名に取り組んでいる。本年（一二年）七月一六日には、東京・代々木公園で一〇万人集会をひらいて、政府に核エネルギー政策からの転換をうながす。

最初に書いたように、日本の原発は、一二年五月五日からの北海道電力泊三号機の定期検査入りで、五四基の全面ストップになる。野田佳彦政権と電力会社は、それに危機感を抱いて、闇雲に危険な再稼働に突進しようとしている。

最近は原発がないと電力が不足する、という脅しは影を潜めた。政府でさえ電力不足になるとは断定していない。夏場の暑さのピークのときに、甲子園の高校野球決勝戦の中継が過熱する八月の一瞬くらいの不安にすぎない。それも節電意識がたかまっているので、電力危機などはフィクションにすぎない。

このままでは、海外へ工場が流出する、というのが新手の脅しだが、日本経団連のアンケート[注3]でも、電力需給対策としての「海外シフト」効果は考えられていない。海外展開は、円高対策としてはあるだろうが、原発が稼働しなければ経済的に困るのは、電力会社と原発メーカーや鉄鋼メーカー、それと御用学者・研究員たち、原発帝国の住民たちである。

カネよりもいのち――。福島大事故後、ようやくはじまった価値観の転換である。これからの核研究は運転停止から廃炉までの道筋をつけ、すでに膨大な量になった核廃棄物の廃棄の事業化に転換するしかない。

巨大な大量発電から、人間的な自然エネルギーへの転換は、あらたな産業を育成する。原発は人間にとって、あまりにも損失の大きな産業だった。巨大技術は戦争の論理でもあった。原発はカネで人を支配する暴力的な政治と社会をつくりだした。

将来の核武装の恐怖からの解放のためにも、原発全廃、平和な産業への転換がもとめられている。

注

1　二〇〇五年四月二五日に発生した事故。ＪＲ西日本が私鉄各社との競争を意識するあまり、スピードアップによる所要時間短縮や運転本数増加について安全対策よりも優先させたことが問題視されている。

2　当時の中曽根派の衆議院議員。中曽根氏とともに「原子炉予算」を提出した。元法相・文相。

3　「今夏の電力需給対策に関するアンケート」（二〇一一年一〇月）http://www.keidanren.or.jp/japanese/policy/2011/101.pdf

第二章　反国家のちから

1　原発と国家と

お天道様はありがたい

かつてあった風景が、いまでは記憶のなかにしかない。その風景のなかにはひとが住んでいたのだが、わたしが記憶をたどるあいだだけ、そのひとたちが蘇ることができる。

それは肉親のことばかりではない。これまで取材にいった地域とそこに住むひとたちの膨大な記憶のことでもあり、わたしの生と重く深くからみあっている。

これまでで、いちばんよくでかけていったのが、青森県の六ヶ所村である。東側が太平洋、西側を陸奥湾に囲まれた、キリンの首のように細長い、下北半島の一部を占めている村である。

いま、核燃料基地として、もっとも危険な村になってしまったが、四〇年前、ここは「巨大開発の村」として時代の脚光を浴びていた。大工場がいくつも進出して、大都会に生まれ変わる、と宣伝されていた。そこから、姿をあらわしたのは、どこからも嫌われ行き場を失っていた、「核燃料サイクル」という名の原子力施設だけだった。

西側を海に囲まれた半島の低い丘陵地に、いくつかの開拓部落が展がっていた。満州から帰ってきたひとたちが、入植した集落だった。人跡稀な、ジャングルのような松林を伐り倒して、根っこを掘り起こして畑に変えた。ブルドーザーなどのない敗戦直後のことだったから、すべて鍬一本、人手だけが頼りだった。気の遠くなるような重労働だったはずだ。

太平洋を背にして、なだらかな傾斜を登っていく。両側の牧草地帯のあいだに細い道がつづいている。開拓部落にむかう道である。Mさんのお宅は、まだ藁葺き屋根だった。貧しい開拓部落でも、もっとも貧しかったのはどうしてなのか。夫が出稼ぎつづきだったから、畑作から酪農への転換が遅れたためかもしれない。が、小規模の酪農でやっていけるような時代ではなかった。

それでも、黒塗りの乗用車で駆けまわっていた不動産屋の誘惑を敢然と拒否して、用地買収には応じなかった。部落で孤立していた頑固さが、妥協を拒ませたのかもしれない。

買収された農家は屋根を剝がされ、家のなかの柱がむきだしにされて解体され、雑草に覆われたちいさな空き地になった。まわりの家は一軒、二軒と消えていったが、Mさんの家の窓の灯りだけが、原野に還ったあたりの闇を照らしつづけていた。

Mさんはお土産に都会から菓子をもっていってもよろこばなかった。ドクダミ茶など薬草を採って煎じたりする自然派だった。彼女から、満州時代の話はあまり聞いていない。

開拓とはいっても、実際のところは、中国人を土地から追いだして、日本人を入植させたものだった。作男や下男、下女に朝鮮人を使ったりしていた、内地とは別天地の日本人の生活ぶりについて、わたしも満州帰りのひとたちの話によって、ようやく知るようになっていた。

六ヶ所村には、満州の開拓地の名前をつけた開拓部落が多かった。その人たちの歴史は、それぞれちがったものだったにしても、満州では優雅な生活ぶりだったようだ。生活が一変したのは、ソ連軍が侵入してきてからである。そのことは自分を確認するために来日する、「残留孤児」の悲惨な物語によって、ひろく知られるようになった。

あるときMさんは、ストーブのそばにうずくまるようにして座っていた夫のほうに目をやりながら、「このひとは、わたしのことを忘れていたんだから」と軽くなじるような口調でいった。夫は出征して戦場にいき、Mさんは子どもを抱えての逃避行となった。戦後になってふたりは日本で再会できたのだが、夫は妻の顔を忘れていた、という。それは記憶力の問題ではない、きっと生死に関わるほどの生活の激変があったからだ。夫は抗弁することもなく、ばつが悪そうに沈黙していた。

良く晴れた冬の日だった。陽の光が雪に反射して目がつぶれるほどにまぶしい。部落に一軒だけ残っていたMさんのお宅へ、わたしは雪藪を漕ぐようにして近づいていった。Mさんは牛舎の入り口に、パイプ椅子を置いて日向ぼっこをしていた。

「お天道様はありがたい。お天道様さえあれば、飯食わなく（まま）って生きていける」。

太陽の光のほうに両手を伸ばして、背伸びしながら彼女がいった。それは満州崩壊のあとの、流浪時代の実感のようだった。夫と離ればなれで生き抜いてきた。日本に帰り着くまでの引き揚げの道中は、苛烈なものだったであろう。それでも、太陽さえあれば生きていける、という楽観をもつくりだしたのだ。

それからまもなくして夫が亡くなった。彼女が亡くなったのを知ったのは、訪ねたお宅が解体されていたからだった。いま、そこは核燃料施設の一角にされてしまったが、太陽は素知らぬふりして照りつけている。

利権と核武装

日本の原発のすべてが運転停止中である。

オール原発稼働ゼロは、世界的に見ても、原発保有国でははじめての状態である。これはいうまでもなく、福島第一原発の史上最大規模の事故によっている。

安倍政権の原発推進にたいする、ひとびとの怒りと不安と抗議とが、全国的な反対運動を巻き起こし、再稼働を抑制している。この激しいせめぎ合いのなかでの、稼働ゼロの継続である。

稼働ゼロであっても、電力エネルギーは順調に供給され、ひとびとの生活にはなんら支障をきたしていない。それが原発ゼロ運動の根拠である。

一九五七年八月、日本最初の原子炉（研究炉）、東海村の原子力研究所の第一号炉が臨界に達した。ここから、日本の原発大国への道がはじまった。といっても、このときの「原子の火」の出力は、五〇キロワットにすぎなかった。「公開、自主、民主」が、日本が核開発競争に参加する「お題目」だったが、自主どころか、アメリカから丸ごと輸入、運転はアメリカ技師に依存、というものだった。

ところが、六六年、電力九社相乗りの「日本原電」が、東海村で運転開始した商用炉の第一号は、コストが高いと批判されていた、イギリスのコールダーホール型原子炉だった。それまでの研究炉三基がアメリカからの輸入だったのだから、不思議である。

アメリカはすでに、アイゼンハワー大統領の「アトムズ・フォー・ピース」（平和利用）の宣言とともに、日本への商戦に乗り出していた。読売新聞社社主の正力松太郎は、一九五六年一月にできたばかりの原子力委員会の委員長に就任する。正力は当選したばかりの新米議員だったが、鳩山一郎首相のもとで原子力担当大臣に就任、首相を目指していた。

原発売り込みのアメリカにとって、正力は心強い援軍だったが、CIA文書によれば、正力の大型原子炉の要請をそのまま受けることは「必然的に日本に原子爆弾を保有させることになる」とも疑われていた（中日新聞社会部編『日米同盟と原発』）という。

正力は原発導入を急いでいた。イギリスのコールダーホール原子力発電所は、世界でもっとも早く商用発電を開始していた。それは黒鉛ブロックを積み上げた炉心で、核兵器生産用に開発された原子炉でもあった。日本の商用炉導入第一号が、軍事転用可能なコールダーホール炉で、耐震性に疑問をもたれた原発だった。不吉な出発である。

この東海一号炉は一九九八年に廃炉となった。福井県敦賀市の転換炉（原型炉）「ふげん」は、七九年に運転開始し、二〇〇三年に廃炉、それぞれ事故続きのうちに廃炉処理となっている。

そのあと、この狭い日本列島は、「オイルショック」による「石油不足」を口実にして、二〇一一年三月まで、五四基も操業する原発列島となった。それは異常事態だった。

そして東日本大震災。東電福島第一原発六基のうち三基が、最大級の過酷事故としてのメルトダウン、運転停止中の四号炉も、部厚いコンクリート建屋が水素爆発によって吹っ飛んだ。いまは使用済み核燃料プールが、余震によって破壊され、臨界状態にならないかが懸念されている。

三炉連続のメルトダウン、そして、ベント(放出)によって、天文学的な数値にのぼる大量の高濃度の放射性物質が、大気、大地、海洋へと降りそそいだ。その被害がどれだけのものになるかは、誰にも予測がつかない。自然界と人体への悪影響は、これから時間とともに次第に明らかになってくる。

安全よりも効率を焦った大型原発が災いして、福島原発は第一サイト六基が廃炉となる。日本の原発はそれでもまだ四八基も残されているが、福島第二原発四基、浜岡二基も廃炉となる。さらに、老朽化した島根一号炉、伊方一号炉、活断層上の志賀原発の二基の廃炉は確定的だ。

それにたいして、鹿児島県の九電川内原発を突破口として、関電高浜など六カ所一〇基の再稼働を規制委員会に申請している。しかし、脱原発の声はつよい。

この地震列島の海岸線に、自然界と相容れない、人間の力では制御しきれない原発を、無責任に林立させた政治家たちと官僚、国家から保護され過ぎて傲慢経営を恥じることのない東電、関電などの経営者たち、さらには御用学者や御用文化人の責任追及はこれからである。

軍事と核の一体化

原発連続爆発事件ともいえる福島事故のあと、大きく変わったのは、原発ゼロを主張する運動が盛んになったことだ。これまでも、原発建設予定地では、長い間、建設に反対する住民運動が続けられてきた。しかし、カネと偽計によって農民の土地が買収され、漁協の漁業権放棄が謀略的におこなわれ、建設工事が強権的にすすめられるようになると、次第に反対の声が弱くなり、反対者は少数化し、運動は孤立させられた。

その一方で、立地計画反対運動に勝利し、建設を阻止した地域では、当然というべきか運動は解消した。その後の市民の運動としては、ソ連のチェルノブイリ(立地はウクライナ・キエフ市近郊)事故のあと、各地で女性を中心とした運動が盛んになったが、残念ながらフクシマ事故までは、大きな力にはなっていなかった。

事故後、民主党の野田内閣のときに、あたかもどさくさに紛れるかのように、「原子力基本法」がひそかに変えられていたことが判明した。平和利用をモットーにしてきた、この原子力政策の憲法というべき「原子力基本法」に、その精神を否定する、「安全保障に資する」という文言が挿入されていたのだ。

一九五四年、中曽根康弘議員などの提案によって、原子炉建造費二億三五〇〇万円が成立したあと、科学者たちが中心となって原子力研究が軍事利用に転換しないための歯止めとして、原子力基本法を制定、「公開」「自主」「民主」の三原則を強調した。「平和利用」を大義名分として、アメリカから原発と余剰ウランを押しつけられ、やがてそれを模倣したライセンス生産によって、原発を「自主生産」、原発大国をつくりだしたが、肝心の「民主」と「公開」は一顧だにされなかった。「原子力帝国」というほどに、「独善」と「秘密」が、原発列島を支配してきた。そしてついに、フクシマでの未曾有の大事故を招いて、原子力産業の危機となった。

事故のあと、野田政権は一方では再稼働を追求し、一方では輸出に活路を見いだし、さらにもう一方では、あたかも慌てたかのように、核政策の生き残りを賭けて、つまりは軍事利用を公然と掲げた。民主党であっても、核産業とそれに結びつく官僚支配から、脱却することができなかったのだ。

野田内閣は、大飯原発の再稼働を強行して、脱原発運動に油を注ぎ、衆参選挙で大敗退した。

政権交代前夜に、「二〇三〇年代原発ゼロ」を打ち出したが、後の祭りだった。こうして、いま日本の原子力政策は、平和利用と軍事利用の併用可能となった。

安全保障に資する核研究とは、軍事利用である。それは「攻撃的武器」の研究と政策のことをさすのだから、あきらかに平和憲法に違反するはずだ。攻撃的な武器の研究・政策は憲法を変えるか、相手国を攻撃できる新たな法律を制定しなければならない。法律を改定することなく、文言だけを追加するのは、「集団的自衛権」の行使容認という、安倍内閣が強行しようとしている、「解釈改憲」方式の援用でもある。

「原子力基本法」を改竄したのは、自民党よりはややましな政策が期待されていた民主党の野田政権だった。そのような政権であっても、核の軍事化が公然と示唆されているのは、核産業界（電力、電機、重化学工業）が国の産業政策を支配しているからであり、国会議員たちが一部を除いて、与野党を問わず産業界の意向にそって動いているからだ。

たとえば、二〇一四年二月の東京都知事選では、原発政策を推進する自民党とそれをささえる公明党の推薦を受けた舛添要一候補を、民主党東京都連が推した。その中心は電力、電機、重化学工業など基幹産業の労組が支配的な、「連合東京」だった。右派の労組幹部がもっとも危険な現場で働く下層労働者を、日常的に被曝させる原発の運転を支持してなんら省みないのは、人間的な退廃である。

それはこれまで経営者に迎合的かつ惰性的な労組幹部による労使一体化の結果である。日本の高度成長をつくりだしたとはいえ、長年にわたる生産性向上運動は、経営者と労組幹部を一体化、人間の命よりも企業の利益を優先させて、非正規労働者の生活といのちに無関心なままに過ごしてきた。

日本の勤労者六〇〇〇万のうち、労組に組織されているのは一七パーセント程度でしかない。圧倒的多数の勤労者に、労働者の人権の砦としての労組がない。被雇用者の男女合わせて、四〇パーセントが非正規労働者であり、彼らは、将来的にも雇用安定の埒外に置かれている。

民間大企業の労組は、自分たち正社員の生活を優先させるあまり、社会的な問題に無関心に過ごしている。平和と脱原発をもとめる運動を支えている、自治労、日教組、中小労組などとの劃然（かくぜん）としたちがいを示している。脱原発と平和を願う広範なひとびとと、原子力産業の市場拡大と核軍事化によって利益を得たい政権側との対立の根は深い。

しかし、フクシマ事態というべき、事故から収束にむかうまでに空費されている時間の長期化、不安定化、とめどもなく再生産されつづけるしかない高濃度放射能汚染水発生の恐怖によって、保守派の中にも脱原発の主張が拡がっている。

東京都知事選において、小泉純一郎、細川護熙両元首相の「原発ゼロ」の遊説は、保守的な経営者たちに、原発からの脱却を考えさせる大きなきっかけとなった。

原発から出る核廃棄物は最終処分場はどこにもない、という未来への不安に、人びとはようやく気がつきはじめた。地震の不安におびえ、危険を抱えながら、現在、一日四〇〇トンもの水を破壊された原発にかけつづけているように、これからも安全のために膨大な資金が必要とされることにも気がつきはじめた。

東電は倒産状態であり、国家資金の導入によって息をついているにすぎない。安全、安価、安定という原発推進の論理は、危険、高価、不安定という現実の前で、完全に破綻した。

核武装の潜在的ポテンシャルとしての原発

そもそも、日本の原子力政策は、核兵器の研究に参入しようという衝動から出ている。

「（一九五四年）三・二　保守三党、原子炉建造補助費二億三五〇〇万円を、五四年度予算修正案として突如提出、三・四衆院通過。科学者、時期尚早と反対」（『近代日本総合年表』岩波書店）

最初の原子力予算二億三五〇〇万円は、「学者がボヤボヤしているから、札束でほっぺたをひっぱたいて目を覚まさせる」――「青年将校」こと中曽根康弘議員の豪語から生みだされた。中曽根氏は、その金額は、広島型原爆の材料ウラン２３５をもじったもの、ともいう。

一九五四年三月三日、自由、改進、日本自由の保守三党が、抜き打ち的に修正予算案を提出、三月四日に衆議院本会議で可決された。「米国の旧式な兵器を貸与されることを避けるがためにも、新兵器や、現在製造過程にある原子兵器をも理解し、またはこれを使用する能力を持つことが先決問題であると思うのであります」――この日、改進党小山倉之助議員は、衆院本会議で提案演説をおこなった。原子爆弾の投下を受けてから、まだ八年半しかたっていないのに、「核武装」が国会議事堂で堂々と話し合われ、そのまま予算が通過したのは、驚くべきことである。

まだ、日本人はだれも気づいていなかったのだが、その前日の三月一日、南太平洋マーシャル諸島のビキニ環礁で、アメリカの水爆実験がおこなわれていた。マグロ漁船第五福竜丸など日本の多くの漁船の乗組員やマーシャル諸島の住民が被爆した。ヒロシマ、ナガサキにつぐ、被爆者の大量発生だった。

年表風にいえば、「政府、参議院内閣委員会で攻撃的核兵器の保有は違憲との統一見解発表」（前和書）は、五七年四月二六日だった。ところが、その直後の五月一四日、病気で退任した石橋湛山に代わった岸信介首相は、外務省記者クラブで、「原水爆は憲法違反である。保有も持ち込みも考えない」といいながらも、こう続けた。「日本が原水爆の実験に反対しているのは死の灰など全人類に影響を及ぼすおそれのある大量殺傷兵器だからである。したがって自衛の範囲の核兵器を保有してもよいということは、実験反対の立場と矛盾しない」（核開発に反対する会編『隠して核武装をする日本』から再引用）

「小型核兵器なら合憲だ」という意見は、その後の自民党の核武装派の中心になる。岸信介の実弟・佐藤栄作首相は、就任直後の一九六五年一月、訪米した。ジョンソン大統領と会談のあと、ラスク国務長官と会談、「個人的な意見だが、中国共産党政権が核兵器を持つなら、日本も持つべきだ、と考える」と発言した（前掲書）。

最近、よく知られるようになった佐藤内閣当時の秘密文書「我が国の外交政策大綱」（一九六九年）に、「核兵器については、ＮＰＴ（編注：核兵器不拡散条約）に参加すると否とにかかわらず、当面核兵器は保有しない政策をとるが、核兵器製造の経済的・技術的ポテンシャルは、常に保持するとともに、これに対する掣肘をうけないよう配慮する」と記されている。

「核武装能力は、常に保持する」というのが、日本の原子力行政の一貫した暗黙の了解事項だった。

それが、脱原発運動が激しくなっても、変わることのない、政府の原発維持政策である。軍事膨張派ともいえる元防衛大臣・石破茂は、フクシマ事故のあとも「核の潜在的抑止力を維持するためにも、原発をやめるべきとは思いません」と平然と語っている。

核武装の夢をはらんだ東海村のコールダーホール炉は廃炉作業に入り、茨城県大洗町の高速炉「常陽」も廃炉となった。常陽は「夢の高速増殖炉」と喧伝された「もんじゅ」とともに、核兵器用のプルトニウムを生産してきた。

すでに日本には、三六キログラムの軍事用プルトニウムが保持されている。これで、原爆二〇発分とされている。これらのプルトニウムは、テロリストらが入手するのを防ぐために、米国へ輸送される、と日米両政府は共同声明を発表した（二〇一四年三月二四日）イギリスとフランスの再処理工場から返還され、青森県六ヶ所村に保存されているプルトニウムは四四トン、原発五〇〇〇発以上に相当する。岸の孫である安倍首相は、「核テロとの戦い」に、「しっかりと対応していく」と語っている。軍事と核の秘密保護と厳戒、そして弾圧体制が準備されつつある。どんなに犠牲と危険があっても、安倍政権は「原発はベースロード電源」と言い抜けて、再稼働を狙っている。

再処理工場にはすでに、二兆円以上をかけてなお、失敗つづきである。一兆円をかけた「もんじゅ」での、プルトニウム増殖は諦めたが、それでも二〇一四年度で一九九億円もつぎ込むことにしている。「核燃料サイクル」とは、原発からでる使用済み核燃料を、再処理工場と高速増殖炉を介して、無限の原料にする、というフィクションだった。しかしいまや両方ともに絶望的である。

それでも、安倍首相は、この期に及んでもなお「核燃料サイクル推進」と言い続けている。

彼もまた、小型原爆支持者であり、二〇〇二年の官房副長官時代、大学講演会で、「自衛のための必要最小限度を超えない限り、核兵器を保有することは憲法の禁じるところではない」と発言している。核を愛する理由である。

2　未来のエネルギーと光明

福島・双葉町原発推進標語をつくった少年の二六年

人影のまったくない、無人の街。福島県双葉町商店街。かつての賑わいがパタリと途絶えて、犬の子一匹姿をみせない、映画のセットのような一本道。

その空虚に長く伸びている商店街の入り口。道を跨ぐアーチの下に、白い防護服、白マスク、頭をビニール帽子で覆った夫妻が、姿をあらわした。三八歳の大沼勇治さんと妻のせりなさんである。

ふたりは、用意してきた大きな紙を両手で広げ、アーチの下に立った。勇治さんが持っている紙には、「川内（せんだい）原発再稼働反対」と赤インキで大書されている。せりなさんが持つ紙には、「これが原発立地地域の未来です!!」とある。「原発立地地域」と「未来」が赤字で強調されている。

ふたりのうしろに建っている鉄製の長大な看板は、かつて栄華を誇った原子力産業の広告塔である。

「原子力明るい未来のエネルギー」

福島原発の爆発事故のあと、なんども報道され広く知られるようになった、双葉町のスローガンである。

二六年前、小六年生だった大沼勇治さんがくった。「原子力」を入れこんだ標語を三本つくる、というのが、子どもたちに与えられた学校の宿題だった。

いま、その「未来」の前に立って、裏切られた未来の「現実」を訴える、大沼さん夫妻の痛恨を想えば、わたしは持ち合わせる言葉はない。

東京電力好みの作品

応募作品は二八一本だった。このうち、大沼さんがつくった、「原子力明るい未来のエネルギー」が優秀賞に選ばれ、岩本忠夫町長（当時）から、表彰状と賞品を授与された。賞品は文房具セット一式だった。あとの二本の標語はもう覚えていない。

詰め襟、いがくり頭の小学六年生が、岩本町長の前に直立不動。その緊張しつつも晴れがましい写真は、いまも大沼さんの手許に大事に遺されてある。

実はこの時、大沼さんの優秀賞よりもランクが上の最優秀賞が二点、優秀賞がもう二点あった。しかし、町内でもっとも目につく商店街の入り口に建てられた、高さ四メートル、コンクリートの門柱をつなぐ、鉄製の頑健な看板に、巨大な標語として飾られたのは大沼さんの作品だった。

標語コンクールで、最優秀賞に輝いたのは、

「原子力郷土の発展豊かな未来」

「原子力夢と希望のまちづくり」

の二本だった。優秀賞は、

「原子力豊かな社会とまちづくり」

「原子力正しい理解で豊かなくらし」

それぞれ、豊かさ、夢、希望をキーワードにしている。読みくらべてみると、ほかの作品は郷土、まちづくり、豊かなくらし、と原発立地点の生活向上を謳っている。

それにたいして、大沼さんの作品は、「明るい未来」と「未来のエネルギー」との両方を備え、尻上がりに語調が強まっていく。原発推進の意欲を表現した標語で、東電好みだったと理解できる。

広告塔の残酷な光景

この時、東電は双葉町に七号機、八号機の二基増設を図っていた。これで大熊町四基、双葉町四基の態勢になる。大沼さんに賞状を授与した岩本町長が、二基増設を引き受けていた。

岩本町長は、大沼さんが生まれる前、社会党県議として、原

発反対運動のリーダーだった。地元で酒屋を経営していて、わたしもなんどか取材に伺った。福島原発の危険性や原発で働いていた住民のがん死の情報は、岩本県議（当時）から提供してもらったものだった。

原発事故から三年六ヶ月たったいま、もはや永遠に買い物客が訪れることのない、幻影のような商店街に、破壊された夢の跡として、「明るい未来」の五文字が遺されてあるのは、無残な光景である。

この巨大な広告塔は、国の「広報・安全等対策交付金事業」の一環として、建設された。まだ小学生でしかなかった大沼さんは、はからずも、国のエネルギー政策の宣伝を担わされることになった。残酷である。

たかだか人口八〇〇〇（当時、現在は七〇〇〇人）の町の商店街が、国のエネルギー政策を担っている、というのも奇妙な構図である。

個人で小さな電力会社

大沼さんに会ってみたい、と思ったのは、小学生で国策を担わされた少年が、原発事故のあと、どのように暮らして、なにを考えているのか、ということだった。

女優の木内みどりさんから、大沼さんがいま、茨城県古河市に住んでいて、立ち入り制限区域になった自宅に一時帰宅したとき、この看板の下で、パフォーマンスをしている、と教えて頂いたのだ。

それでフォトグラファーの竹内美保さんと一緒に、木内さんの運転するクルマに同乗させていただき、栃木県の県境にちかい古河市の大沼家を訪問した。

大沼さんは、古河市に二〇一三年一一月に完成させた新居に住んでいた。屋根に太陽光パネルを敷いて家庭用電気をまかない、県内の石岡市、常陸太田（ひたちおおた）市と栃木県さくら市と那須烏山（なすからすやま）市に土地を購入して、売電用の太陽光発電をはじめた経営者である。

いまは、一ヶ所だが、今年（二〇一四年）中に五ヶ所にして東電に二〇年間売電する。いわばちいさな電力会社。原発からの脱却を図る、「明るい未来のエネルギー」を実践している。このタフネスぶりはたのもしい。

双葉町の自宅は、福島第一原発から四キロしか離れていなかった。爆発直後、南相馬市の路上に止めたクルマで一晩を送り、せりなさんの実家がある会津若松市へと避難した。妊娠七ヶ月だった。

放射線が不安だった。さらに遠くへ、と親戚のある愛知県安城市に移転、そこで長男勇誠（ゆうせい）君を安産、そして二男の勇勝（ゆうしょう）君も生まれた。二〇一三年五月、三年二ヶ月住んだ安城市を引き払って、古河市に落ち着いた。福島から二〇〇キロ。ここに永住する。

　事故当時は、相馬市の不動産会社で働いていた。副業として、自分の標語が飾られた商店街のアーチのそば、母親の土地にアパートを建てた。部屋数は四部屋、オール電化にしたのは、「未来のエネルギー」を信じていたからだった。二室を「東電さん」と呼ばれている、東電社員に貸した。安定経営だった。

　太陽光発電事業をはじめたのは、原発否定の積極的な実践であり、これからの生活の根拠でもある。設備投資資金は銀行からの融資でまかなった。副業にしていたアパート経営の経験が、役立っている。

　二児の父になった大沼さんが、原発事故のダメージにもめげず、たくましく生きているのが感じられて、ホッとさせられた。丁寧、説得力のある話し方で、沈着な三〇代である。

　わたしは、大沼さんが、自分が作成した「原子力明るい未来のエネルギー」が、フクシマの悲惨が報道されるたびに、笑いもののようにクローズアップされ、傷つけられているのではないか、とあやぶんでいた。

　かつて、茨城県東海村の入り口に、

「原子力の街東海村」

の看板が掲げられてあった。が、東海村ＪＣＯ臨界事故後、村上達也村長（当時）が決断して外させた。ご本人の話によれば、原子力村の住民たちから、非難囂囂（ごうごう）だったという。

　たとえば、アウシュビッツの絶滅収容所の入り口に掲げられてある、「働けば自由になれる」は、いまでは虐殺を暗示する冷酷な表現として読まれている。この門を潜ったひとたちのほとんどは、二度と帰ることはなかった。いったい、誰がつくったのだろうか。

　戦争がはじまって一年がたったころ、大政翼賛会が、「朝日新聞」、「毎日新聞（東京日日）」、「読売新聞」の三大紙を通じて、「国民決意の標語」を募集した。

　入選作「欲しがりません　勝つまでは」を作成したのは、小学校五年生だったとされる。その子がそれからどうしたか、寡聞にしてしらない。

「足らぬ足らぬは工夫が足らぬ」

「進め一億火の玉だ」

　などの説教臭いのよりは、「欲しがりません」の決意の方が、可愛い決意を表していて、銃後の日本人にガマンを強制させることに奏功した。敗戦時、国民学校一年生だったわたしも、打火管制のポスターをつくらせられた記憶がある。「挙国一致」が謳われていた。原発大事故のあと、いまオリンピックにむけて、「オールニッポン」態勢が喧伝されているのは、こわい。

悔しさに急転した思い

大沼さんは郡山で出会って交際するようになったせりなさんを、実家に連れてきたとき、「原子力明るい未来のエネルギー」のスローガンの下をクルマで通り抜けた。

「これはぼくがつくったんだよ」

助手席に座っていたせりなさんにむかって言った。誇らしい気持だった。そのあと、原発のすぐそばの展望台へ案内した。町内で自慢できるところというと、そこしかなかったのだ。

太平洋に沿った、長い海岸線がどこまでも延びていて、深い海の色が美しい。目の前に並ぶ四角いコンクリートの箱状の原発には、爽やかな色のペンキが塗られていて、平和な風景だった。

せりなさんは、おなじ福島県でも新潟県にちかい山間部育ちだから、「浜通り」と言われている地域の、海の美しさに魅了されていた。

突然の事故発生だった。着の身着のまま、身重の妻の実家のある会津若松市に避難していた。テレビの画面が双葉町商店街の大看板を映しだしていた。

「ちがう現実にいるんだ、というひどい違和感を感じていました。慌てて逃げてきた現実と事故前の看板の世界とは一八〇度ちがっていたんです。まちがっていた。信じてきたことが否定された、との想いでした」


誇らしさが、悔しさに急転した。標語が優秀賞に選ばれ、表彰されたあと、授業参観のとき、「『原子力明るい未来のエネルギー』という標語をつくったのは、この子です」と担任の教員が大沼さんを立たせて紹介した。晴れがましい少年だったのだ。

事故から丸一年経ったとき、避難先の安城市から、おなじ愛知県豊橋市での、原発反対の市民集会に呼ばれていった。大沼さんは原発被災者として、新聞で紹介されていた。

話しているうちに「原発は未来のエネルギー」ではない、「破滅のエネルギー」、という言葉が思い浮かんだ。そのあと、一時帰宅で双葉町に帰った。大沼さんは、防護服を着て、商店街の中空に架かっている、かつての栄光の標語の前に、「破滅」と赤字で書いた紙をかざした。

看板を下から煽るアングルにすると、鉄製の巨大な広告アーチの文字を、

「原子力破滅未来のエネルギー」

と訂正できた。小学生を宣伝に使ったものへの怒りの表明でもあった。「未来」と言えば、結局、住んでいた家も経営していたアパートも、自分の作品が飾られていた誇りも、そのすべてを一挙に奪われたのだ。

自己回復へ向かう道

しかし、子どものころでも、原発にたいして、かすかな不安がなかったわけではない。

福島第一原発1号機が稼働したのは、一九七一年三月だったから、いま三八歳の大沼さんはもちろんまだ生まれていない。生まれる五年前のことだった。

福島原発とおなじ型の米国スリーマイル島の原発が、メルトダウンの事故を起こしたのは、三歳のときだから記憶にはない。が、しかし、旧ソ連のチェルノブイリ事故は、小学校五年生だった。双葉町は原発立の中心地だったから、町中の話題になった。『はだしのゲン』も読んでいた。母親は原発には批判的だった。その後、原発で働いていた母親の弟が三六歳でがん死。下請けで働いていて、二九歳でがん死したべつの親戚も被曝死を疑われていた。

原発を完全に信じていたわけではなかった。それでも、学校の宿題とされれば、気の利いた子どもなら、標語の二つ、三つくらいは思いつく。

原発立地地域はどこでもそうだが、小学生の時から、PRセンター（見学館）で、子ども相手の原子力教育の洗礼を受ける。まわりでも原発で働いている人が多い。

親戚からは、原発について言うな、とクギを刺されてきた。原発を前向きに捉えなければならない社会のなかに生活していれば、子どもたちの精神に影響を与えないわけはない。それは福島ばかりではない、日本全体の風潮だった。いまもそうだ。

大沼さんは、こういう。

「町の雰囲気は、原発は危険と言えるような雰囲気ではなかった。原発を讃える標語を学校の宿題でつくらせるのは問題だった、と思います。

大沼さんは月に一回、古河市から、双葉町の自宅へ一時帰宅する。そのたびに、見事に裏切られた少年時代の夢を、いまだに刻んだまま立ち尽くしている巨大なアーチにむかってあるく。そのすぐ隣に、夢を賭けて建てた「東電さん」相手の貸しアパートがある。つぶされた夢の跡なのだ。せりなさんとふたりで、その前に立って手書きのバナーを掲げる。

あるときは、「原子力明るい未来」のしたに、「じゃなかった」とつけた。東京でひとり亡くなった叔母を、郷土の墓地に納骨するとき、防護服の上から喪服を着て、せりなさんと遺骨を抱いて並んで立ったこともある。

その無念の抗議の繰り返しは、内向する悔しさを撥ねのける決起でもある。

「原子力破滅未来のエネルギー」
「原子力制御できないエネルギー」
「原子力暗い未来のエネルギー」

　メルトダウンのあとも、恥を曝して立ち続ける鉄の標語。対峙し続けるこだわりが、裏切られた大沼さんの自己回復へむかう道のようなのだ。

カネに対峙する新標語

　双葉町は、「帰還困難区域」に指定されている。年間被曝放射線量は、およそ五〇ミリシーベルトで、原発内の管理区域の年間被曝線量限度とおなじ数値である。原発から四キロしか離れていない大沼さんが、自宅に帰れる日はおそらくこない。

　原発のまわり、大熊町一一平方キロメートル、双葉町五平方キロメートルは、すでに「中間貯蔵施設」の建設予定地として線引きされている。

　ここに放射能で汚染された土壌や廃棄物が搬入、貯蔵される。政府（環境省）は、「用地の取得状況や除染土壌などの発生状況に応じて、段階的に整備を進めます」という。

　最長で三〇年間、二二〇〇万立方メートルの汚染土を運び込む、という。建設資金は一兆一〇〇〇億円。はじめのうちは、全面国有化と言っていたが、抵抗が強かったため、いまは一部借用、などと言っている。

　福島県は、「最後は金目でしょう」と発言した石原伸晃環境相（当時）と三〇一〇億円の交付金で貯蔵施設の受け入れを合意した。大沼さんの自宅は、道一本へだてて外され、地権者説明会には呼ばれていない。ここが最終処分場にされる可能性は高い。

「最初から、汚染された大熊町と双葉町は最終処分場にすると言ってくれた方がよかった。他県へ運ぶというのは、無責任で無理だった。子どもに原発事故の体験を伝え、いつか一緒に脱原発のメッセージを掲げるのがいま目標です」（大沼さん）

　いったん捨てた放射性土壌や廃棄物を、どこへ運びだせるのか。もっとも危険な使用済み核燃料の最終処分場さえまだ決まっていない。大沼さんの新しい標語。

「脱原発明るい未来のエネルギー」
「核廃絶明るい未来のエネルギー」

大間原発
――国と電源開発の「禁じられた遊び」に強まる怒り

　十数本のテレビ用カメラが林立していて、東京・司法クラブのちいさな会見室は、定刻の三〇分前からすでに満席だった。

　国と電源開発がすすめている、「大間（おおま）原発」にたいして、三月三日、函館市が建設差し止めを求める提訴をしたあと、市長や市議会議長、市会議員の記者会見がはじまろうとしていた。

　会見室の入り口から、通路に立っている記者たちを掻き分け、市長や弁護団が一団となってはいってきた。原発建設をめぐって、自治体が国と会社を相手に裁判で争うなど、前代未聞のことである。

市議会議長や河合弘之弁護団長と並んで会見席に座った工藤壽樹（としき）市長は、会社でいえば重役タイプの重量感を感じさせる。やや緊張した面持ちで早口に語りはじめた。

「私自身としては、いよいよだな、いざ出陣という想いと、ずいぶん遠くへきたもんだな、との想いがあります。場合によっては提訴も辞さずということから、二年以上がたっています。

この二年間、国と会社にたいして、建設凍結を再三にわたって訴えてきたが、まったく聞き入れてもらえなかった。函館の町を守るため、市民の安全、安心を守るために、万やむを得ずの提訴となったのは、私としては多少残念にも思っています。

司法の場で、大間原発の問題点、建設の進め方の乱暴さなどを訴えていきたい。のちのちになって、大間のことなど夢のまた夢だったな、と思いたい」と市長は訴えた。

聞く耳をもたない

大間原発にたいして、わたしも不信感が強い。経産省が安全審査した二〇〇七年四月の文書で、半径五キロメートル以内の人口は、七一〇〇人、一〇キロ以内に九九〇〇人、と認めながら、原子炉立地審査指針にある「周辺公衆との離隔の確保に適合し、妥当なものと判断した」と書かれている。

過疎地とはいえ、原発から五キロ以内に七〇〇〇人も住んでいる。事故があれば、人口六〇〇〇人の大間町は全滅である。原発から二五〇メートル先には、「絶対土地は売らない」と宣言していた、熊谷あさ子さんのログハウスがある。

そのどこが「離隔の確保」なのか。一万人くらいの人間なら、原発稼働のためには犠牲にしてもいい、と国家が考えている。それが事故前からのわたしの疑問だった。半島の先端にある大間町への往来は、段丘の中腹に通っている、狭い一本道だけである。目の前は海で、逃げ道はない。

大間ばかりではなく、原発から五〇〇メートル程度しか離れていない場所にある集落を、わたしはいくつも見てきた。たとえば、福井の美浜地区、柏崎刈羽（かしわざきかりわ）原発のある刈羽村の荒浜部落、福島第二原発に隣接する富岡町毛萓（けがや）部落などである。一キロも離れていないところなら、枚挙にいとまがない。

それでも旧通産省は、平然と「妥当」と判断し、建設を許可してきたのだ。まして、大間原発の建設は、対岸に見える函館市を無き者として、まったく無視してきた。告訴はその非礼横暴にたいする逆襲である。

函館市は、海のむこう二三キロ先にあって、遮蔽物はない。人口二七万。工藤市長が福島事故後、「再三にわたって凍結を訴えてきた」のだが、国と電源開発は聞く耳をもたなかった。

わたしは、むつ市から津軽海峡沿いに、「本州最北端の地」と刻まれた碑が建っている大間崎にいく一本道が好きだ。晴れた日は鼻歌がでるほどである。対岸の函館の山々がよく見える。工藤市長は、函館から原発の工事現場が見えるという。クレーンが動くのが観察されるのであろう。

大間のひとたちにとって、函館は県庁所在地の青森市よりも、はるかに身近な都市である。そこで買い物や所用をたすために、目の前の港からでるフェリーに乗る。

一方的に工事を再開

函館市の東京地裁への請求は、経産大臣が二〇〇八年四月、電源開発にだした原子炉設置の許可は、福島原発の事故前の基準であって不備があり、無効である、との判定をもとめたものだ。

国は電源開発にたいして、建設の停止を命ぜよ、電源開発は大間原発の建設を停止せよ。自治体としては、前代未聞の提訴である。それも、市議会で満場一致（電力関係議員は退場）の決議に基づいての提訴で、市民の総意である。

「自らの所有権と自治体としての存立を守り、函館市民の生命と安全を守るため、大間原発の建設停止の判決を求めるものである」というのが、「訴状」の結論である。

三基連続メルトダウン、という誰も想像することのできなかった、福島第一原発過酷事故のあと、原子力規制委員会は、「原子力災害対策指針」の一部を改定した。それまでは緊急時防護措置準備区域（ＵＰＺ）を、原発の八キロから一〇キロとしていたのだが、三〇キロ圏にまで拡大、原発立地自治体ばかりでなく、周辺自治体でも原子力防災計画の策定が義務づけられた。

福島第一原発の隣接自治体である、浪江町や南相馬市にも大きな被害を与え、飯舘村や川内村など、三〇キロ以上離れた地域でも、全村避難となった悲劇の結果である。

函館も三〇キロ圏内だから、避難計画を作成しなければならない。しかし、それでいて、原発建設にも再稼働にも同意を求められていない。同意を求められたのは、立地県と隣接立地市町村だけなのだ。

原発の影響は、立地自治体だけですまないことを福島事故が知らせた。それでも、電源開発は函館市になんの説明もなく、市の意見を聞くこともなく、休止していた建設工事を一方的に再開した。

市と電源開発との間に、相互に連携を図りながら協力していく信頼関係がなくて、防災計画などつくりようがない。市長は「理不尽」と語気を荒げていった。

最も危険な原発

「遅れてきた大間原発」は、必要性のない、実験的な原発である。フルＭＯＸといわれる、プルトニウムとウランの混合酸化物を燃料にする専用炉で、世界でも商業炉では稼働例はない。

電源開発は、いまはＪパワーなどといって、民間企業になったが、発足したのは国策会社としてで、当初はカナダが開発したＣＡＮＤＵ炉を導入する計画だった。

この原子炉は、減速材に重水を利用して、軍用プルトニウム生産炉に転用できるものだったが、経済性が悪いため導入中止となった。

そのあと、低濃縮ウランを燃料にする「新型転換炉ＡＴＲ」の実証炉に「転換」した。が、「原型炉」の「ふげん」が、これもまた不調に終わったので、「実証炉」の「ＡＴＲ」は中止。こんどは、ＭＯＸ燃料の専用炉へと再転換した。

そのときどきの、政府の開発方針に振りまわされてきたのだが、ぐずぐずしている間に、原発の時代はもう終りに近づいている。

大間原発は、日本に余剰となったプルトニウムを消費するために、無理やりフルＭＯＸ炉とされている。工藤市長は「どこも引き受け手のないフルＭＯＸ炉」という。おなじ軽水炉でも、ほかの原発はＭＯＸ燃料の少ないプルサーマル方式なのだが、大間は全量ＭＯＸとされ、もっとも危険な原発、といわれている。が、まだ原子炉は格納されていない。

核燃料サイクルは破綻

青森県人が、「来なかったのはウラン鉱山だけ」と自嘲して言うように、下北半島は「核半島」である。「核センター」といったのは、原子力議員の中曽根康弘氏だが、ここは日本最大の核施設の集中地域である。大間原発のほかにも、東通(ひがしどおり)原発（東北電力一基稼働休止、東京電力一基建設停止）、六ヶ所村には、ウラン濃縮工場、再処理工場、ＭＯＸ燃料工場（基礎工事前）、低レベル放射性核廃棄物埋設センター、高レベル放射性廃棄物貯蔵管理センター、と盛り沢山である。

さらに、核燃料加工場などの計画もある。

失敗に終わった、原子力船「むつ」の母港があったむつ市には、使用済み核燃料の中間貯蔵場が建設中である。青森県は絵に描いたような「核燃料サイクル」の拠点にされたのだが、その中心を担う再処理工場完成の見通しは暗い。さらにそこで生産されるプルトニウムを消費する、敦賀市の高速増殖炉「もんじゅ」の命運もまた、「風前のともしび」である。

日本の核開発は、失敗と事故続きだったが、挙げ句の果てに、福島で巨大過酷事故を発生させ、いまだ混乱のなかにある。泣き面に蜂というべきか、地方自治体からの建設差し止め訴訟。

いまや危険性においては、立地地域と周辺地域とに差異はない、という訴訟は、全国に波及しそうである。

大間原発は海成段丘面の上にある。急な段丘崖も認められ、北方海域に隆起をもたらす活動的な逆断層がある、と指摘されている。ところが、大きな地震動に耐えられるようには、設計されていない。

最初の設計は、熊谷あさ子さんの用地買収に失敗して、二〇〇メートルほど移動した。いい加減である。背後地に真水を取水するダムを建設するために利用できる河川はなく、海は遠浅で岩盤は堅牢、海水の取水も困難という。

電源開発には原発運転の経験はなく、いまさら原発建設の必然性はない。それも機種変更つづきの末に、もっとも危険な原発の実験所が押しつけられた。

いまや再処理工場と高速増殖炉稼働の見通しは暗い。事実上「核燃料サイクル」は破綻している。そこで発生するプルトニウムを焼却させるのが、大間原発に課せられた任務である。準核武装国日本のカムフラージュ。いわば核隠しの「禁じられた遊び」である。

津軽海峡は、「大間マグロ」の産地である。かつて、金澤満春大間町長に、「温排水でマグロに影響がでますね」と聞いたのだが、東京の大学を卒業して帰って来た町長は、「マグロは回遊魚だから心配ない」と明るく答えたのだった。


電源開発の広報室は「運転開始に必要な工事量がみえないので、進捗率は計算できない。原子炉本体の工事はこれから」という。再処理、高速増殖炉、フルＭＯＸは、負のスパイラルサイクルである。

大間原発が建っている段丘からつづいて、対岸の北海道にむかう海峡の八キロ先は、すでに「公海」である。ロシアの潜水艦や外国船が日常的に、自由に航海している。特定秘密保護法の課題である、テロと軍事問題の最先端に、大間原発がある。かつての軍港・大湊(むつ市)のように、「厳戒地帯」とされるであろう。

原発建設のために、漁業権を放棄した漁民たちは、たいがい零細な農業との兼業だった。土地も手放した人たちが多い。電源開発に設計変更させたのが、熊谷あさ子さんである。彼女は気丈夫で、二代にわたって説得にきた社長やヤクザを追い返した。法外な大金を積まれても、首を縦に振らなかった。

「海と畑がなくなれば、人間生きていけない」

この明快な哲学が、原発と対峙して完成を遅らせ、いま核サイクルを破綻させようとしている。

六ヶ所村とはなにか

青森県六ヶ所村に建設された、使用済み核燃料を再処理する工場は、試験操業の失敗つづきのまま、目下、休止中である。建設を進めてきた日本原燃は、二〇一四年の一月七日、原子力規制委員会に、運転計画が国のあらたな規制基準に適合しているかどうかの審査を申請した。

同社が申請した、いままでとの基準のちがいとは、耐震設計上に考慮する揺れを、四五〇ガル（加速度の単位）から、六〇〇ガルに引き上げたこと、冷却用消防ポンプや放射能を吸着するフィルターを配備したことなどである。

そもそも、この再処理工場は、一九九三年に着工されたものである。つまり二〇年たってもまだ試運転段階での失敗続き、いまだ完成の見通しはない。こんな工場は他に例がない。だれでも完成に疑いをもつのだが、建設しているほうは、毎年、来年できます、来年できます、といって二〇回も完成を延期してきた。それで予算を国からとりつづけてきたのだから、これでできなければ、詐欺である。

当初は、再処理工場は七六〇〇億円でできる、という触れ込みだった。わたしの記憶では、計画が発表された一九八四年当時は、三点セット（ウラン濃縮工場、低レベル廃棄物貯蔵センター、再処理工場）で、一兆円といわれていた。

ところが、再処理工場だけでも、二兆二〇〇〇億円も費している。二〇一四年一〇月、完成予定とはいっていたが、本当にできると考えているひとはいない。操業実績がある原発でさえ、審査期間は半年以上かかるとされている。再処理工場は運転実績がない。最近では、六ヶ所村の海岸部から太平洋にかけて、大陸棚外縁断層が発見され、活断層がうたがわれている。審査の長期化は必至で、いまは二〇一六年完成、とまた延期した。

原発と再処理工場とは、一蓮托生の運命共同体である。原発で発生した使用済み核燃料を、全国の原発から六ヶ所村にはこんで、プルトニウムを抽出し、それを福井県敦賀の高速増殖炉「もんじゅ」で使用すると、増殖して永遠に使える。

このストーリーが、「夢の増殖炉」として喧伝されたが、アメリカも、イギリス、フランス、ロシア、カザフスタン、ドイツも断念、日本だけがまだやる、といい張っている。ところが機器の点検漏れが、一万四〇〇〇点などと暴露されて、「もんじゅ」は運転禁止命令処分を受けている。

六ヶ所村で生産される予定のプルトニウムの受け入れ先がないので、ウランと混合し、普通の原発で燃やすプルサーマル計画がつくられたが、これも頓挫している。

現在は原発が一基も稼働していないので、六ヶ所村に持ち込まれる使用済み核燃料はない。それでも、再処理を依頼していたイギリスからは、ガラス固化体に入った、高濃度の廃液が運ばれてくる（四回目、一三二本）。

国内には、一万七〇〇〇トンの使用済み核燃料があって、プールにいれられて、六ヶ所村への搬入を期待されている。が、再処理工場が動かないかぎり、出荷される見通しはない。

再処理工場が動けば、この「糞詰まり状態」が解消されると期待されている。ところが、再処理から増殖炉、そして原発の原料という核燃料サイクルの夢は、「虚構のサイクル」で、完成はおぼつかない。それでも、このサイクルに依拠しなければ、原発政策は推進できないのである。

六ヶ所村に核燃料サイクル建設、と発表されたのは、一九八四年と書いたが、実はその構想は（最近発表されたＭＯＸ燃料工場建設も含めて）六九年からあった、ということをわたしは、二二年もまえから主張しつづけてきた。

隠された計画だったのだ。そうでもしなければ、受けいれるところなどはなかった。六ヶ所村は隠された村だった。核燃料の最終処分場をどこが引き受けるか。フクシマのあと、さらに見通しは困難だ。

川内原発再稼働破滅計画

九州新幹線・川内駅からまっすぐ西へ、東シナ海にむかって注ぐ川内川のゆるやかな流れに随伴するように、一二〜三キロメートルほどすすむと、川内原発（鹿児島県薩摩川内市）である。

大きく開いた河口の突端に建設された原発が運転を開始したのは、一九八四年七月、続いてもう一基が翌八五年一一月だった。おなじ九州電力（九電）の原発では、佐賀県玄海二基の方が先行していた（現在、玄海原発は四基）。

この原発が俄に注目されているのは、三年前のフクシマ事故以来、全停止している（関西電力の大飯原発は一時稼働したが）日本の原発を、原発推進を掲げる安倍晋三内閣が、とにかく再稼働の突破口にしたがっているからだ。

すでに全国的に、原発立地自治体および原発関連企業以外は、原発および原発政策には批判的になっている。

政府は円高による貿易収支赤字を、原発の代替エネルギー（石油やＬＰＧ）輸入のせいにして、原発再稼働に持ち込もうとしている。しかし、原発ゼロの時間が長引くうちに、原発不要論はますます高まっている。

原発立地地域にとって、原発は一瞬の栄耀でしかなかった。「邯鄲の夢」であり、首長にとっても「ダモクレスの剣」（王座の上に髪の毛一本で吊された抜き身の剣）でしかない。あるいは、「ロシアンルーレット」。ひとびとに恐怖を与え、犠牲を顧みない政治は暴政であり、不道徳の極みである。

国策優先の鹿児島県知事

いま、安全についてだれも保証できない再稼働にたいして、批判が強まっている。

「原発から将来、人類は脱却しなければならない、いざとなったらコントロールできないから」といいながらも、「あれだけの設備をつくったのだから」「当分の間、原発は我が国の産業構造ないしエネルギー構造の中で必要だろう」（二〇一四年四月四日の定例記者会見）。

突っ張っているのは、伊藤祐一郎鹿児島県知事である。

地域住民の安全よりも、国のエネルギー政策を優先する視点である。いかにも官僚出身（総務省者の答弁である。国策優先は、官僚出身知事の通弊でもあるが、経済産業省出身の泉田裕彦新潟県知事のように、国策としての再稼働に抵抗している例もある。

伊藤知事の自信は、再稼働を訴えても支持されたという、安倍首相の傲慢とおなじものだが、それと安全性はべつなものである。

火山噴火のリスク

すでに政府の地震調査研究推進本部でも、川内原発内周辺の活断層は、九電評価の二倍以上、エネルギー規模でおよそ一〇倍になる地震の可能性が指摘されている。

さらに最近になって、火山学者の六割が、川内原発は火山の被害のリスクがあるといい、原発敷地内から、三万年前の始良大噴火の火砕流が流れ込んだ痕跡が発見され、九電も確認している。

守屋以智雄（金沢大学名誉教授）によれば、九州にある六つのカルデラ火山は、一〇万年～三〇万年前から、それぞれ数回ずつ計一九回以上も、大噴火を続けてきた。

「アカホヤ火山灰層と呼ばれるこの大規模海底大噴火の産物は、九州はもちろん東北北部、北海道を除く日本列島のほぼ全域を覆った。火砕流はほぼ九州全土、四国・中国のかなりの部分を壊滅に近い状況まで破壊、住民はほぼ全滅、この火山灰層の上下の土壌から出土する土器の形式はまったく異なり、この火山灰噴火を境によそから異なる土器を使用する外来者が生きるもののいない焦土に新たに住み着いたという事実が考古学者によって明らかにされている」「巨大噴火は遠い未来の非現実的な絵空事でなく、すぐにでも起こる可能性は十分にあると考えざるを得ない」（『科学』二〇一四年一月号）。

守屋論文によれば、これらの大噴火は、地殻変動、地熱活動、長周期微動などの前兆によって、事前避難も可能だが、避難場所の確保が困難という。

ちなみに言えば、八甲田・十和田カルデラ、支笏・洞爺カルデラの巨大噴火を考えれば、青森県六ヶ所村の高濃度放射性物質を抱えた核施設や北海道泊原発も危険だ。「自然災害の国」日本に限ってみても、もともと原発にはもっとも不向きな国だったのだ。

鹿児島市内を歩いていて、歩道に黒い煤塵が溜まっているのを認めることができる。桜島の噴煙である。いまも噴火し続けている桜島は、原発から五〇キロメートルの距離でしかない。大噴火があれば、原発の取水口が火山灰で詰まって、炉心冷却用の取水ができなくなることも考えられる。

ベント装置なしの再稼働

どこの原発でも、電力会社は原発のすぐそばに、地域住民を洗脳する「展示館」や「見学センター」を建設している。見学者はたいがい、この建物から原発を眺めるのだが、備え付けの双眼鏡の先に、川内原発の敷地内で、小型のユンボが、蟷螂のようにしきりにシャベルを振り上げているのが見えた。

展示されている原発建屋の模型で確認すると、「免震重要棟」だった。フクシマ事故のとき、たまたま完成していたので、事故対策最前線の指揮所として、重要な役割を果たしたのは、記憶に新しい。

ここに陣取った東電第一原発吉田昌郎（まさお）所長（二〇一三年七月九日死亡）と東電本社とのやりとりは、貴重な「東電テレビ会議」の記録として遺されている。大事故の前で右往左往するだけだったのだ。その「免震重要棟」の工事現場を双眼鏡で観察すると、まだ地ならし段階なのだ。完成は「平成二七年度」というから、あと一年以上も先のことである。

それでも、九電は二〇一四年九月すぎに再稼働させる計画である（編注：二〇一五年一月現在、まだ停止中）。そればかりか、事故発生のとき、格納容器の内圧上昇を抑え、爆発を防ぐフィルター付きベント装置の設置は、さらに一年あとの「平成二八年度目途」という。

「目途（もくと）」は目標ということだから、再稼働しても二年以上は、ベント装置なしでの運転となる。とにかく、再稼働ありきでの原子力規制委員会への適合審査申請である。規制委員会は、これでも、福島原発事故以来の「新規制基準に適合する」と認可するのだろうか。

そもそも、事故発生を想定した計画が「認可」されるのは、異常である。免震重要棟は、事故防止ではなく、事故対策である。そこから所長によって命令される「ベント」とは、格納容器の水素爆発を防ぐために、放射能を外部環境に放出することであり、大量の被曝者を発生させる行為である。

原発側のこれまでの自慢は、原発は五重の防壁によって、放射能は「絶対に外には出さない」というものだった。ところがいまは、放射能を放出する装置がないことが問題にされる本末転倒。

九電が発行している「川内原子力発電所における更なる安全性・信頼性向上への取り組み状況について」という文書には、事故の五段階では、「万一の格納容器破損時に、放水砲で格納容器の破損箇所に放水し、放射性物質の放出を抑制」と書かれている。

放水するのは誰か。「特攻隊」で立ちむかう労働を強制する企業が存在を許されるのか、それがフクシマの教訓だった。安全とは原発からの撤退であって、事故を想定しながら運転するのは人間的な退廃である。

前田トミさん

薩摩川内市は、一〇年前、川内市と四町四村が合併してできた、東シナ海に面した人口一〇万ほどの小都市である。山と海と温泉に恵まれた穏やかな町で、暮しやすそうである。わたしは、原発にむかう川沿いの道をクルマで移動しながら、前田トミさんのことを思い出していた。いまご健在だったなら、八八歳になられているはずだ。

原発にむかう道沿いに、「原発反対」と縦書きの看板があった。反対派のものだが、さらにすすむとこんどは「原発のあるまちづくり推進」と大書した大きな看板が建っている。土台を据えたカネのかかったものだとわかる。

同行してくださった、無所属市議の小川みさ子さんによれば、最近まで、二つの看板は道を挟んで睨みあっていたのだが、ついに推進派が原発寄りの場所に撤退したのだそうだ。

前田トミさんのお宅から一キロメートルも離れていない海岸に、原発建設の計画が持ち上がった頃から、トミさんは「久見崎(ぐみざき)原発反対母親グループ」に参加して、署名運動をはじめた。

住民の八三パーセントの署名を集めて市議会に提出できたので、それで原発問題は決着がついた、と彼女は考えていた。民主主義の理念からいえば、地域の八割以上の住民が反対すればつくられないはずだった。

わたしがお会いしたのは一四年前、七五歳だったトミさんは毎日、首相や経産大臣に葉書を書き送りつづけていた。物腰の柔らかな穏やかな女性だったが、芯が強かった。

「昔より『地震国』の名を背負い、いままた原発列島の名重ねる、環太平洋地震帯の中の狭い火山列島日本。確実に夥しい核ゴミを生み遺す原発の新・増設は、もう絶対にお止め下さい。見直して下さい。賢い国に原発はいりません」

先妻の子ども二人、自分の子を五人育て上げた。学歴はなかったが、この文面には的確な原発批判が書かれている。三号炉増設計画が出されていたときだった。

なん年か前、鹿児島市での集会にきて、たまたま息子さんにお会いしたことがあった。そのときにトミさんが亡くなった、と聞かされていたのだ。

反対運動の人びと

市の防災安全課にいってみた。実は市長に取材を申し込んでいたのだが、「多忙」を理由に?断られていた。ここで発行している季刊『原子力広報　薩摩川内』の表紙は、原発を見学したグループ写真で飾られることが多く、裏表紙も記事も「見学会」の公募が満載。自治体が見学会の募集を請け負っているのが不思議である。フクシマ大事故など、まるでなかったようである。

市内を四八地域に分け、防災計画を説明した、避難先を示したクルマ用ステッカーを配った。原則として自家用車で逃げる。自家用車のないひとはどうするのか。指定された場所からバスで運ばれる、というのが避難計画である。

「渋滞をどうするのか」と質問するとシミュレーションなどは、県や国の力を借りるしかない、との回答だった。福島での原発事故関連死は、一〇〇〇人以上といわれている。混乱状態の犠牲者は、病人とお年寄りである。

住民の安全を保障できない机上の避難計画など、「住民見殺し」移動でしかない。「避難計画が不十分なら、米国では原子力規制委員会は原発停止を指示する」と同委員会のヤツコ前委員長が語っている（『朝日新聞』二〇一四年三月一五日）。

今回お話を伺った川内原発建設反対連絡協議会会長の鳥原良子さん、反原発・かごしまネットの向原祥隆さん（南方新社代表）、一緒に運動をつづけてきた北畠清仁さん（川内原発活断層研究会代表）など、川内原発には長い運動の歴史が根づいている。

二〇一二年五月には、廃炉を求める「原発なくそう！九州川内訴訟」（森雅美弁護団長）がはじまった。定年になって東京から帰郷した有馬良典・和子さん、教員を退職して隣接するいちき串木野市に帰って来た川原純子さんなど、故郷を愛している人たちの運動の裾野はひろい。

一四年前に取材したとき、九電川内調査所（地元対策所）長だった、津崎邦武氏の「川内発電所建設回顧記」に依拠して、九電の住民工作について記述した（『原発列島を行く』集英社新書）が、もうひとつの追加。

「こちらも、いつも撲られ放しでは割に合わないので、藤野君が中心になって、推進協議会を結成して対抗することにした」

「撲られ放し」は誇張した表現で、批判され放しという意味だが、反対運動に対抗して部下に「推進運動を組織させた」という述懐である。会社ぐるみの推進運動はいまでも続いている。

九電のマスコミ懐柔策

薩摩川内元市議で、いまは障害者団体で活動されている、城下養寛さんにお会いした。二五年前、市議二期目のある日のことだった。九電川内営業所の「ふるかどまさはる」という人物が、停車していたクルマに突然乗り込んできた。「原発の質問を止めたら、あなたの一生を面倒みます」との誘いだった。

また、おなじころ、市の水道課長が、「市議を辞めたら、京セラ系の会社に入れます」といってきた。もちろん、城下さんは断った。京セラは地元への進出企業である。

　このような話は、九電ばかりではない。全国共通である。それが原発社会の腐朽を物語っている。原発が傍若無人でこられたのは、マスコミを支配していたからだ。

　東電福島第一原発がメルトダウンしたとき、会長の勝俣恒久がマスコミ幹部を引き連れて、中国漫遊に行っていた事実が、事故によって明らかになった。それなど珍しいことではなかった。

　二〇〇九年二月、九日間の日程で、九州のテレビ十六社の編集局幹部が、「欧州エネルギー事情調査団」団員として出発していた。

　団長は九電深掘慶憲（ふかぼりよしのり）常務、事務局を担当したのは九電広報部長、九電報道グループ長、九電広報計画グループ社員などである。

　政治家、官僚、学者、ジャーナリストたちはカネに弱かった。そのことが電力会社を野放しにさせ、事故の遠因になった。原発は絶対的権力だった。が、いまはそうではない。福井地裁の後述する勇気ある判決のあと、再稼働はますます困難になった。

いのちの価値、大飯判決

　二〇一四年五月下旬に福井地裁がだした、「大飯原発差し止め訴訟」判決について、考えてみたい。

　被告の関西電力は、「大飯発電所三号機及び四号機の原子炉を運転してはならない」との判決にたいして早速控訴した。「控訴したので判決は確定していない」（八木誠社長）との理屈で、控訴審判決が出る前にでも、原子力規制委員会の適合審査合格などの条件があれば再稼働する、と強弁している。

　判決のとき、関電側は弁護士をふくめ、被告席にも傍聴席にもだれもいなかった。司法の厳粛な判断を無視したのは、勝っても負けても、政府がバックについている、という傲慢さからだ。

　もしも、再稼働したあと、控訴審でも差し止め判決が出たなら、違法運転だったことが満天下に明らかになる。大企業の経営者がやるべきことではない。

　この判決が注目されるのは、福島事故以来はじめての原発裁判の判決だったからだ。これまでの判決は、ほとんど原告側の敗訴（地裁段階の勝訴では、「もんじゅ」裁判と志賀原発差し止め訴訟だけ）に終っていた。

　それらは福島原発事故以前だったが、こんどは世界初の過酷事故として、原発三基の連続メルトダウンと原子炉格納建て屋の爆発と大量放射能放出事故を経験したあとだから、いままでとちがって当然である。

　判決文には、裁判官の決意がこう書かれている。

「原子力発電の技術の危険性の本質及びそのもたらす被害の大

きさは、福島原発事故を通じて十分に明らかになったといえる。
──かような事態を招く具体的危険性が万が一でもあるのかが判断の対象とされるべきであり、福島原発事故の後において、この判断を避けることは裁判所に課せられた最も重要な責務を放棄するに等しいものと考えられる」

裁判所の責務とはなにか。その根源的な問いかけを自らに課した。決して逃げない、という裁判員の決意は、これまでの無責任な判決を見てきただけに感動的である。

この樋口英明裁判長による判決は、人間のいのちと人間の尊厳を裁判所が守る、という司法に携わるものの理念と決意の表明だった。

袴田巖さんを四八年ぶりに、自分の権限を最大に発揮して、確定死刑囚を無罪判決の前に釈放させた、静岡地裁の村山浩昭裁判長もまた、「司法の理念」を語っていた。

政府の権力の前で、あまりにも理念なき裁判官をみてきただけに、この二人の裁判官の自己決定に、すがすがしさを感じさせられる。

樋口裁判長が判決本文に示した、差し止め判決の根拠とは、企業の経済活動の自由よりも、原告の人格権の方が優位に立つ、という人間宣言である。

「結論」として、つぎのように書かれている。

「本件原発の運転によって直接的にその人格権が侵害される具体的な危機があると認められるから、これらの原告の請求は認容すべきである」

それが原発大事故のあとに共有されるべき、わたしたちの価値観であるはずだ。

その少し前、函館市も対岸三〇キロ先にある、大間原発の運転差し止めを、政府と電源開に請求する裁判を起こした。地方自治体が、国を相手に、国策をめぐって裁判を起こすのは異例のことである。暗黒にむかう時代のかぼそい光明ともいえる。

第三章　叛逆老人は死なず

1　生きろ東北！
——原発事故から八年目の被災地を歩く

復興支援活動での連帯感

東北新幹線福島駅から南相馬市（みなみそうま）へ行くには、阿武隈（あぶくま）高地を越えて太平洋にむかって突き進む。途中、飯舘村を通過する道である。日はすでに暮れていた。暗闇のなかに、ポツン、ポツンと家庭の明かりが認められる。村びとたちが帰っているのだ。ホッとする、とともに大丈夫かな、とも思う。

福島原発から三〇キロ以上も離れている飯舘村が、全村避難指示区域になったのは、上空を通過した放射能雲（プルーム）のせいだ。指示の遅れた避難から、もうじき八年目に入る二〇一七年三月。村内の明かりは、まだ間遠にしか認められなかった。

二〇一一年三月一一日。東日本大震災と福島原発爆発事故が発生。その二カ月後の五月、そして一月、わたしは南相馬市から相馬市、さらに県境を越えた宮城県名取市から気仙沼市まで、太平洋岸のいくつかの避難所をまわった。

津波に攫われた地域で「復興支援活動」に取り組む、多くの自治労組合員たちを訪ね歩いたのだ。支援に駆けつけてきた他都道府県からの組合員たちと、被災者となった地元の組合員たち。その出会いは感動的な物語だった。初めて出会った被災地の仲間たちの仕事をサポートするため、寝袋で体育館に宿泊、二四時間勤務で働いていたひとたちも多かった。

「自衛隊や消防団の姿はテレビでよく報道されましたが、公務員は絵にならなかったようです」

自治労福島県本部の志賀一幸委員長は残念そうだった。地方公務員なら縁の下の力持ちが当たり前、と考えられているからだろうか。いわば災害対策のプロというべき自衛隊や消防団にまじって、流木、土砂の片付け、ときには遺体収容まで手がけた一般公務員にとって、それは過酷な仕事だった。

公共サービス労働者の任務

「このような未曽有の災害に対して、自治労は『地域住民の命と生活を守る』という公共サービス労働者としての自覚のもと、組織の総力を挙げて、被災地の支援を行っていかなければならない」

震災直後の三月一六日、徳永秀昭自治労委員長（当時）の呼びかけである。この呼びかけによって、自治労は五億三〇〇〇万円のカンパを集め、三カ月間でのべ二万一〇〇〇人の組合員を応援のために、東北三県に派遣した。

わたしはこのとき現場で出会ったひとたちに触発されて、つぎのように書いた。

「大阪、神戸など関西地区からこられた組合員の、生き生きした報告を聞きながら、わたしは、本来、組合活動とは人間運動であり、人間的な連帯運動であり、人間的な成長をもたらすものなのだ、とあらためて考えさせられていた」（「生ぎろ東北」『自治労通信』二〇一一年七・八月号）

飯舘村を通り抜けて南相馬市に宿泊。翌朝、前回のように県本部の佐藤寛喜組織部長の案内で、市役所を訪問した。当時の市職労委員長だった鈴木隆一さんは、いまは建築住宅課で住宅支援の仕事を担当している。

市役所の入り口に、「脱原発都市宣言」の大きな看板が立っている。鈴木さんに聞くと、桜井勝延前市長の時代に立てられたとのこと。この街の一部は、七年経ってもまだ避難指示区域にされたまま。しかし、原発立地自治体である大熊町、双葉町でさえこのような宣言はない。県内でもここだけだ。

突然、原発爆発の映像

非核宣言自治体が全国にほぼ一六〇〇カ所もあるのは、原水爆禁止の平和運動の成果だ。「脱原発宣言」も福島県を先頭にして、全国市町村議会でこれから拡げる必要がある。鈴木さんと話しながら、わたしはそう考えていた。

大地震があった翌日、三月一二日一五時三六分。遠くに見えていた原発が、突如として爆発する瞬間が、地元のテレビで無音の映像として流された。監視カメラが捉えたものだった。爆発などの情報はまったくなかったから、鈴木さんは目を疑った。「避難」が必要になるな、と漠然と考えた。それまで、原発事故後の公務員の仕事など想定したことはなかった。鈴木さんは、少し落ち着いたころ、同僚とふたりで防護服を着て、原発から一〇キロほど離れた浪江町との境界あたりまで調査に出かけた。

鈴木さんは税務課資産税係勤務だったから、沿岸部の津波被害、町場の地震による家屋倒壊など、罹災証明にかかわる先行調査をしたのだ。放射能がまだ強く残っていたころなのに、罹災調査に出かけた公務員がいたなど、小説のような世界である。民間企業などは、とうに休業、閉鎖の状態だった。

当時は、被曝などに気がまわらなかった。現在は、不安と言い切れるほどでもない、漠然とした不安のようだ。「曇り空みたいな気持ち」と鈴木さんが言うと、そのそばで市職労副委員長の寺田亮さんが「先の見えない不安」とつけ加えた。年に一回、職員はホールボディカウンターを受診、ガラスバッジを三カ月に一回交換して、内部・外部被曝線量をチェックしている。

被災前、南相馬市の人口は七万一五六一人だった。それが震災後は、一万人ほどが市外に転出し、七〇〇〇人ていどが市外での避難生活を送っている。ほかに震災の直接死と関連死が一一〇〇人を超え、自然死と合わせ五〇〇〇人以上。それで四万九〇〇〇人。震災前にくらべておよそ二万二〇〇〇人減となった。

その後、原発の安定化工事や地域の復旧工事がはじまり、さらには原発周辺から避難してきたひとたちによって、いまの居住人口が六〇〇〇人ほどふえた。プラスマイナスして、人口は五万五〇〇〇人ていど。いずれにしても、南相馬市ばかりではなく、原発周辺の人口流出は進み、ふえることはなさそうだ。

原発で親子三代働いている家族はめずらしくなかった。正社員、下請け、孫請け、あるいは関連産業などで、それぞれに安定した生活をしていた。それが一挙に崩壊した。

急激に変化した自治体

労働組合として配慮したのは、職員の休みを確保すること、超勤手当の支給だった。どんな状況であっても、組合員の健康と権利とを守るのが、労働組合の任務である。過労死や過労自殺の発生は、労組の大問題である。避難所運営などで、業務が膨大にふえたなかでも、休日の確保は重要だ。当局にも理解があった。

「日常業務と復旧業務の同時進行のバランスをとる。その中での組織強化。それが重要な課題だった」と寺田さん。

組合員数は、事故前七五四人だったのが、事故後九カ月たった二〇一一年一二月には六六九人、八五人が減った。いまは「任期付き職員」（有期職員）がふえ、採用地が拡大したので、他都道府県出身者も目だっている。

一方で、廃炉作業にむけて全国から労働者が集まっている。何千人もの労働者が原発構内で働いている。そこはまた、ロボット産業のテストフィールドにもなっている。もっとも危険で前近代的な労働と、ロボット・ＩＴが大量に投入される現場。原発建設前と建設後、そして事故後。これほど急激に変化した地域はない。

これから、東京電力第一原発六基が廃炉になる見通しにある。第二原発四基の未来もない（二〇一九年七月、廃炉決定）。長期にわたる膨大な工事量が発生する。そのなかで、原発にもっともちかい市、南相馬市がどのような将来像を描くのか、市職労がはたす役割は大きい。

南相馬市から国道六号線で北上して、隣接する相馬市の市役所にむかった。その日の新聞には、ふたつの重要な記事が掲載されていた。

ひとつは南相馬市小高区（旧小高町）の住民が、東電にたいして損害賠償を請求した裁判で、東京地裁が原告三一八人に一一億円を支払え、と命じたことである。請求が一一〇億円だったから、その一〇％の金額でしかない。判決は強制退去指示によって、憲法二二条の居住の自由、憲法一三条の人格権が侵害されたと認めた。

しかし原告側は、（国の指針での一人あたり八五〇万円に）一人あたり三三〇万円の上乗せでは少なすぎる、と批判している。

小高地区はおなじ南相馬市でも、全面的に避難指示がだされ、いまなお解除されていない地域がある。農地が荒れ、ひとの住まなくなった故郷喪失感は、どれほどのおかねを積んでも解消することはない。

もうひとつは、県内の公共土木工事が、年度内に八四％復旧する、と福島県が発表した記事。二〇二〇年中までに完工する、という。クルマで走っていても道路沿いは至るところ復旧工事中で、膨大な工事が進んでいるのを実感できる。

これからの困難な課題

原発からほぼ四〇キロ。相馬中村藩の城下町である相馬市は、白壁、切り妻屋根の和風の新庁舎や市民会館を復興させ、市街地は落ち着いた感じを取りもどしている。

「嫌なことは忘れていくっていうか、すごく抜けてきています。多忙を極めていたときに、自転車で出かけて、帰りはボンヤリ歩いて帰ってきたことなどを思い出したりしますが」

当時、市職労委員長だった鈴木孝守さんが振り返って言った。一緒にお会いした竹岡博之さんは、前に来たときは県本部組織部長として、現場を案内してくださった。実家も両親とも一挙に奪われていたのだが、そのとき彼は一言も言わなかった。

両親の遺体は、六〇キロほど離れた二本松市で火葬にした。市内の火葬場は満杯だったからだ。お葬式どころではなかった。家族も家屋もなくなっても、市職員は仕事に出なければならなかった。相馬市での死者は四五八人だった。

「いまはもう思い出さない、いや思い出さないようにしています」と竹岡さん。鈴木さんが明るい声で「最近になって、ようやく復興が本格的に動き出したって感じ」と言うと、「相馬の海苔も放射性物質検査が不検出だったので、出荷できるようになった」と竹岡さんがつけ加えた。

大震災からの復旧。復興事業で、組合員でも即戦力のある技術職や専門職の仕事が急増した。ほかの地域では技師や医師、獣医師、保健師、薬剤師が、避難指示や自主避難で去ったようだ。全般的に建築、土木事業、保健事業の需要が急増している。民間企業もふくめて、人員が足りない。

鈴木さんと竹岡さんの話によると、地元から越境し、福島市や仙台市の高校に通う子どももふえたという。避難指示で人口が急減したあと、子どもをどこで教育させるか、それが家族のあらたなテーマになった。避難先の学校で友だちができれば、帰還しにくくなってしまう。

農業を再建するにしても、家族経営自体が難しくなっている時代に、農機具を買い整えるのは、後継者には不安が多すぎる。共同体が壊されては、機械だけで草刈り、堀払いなどの「結い」作業に代えることはできない。無人地帯がふえ、イノシシが身近にあらわれ、獣害がふえている。

漁家でも、漁船をあらたに建造したにしても、漁業のノウハウを学ばせ子どもに継がせるには、将来の漁獲高や流通に不安が多すぎる。過疎化と自然界の関係、そのスパイラル状の劣化を、大震災と原発事故の後遺症が、さらに加速させているようだ。

「やっぱり自治労でよかった」と二人は口をそろえていった。それが復興支援活動の熱さと厚さを示している。自治労運動には、連帯と協同の精神がある。ネットワーク型組織の強さである。

閖上地区日和山

名取駅前で待っていてくださった、宮城県本部の佐々木俊彦さんに案内されて、前回取材のように、名取市閖上(ゆりあげ)の日和山へむかった。山といっても、六、七メートルの「小塚」という程度の高さなのだが、そこから眺めた光景は、その後もこころに深く刻まれている。

一〇一一年五月、そのとき、わたしは「荘厳」と書いた。三六〇度、眼路(めじ)の限り、灰色の泥に覆われた廃墟が広がっていた。泥色の大地に散らばった骨のように、家屋の土台石が転がっている。原爆投下直後のヒロシマの写真を思わせた。そこに立つだけで、濃くて重い空気に包まれ、あたりに声のない叫びが響きわたっているようだった。わたしは思わず両手を合わせて、見えない霊を拝んだ。

津波が押し寄せるまで、五六〇〇人余りのひとたちが住んでいた閖上地区。海に引き込まれていった、想像に絶する多くのいのちにただ頭を垂れるしかない。眼下に、剝ぎとられた土台だけの街の残骸があった。逃げ遅れたひとたちはどうしたのだろうか。

わたしはそこへ行く二、三カ月前に、たとえば、岩手県大槌(おおつち)町の民宿の屋根にのしかかっている、観光船の異様な光景を見ていた。釜石市や福島県の浪江町、さらに、原発から五キロしか離れていない大熊町の、ひとっ子ひとり通らないまま、いまも静かに朽ちている、無人の商店街などを歩いている。

しかし、この日和山を囲む、広大な廃墟の息を呑む光景ほど、大自然の力を恐怖させたものはなかった。それから七年経ったいま、閖上地区の復興はまだはるか遠いにしても、港には防波堤がつくられ、背の高い慰霊碑が建てられ、どこか穏やかな表情を見せているように感じられた。

悲しさを刻む「震災遺構」

「震災遺構」として、四階建ての校舎がそのまま保存されている、仙台市立荒浜小学校の前で、用務員として勤めていた鈴木仁子さんと再会した。彼女は津波を避けて屋上に逃れ、自衛隊のヘリコプターで救出されたひとりである。

「当時のことは、あまり思い出さないようにはしていますけど」と言うのだが、地震があったりすれば思い出さざるをえない。大地震の二カ月ほど前、社会福祉協議会主催で避難所運営訓練をやっていた。子どもたちを四階に誘導し、地域のひとは地域ごとに教室に案内し、名簿をつくる、などだった。が、まもなく想定以上の巨大津波が襲来した。

一、二年生は下校していた。在校生が九〇人、それに地域のひとたちが二三〇人ほど、ともに屋上に避難して助かった。その後は、ほかの小学校の校舎を借りて授業をつづけた。「荒浜小学校」は二〇一六年三月に閉校した。最後の日、みんなで屋上から風船を飛ばして、一四二年の学校の歴史にさようならを告げた。

鈴木さんは、いまも仙台市の小学校で働いている。住んでいる家の窓から、廃校になった荒浜小学校がよく見えるようになった。周辺の建物がなくなったからだ。

そこから、わたしたちは、宮城県気仙沼市役所にむかった。途中、北上川に架かる橋の先にある、石巻(いしのまき)市立大川小学校にたち寄った。コンクリート製、曲線の美しいモダーンにして、頑丈そうな校舎である。

あの日、北上川の河口から、津波が一気に駆け上り、橋のほとりにある小学校を飲み込んだ。児童七四人、教職員一〇人が犠牲になった。

なぜ学校側は児童を裏山に避難させず、ムダに校庭で待機させたのか。それが裁判の争点にされた。はるか三・七キロ先の河口から、高さ八・七メートルの津波が押し寄せる、と誰も想像できなかった。退避の判断が遅かったのだ。(賠償責任を追及された市と県に、二〇一八年四月、仙台高裁の判決が出された。提訴した児童二三人の遺族に一四億三六〇〇万円の賠償命令。二〇一九年一〇月、最高裁が市・県の上告を棄却し確定。大川小学校は二〇一八年三月末で閉校になった)

もう日が暮れかかっていた。校舎は黒い闇のなかに沈んでいた。祭壇状の慰霊碑の両脇に太陽光発電の灯明がたっている。そのかすかな光が悲しげに揺らめいていた。

翌朝、南三陸町の防災対策庁舎を望む丘の上に寄った。三階建ての鉄骨だけが剝きだしになっているのを遠望できた。

屋上の二メートル上までも津波が上ってきた。仕事で残っていた市職員を攫って去った。辛うじて屋上に駆け登った三〇人のうち、太いアンテナにしがみついて耐えたひとをふくめ、一

○人だけが生き延びた。屋上から流されたものの、ただ一人、奇跡的に助かったのが、三浦勝美委員長（当時）だった。
不幸にも、最後まで「避難してください」と防災無線のマイクを握っていた、二四歳の女性職員は犠牲になった。

「生ぎろ東北！」希望にむかって

気仙沼市役所にまで足を伸ばしたのは、これまで二回お会いしていた畠山勉さんの話を聞きたかったからだ。

避難所になった階上中学校の体育館。玄関から入った横の小部屋が事務所で、ここに机を据えて、震災発生の日から四カ月間、畠山さんは泊まり込み態勢だった。両親もその学校の音楽室で、避難生活を送っていた。

洋服を脱いで寝ることができたのは、二カ月経ってからだった。スポーツマンタイプで長身、健康に恵まれていた。だからこそ激務に耐えられた。しかし、一時期二〇〇〇人もいた避難者に、二四時間勤務で対応するなど尋常ではない。体重が一〇キロ減った。いまは観光課にもどっているが、やはり忙しそうだ。

最初に訪問したとき、体育館の横の塀に「生ぎろ東北！」と書かれた横断幕が張られていた。東北出身のわたしは、この叫びの切実感に感動させられた。政府筋の「頑張れ日本」のスローガンは嫌悪感があったのだが。


「いのちからがら逃げてきたひとたちは、近所の顔見知りが多かった。一緒にいることができて、情報もはいったので、絶望感はやや薄まった、と思います。当初は生死ギリギリのところで暮らしていました。でも、支援物資が届くようになると、ルールを無視して、私欲を剝きだしにするひとが出てくるんですね。『足るを知る』ことが大事と教えられました」

と畠山さん。極限状況での集団生活のなかで、どう人間的に生きるか。哲学的なテーマだ。

一方では、瓦礫片付けや側溝の泥上げ、床板剝がし、床下泥の掻き出しなど、集まってきたボランティアの無私の活動を見て、畠山さんは涙がこぼれそうになった。それぞれが人間の姿である。

自治労派遣の支援グループは、六人態勢で、目の前の状況にあわせて仕事を考え、仕事をつくり、ノートに引き継ぎ事項を書いて次のチームに繫ぐ。「そのひとたちへの感謝の気持ちは忘れていない。ただ、混乱状態にあった初期の頃は記録も付けていなかったので、一番苦しい時に助けていただいた方にきちんと御礼できていないことが、いまでも残念」と畠山さんは申し訳なさそうだった（後日、『自治労通信』編集部を通じて連絡がついた）。

湾口に近い、長大な気仙沼湾を見下ろす安波山に登った。倒壊した石油タンクが火を噴きながら湾内を漂った、と伝えられている。その凄惨な光景が見えるようだった。が、いま湾岸は冬枯れながらも、いくつかの色彩を取りもどして、悲惨さはすっかり薄らいでいた。

　天災害から七年経った。ひとびとは原発事故の被害からはまだ立ち直れないにしても、地震と大津波の被災からは、とにかく生活を取りもどしはじめている。先祖たちが苦難を乗り越えたように、希望にむかって。歴史的な悲劇の記憶を消してしまわず、どう未来へ教訓化できるのか、その苦しい努力は、これからもまだまだ続く。

2　鉱毒と核毒——明治を模する「富国強兵策」の愚

　一九〇二（明治三五）年。一七歳になった大杉栄が、新潟の新発田（しばた）から東京に出てきて間もないころだった。早稲田大学に近い、牛込（新宿）区矢来町に下宿していた。名古屋の陸軍幼年学校を退校処分になったあと、私立の旧制中学校への編入をねらってのことである。

　ある日の夕刻、おなじ下宿にいた早稲田の学生たちが、どやどやと出ていく足音がした。障子をあけてみると、四角い学帽を被った二〇人ばかりが、大きな旗や高張提灯を担いで騒がしかった。

「もう遅いぞ。駈足（かけあし）でもしなくちゃ間に合うまい」

「そうだ。駈足だ！　駈足だ！」

　学生たちは「谷中村鉱毒問題大演説会」と筆太に大書した幟を先頭に駈けだしていった。姿が見えなくなっても、「おいっち、にぃー、おいっち、にぃー」というかけ声がしばらくのあいだ聞こえていた。

「その声はいまでもまだはっきりと僕の記憶に浮かんでくる」（『自叙伝』）と大杉は書いている。大杉栄が「社会問題」と遭遇した最初の瞬間だった。

鉱毒闘争のはじまり

　まだ一〇代の大杉が、閉鎖的で、社会の情報から生徒たちを一方的に遮断していた、軍人養成の陸軍幼年学校で過ごしていたころ、京都出身の商人・古河市兵衛は、栃木県足尾山塊に買収した鉱山で、近代的な生産方式の導入によって合理化と機械化を急速にすすめ、銅の産出量を一気に拡大させようとしていた。

　足尾鉱毒が社会的に問題化したのは、古河に買収されて一三年ほどたった、一八九〇（明治二三）年一二月。栃木県足利郡吾妻（あがつま）村臨時村会において、県知事にたいして、足尾銅山鉱業停止を求める「上申書」が提出されて以来である。それにつづいて、県会でも鉱毒除害の建議が提出されている。これらを受けて、その年に県議を経て衆議院議員となっていた、近隣の小中村出身、田中正造が、翌年一二月の第二回帝国議会において、「足尾銅山鉱毒の儀につき質問書」を提出した。

田中正造の質問とは、大日本帝国憲法第二七条の所有権の不可侵、日本坑法や鉱業条例によって、公益に害があるときは試掘、採掘の認可、特許を取り消すことができるはずだ、しかるに、目下、足尾鉱山から流出する鉱毒が、渡良瀬(わたらせ)川流域に巨万の損害を被らしめているのに、政府はなんの対策もない、という批判だった。

「去る明治二一年より現今に亘り毒気は愈々其度を加へ、田畑は勿論堤防竹樹に至るまで其害を被り、将来如何なる惨状を呈するに至るやも測り知る可らず、政府之を緩慢に付し去る理由如何」(原文はカタカナ書き)

現実は田中正造が予見したような惨状がすすむことになる。その日以来、正造は二二年後に眼を閉じるまで、鉱毒被害を生み出した政府、県、官僚、古河資本、つまりは「鉱毒マフィア」と敢然と戦いつづけることになる。

企業利益と人名の対立

正造が国会で政府の鉱毒発生源の操業停止を要求していたころ、鉱山では鉱害対策などまったくなされていなかった。精錬所周辺の樹木は煙害によって倒れ、剝きだしになった山肌は黒く淀んで凄惨な光景となった。谷間の奥深くに捨てられた鉱滓(こうさい)から滲み出した膨大な鉱毒水は、豪雨がくるたびに渡良瀬川をつたって、下流の広大な沃野に浸透した。だから、飲用水ばかりか、農作物、魚類などを汚染し、多大なる死者や病人を発生させていた。

一八九六(明治二九)年、七月、九月と連続して渡良瀬川の大洪水となった。被害激甚区の田畑は、二センチもの毒泥に覆われた。そして「足尾銅山鉱業停止請願」なる文書があらわれた。正造の手になるものだった。補償要求などではない、鉱業停止請願がはじめてなされたのだった。ここでは古河の「私利」と人民の「公益」が明確に対比されている。

翌年二月の国会で、正造は「公益に有害の鉱業を停止せざる儀につき質問書」を提出して追及した。議事録によれば、要旨はつぎのようなものだった。

鉱業人は「粉鉱採集器」を設置しているから、植物への被害はこれから先にはない、と言いながらも、六年経って鉱毒の被害はますます増加している。

一八九四(明治二七)年から日清戦争がはじまり、「挙国一致」のため議会での質問を中止していた。が、地方官僚たちは壮丁出陣の不在を狙って、日々、被害地に出没し、老夫幼童を威嚇し、自己随意の永久示談金の契約書をつくって判子を押させ、鉱業人のために謀らんとしている。

鉱毒被害のため、川魚野菜が欠乏し栄養減じ、身体健康を害する幾多の人民はいかにして生命を全うせしむるか、などというのが正造の批判点だった。私企業の鉱山操業と人命とが対立する。その現実を明らかにして、正造は住民大衆を率いる指導者となった。

亡国に至る道

このあと、田中正造は、質問主意書を矢継ぎばやに作成しては政府に回答をもとめ、議場で獅子吼して糾弾、政府、鉱山、官僚の非を攻め立てていた。鉱毒農民たちも、被災地から政府にむけて、前後四回の「押し出し」(遠征抗議行動)を敢行した。

一九〇〇(明治三三)年二月の第四回押し出し(島田宗三『田中正造翁余録』では第五回とされている)は、のちに川俣事件と呼ばれる、逮捕者一〇〇名以上にのぼる、大弾圧事件となった。

およそ三〇〇〇人の鉱毒被害民は、群馬県館林の雲龍寺を出発、東京を目指した。しかし、利根川に架かった川俣橋の手前で阻止線を敷いていた、二〇〇人の警察・憲兵から、殴る蹴るの暴行を受けた。一〇〇人以上が逮捕され、「兇徒聚衆(きょうとしゅうしゅう)罪」などの罪によって前橋監獄に収容され、五一人が起訴された。

この時、正造が国会に提出したのが、よく知られている「亡国に至るを知らざれば之れ即ち亡国の儀につき質問書」である。

「民を殺すは国家を殺すなり。法を蔑にするは国家を蔑にするなり。皆自ら国を毀つなり。財用を濫り民を殺し法を乱して而して滅びざるの国なし、之を奈何」。

正造は一時間以上にもおよぶ大演説を、古河市兵衛への八千町歩におよぶ山林払い下げ問題からはじめている。八千町歩、時価で、二〇〇万、三〇〇万円に匹敵する山林が、たった一万円で払い下げられ、濫伐された、との糾弾である。今流にいえば、安倍内閣の森友学園への超格安払い下げに繫がる、官民一体、政権への迎合忖度疑惑である。

さらに鉱毒被害として、正造はすでに一〇〇〇人もの死人がでている、と指摘し、川俣事件での軍隊の暴力、それらが「民を殺す」とも表現している。ところが、この一時間にもおよぶ質問にたいする山県有朋の答弁書は、「質問ノ旨趣其要領ヲ得ズ、依テ答弁セズ」と、木で鼻を括ったものだった。「一強」を気取っていまにつづく、国民無視の姿勢である。

被害民にたいする支援運動はひろがっていた。が、第二次山県有朋内閣は、そのあと「治安警察法」を公布、政治結社、集会、示威行動を規制、労働、農民運動の取締を強化した。ちなみにいえば、日清戦争のあと台湾割譲、日露戦争、韓国併合、大逆事件による左翼運動の大弾圧、と日本の帝国主義の強権化が急速にすすむことになる。

『田中正造全集』(岩波書店)に収集されている演説には、長広舌のものが多くふくまれている。実際の音声(おんじょう)はどのようなものだったのか。気になるところだが、安倍磯雄はつぎのように証言している。

「田中翁の雄弁は実に一種の天才である――第一翁は雄弁家として実によい要素を備えていた。声がよい。二時間や三時間演壇に立って議論しても、益々声が確かになって、明らかになって、力強くなればとて、衰える等という事は更にない。あんな立派な声を持った人は日本人には実に珍しい。第二に翁の熱誠は大いに其雄弁を助けて居る。又第三にその題目が良かった。昔から雄弁は何か標的なしには出来た、めしがない。翁は実に鉱毒問題、谷中問題という、偉大なる題目を捉えて居た。（中略）其熱誠な中に又皮肉も、滑稽も交じって一層の感興を加えて居たのである」（柴田三郎『義人田中正造翁』）

人柄について、柴田三郎は大隈重信の評言を引き出している。

「鉱毒問題が始まった頃、わしが、鉱毒不熱心だと云って、或時、鉱毒の土を、新聞紙に包んで、持って来て、庭の盆栽に、ぶちまけた。どうも弱ったね」。

谷中村が与えた影響

一九〇一（明治三四）年一二月一〇日、ひと月前まで衆議院議員として、院内外で果敢かつエネルギッシュに言論戦をおこなっていた田中正造は、劣勢の局面を一挙に打開するべく、奇策に打ってでた。

黒の羽織袴に白足袋の正装、国会から皇居に帰ろうとする明治天皇の馬車を待ち受け、決死の直訴を敢行した。右手に掲げていた「謹奏」状には、「加毒ノ鉱業ヲ止メ毒水毒屑ノ流出ヲ根絶スル」などが求められていた。沿道から駆けだしてきた正造を認めた警備の騎兵が、馬首を急旋回、力余って落馬した。身を翻した正造も転倒して、槍で突かれずにすんだ。この捨て身の行動が大々的に報道され、世論は正造の狙い通りにまた沸騰するようになる。

直訴状を一晩で書き下ろして、正造の決行に加担した幸徳秋水のような、無政府主義者や社会主義者ばかりではなく、キリスト者、仏教徒、教育者、ジャーナリスト、鉱毒地救済婦人会、さらには大杉が活写したような学生たちが、連日の集会に参加した。

たとえば、帝大生だった河上肇は一二月二〇日、本郷中央会堂での「足尾鉱毒地救助演説会」に参加している。河上は正造やキリスト者の田村直臣の演説に感激したあまり、着ていた二重回しの外套、羽織、襟巻きをその場で脱いで、鉱毒被害者へのカンパに換えた。

ただ、大杉が上京したのは、翌一九〇二年一月なので、その集会の翌年のことになる。遠ざかって行く「おいっち、にぃー、おいっち、にぃー」のかけ声が、大杉の運命を決めた。

「ちょうどそのころがこの問題について世間が大騒ぎしている最後の時であったのだ」と彼は書いている。しかし、谷中村の強制収用は一九〇七年だった。だから、谷中村の抵抗はそれからでもあと五年以上も続いていた。田中正造の死は、それから六年ほどあとの一九一三年九月だった。

「――僕ばかりじゃない。その翌年、幸徳秋水と堺利彦とがその非戦論のために『萬朝報』を出て、『平民新聞』を創めて、新しいソシアリスト・ムーブメントを起こした時に、それに馳せ加わった有為の青年の大部分は、この鉱毒問題から転じてきたものか、あるいはこの問題に刺激されて社会問題に誘いこまれたものであった」（大杉『死灰の中から』。イニシアルは、実名に直した）

大杉はこの手記のなかで、深甚なる自己批判をしている。谷中村視察に行った伊藤野枝が、「残留民」の境遇を目撃、感動、悲憤慷慨して帰ってきた。夫の辻潤がややもてあまし気味に冷笑し、結局不仲のもとになるのだが、大杉はその野枝の「血の滴るような生々しい実感のセンチメンタリズム」をまっこうから受け止め、左翼運動家の陥りやすい、客観主義を捉え直す。

「僕は僕のなまじっかな社会学から、虐げるものと虐げられる者との階級をきていた。甲階級のものが乙階級のものを虐げるのは自明の理ときめていた。そして僕のこの理知は、どれほど他人を虐げるものがあっても、またどれほど他人に虐げられるものがあっても、すこしもそれを不思議としない感情を僕に養った。しかもこの虐げるとか虐げられるとかいうのは、僕にとっては、多くは事実そのものから得た実感ではなくただ書物の中で学んだ理屈に映った概念であった。直接に事実そのものとぶつかって、その事実の生々しい感銘が僕自身の肉となり血となっているというようなものはほとんどなかった」（『死灰の中から』）

官憲が堤防を切って残留民を水没させる、と脅かしても、それを当然の無法と考えてしまう。悪徳の官憲についても、それも「当然だ」とする客観主義は、「同情や同感を、実感として深めさせない。いい加減なところで上滑りさせる。その結果をより善き将来にきよさせたいとのみ考える。そしてそのためには、どんな犠牲でも、どんな悲惨でも、ただ面白いと感ずる」。

大杉のこの自己認識は、被害が大きくなればなるほど、状況が厳しくなれば厳しくなるほど革命が近づく、という、教条主義的な困窮革命論、革命待望論であり、決定的なまちがいであった。

大杉は野枝の「センチメンタリズム」（ヒューマニズム）によって、ようやく、「社会改革家の本質的精神」を取りもどしたようだった。

正造は「鉱毒地視察人心得」において、外見からは捉えがたい鉱毒被害の状況について語っている。それはそのまま、これからさらに拡大する、原発事故被害、放射能汚染への注意にも聞こえてくる。

「鉱毒の害に罹れるはただに人間のみに止まらず、野も山も、田も畑も、草も木も皆一として此の毒を受けざるはなく、肉眼に見ゆる部分は少く、且つ痛く感ぜざるを以て、病人自らは其の病を知らざるも病状は歩一歩に進み、日一日に急ならんとするなり、而して其の病状たる多種多様にして各々皆其の趨向を異にし、人として物として多少の差異あらざるはなし」

病状は外見からでは判別できない。その訴えもそれぞれにちがうので、よく理解してほしい、と注意をうながしている。

谷中処分

渡良瀬川下流にひろがる谷中村を廃村、全村買収し、溜め池とする。村を丸ごと調節弁として洪水対策する、という政府の方針は、体のいい「鉱毒隠し」だった。人の里を洪水のたびに際限もなく流出する、鉱毒の沈澱地とする狙いだった。全村離村させ、反対する者の土地は強制収用する、という強権政治だった。北海道移住もふくむ「谷中処分」「鉱毒処分」は、榎本武揚農商務相のもと、「足尾銅山鉱毒調査会」の第二次調査会（一九〇三年）で報告されていた。県会の秘密会で可決されたのは、翌年の暮れである。

一九〇四（明治三七）年七月。「田中正造翁谷中村に臨まれ、虚構の村債金五万円を解決せざるときは、谷中村は遂に買収せられ廃村となるべしとして、本村有志者間を運動奔走す。後、本村にては青年会を組織し、其調査に着手す。然るに村中の某々等は却て之を憎み妨げ、為に論二派に岐る」。

一二月一〇日。「本県庁は谷中村買収問題を付議する為め本県会議員に酒色を供し、或は三十二名の議員に対する七十六名の警官を以て警戒し、夜の十二時秘密会に於て可決せらる。議員大久保源吾氏外十一名の反対論ありしも正論遂に容れられず」（『田中正造翁余録』上）。

島田宗三による、谷中村買収応諾の瞬間の、無念の記述である。正造が遺した一本の掛け軸「辛酸亦入佳境」は、逆境もまたよし、とする、正造の豪儀な抵抗の精神をいまに示している。それは一生を懸け、剝きだしの国家権力と捨て身で闘って得られた不動の境地だった。

鉱毒マフィアと原発マフィア

谷中村対策として、土地収用法を担当した内務大臣は原敬であり、その前は古河鉱業副社長、顧問だった。陸奥宗光外相の次男の潤吉は、古河家の養子になり、市兵衛死後、二三歳で跡を継ぐ。三代目の古河虎之助は、西郷従道海軍大臣の娘と結婚。政、財、軍のトライアングル。華麗な、というより、醜悪な閨閥といえる。

鉱毒予防の手抜き工事を監督した鉱山監督署長南挺三は、古河鉱業足尾銅山所長に天下って、平然としている。避難指示、避難民の分断、官僚と企業、企業と政治家との癒着。現代の原発問題に通じる腐敗である。「人道の破壊、憲法の破壊、けだしこれより甚しきはあらざるべし」。

強制収容によって家屋を破壊されながらも、仮小屋をつくって残留しつづけた、誇り高き残留民一六戸の、昂然かつ悲惨な生活は写真に遺されてある。

「厄介村」谷中が切り捨てられたように、いま被曝福島県のいくつかの町や村は、「核毒」の捨て場にされた。小児性甲状腺がんの多発も収まりそうにない。足尾鉱毒事件と田中正造の闘争は、残念ながら国家による人民殺害というべき、原発政策強行にたいする反撃の教訓にはなっていない。

残留民たちが北海道へ移住するのを見送ったあと、正造は日記(一九一二(明治四五)年六月四日)につぎのように書き付けている。

「――憲法ヲ破壊して民家を破壊シ、或ハ救ふの名の下ニ財産居住生命を奪へ、国費を投じて窮民を造り、以て治水と為す。皆銅山私欲の治水なり。治水ニあらず破川なり、破道なり、破憲なり。公益ニあらず亡国なり」

谷中村住民とともに戦い、その戦いの途上に斃れた正造が遺した頭陀袋のなかに、聖書、帝国憲法の小冊子とともに、道中の川原で拾い上げた三個の石ころがあった。それが財産といえばいえる私有物だった。しかし、その三個の石ころさえ、自然から持ち去ったとして、正造は痛みを感じていた。

「真の文明ハ山を荒さず、川を荒さず、村を破らず、人を殺さゞるべし」

「古来の文明を野蛮ニ回らす。今文明ハ虚偽虚飾なり、私欲なり、露骨的強盗なり」(六月一七日)

田中正造と足尾鉱毒、谷中村強制買収にたいする非妥協的な闘いの歴史は、一九七〇年代に公害反対闘争の中で蘇った。機動隊の暴力によって農地から農民を追いだした、一九八〇年代の成田空港反対闘争(三里塚闘争)で学ばれ、いま原発事故と福島の避難者の苦境のなかに再現されている。大熊町と双葉町役場前の中間貯蔵地建設は、第二の谷中村である。

沖縄のやんばるの森やジュゴンの海を押しつぶして建設されている米軍基地や、石垣、宮古、与那国島への自衛隊基地建設もまた、破道であり、破憲であり、自然と人類の虐殺である。

鉱毒、有機水銀、カドミウム、アスベスト、放射能、核毒。正造が喝破した「人類の毒殺」はつづく。文明の名のもとに、企業と政府が結託した利益追求の政策が、どれだけの人間を殺し、これから殺そうとしていることか。自殺者や病死者を出しながら、なお、安倍政権は避難訓練をさせつつ、恐怖の原発を再稼動させせようとしている。尋常の沙汰ではない。そして、非戦を誓った憲法九条の破壊。

敗戦のあと、戦後の民主主義運動がようやくはじまったとき、湯川秀樹は日記につぎのように書きつけている。
「科学のみが異常に発達し、人間の道徳心がこれに伴わない場合は、科学はかえって人類を破滅に導く原動力にさえもなりうる」

3　原発マネーで壊れた男の半生記

北海道の南端、函館港を発ったフェリーが、津軽海峡を南下して着岸するのが、本州最北端の港・下北半島大間港である。

降りてきた客に、派手なTシャツ姿の浮かれた観光客など見当たらず、ほとんどが地元のひとたち。駐車場に置いてあるクルマのエンジンをふかしては、蜘蛛の子のように散っていく。ひとけのなくなった港を背にして、目の前の段丘を登っていくと、道の右手に細い路地の入り口があらわれる。と、ちいさな監視所が建っていて、電力会社に雇われたガードマンが、一日中眼を凝らして見張っている。

有刺鉄線を装備した背の高いフェンスが、道の両側を遮断している。クルマ一台が辛うじて通れる、曲がりくねった道のむこうに、背の高い、巨大なドーム型の建屋が姿をあらわす。大間原発である。

その手前に、ログハウス「あさこはうす」がある。原発から五〇〇メートルと離れていない。六八歳で亡くなった熊谷あさ子さんが遺した土地と建物である。彼女は建設予定地にされた土地の買収攻撃を、たったひとりで撃退した。前代未聞のことだが、国策会社「電源開発」は設計を変更し、炉心をずらして建屋を後退させた。負の歴史のはじまりである。

それから一四年たった。まだ運転開始どころか、建屋の内側はがらんどうで、肝心の原子炉の設置はおぼつかない。

「関根浜の山崎竹助、知ってるでしょう、鎌田さん？」

「あさこはうす」に着くと、久しぶりにお会いした、あさ子さんの長女・厚子さんが問いかけてきた。放し飼いの犬たちがじゃれて飛びついてくる。アヒルがガァガァわめいて歩いている。

「竹助？　誰でしたっけ」

わたしは思い出せなかった。

「うちの母さんの土地を買収にきた、ほら、ピストル強盗事件の」

「あれ、山崎は、竹助だっけ」

「妹から電話がかかってきて、『あれだよ、あの竹助だよ、母さんのときの。こんどの金塊事件の犯人は』って、言ってきたんです」

「えっ」。わたしは絶句した。そんなことは、どこの新聞にも書かれていない。

二〇〇二年、青森県を大騒ぎさせた、原発がらみの七〇〇〇万円強盗事件があった。その犯人グループが、こんどは今年（二〇一七年）六月はじめ、青森から遠く離れた、佐賀県唐津市名護屋漁港で、一〇億円相当の金塊を中国から密輸入して逮捕された。本州最北端に住む男たちが「札束と金塊」、一生のうち、二度も物欲丸出しの犯罪の主人公になるとは。

「原発が来たから、こんな事件が起きるんだべさ」。厚子さんは、冷ややかに言い放った。

大間での狂言「強盗事件」の顚末

話は一五年前に遡る。二〇〇二年一〇月二一日。原発建設で揺れる大間町で大事件が発生した。

濃紺の高級車ベンツ。そのトランクのなかに、帯封つき新札七〇束、七〇〇〇万円を収めた段ボール箱があった（といわれている）。ベンツは対岸に函館山を望みながら、津軽海峡沿いの道を西に向けて走っていた。大金は熊谷あさ子さんの土地を買収する資金である。

山崎竹助と木下憲一の二人が乗ったクルマは、大間町の海岸で発見された。たまたま通りかかった漁民が、場ちがいな高級車が砂地の草むらに停まっているのを不思議に思って、近づいていった。

と、車内を覗いてみると、二人の男が布製粘着テープでぐるぐる巻きにされてもがいていた。運転席の男が「早ぐ、警察さ、報せでくれ」と、猿ぐつわを自分で外して訴えた。「ピストルでここをやられた」というのを見ると、ダッシュボードに生々しい弾痕があった。

警察の調べによると、二人が大間町に入る手前の駐車場で休憩していると、突然、覆面男の三人組がドアを開けて乗り込んできた。ピストルを突きつけ、「クルマを出せ」と命じた。そのまま、七キロほど離れた、人目のない大間海岸まで走らせて停めさせた。

威嚇のためか、いきなり一発発射、ひるんでいる隙に粘着テープで体を縛った。いつの間にか合流していたクルマがあった。それにトランクから出させた段ボール箱を積み替え、犯人たちは逃走したというのだが……。

その四〇日後、一二月はじめになって、県警と大間署などが、山崎竹助、木下憲一、松本治を、横領の疑いで逮捕した。「強盗事件」は用地買収の資金を着服するための狂言だったのだ。猿ぐつわを自分で外したのが、怪しまれた。第三の男・松本は、ピストル発射を担当した。ピストルは海に捨てたと供述したが、発見されなかった。この事件で、実際にあったのは、ピストルの弾痕だけで、七〇〇〇万円をトランクに積んだ、というのもウソだった。

そのカネは、逃走前に三人で山分けされていた。主犯格の山崎竹助は、狂言事件が発覚した直後、むつ市関根浜漁協の理事を辞任した。しかし、山崎はもともと漁業者ではなかった。年間九〇日以上操業しない者に、正組合員の資格はない。しかし、準組合員の資格は曖昧で、だれでもなれる。準組合員でありながら、理事に就任できたのは、葛野繁春組合長の引きによった。

関根浜漁協は、原子力船「むつ」の母港建設、核燃料廃棄物の中間貯蔵施設建設反対運動を担ってきた。松橋幸四郎組合長のときまでは、経営は厳格だったが、葛野組合長になってからは、とかく金銭問題の噂がでるようになり、核燃料廃棄物中間貯蔵施設建設が進行するようになった。山崎竹助の理事就任はその一環だった。

熊谷あさ子さんが住んでいる大間町は、むつ市関根浜から津軽海峡沿いに、クルマで一時間ほどの距離である。国策会社だった電源開発は、最初はカナダ産のキャンドゥ炉、つぎは新型転換炉、そしていまは、世界にも例のない「フルＭＯＸ」炉を押しつけられてきた。

「海が汚されたら、大間は終わりだ」

電源開発（「Ｊ－ＰＯＷＥＲ」とシャレていう）は、弱り目に祟り目というべきか、用地買収の最後の詰め、熊谷あさ子さんの一ヘクタール余りの土地を買収できなかった。二代にわたって社長が、畑仕事をするあさ子さんの前にたって、「一基だけでもつくらせてください」と泣き落としにかかった。が、彼女は「海が汚されたら、大間は終わりだ。海と畑があれば、人間は食っていける」との明快な一言ではねつけてきた。生前、わたしもなんどかお会いしていて、その強固な生活哲学を聞かされていた。わたしはあさ子さんから、電源開発が一億円を提示してきた、とも聞かされている。

狂言二人組が七〇〇〇万円を持ち歩き、あさ子さんを籠絡しきれないでいるうちに、ネコババの誘惑に抗しきれなくなった気持ちは、推測できる。原発マネー、どっちにしても不浄のカネなのだ。

山崎と木下は二人とも、関根浜の定置網漁業、水産加工を営業目的とする「松橋漁業」の取締役に名を連ねていた。代表取締役は松橋幸蔵である。

「代表取締役・松橋幸蔵は、代表取締役・宍戸路子と共同してでなければ会社を代表することができない」と定款に記載されてある。

松橋家は下北半島一帯での定置網漁業の成功者だった。が、没落した。幸蔵の屋敷は檜造りの豪邸だったが、本人も死亡して朽ち果てた。宍戸路子氏は関根浜に本店をもつ建設、砂利採取業「フロンティア開発」社長をも兼任。廃船となった原子力船「むつ」の母港から、核燃料廃棄物中間貯蔵施設にむかう一帯の用地を押さえていたのだが、その土地はついに道路用地として買収されずに終わった。

原子力船「むつ」は、一九七四年九月の一回きりの実験航海で放射線洩れで失敗、あえなく廃船になった。このとき、むつ市長として反対運動の先頭に立っていた、菊池渙治氏は人格高潔な人物だったが、使用済み核燃料の中間貯蔵施設（リサイクル燃料貯蔵）の誘致から用地買収までに関わった杉山粛市長は、問題市長だった。無類の酒好きはいいにしても、議案の提案理由の説明中に、二日酔いに耐えられず、壇上から降りて助役に交代したり、痛風がひどくなって、靴と下駄を片っ方ずつ履いて議場にあらわれたりして、市民の顰蹙をかっていた。

「東京からいろんな会社がやって来て、地元の会社を食い物にした。松橋漁業も食い物にされた一例だ」。むつ市の住民・杉山隆一さんの怒りの声である。

二〇〇七年、杉山市長の死後、彼が社長を務めていた会社が経営不振になって、西松建設から一億円、それも東電の承認をえた融資を受けていた（回収不能）。西松建設のダミー会社が、中間貯蔵施設用地の先行取得のための融資を受け持ったりして、原発地帯の暗闇を深めていた。

いわば、巨額にして乱脈を極めていた、「原発マネー」のあぶくのなかを泳いでいた山崎竹助と木下憲一が、一五年ぶりに大事件の主人公として再登場したのだ。

佐賀県唐津市の名護屋港は、豊臣秀吉の朝鮮侵略の拠点港として知られている。二〇一七年五月三一日午後、この港に「青森県奥戸（おこっぺ）漁港」と船腹に表記し、イカ釣り用の集魚灯を並べてた、一九トンの漁船が入港した。男たちが、漁船から積み荷を降ろしはじめたとき、乗用車に張り込んでいた海上保安本部、佐賀県警の捜査員が飛びだして、大捕物、一網打尽にした。

容疑は二〇六キロの金塊（一〇億円相当）の密輸。関税法違反（無許可輸入）である。

原発マネーの「手下」になった報い

その日逮捕された壱岐（いき）市在住の船長も、むつ市出身だった。ほか、中国人三人、木下憲一など船長以外のむつ市出身者が四人の計八人。主犯格の山崎竹助は六月六日、東京湾岸警察署に出頭して逮捕された。八人のうちの一人は、竹助の長男である。イカ釣り船は、奥戸漁協所属の漁船だった。所有者が死亡したあと、船名はそのままにして、イカ釣り機、巻き上げ機などは降ろされていた。

下北半島の奥戸漁協に取材に出かけた。もずく採りの最盛期で、水揚げされたもずくが、小型トラックに積み上げられていた。津軽海峡の荒波をうけたもずくを、この漁協の名物にしたい、と係員が語った。漁船登録が抹消されているのに、所属漁協の名前をそのままにしているのは問題はないのか、とわたしは聞いた。

「普通はやらない。登録が抹消されているから、漁船としては使えない。常識的には登録番号を消し、船名は変えなければならない」と係員は答えたが、事件のあとは、問い合わせの電話ばっかりで仕事にならない、と苦い表情になった。

金塊の密輸が増えているのは、一〇年ほど前、一グラム二二〇〇円ほどだったのが、最近は倍の四〇〇〇円以上に高騰しているからだ。正式に輸入すると八％（当時）の消費税を支払わなければならない。売却するときは消費税を上乗せするから、消費税分の利ざやが稼げる。

関根浜の「松橋漁業」の社長幸蔵氏の実弟が、組合長だった幸四郎さんである。彼は使用済み核燃料の中間貯蔵施設建設にたいして、組合長として徹底的に反対、裁判を起こすなどで、亡くなるまで闘っていた。

「竹助はどうして、悪いことに息子まで引っ張ったのか。口のうまい親切な男で、ニコニコ愛嬌のいいひとだったけどな」

幸四郎さんの妻ゆきえさんの述懐である。彼女の妹の夫が竹助の長兄というから、山崎竹助は松橋家と親戚になる。だから、親戚はみな判子を貸したりして、破産状態になった。原発マネーの夢の跡である。幸四郎さんの家にも、幸蔵が判子を貸してくれ、とやって来たが断った。下北半島では、「嬶は貸しても判子は貸すな」との言い伝えがある、とか。

「来なかったのはウラン鉱山だけ」といわれる原子力半島、莫大なカネが動いた下北半島で、誇大な夢を見せられた山崎竹助、木下憲一の二人は、原発旋風の犠牲者ともいえる。

亡くなった熊谷あさ子さんは、「海と畑があれば、人間は食っていける」と言い続けていた。彼女は下界で繰り広げられたこのあさましい悲喜劇を、天国から笑って見下ろしているであろう。海や畑をカネに換える原発の手下になった報いが、犯罪者の汚名だった、と気づくべきだ。（それから何年かたって、福井県高浜町の元助役と関西電力会長・社長などの金品をめぐる大スキャンダルが判明した）

4　再処理工場廃棄宣言

避難訓練が稼働の条件

そんな工場があるんだ。危険な工場など操業禁止するのが国の仕事のはずだ。かつて公害企業はきびしく摘発された。ところがいまは、危険な工場は承知の助、事故があったらお前たちが避難せよ。それが政府の方針である。本末転倒、危険な工場は運転停止せよ、というべきじゃないか。

それも全国に五〇以上の原発がある。避難訓練は、三〇キロ圏内の住民全員に強制されている。いったん緩急あれば、畑や田んぼ、山林草木、湖沼や海岸は放射能漬けとなり、数万、数十万の住民は家郷を失い、流浪の民となる。

国破れて山河あり。戦いに敗れても帰るべき故郷はあった。東京電力福島原発の、連続爆発事故は、日本列島の一部を完全に破壊した。これほど壊滅的な打撃をうけても、政府はまだ「聖戦」を強要している。

国民の安全と幸福を保証するのが、政府の責務のはずだ。この耐え難き放射線を耐えろ、とする受忍義務を、国民に課して平然としているのは、軍部独裁の革事国家ではない。選挙があり、基本的人権が憲法によって認められている、只今現在、日本の話である。

この国はかつて、「東洋の真珠」といわれ、安倍首相は自著で「美しい国」と我田引水している。ところが、実際は放射能まみれ、住民は路頭に迷っている、世にも不思議な国の日常生活である。いつ、どこで原発が爆発するかわからない。事故が起きたらうまく逃げろ。これが政府の方針である。

放射能発生源の社員は、白いビニール製、頭から被る防護服をもっている。が、防護服のない住民にたいして、わずかに与えられるのは、甲状腺がんを防ぐ、とされるヨード剤だけである。不安なのは入院患者だ。点滴のビンを吊しての長距離逃避行が、多くの患者の死をはやめた。が、その補償はない。

原発爆発から七年目に入った二〇一七年から、放射線満杯の故郷へ帰れ、補償は打ち切る、とする政策がはじまった。

安倍首相は「原発はコントロール下にある」と真っ赤なウソをつき、多額なカネを支払ってオリンピックを引っ張ってきた。オリンピックを政権維持の手段につかう魂胆だ。しかし、いまなお、内閣府の「原子力非常事態宣言」は発令中のままなのだ。

オリンピック開会式がはじまっても、住民が帰っていなければ、「アンダーコントロール」の強弁は馬脚をあらわす。ウソも方便。ウソの上塗り。オリンピックが終わったあと、白血病やがん患者が大量に発生していたにしても、因果関係は立証できないさ、と高を括っている。

便秘でも猛然と食べ続ける核依存症

「避難訓練つき再稼働」。この奇想天外、ブラックユーモアの発生源が、「原子力規制委員会」。別名「原子力推進委員会」である。委員長は、「事故が起きないと保証するものではない」と明言して、再稼動を認めた。事故が起きないことはない、このあやふやな二重否定でも、責任者はどこにもいない。事故が起きないことはない、と無規制委員会。

困るのは後始末だ。使い終わった核燃料の捨て場は、日本中、どこを探しても適地はない。フィンランドの「オンカロ」(洞窟)のような、固い岩盤にまもられた洞窟があるわけではない。高レベル核廃棄物は、近づいただけでたちまちにして死亡するほど、強力な放射線を発している。

捨て場がなくとも、なに喰わぬ顔で運転し、核廃棄物をだしつづけている。やがて自分がだした猛毒の排泄物まみれとなって、運転不能に陥るのはいまから予見できる、たしかな未来である。

便秘でありながらも猛然と食べつづける核依存症。出口のない集団自殺行為である。原発は危険な迷惑施設だ。運転中も危険、運転停止後も危険。そして、その危険は永遠につづく。

日本の原子力行政は、「夢の増殖炉・もんじゅ」の破綻によって、幕引きの時代にはいった。その前は原子力船「むつ」の放射線洩れ廃船、福島第一原発六基と第二原発四基、合わせて一〇基の廃炉がそれにつづいた。使用済み核燃料の解決策としての「核燃料サイクル」は、机上の空論、夢幻の計画だった。

核燃料サイクルで、「もんじゅ」の前工程に位置づけられていたのが、六ヶ所村に建設途上の「再処理工場」だった。捨て場のない核廃棄物を原料にして、プルトニウムを取り出してご覧にいれます。その工場から無限に、輪廻のように核燃料が再生産されるのですから、原発原料にこと欠く心配は無用です。

使用済み核燃料から、ウランやプルトニウムを取り出す再処理工場。ここで生産されたプルトニウムを「夢の増殖炉」もんじゅに供給、もんじゅがそれを発電につかう。それをまた再処理。核燃料サイクルは無限につづく、はずだった。ところが、計画発表の一九八四年から、三五年たっても、試運転さえ成功していない。「出発は遂に訪れず」の結末は、目に見えている。ただ発表しないだけだ。

さらには、やはり六ヶ所村に建設途上の「MOX工場」で、ウラン・プルトニウム混合酸化物(MOX)燃料を製造して、各地の原発に供給する。だから、ウランにふくまれていたプルトニウムを貯めこんで、核兵器に転用することはけっしてありません、と証明するはずだった。が、この工場も未完で終わるのはまちがいない。

原発行政出口なし

業界団体の電事連(電気事業連合会)が一九八四年四月、「核燃料サイクル基地計画」を発表(一九七〇年代初めからあった計画だったが秘密にされていた)。低レベル放射性廃棄物処分場、ウラン濃縮工場につづけて、再処理工場が青森県六ヶ所村で、一九九三年四月に着工された。

完成予定は一九九七年だった。が、着工から四半世紀がすぎても、この再処理工場は沈黙のまま。全長一三〇〇キロ、というパイプの腐蝕はすすんでいる。この間、毎年、「来年には完成する」と言い張り、予算を確保しつづけてきた。当初予算は全サイクル合計で一兆円、といわれていた。が、再処理工場だけで、すでに二兆九〇〇〇億円を費消した。

　もしも、これから稼働すると、四〇年間の運営費は一三兆九〇〇〇億円、と見積もられている。といっても、幸いなことに、稼働の見通しはほとんどない。ウラン濃縮工場も出火、給排気ダクトの腐蝕、穴の貫通などが発見されて運転停止。肝腎の再処理工場は、雨漏れ続出のポンコツ状態。それでも「異常なし」と報告されてきた。ＭＯＸ工場の建設も中断されたままだ。それでも政府は、やめようといわない。

「平成四（一九九二）年の操業開始以降実施していなかったとか、本来見るべきところを見ていなかった等々、びっくりするようなことがたくさんあるわけでございます」

　再処理工場や濃縮ウラン工場など、原子力産業のヘソというべき、「核燃料サイクル」を受け持っている日本原燃の「新規制基準適合性」審査中の、「びっくり」コメントである。発言者は、二〇一七年一〇月一一日の規制委員会での、田中知（さとる）委員長代理。続けての発言。

「日本原燃の抱えている問題は、単に原子力規制委員会が所管している炉規法（核原料物質、核燃料物質及び原子炉の規制に関する法律）に基づく安全確保の問題にとどまらず、そもそもとなる事業運営の問題だと考えます。この問題は、組織改変などの表面的な改善では解決できないと考えます。スケジュールありきで進めると、むしろ失敗のおそれも大きいと思う」

　これにたいして、工藤健二日本原燃社長は、「最大限の危機感をもってしっかり取り組む」と答えた。が、計画発表から三五年、着工から二六年たって、なお稼働できない工場など、世界の歴史上でも珍事というべきだ。

「適合性審査」は中断、でお茶を濁している。が、もはやいたずらに時間と資金を浪費せず、できないものはできない、とはっきり、中止を宣言するのが真っ当な政治だ。

　再処理工場は、たとえ、万が一「完成」したとしても、安全運転などおぼつかない。もんじゅに続けて、いまただちに「再処理工場廃棄宣言」のときだ。いまでさえ、貯蔵プールには、三〇〇〇トンと満杯の使用済み燃料、英国で再処理された高レベル核廃棄物が、ガラス固化体で約二〇〇〇本ある。

　もう嘘をつくのはやめよう。カネをムダに使っても誰も責任を取らない。青森県下北半島の大間町で、立ち腐れ状態の電源開発「フルＭＯＸ大間原発」も廃棄宣言せよ。出口なき原発行政から、いますぐ撤退すべきだ。「日本の原子力政策は嘘だらけでここまでやってきた。結果論も含めて本当に嘘が多い。最大の問題はいまだに核燃料サイクルに拘泥していること」とわたしがこれまで書いてきたこととおなじことを、田中俊一原子力規制委員会前委員長が言うようになった（『選択』二〇一九年一一月号）。

これらの意見は、いまや常識となっている。

5　シジミ貝たちの見る夢

米軍Ｆ16戦闘機の燃料タンク投棄事件

米軍三沢基地（青森県）所属のＦ16戦闘機が、すぐそばの小川原湖に燃料タンクを二個投棄した事件は、大きな波紋をよんだ。米軍機事故といえば「沖縄」、と連想するほどに、沖縄での事故が連続していたが、こんどは本州北端の米軍三沢基地。二〇一八年二月二〇日、米軍戦闘機Ｆ16は離陸直後、急上昇中、エンジン部分から出火、燃料タンクを捨てて辛うじて基地に引き返した。

その付近には、シジミ漁の漁船が一〇隻ほど操業していた。漁船の一〇〇メートル先で、一五メートルの水柱が立ち上がった。

「人や船に被害がなかったが、現場の油がひどい。早急になんとかしてほしい。寒シジミ漁のいいところだったのに、冗談じゃない。もうちょっとずれていれば、仲間の船に落ちていたかもしれない」

いきなり立ち上った水柱に驚いて、漁協に第一報を入れた漁師が新聞記者に語った。ところが、基地周辺町内連合会長のコメントは、「今のＦ16は導入から二〇年がたち、耐用年数がきているのでは。古いのであれば新型機へ変更し、兵士の充分な訓練をおこなってほしい」（『東奥日報』二〇一八年二月二一日）というものだった。

「世界の憲兵」ともいわれる米軍も制度疲労。地元では憐れみの対象のようだ。それでも「基地反対」とは言わない、米軍基地依存の体質のあらわれである。

小川原湖は、シジミ漁の真っ盛りだった。せっかくのかき入れ時で打撃が大きく、漁協組合員が採った油まみれのシジミ貝三八五キロが、焼却処分となった。時価五〇万円。被害総額はまだ判明していない。が、対米従属、屈辱的な「日米地位協定」によって、米側が七五％だけ、被害者側の日本が二五％を負担する。

タンクの破片やオイルの撤去作業は海上自衛隊が実施した。米海軍のダイバーは、二週間たっても姿を見せていない。二〇〇四年八月、沖縄県宜野湾（ぎのわん）市の沖縄国際大学での墜落事故では、構内に学長をも入れない厳戒体制で米軍が機体を回収、二〇一六年一二月、名護市海岸に墜落したオスプレイも、やはり、日本の警察も消防もちかづけない厳戒態勢のなかで、海兵隊が機体をそつくり回収して去っていった。

外部装置の燃料タンクには、秘密部分がないためか、回収作業は自衛隊に下請けさせる。占領時代以来の日米地位協定の現実である。

ステルス戦闘機の大量買い

三沢米軍基地には、F16戦闘機が四四機、ほかにも哨戒機や輸送機が配備され、北朝鮮、中国をにらんだ離着陸訓練が、さかんにおこなわれている。このほかに航空自衛隊のF2戦闘機が配備され、これもさかんに中国機へのスクランブル（緊急発進）をかけている。

次期主力戦闘機である、最新鋭ステルスF35A、最初の一機が米ロッキード・マーチン社から到着。二〇一八年二月下旬、小野寺五典（いつのり）防衛大臣が出席して、三沢基地で配備の記念式典がおこなわれた。一機一四〇億円だったが、最終年度で六機総額九四〇億円と、年ごとに価格が上昇する。それを最終的に四二機配備、二個飛行隊体制の予定（最終的には一四〇機購入といわれている）。

防衛省内には、航空自衛隊の主力戦闘機F15（二〇〇機）の代わりに、F35Aを買い増しする案がある。それよりもさらに高価な、垂直離着陸の可能なF35Bを購入、攻撃型空母に大改造予定の護衛艦「いずも」に、搭載させる。

空母への変造所有は、歴代内閣が厳守してきた、「専守防衛」の歯止めを突破する対外戦略である。

さらにF35Aに搭載する、長距離巡航ミサイルの経費を、二〇一八年度予算で二二億円計上している。つまりは集団的自衛権による敵基地攻撃経費が、すでに予算計上されているのだ。

ステルス戦闘機の大量買いは、地上配備型迎撃システム「イージス・アショア」一基八〇〇億円を二基、などとあわせて、トランプ大統領の「バイ・アメリカン」（米国製品を買おう）の強要に迎合した、安倍軍事オタクの破滅的浪費である。

三沢基地は核出撃基地だった

三沢基地所属の戦闘機燃料タンク投棄事件は、沖縄での危険極まりない事故の続発を想起させた。たとえば、沖縄では、二〇一六年一二月の名護市安部（あぶ）沖でのオスプレイ墜落事故、二〇一七年一二日の宜野湾市小学校への輸送ヘリの窓枠落下事件、二〇一八年一月のうるま市、読谷（よみたん）村、渡名喜（となき）島へのヘリの連続不時着事件、二月の伊計島へのオスプレイ部品漂着などは、「北の護り」といわれてきた米軍・自衛隊共同の三沢基地でも、何度かの墜落事故や燃料タンク投棄事件を発生させていた歴史を、あらためて知らせることになった。

沖縄での米軍基地の密集はあまりにも異常だ。しかし、三沢の基地も危険な軍事施設であることには変わりはない。沖縄の嘉手納基地が核出撃基地であり、伊江島が核爆弾投下訓練場だったことはもはや秘密ではない。とおなじように、三沢基地もまた核出撃基地であり、隣接する天ヶ森（あまがもり）射爆場が、戦術核投下訓練の場だった（鎌田・斉藤光政共著『ルポ 下北核半島』）。

天ヶ森射爆場では、本日只今も爆音激しく、米軍F16攻撃機が急降下して標的を攻撃、急上昇する訓練がおこなわれている。遠く離れた畑にたっていても金属製の音が喧しく、会話などできない状態である。（二〇一九年一一月、訓練中のF16戦闘機が、六ヶ所村の民有地に、二二六キロの摸擬弾を落下させる事故が発生した）

そのもっとも危険な三沢基地に付属する天ヶ森射爆場から、車で一〇分ほど北上した地域にあるのが、六ヶ所村「核燃料サイクル基地」である。

ウラン濃縮工場と未完成の使用済み核燃料再処理工場があり、英仏からの返還プルトニウムや日本の各原発から運びこまれた、約三〇〇〇トンもの使用済み核燃料、原爆何千発分もが、冷却されてある。

だから、あえて再処理して、プルトニウム型核爆弾に加工しなくても、ミサイル攻撃されれば、大惨事になる。すこし離れた天ヶ森射爆場にむけて旋回し、急降下しているF16攻撃機が、核燃料サイクルの施設に墜落しただけでも、福島原発事故どころではない、日本列島の壊滅的な大惨事になる。

国家予算の食いつぶし

六ヶ所村の「核燃料サイクル」は着工からだけでも二六年、それでもまだ未完成、試運転さえ一回も成功していない詐欺的工場。操業開始時期を毎年、「来年には」、「来年には」と弁明しては頭を下げ、ただひたすら国家予算を食いつぶしている。

いま発表している稼働予定は二〇二一年。しかし、これも保証はない。それでも青森県に入る核燃料税は、二〇一八年度で二〇〇億円。一円の収入がなくても、税金を支払ってくれるのは、親方日の丸だからだ。

これまで、二八〇〇億円（運転停止中の東通原発分も一部含む）の税金が、青森県に入った。打出の小槌である。かつて廃船になった原子力船「むつ」は、「宝船」といわれた。存在させるためにカネをバラ撒いた。「もんじゅ」もまた、無駄な投資だった。

安倍政権が危険極まりない穀潰（ごく）し、核燃料再処理工場にこだわっているのは、核武装の物質的基盤であり、その「技術的ポテンシャル」を維持しておきたいからだ。核の最終処分場でさえ引き受ける県がない、この国のどこで核実験をするつもりなのか。小川原湖のシジミ貝たちが見る夢は不吉だ。

二〇一九年四月、三沢基地を飛び立った、航空自衛隊の次期主力戦闘機、最新鋭ステルス戦闘機F35Aが、太平洋に突入、消息不明となった。

一機一四〇億円の航空自衛隊F35A機は、三沢基地に一二機配属され、将来一四七機体制にされる。

一機あたりの調達費は、米国内よりも四〇億円前後ほど高くつく、といわれている。

6　原発の跡で

すべての原発が運転を停止したとき、歓声が日本列島を覆うのだろうか。そのとき、七十余年前、敗戦を告げた玉音放送の真昼のように、日本中が晴れ渡っているのだろうか。

そのあと、海岸線を覆い尽くしていた、異形の巨大なコンクリートの建物が、すっかり解体され、広大な更地になるのか。それとも、大量の放射能を内包した不気味な土饅頭の塊が、海岸線に延々と建ち並ぶのだろうか。

ときどき、そんなことに思いをめぐらすのは、それはごく近い将来のイメージだからだ。原発に未来がないのは、すでにはっきりしている。原子力の夢、「核燃料サイクル」は、世界ですべて破綻した。その事実を認めないのは日本だけだ。

原発建設がはじまる前、もう五〇年もむかし、わたしは各地の海岸を歩いていた。伊方原発が不細工な姿をあらわす前、まだ影も形もないころ、瀬戸内海を見下ろす丘の中腹の集落に、老人たちが暮らしていた。

ボーリング調査がはじまったとき、夜陰に乗じてだれかが機材を壊した。ひとびとは「天狗の仕業だ」と言い合って感謝していた。刑事たちが、聞き込みに歩きまわっていた。鳥津マサオさんは、小学生がつかうようなノートに、俳句を書きつけていた。

秋の潮寄せては返すけいじさん
秋風に吹かれて寒いけいじさん
秋の空むなしく帰るけいじさん

下北半島東通村に「南通り」と呼ばれる二〇戸ほどの開拓者の集落があった。東通村には東京電力一〇基、東北電力一〇基、あわせて二〇基の原発が立ち並ぶ、巨大な計画があった。軒並み買収がはじまった。ところが、男たちは出稼ぎにでていて、永い不在だった。

一軒の家がまだ残っていた。そこの主婦がしゃがみ込んで、土をいじりながら言った。「男たちは帰ってこない。畑仕事をつづけ、土地をまもっているのは、わたしら女だ」と泣いた。

男たちは根無し草のように、ふらふら暮らしている。が、女たちは土地に根を張って生きているのだ。

「原発にかぶりつきたい」と言った老人が、移転した家の玄関に、ちいさな記念碑を遺していた。「南通部落原発移転記念碑 昭和四十七年十二月十五日」と刻まれている。部落を立ち去った日の記録である。

いま、東通原発は、東北電力の一基だけ建てられたが、フクシマのあと運転はストップ。東京電力の原発は基礎工事だけで、永遠に影も形もあらわさない。

「原発は民主主義の対極にある」。一九七〇年代はじめから、原発建設反対運動を取材してのわたしの結論である。

建設プロセスを貫通していたのは、膨大な汚れたカネと嘘だった。「電源三法交付金」「核燃料税」など、カネをバラ撒く核推進の国策は、地方議会を切り崩し、人心を荒廃させた。

電力会社はカネに糸目をつけず、大量に地域に注ぎこんだ。その経費はすべて電力料金に上乗せした。この「総括原価方式」は、人件費ばかりか、マスコミ対策費、学者・文化人の買収費などのすべてを電力料金に上乗せさせる、非道の悪政だった。

地方では、電力会社はカネを吐き出す「打出の小槌」だった。その一振りで住民を買収籠絡、原発反対運動を切り崩した。これ見よがしな空疎なハコ物が、ニョキニョキ建てられた。

目に余るようになって、わたしは「経済産業省は、かつての軍部のように、敗色濃厚にしてなお、『聖戦』を唱えている」(『原発列島を行く』二〇〇一年)と書いた。「大事故が発生する前に、日本が原発からの撤退を完了しているかどうか」とも書いている。

「ある日、テレビが金切声をあげる。

『〇〇原発に重大事故が発生しました。全員退避して下さい』

が、光も、音も、臭いも、なにもない。見えない放射能だけが確実にあなたを襲う」と『ガラスの檻の中で』(一九七七年)に書いた。が、三四年後、福島原発事故。テレビは「ただちに健康には影響しない」、と政府発表を繰り返して放送するだけだった。

かつては、電力会社がカネに糸目をつけずに、地域の人びとを買収した。が、いまや時代が変わって、電力会社の幹部たちが、原発立地自治体の助役から、総額三億もの大金をもらうようになった。原発マネーの逆流である。

福井県高浜町の元助役は、原発関連会社の顧問をつとめ、関西電力からの工事の受け皿となった。そのカネをポンプのように還流させ、関電の幹部から「先生」「先生」とおだてあげられていた。

カネを貰ったのは、脅かされたからだ、と会長や社長が弁明した。しかし、世間では、脅かされてカネを支払うことはあるにしても、脅かされてカネを貰うチャンスがあるのは、売り上げ三兆一〇〇〇億円、総資産六兆四〇〇〇億円の電力会社の幹部たちだけだ。

もちろん、会長、社長が、モンスターと喧伝される「助役」に脅かされていたのは、原発稼働にともなう、原発汚染金の分け前をめぐる、「仲間割れ」を防ぐためだったようだ。

この一件、暴露されると、会長は月額報酬の二割を二カ月、社長は一カ月分を返上して、チャラにしようとした。それですむと思っていたわけではないだろうが、反省ゼロ。腐りきっている。

一〇〇万円の札束、一着五〇万円のスーツ仕立券、商品券。大判、小判の金貨、金杯などがざっくざっく。まるでよりどりみどり、乱獲奨励「高浜原発金山」とでもいうような、荒廃した光景だった。

自民・公明連立政権の原発優遇社会が、人間の気品、矜持の精神、自省、羞恥のこころを奪ってしまった。原発は、もっとも危険なモンスターだ、との証明である。

日本海の荒海に面した、柏崎市と刈羽村にまたがる長い砂丘の中に、「どんどん」と呼ばれる場所があった。「アリ地獄」にもたとえられていた。若者や主婦たちが、朝夕、原発建設反対に駈けまわっていた。海に面した砂浜の道を、長いデモの隊列が通って行った。

わたしはこう書いた。

「原発と周辺自治体は、このアリ地獄にのめりこんでいるように思えてしかたがない」

「中止がアリ地獄から脱出する最良の道である」

いま、「原発社会日本」はアリ地獄に落ちこんでいる。それは事故のことばかりではない。日本の経済と未来の社会のことでもある。

原発がなくなったとき、抵抗しつづけた女たちが想い起こされることになろう。男ははした金とケチな出世に弱い。原発はそれを振り撒いて男たちを籠絡したのだ。

原発の「栄耀」など一炊の夢でしかなかった。目を覚ましてみれば、わたしたちの弧状列島は、膨大な放射性廃棄物に取り囲まれてしまった。

あとがき　下北核半島化を拒否する

鎌田慧

第四巻「さようなら原発運動」は、二〇一一年三月、福島第一原発、世界史上でも未曾有と言いうべき、原発三基連続メルトダウン事故発生から三ヶ月あとに、内橋克人、大江健三郎、落合恵子、坂本龍一、澤地久枝、瀬戸内寂聴、辻井喬、鶴見俊輔さん、この八人と鎌田が呼びかけ人となり、内橋、澤地、鎌田が記者会見をして、「脱原発を実現し、自然エネルギーの社会」を目指す運動をはじめる、と発表してからの運動の記録である。

この十四年間、わたしたちは全国原発各地でひらかれた集会に参加して、運動のひろがりに力をそそぎ、二〇一二年七月には、東京・代々木公園に十七万人が集まった「さようなら原発大集会」を成功させた。署名は八百八十万筆以上を集めて政府に突きつけた。

その予想された大事故が発生する四〇年前から、わたしは福島原発の取材をはじめていたのだが、本巻に収録した『ガラスの檻の中で』第二部を、「原発周辺のミステリー」として書き始めていたのは、ある予兆でもあったようだ。

六〇年代の反公害闘争の後、原発建設が危険な施設として、地域の人たちに不安を与えていた。戦後の大衆運動の中で、原水爆の悲惨さを伝える「再び許すまじ原爆を」の歌声が、日本中に響いていた。が、原爆の悲惨を「平和利用」へと転換させたのは、アメリカの大統領アイゼンハワーだった。その時、アメリカ国務省に招待されて訪米、帰ってきた中曽根康弘議員は早速、国会の原子力予算、日本での原発導入の先駆者となった。

最初の原発取材地は、新潟県の刈羽村と隣接する柏崎市だった。田中角栄の後援会「越山会」の牙城だった。ここが東京電力の原発の最大拠点となったのは、田中角栄の政治力によるものだった。と同時に原発反対運動の先進地でもあった。田中角栄の「列島改造論」が、彼の故郷からはじめられたのは、記憶にとどめられるべきだ。「目白御殿」と呼ばれた角栄邸に、「三億円を運んだ」、という政治秘書の話が、後年、話題となった。

「東の柏崎、西の伊方」。この二つの地域が、七〇年代初頭の原発反対運動の二大拠点だった。刈羽村は日本海に面した、過疎地ともいえた。が、柏崎市は新潟県の中央部に位置していて、県や国の出先機関が多く、隣接する刈羽村の若ものたちの通勤圏でもあった。こうして、農民と学生とが原発反対運動の中心を担った。しかし、一方の伊方の原発予定地は瀬戸内海に面しているとはいえ、山に囲まれた過疎地で、反対運動を担ったのは、取り残された老人たちだった。

七三年に東京電力が用地を買収し、原発建設を画策していた新潟県刈羽村と柏崎市市民の反対運動の取材をはじめた。「流動」七四年二月号に最初の原発運動のルポルタージュとして発表した。その後、「技術と人間」、「現代の眼」など、いまは姿を消した雑誌に書き続け、さらに七七年一月、『ガラスの檻の中で』で、福島原発を取材し、「背番号制度」反対のルポルタージュと合わせて一冊にした。これらの報告がこの第四巻『さようなら原発運動』の中心である。

最初の原発ルポの発表から、ちょうど五十年が経った。この五十年は「科学技術の粋」を集めた、とか、「核の平和利用」とか、「クリーンエネルギー」などと喧伝された原発が、「原子力明るい未来のエネルギー」とする小学生作成の標語とともに、日本列島を侵食、支配した五十年だった。

「原発は民主主義の対極にある」というのが、八二年に刊行した『日本の原発地帯』の結論だった。そして、二〇〇一年に出版した『原発列島を行く』の「はじめに」に「いまのわたしの最大の関心事は、大事故が発生する前に、日本が原発からの撤退を完了しているかどうか」と書いた。

が、それから、わずか十年後に、福島第一原発での三基連続大爆発事故の悲劇を迎えたのだった。

＊

福島第一原発の大事故から十四年が過ぎた。政府はいま、福島住民の悲惨な生活を横目にしながら、「原発の最大限活用」などと号令をかけている。事故直後は、「可能な限り原発依存度を低減する」とした反省と誓いを投げ捨て、電力会社の欲望に従っている。しかし、最近は原発再稼働どころか、核燃料の廃棄の課題が重くのしかかってきた。青森県六カ所村の使用済み核燃料再処理工場。その挫折と不合理性が知れ渡るようになってきた。危険なばかりではない。それを中心にした「核燃料サイクル」自体の科学的な根拠が、破綻している事実が明らかになってきた。つまりは、最終処分をどうするのか、という課題である。

弧状列島とも言われる日本本州の最北端、振り上げた手斧のように北海道にむけて突き出されているのが、下北半島である。わたしたちが『下北核半島』と題して、軍事基地のレポートと合わせた共著（斉藤光政記者と）を出したのは、二〇一一年。発行は福島原発大事故発生の後になったが、雑誌連載は事故前からだった。その下北核半島が、アメリカのマンハッタン計画のような「犠牲区域」、日本最大の「犠牲区域」（石山徳子『「犠牲区域」のアメリカ核開発と先住民』）にされそうだ。

戦後、米軍に接収された三沢米空軍基地のほかにも、ここには、米軍の空対地射爆訓練場、自衛隊基地や核再処理工場など核施設、東北電力と東京電力との原発が建設されている。軍事と核施設の集中地。日本でもっとも危険な地域と言える。

戦時中、陸奥湾内の大湊は、日本海軍の重要港だった。軍用鉄道建設のために、強制連行されてきていた朝鮮人労働者が、帰国の途上、舞鶴沖で原因不明の爆発、沈没、五百人以上が死亡する悲劇もあった（「浮島丸」事件）。戦後、その悲劇の大湊港に、砂鉄を原料とする電気炉工場の建設計画が進められた。が、あっさり挫折。その跡に原子力船「むつ」の母港が建設されたが、あこれまた放射線漏れ事故を起こして廃船となった。

　下北核半島。ちなみに言えば、ここは会津藩の悲劇の舞台でもあった。明治維新の際に、「朝敵」とされ、「陸奥の新領地に移封するもの二千八百戸となれり」「斗南藩と名付く。北海道以南各藩ありといえども、ことごとく天子の領土なれば、『北斗以南皆帝州』と称す」(石光真人編著『ある明治人の記録』)。

　つまり、北の果てに放逐されたが、そこは蝦夷といえども、天皇の領地外へ追放されたのではない、との主張だった。

　いま、ここに集積されているのは、核再処理工場、ウラン濃縮工場、高レベル放射性廃棄物貯蔵管理センター、低レベル放射性廃棄物埋設センター、MOX燃料工場、東通原発(当初計画は東北電力十基、東京電力十基の計画、現在東北電力の一基が停止中、東京電力は基礎工事だけでストップ)、大間原発(フルMOX原発一基、建屋だけが完成、工事ストップ)。むつ市の使用済み核燃料中間貯蔵施設など。

　核半島というよりは、核処分半島というべきか。稼働したのはウラン濃縮工場だけ。それも現在休止中。国策、「新全国総合開発計画」発表から、五十六年が経った惨状である。

＊

　核半島の中心を成しているのが、六ヶ所村の核燃料サイクルである。一九六九年に閣議決定された「新全国総合開発計画」(新全総)でも、石油コンビナートを中心に、もっとも期待された地域だった。が、「総合開発」どころか、アメリカのマンハッタン計画の「犠牲区域」、ハンフォード・サイトのように、「核施設だけがやってきた」核半島にされただけだった。

　「二十一世紀に果たして人類が原子力に依存するのか、しないのか、決着をつけるためにも、日本列島全体でみるとそれに挑戦できるのは、下北半島ではないか。今、六ヶ所村で五千ヘクタールをそのために活用しているが、下北半島全体で一万ヘクタールぐらいの準備をしながら、原子力と取り組むということは一つの歴史的な命題と思っている」。

　これはかつて「開発天皇」とも呼ばれた、下河辺淳・国土審議会会長が九七年六月、六ヶ所村での演説した内容の一部である。半島の原子力化の構想だが、そのおよそ五十六年前、新全総のころ、彼が経企庁の事務次官室でわたしに語ったのは、石油コンビナート計画だった。しかし、その頃すでに、核半島構想は蠢いていた(『鎌田慧セレクション・現代の記録』第3巻「日本の原発地帯」所収)。

　六ヶ所村の使用済み核燃料再処理工場を中心にした「核燃料サイクル」は、「日本原子力燃料」の掛け声も虚しく、着工から三十二年が経ってなお、まったく動いていない。それでも同村は日本でも数少ない、地方交付税不交付団体の栄誉を担っている。その秘密は、「核燃マネー依存型」財政だからだ。

　肝心の核燃施設は稼働していない。それでも日本原燃は黒字だ。工場は稼働しなくても、自治体は黒字。世にも不思議な話である。

　核燃マネーについて、福田進治弘前大学教授は、こう書いている。

「固定資産税、国庫支出金、県支出金が非常に潤沢である。これら三者の合計が百六億円で、歳入総額のじつに七割以上に相当する」。

青森県六ヶ所村の歳入の七割以上を固定資産税などが占める、とする福田進治教授の論文（「青森県の経済と核燃マネー」、『原発・核燃と地域社会』北方新社）である。かつての寒村に、全国九電力と日本原子力発電が共同出資している、日本原燃（資本金四千億円、社員三千人）の本社が置かれ、核燃料サイクルの完成を目指している。

しかし、施設の中心である使用済み核燃料再処理工場は、九三年四月に着工したのだが、試運転に失敗したまま三十一年が経ってもコトリとも動かない。それでもこの会社の固定資産税と電源三法交付金などによって、六ヶ所村は地方交付税の不交付団体の「栄誉」を得ている。使用済み核燃料の中間貯蔵施設を引き受けた、隣接するむつ市は、新財源として、六億円を二五年度予算に繰り入れた。県核燃物質等取扱税交付金二億二千九百九十五万円、核燃料サイクル交付金四億円、使用済核燃料税千百十八万円を計上した。

六ヶ所村での核燃サイクル施設の建設は、低レベル放射性廃棄物の永久処分場からはじまったが、当初は濃縮ウラン工場もふくめて一兆円、このうち、再処理工場は七千六百億円と言われていた。しかし、すでに再処理工場だけで三兆三千五百億円も費消している。二十七回も「完成時期」を延長して、また完成せず。「第二再処理工場」も想定すると、四十三兆円（電事連推定）となる。経済的にも、安全上でも、国を破綻させる無謀な計画だ。二〇〇九年、廃液ガラス固化建屋で高濃度の廃液漏れ事故を起こしてから一六年、いまなお立ち腐れ状態。それでも、会社があるかぎり、固定資産税と電源三法交付金が入ってくる。

再処理工場が存在するだけで、政府からカネが流れてくる。その秘密は政府の原発政策の宣伝塔だからだ。使用済み燃料からウランとプルトニウムを取り出します。そのプルトニウムをMOX燃料にして、また原発で発電します、という「夢の増殖炉」構想が破綻しても、政府はまだプルトニウムにこだわっている。

「英、プルトニウム地下廃棄へ　再処理後の百トン超『資産』から一転」（「朝日新聞」二〇二五年二月二日）

英政府は、これまで「資産」としてきた、民生用プルトニウム百トンを、地中に埋めて廃棄する方針を発表した。これは画期的な決定である。原爆の原料であるプルトニウムは、日本でも英国に再処理を委託した二十一・七トン、フランスの委託分十四・一トン、国内に八・六トン。合計四十四・四トンを所有している。プルトニウム原発で、五千五百発分以上である。

さすがの軍備強化策論者の石破茂首相も、まだ核武装までは言わないが、英国に倣って「資産」「運用」などと言わず「廃棄」というべきだ。ただ、活断層まみれの日本の場合、埋めるべき場所はない。「犠牲区域」下北半島がさらに狙われそうだ。

初出一覧

初出及び底本一覧

はじめに　さようなら原発
　初出「市民の大きな力で押し返そう」「さようなら原発」最初の記者会見　二〇一一年六月十五日
　「原発　その歴史と廃炉への道」「さようなら原発」六万人集会　二〇一一年九月十九日
　底本『さようなら原発』岩波ブックレット、二〇一一年十二月七日

恐怖の原発社会
　初出「潮」二一〇号、一九七六年十一月
　底本『ガラスの檻の中で　原発・コンピューターの見えざる支配』第二部　国際商業出版、一九七七年一月

原発阻止闘争の陣形
　初出「むつ」の放逐から下北原発阻止へ「技術と人間」一九七四年十月号
　　伊方――早すぎた原発『現代の眼』一九七六年三月号
　底本『さようなら原発の決意』第4章、第5章　創森社、二〇一二年九月
　　ルポ下北核半島　原発と基地と人々
　初出　悲劇の六ヶ所村「世界」二〇一〇年二月号・三月号
　　核最終処分場候補の不安・東通村「世界」二〇一〇年四月号
　　原子力に翻弄される町・むつ市「世界」二〇一〇年七月号
　　フルＭＯＸに脅かされる本州最北端・大間町「世界」二〇一〇年八月号
　　3・11後の下北半島「世界」二〇一一年十月号
　底本『ルポ下北核半島　原発と基地と人々』斉藤光政共著　一章～五章　岩波書店、二〇一一年八月

さようなら原発の決意

初出　原発拒絶の思想と運動　「世界」二〇一一年九月号

原発拒絶、そして反原発の連帯へ　「現代思想」二〇一一年十月号

「原発絶対体制」の正体　「法と民主主義」二〇一一年六月号

わが内なる原発体制　「週刊金曜日」二〇一一年四月二十六日号＝臨時増刊

原発はモラルに反している　「東西南北」二〇一一年六月二日、和光大学での講演

オキナワとフクシマ　「沖縄タイムズ」二〇一一年七月十五～十六日

原発は差別の上に建つ　「部落解放」二〇一一年十月号

巨大・危険産業の落日　「先見経済」二〇一二年四月

震災・原発とマスメディア　「創」二〇一一年八月

自立した市民運動として反原発へ　「ＰＯＣＯ21」二〇一一年五月

さようなら原発運動の精神　「神奈川大学評論」第七十号　二〇一一年十一月

底本　『さようなら原発の決意』　序にかえて、第一章、第二章、第六章（抄）

悪政と闘う

初出　脱原発は憲法の使命　「いつでも元気」二五九号・民医連　二〇一三年五月

脱原発運動は勝利する　「社会民主」　二〇一二年十一月号

「非道の政府は、絶対に許さない」「ネットワーク999」三十二号　二〇一三年九月

福島から福島へ　「ＪＰ通信」一七九号　二〇一三年三月

王様は裸だ！　「原子力資料情報室通信」三四六号　二〇〇三年四月

原発絶対体制の完成と崩壊　農文協ブックレット『脱原発の大義』　二〇一二年

底本　『悪政と闘う　原発・沖縄・憲法の現場から』コールサック社、二〇一五年七月

反国家のちから

初出　原発と国家利権と核武装　「環」二〇一四年、春・五十七号

福島・双葉町　原発推進標語をつくった少年の26年　「週刊金曜日」二〇一三年九月十二日

国と電源開発の「禁じられた遊び」に強まる怒り　「週刊金曜日」二〇一三年四月十八日

六ヶ所村とはなにか　「先見経済」二〇一三年二月
川内原発再稼働破滅計画　「週刊金曜日」二〇一三年五月三十日
いのちの価値、大飯判決　「先見経済」二〇一三年七月
底本　『反国家のちから』七つ森書館、二〇一五年二月

叛逆老人は死なず
初出　生ぎろ東北！　「自治労通信」第七八九号、二〇一八年三・四月
毒と核毒　「神奈川大学評論」第八九号、二〇一八年）
原発マネーで壊れた男の半生記　「サンデー毎日」二〇一七年九月十七日
再処理工場廃棄宣言　「現代の理論」二〇一八年新春号
シジミ貝たちの見る夢　「現代の理論」二〇一八年春
原発の跡で　「さようなら原発一〇〇〇万人ニュース」第二十三号、二〇一八年一月一〇日
底本　『叛逆老人は死なず』岩波書店、二〇一九年十二月

・本書は、右の単行本を底本としました。
・本書収載にあたり補筆・修正した箇所もあります。振り仮名は新たに振りました。

鎌田 慧（かまた・さとし）

1938年青森県生まれ。弘前高等学校卒業後に上京、零細工場、カメラ工場の見習工などをへて、1960年に早稲田大学第一文学部露文科に入学。卒業後、鉄鋼新聞社記者、月刊誌「新評」編集部をへてフリーに。1970年に初の単著『隠された公害：ドキュメント イタイイタイ病を追って』（三一新書）を刊行。以後、冤罪、原発、公害、労働、沖縄、教育など、戦後日本の闇にその根を持つ社会問題全般を取材し執筆、それらの運動に深く関わってきた。東日本大震災後の2011年6月には、大江健三郎、坂本龍一、澤地久枝らとさようなら原発運動を呼びかけ、2012年7月、東京・代々木公園で17万人の集会、880万筆の署名を集めた。2024年現在も、狭山事件の冤罪被害者・石川一雄さんの再審・無罪を求める活動などを精力的に行っている。

主な著書

『自動車絶望工場：ある季節工の日記』（1973年、現代史資料センター出版会、のちに講談社文庫）
『日本の原発地帯』（1982年、潮出版社　のちに岩波書店）
『死刑台からの生還』（1983年、立風書房　のちに岩波現代文庫）
『教育工場の子どもたち』（1984年、岩波書店）
『反骨 鈴木東民の生涯』（1989、講談社　新田次郎文学賞受賞）
『六ヶ所村の記録』（1991年、岩波書店　毎日出版文化賞受賞）

鎌田慧セレクション―現代の記録―4
さようなら原発運動
二〇二五年三月十一日　初版第一刷発行
著　者　鎌田慧
発行所　株式会社 皓星社
発行者　晴山生菜
〒一〇一-〇〇五一
東京都千代田区神田神保町三-一〇　宝栄ビル六階
電　話　〇三-六二七二-九三三〇
FAX　〇三-六二七二-九九二一
ウェブサイト　URL http://www.libro-koseisha.co.jp/
メール　book-order@libro-koseisha.co.jp
印刷・製本　精文堂印刷株式会社
落丁・乱丁本はお取替えいたします。
ISBN 978-4-7744-0844-6